동물을 먹는다는 것에 대하여

조너선 사프란 포어 | 송은주 옮김

JONATHAN SAFRAN FOER

동물을 먹는다는 것에 대하여

EATING ANIMALS

민음사

EATING ANIMALS
by Jonathan Safran Foer

Chapter opening illustrations except page 61 by Tom Manning

믿을 수 있는 나침반,

샘과 앨리너에게

차례

이야기하기

미국인들은 지구상에 먹을 수 있는 것으로
알려진 먹을거리 중에서 0.25퍼센트도
안 되는 것만을 먹기로 결정했다.[1]

가족 나무의 과일

어릴 때 할머니 댁에서 자주 주말을 보냈다. 도착하는 금요일 밤이면 할머니는 나를 숨도 못 쉴 정도로 꼭 껴안아 땅에서 번쩍 들어올리곤 하셨다. 그리고 떠나는 일요일 오후에 또 한 번 나를 허공으로 들어 올리셨다. 몇 년이 지나서야 할머니가 내 몸무게를 가늠해 보고 있었다는 것을 알았다.

할머니는 맨발로 다니면서 썩어 가는 감자나 남은 고기 조각과 껍질, 뼈다귀나 씨에 붙은 것 등 남들이 먹을 수 없어 버린 것을 긁어 모아 먹으면서 전쟁에서 살아남으셨다. 그래서 내가 점선을 따라 쿠폰을 오려 드리기만 하면 줄 밖에 서서 얼굴을 붉히고 있어도 전혀 상관 안 하셨다. 그리고 호텔 뷔페에 가면, 우리가 아침 식사를 하는 동안 할머니는 샌드위치를 포개 냅킨에 둘둘 싸서 점심거리로 가방에 슬쩍 챙기셨다. 티백 한 개로 몇 잔이고 필요한 만큼 접대용 차를 만들 수 있으며, 사과는 버릴 것이 하나도 없다는 것을 나에게 가르쳐 준 사람도 바로 우리 할머니였다.

돈이 문제가 아니었다. (내가 오려 낸 쿠폰 중 상당수는 할머니가 절대 사지 않는 먹을거리들와 관련된 것이었다.)

건강도 문제가 아니었다. (할머니는 나에게 제발 콜라 좀 마시라고 성화를 하셨다.)

할머니는 가족들이 모여 식사할 때에도 절대 자리에 앉는 법이 없었다. 수프는 그릇마다 다 떴고, 솥단지를 더 젓거나 오븐을 살펴볼 필요도 없어서 할 일이 더 이상 없을 때에도 탑에서 경계를 늦추지 않는 파수꾼(혹은 죄수)처럼 주방을 지키셨다. 아마도 할머니는 먹지 않아도 배가 부르셨던 것 같다.

유럽의 숲에서 할머니는 오직 살아남아 다음번에 또 먹을 기회를 얻기 위해서 먹었다. 50년이 지난 후 미국에서 우리는 입맛 당기는 대로 먹었다. 찬장에는 기분따라 산 음식들, 지나치게 비싼 식도락용 음식들, 필요하지도 않은 음식들이 가득했다. 그리고 유효 일자가 지나면 냄새도 맡아 보지도 않고 그대로 버렸다. 아무 걱정 없이 마음껏 먹었다. 할머니는 우리가 그런 삶을 살 수 있게 해 주셨다. 하지만 할머니 자신은 절박함을 떨쳐 버리지 못하셨다.

어린 시절, 형제들과 나는 할머니가 그 누구도 따르지 못할 최고의 요리사라고 생각했다. 우리는 음식이 식탁에 차려질 때면 그 말을 그대로 복창했고, 처음 한 입을 먹고서 또 한 번, 식사가 끝날 때 또 한 번 복창했다. "할머니는 그 누구도 따르지 못할 최고의 요리사예요." 하지만 우리는 진짜로 그 누구도 따르지 못할 최고의 요리사라면 아마도 요리법을 한 가지 이상은 알 것이고, 최고의 요리법에는 재료가 두 가지 이상은 들어가리라는 사실을 알 만큼은 영악한 아이들이었다.

할머니가 우리에게 색이 짙은 음식이 색이 연한 음식보다 더 건강에 좋다든가 영양분은 대부분 껍질에 있다는 얘기를 해 주실 때 왜 할머니께 물어보지 않았을까? (주말의 샌드위치는 남겨 두었던 호밀빵 덩어리 끄트머리로 만들었다.) 할머니는 우리에게 자기보다 큰 동물은 몸에 아주 좋고, 자기보다 작은 동물은 몸에 좋고, (동물이 아닌) 생선은 몸에 이로우며, 다음으로 이로운 것은 (생선이 아닌) 참치, 그다음은 채소, 과일, 케이크, 쿠키, 소다 순이라고 가르쳐 주셨다. 몸에 나쁜 음식은 하나도 없다. 지방도 건강에 이롭다. 양과 관계없이, 지방이라면 언제나 다 좋은 것이다. 설탕도 건강에 아주 좋다. 아이들은 뚱뚱할수록 건강한 것이다. 특히 남자아이라면 더 말할 것도 없다. 점심 식사는 한 번으로 끝내서는 안 되고, 11시, 12시 반, 3시, 세 번은 먹어야 한다. 배는 항상 고프니까.

사실 할머니의 닭과 당근은 정말로 아마도 내가 먹어 본 것 중에서 가장 맛있었을지도 모른다. 하지만 어떻게 요리했는지, 심지어 어떤 맛이었는지와도 거의 무관했다. 할머니의 음식은 우리가 맛있다고 믿었기 때문에 맛있었다. 우리는 할머니의 요리 솜씨를 하느님보다 더 열렬히 믿었다. 할머니가 주방에서 뽐내신 무용(武勇)은 내가 한 번도 뵙지 못한 할아버지의 간지(奸智)나 우리 부모님이 딱 한 번 했던 부부싸움처럼 우리 집안에 오래전부터 내려오는 전설이었다. 우리는 그 이야기를 너무나 좋아했고, 그 이야기들을 통해 우리를 정의했다. 우리는 싸움을 현명하게 택한 집안이었으며, 기지로 속박을 헤쳐 나왔고, 여성 가장의 음식을 사랑했다.

아주 먼 옛날 옛적, 너무나 선량하게 살았기 때문에 자기 삶에 대한 이야깃거리가 하나도 없는 사람이 있었다. 우리 할머니에 대해서라면 지금껏 내가 살아오면서 만난 그 누구보다도 더 많은 이야기를 할 수 있다. 딴 세상 얘기만 같은 할머니의 어린 시절, 구사일생으로 목숨을 건졌던 일, 모든 것을 다 잃었던 일, 이주와 더 큰 상실, 동화(同化) 과정에서 겪은 승리와 비극. 언젠가는 그 일들을 내 아이들에게도 이야기해 주겠지만, 우리끼리는 그 이야기를 입에 잘 올리지 않았다. 할머니를 당연히 불러 드려야 할 칭호로 부르지도 않았다. 그냥 최고의 요리사라고 불렀다.

어쩌면 할머니의 다른 이야기들은 차마 입에 올리기 어려운 것이었을지도 모르겠다. 어쩌면 할머니가 스스로를 생존자보다는 나누어 주는 존재로서 자리매김하고 싶은 마음에서 당신의 이야기들을 추려 냈을 수도 있다. 할머니의 생존은 할머니가 나누어 준 것 속에 포함되어 있을지도 모른다. 음식과 관련된 할머니의 이야기는 할머니에 대해 말할 수 있는 다른 모든 이야기들을 다 아우른다. 할머니에게 음식은 그냥 음식이 아니었다. 그것은 공포, 존엄, 감사, 복수, 기쁨, 굴욕, 종교, 역사, 그리고 물론 사랑이었다. 할머니가 우리에게 준 과일들은 항상 우리 가족 나무의 망가진 가지에서 딴 것들이었듯이.

다시 가능해지다

내가 아버지가 되리라는 사실을 안 순간, 예상치 못했던 충동이 솟아났다. 나는 집을 치우고, 오래전 고장 난 전구를 갈아 끼우고, 창문을 닦고, 서류를 정리했다. 안경을 다시 손보고, 흰 양말 열두 켤레를 사고, 차 지붕에는 짐칸을, 차 뒤 칸에는 개나 화물을 둘 수 있게 분리대를 설치하고, 5년 만에 처음으로 건강 진단을 받고…… 그리고 동물을 먹는다는 것에 관한 책을 쓰기로 마음먹었다.

아버지가 된다는 사실에 갑작스레 자극받아 이 책으로 이끌어 줄 여행을 떠나게 되었지만, 항상 짐 꾸리다 세월 다 보내는 사람이 바로 나다. 두 살 때, 잠자리에서 듣는 동화의 주인공은 죄다 동물들이었다. 네 살 때, 여름 동안 사촌의 개를 키운 적이 있었다. 나는 개를 발로 찼다. 아버지는 개를 발로 차면 안 된다고 야단치셨다. 일곱 살 때, 금붕어가 죽어서 슬퍼했다. 아버지가 금붕어를 변기에 넣고 흘려 보냈다는 것을 알았다. 나는 아버지에게 좀 덜 공손한 말로, 변기에 동물을 흘려 보내면 안 된다고 말했다. 아홉 살 때 베이비시터는 아무것도 다치게 하고 싶어 하지 않는 사람이었다. 그녀는 왜 형이랑 나랑 같이 닭고기를 먹지 않느냐는 내 질문에도 이렇게만 답했다. "난 아무것도 다치게 하고 싶지 않아."

"다치게 한다고요?" 내가 물었다.

"너도 닭이 닭이라는 거 알잖아, 그렇지?"

형이 나를 째려보았다. 엄마, 아빠는 이런 멍청한 여자한테 귀한 자식들을 맡겼단 말이야?

그녀에게 우리를 채식주의자로 개종시킬 뜻이 있었는지 없었는지는 모른다. 고기에 대해 얘기를 하다 보면 사람들이 궁지에 몰리는 느낌을 받기 쉽다는 이유 하나만으로도 채식주의자들은 모두가 상대를 전향시키려 들지는 않는다. 하지만 10대였던 그녀는 대개는 터놓고 하기 힘들어하는 이러한 특이한 이야기를 아무 거리낌 없이 줄줄 늘어놓았다. 그녀는 극적으로 과장하거나 미사여구로 포장하지도 않고, 자기가 아는 것을 우리에게도 알려 주었다.

형과 나는 닭고기를 한입 가득 문 채 서로 얼굴을 마주 보며 어째서 전에는 저런 생각을 한 번도 해 보지 않았을까, 왜 아무도 내게 그런 얘기를 안 해 줬을까 하는 생각을 동시에 했다. 나는 포크를 내려놓았다. 형은 끝까지 다 먹었다. 어쩌면 내가 이 글을 쓰고 있는 이 순간에도 형은 닭고기를 먹고 있을지도 모르겠다.

베이비시터의 말이 나에게는 다 이해가 되었다. 그 말이 참말 같았을 뿐 아니라, 부모님으로부터 받은 모든 가르침이 음식에까지 연장된 것이었기 때문이다. 가족을 다치게 하면 안 된다. 친구든 낯선 사람이든 다치게 하면 안 된다. 천을 씌운 가구도 다치게 하면 안 된다. 그 목록에 동물을 포함시킬 생각을 미처 못 했던 탓에 동물은 예외였을 따름이다. 나는 세상 돌아가는 이치를 모르는 아이였던 것이다. 이제는 아니었다. 내 삶을 바꾸어야 할 때가 온 것이었다.

이제는 달라졌어. 그렇게 큰소리치며 자신만만하게 시작했던 나의 채식주의는 몇 년 계속되다가 바지직거리다 조용히 잦아들었다. 베이비시터의 원칙에 대꾸할 말은 하나도 찾지 못했지만, 그것을 더럽히고, 축소하고, 잊어버릴 방법은 찾았다. 일반적으로 말하면, 나는 뭔가를 다치게 하지 않았다. 일반적으로 말하면, 나는 올바르게 행동하려고 노력했다. 일반적으로 말하면, 내 의식은 충분히 또렷했다. 닭고기를 그냥 지나치면 배가 고프다.

마크 트웨인은 누구나 할 수 있는 세상에서 제일 쉬운 일이 금연이며, 자신은 언제나 그렇게 하고 있다고 말했다. 쉬운 일의 목록에 채식을 더해도 좋을 것이다. 고등학교에서 나는 지금 기억할 수 있는 것보다 더 자주 채식주의자가 되었다. 대개 남들은 다 자기 정체성을 별 노력 없이도 쉽게 보여 주는 것 같은 세상에서 어떻게든 내 정체성을 주장하려는 노력의 일환이었다. 엄마의 볼보 범퍼를 남들 눈에 확 띄게 만들어 줄 슬로건, 학교 휴식 시간 30분 동안 남들 눈을 의식하며 보낼 수 있는 자선기금 마련 빵 판매 행사를 할 명분, 여성 활동가들의 가슴에 좀 더 가까이 다가갈 기회를 원했다. (그리고 동물을 다치게 하는 것은 옳지 않다는 생각도 계속했다.) 그 때문에 육식을 자제했다는 얘기는 아니다. 남들이 보는 앞에서만 참았다. 은밀하게 추가 흔들렸다. 그 몇 년간 수없이 많은 저녁 식사가 아버지의 이러한 질문으로 시작되었다. "오늘 밤 내가 식탁에 내놓으면 안 되는 음식이 있니?"

대학에 들어가면서 더 열심히 고기를 먹어 대기 시작했다. 그게 무슨 의미건 간에 '그것을 믿지 않아서'가 아니라, 의문들을 의도적으로 마음속에서 밀어내 버렸다. 그때는 '정체성'을 품고 싶지도 않았다. 그리고 내 주위에 나를 채식주의자로 아는 사람도 없었기 때문에 사람들 앞에서 위선 떨 일도 없었다. 나의 변화를 설명할 필요조차 없었다. 교정에 채식주의가 퍼진 것도 내가 채식을 할 마음이 도리어 사라진 이유가 되었을지 모른다. 거리의 악사가 펼쳐 놓은 상자에 지폐가 흘러넘치는 모습을 보면 돈을 낼 마음이 줄어드는 법이다.

하지만 2학년을 마칠 무렵, 철학을 전공으로 삼아 처음으로 진지하게 야심 찬 생각을 품으면서 다시 채식주의자가 되었다. 의도적으로 잊어 왔지만 고기를 먹는 것은 내가 만들어 나가려 하는 지적 생활과는 앞뒤가 맞지 않는다고 확신했다. 나는 생활이 이성의 틀에 따를 수 있으며, 따를 것이며, 따라야만 한다고 생각했다. 이게 얼마나 골치 아픈 일인지 상상이 갈 것이다.

졸업하고서 2년 동안 고기를, 그것도 종류를 가리지 않고 양껏 먹었다. 왜 그랬느냐고? 그야 맛있으니까. 그리고 습관을 만드는 데 이성보다 더 중요한 것은 우리가 스스로에게, 그리고 서로에게 무슨 말을 해 주는가이다. 나는 스스로 자신에 대해 너그럽게 말해 주었다.

그 무렵 나중에 내 아내가 된 여자와 소개팅을 하게 되었다. 그리고 불과 몇 주가 지났을 때 우리는 어느새 두 가지 놀라운 주제를 놓고 대화를 나누고 있었다. 결혼과 채식주의였다.

고기에 얽힌 그녀의 역사는 내 경우와 놀랄 만큼 흡사했다. 밤에 침대에 누워 하는 생각과 다음 날 아침 식탁에서 하는 선택이 따로 놀았다. 뭔가 크게 잘못된 일에 끼어들었다는 불안을 (가끔 잠깐씩만이라 하더라도) 떨치지 못하면서도, 이것이 갈피를 잡기 힘들 만큼 복잡한 사안이며, 인간은 원래 오류를 저지르기 쉬운 존재라서 이해해 주어야 한다는 점을 받아들였다. 나처럼 그녀도 아주 강렬한 직관적 통찰을 느꼈지만, 충분히 강하지 않은 것이 확실했다.

사람들이 결혼을 하는 이유는 많고도 다양하지만, 그 단계를 밟기로 우리가 결정을 내린 데에는 이것이 분명히 새로운 시작이 되리라는 전망도 작용했다. 유대교 예식과 상징은 그 이전의 과거와 날카롭게 단절한다는 이러한 생각을 강하게 부추겼다. 가장 잘 알려진 예가 결혼식 말미에 유리잔을 깨뜨리는 것이다. 모든 것이 이전 그대로였지만, 이제는 달라질 것이다. 더 좋아질 것이다. 우리는 더 나아질 것이다.

말이야 근사하고 기분은 좋지만, 어떻게 더 나아진담? 나 자신을 더 낫게 만드는 방법이라면 끝도 없이 생각해 낼 수 있지만(외국어를 배울 수도 있고, 인내심을 더 쌓을 수도 있고, 일을 더 열심히 해도 좋다.) 이미 그런 맹세는 수도 없이 해 본 터라 더는 믿음이 가지 않았다. 또한 '우리'를 더 낫게 만들 방법도 끝없이 주워섬길 수 있지만, 관계 안에서 우리가 합의하며 변화도 일으킬 수 있는 의미 있는 것은 거의 없다. 그렇게 많은 것이 가능할 것같이 느껴지는 순간조차 현실적으로는 가능한 것이 거의 없다.

우리 둘 다 관심은 있었지만 둘 다 잊어버렸던 문제인 동물을 먹는다는 것부터 시작하면 좋을 듯했다. 그 지점에서 많은 것들이 서로 교차하고, 많은 것들이 흘러나올 수 있다. 우리는 약혼을 한 그 주에 채식주의자가 되었다.

물론 우리의 결혼식은 채식이 아니었다. 손님들 중에는 우리와 함께 기쁨을 나누기 위해 먼 거리를 여행해 온 이들도 있으니, 그들에게는 동물성 단백질을 제공하는 것이 옳다고 우리 스스로를 납득시켰던 것이다. (논리적으로 말이 잘 안 된다는 것을 알아챘는가?) 그리고 우리는 신혼여행 중 생선을 먹었는데, 일본에 있었기 때문이었다. 일본에 있을 때……. 그리고 신혼집으로 돌아와서 가끔씩 햄버거와 닭고기 수프, 훈제 연어와 참치 스테이크를 먹었다. 하지만 가끔씩만이었다. 먹고 싶을 때만 그랬다.

그럼 됐지, 뭐. 그렇게 생각했다. 별 문제 없는 것 같았다. 이 정도면 양심적으로 식단을 유지하고 있다고 보았다. 먹는 것만 우리 삶의 다른 윤리적 영역들과 달라야 할 이유가 뭐란 말인가? 우리는 정직한 사람들이지만 가끔은 거짓말을 하며, 배려심 깊은 친구지만 가끔은 눈치 없는 짓을 한다. 우리는 가끔씩 고기를 먹는 채식주의자들이었다.

나의 직관이 어린 시절의 감상이 남긴 흔적 이상의 뭔가이며, 깊이 파고 들어가 봐도 이 사안에 내가 무관심한 적은 절대 없었다고 결코 확신할 수 없었다. 동물이 무엇인지, 동물들이 어떻게 키워지거나 도살되는지에 관해 대충이라도 아는 것이 없었다. 막연하게 뭔가 편치 않은 느낌은 있었지만, 그것이 남들도 그래야 한다는, 심지어 내가 그래야 한다는 뜻은 아니었다. 이런 감정을 굳이 가려내고 싶은 충동도, 그럴 필요도 느끼지 않았다.

그러나 그때 우리는 아이를 갖기로 했고, 그것은 다른 이야기가 필요한 다른 이야기였다.

아들이 태어난 지 30분쯤 지나, 나는 대기실에 모인 가족들에게 좋은 소식을 전해 주러 갔다.

"그 녀석이라고 했어! 그럼 아들이니?"

"이름은 뭐냐?"

"누구를 닮았다니?"

"다 얘기해 보렴!"

나는 할 수 있는 한 빨리 가족들의 질문에 대답해 준 다음, 구석으로 가서 핸드폰을 켰다.

"할머니, 아기가 태어났어요."

할머니의 유일한 전화기는 주방에 있다. 할머니는 첫 번째 벨이 울리자마자 전화를 받으셨다. 할머니가 식탁에 앉아 전화를 기다렸다는 뜻이었다. 자정을 막 넘긴 시각이었다. 쿠폰을 오려 내고 계셨을까? 미래에 함께 식사를 할 누군가를 위해 닭고기와 당근을 얼려 둘 준비를 하던 중이셨을까? 할머니가 우시는 모습을 한 번도 본 적도, 들은 적도 없었지만, 이렇게 묻는 할머니의 목소리는 잔뜩 울먹이고 있었다. "몸무게는 얼마나 나가니?"

병원에서 집으로 돌아온 지 며칠 후, 친구에게 아들의 사진과 아버지가 된 첫 느낌을 담아 편지를 보냈다. 그는 이런 간단한 답장을 보내왔다. "다시 모든 것이 가능해질 거야." 그보다 완벽한 답장을 쓸 수는 없었을 것이다. 바로 내가 느낀 기분이 바로 정확하게 그런 것이었으니까. 우리는 우리의 이야기를 되풀이해 말할 수 있고, 더 낫게, 더 생생하게, 혹은 더 열정적으로 만들 수도 있었다. 아니면 다른 이야기를 하기로 할 수도 있었다. 세상 그 자체가 또 한 번 기회를 얻었다.

동물을 먹는다는 것

말도 할 줄 모르고 이성도 생기기 전인 내 아들이 느낀 최초의 욕구는 아마도 식욕이었을 것이다. 거의 태어나자마자 아들은 젖을 빨았다. 나는 내 평생 느껴 보지 못한 경외감에 차서 아기를 바라보았다. 설명도 들은 바 없고 경험한 적도 없으면서 아이는 무엇을 해야 할지 알았다. 수백만 년에 걸친 진화가 아기의 조그만 심장이 고동치도록, 막 태어난 마른 폐가 팽창하고 수축하도록, 암호를 새겨 놓듯이 아기에게 그 지식을 불어넣었을 것이다.

그런 경외감은 내 평생 전례가 없는 것이었지만, 수세대를 뛰어넘어 나를 다른 이들과 묶어 주었다. 내 나무의 나이테가 보였다. 우리 부모님이 내가 먹는 것을 보고 있고, 할머니가 엄마가 먹는 모습을 보고 있고, 증조할머니가 할머니를 보고……. 아들은 동굴에 그림을 그린 이들의 아이들이 그랬듯이 먹고 있었다.

내 아들이 삶을 시작하고 내가 이 책을 시작할 때, 아기의 거의 모든 행동은 오로지 먹는 것을 중심으로 돌아가는 듯했다. 아기는 젖을 먹거나, 젖을 먹고 나서 잠을 자거나, 젖을 먹기 전에 칭얼대거나, 먹은 젖을 배설했다. 내가 이 책을 끝낼 무렵에 아기는 꽤 복잡한 대화를 할 수 있게 되었고, 자기가 먹은 음식을 점점 더 우리가 하는 이야기와 함께 소화시키고 있다. 아기를 먹이는 일은 내가 먹는 것과는 다르다. 훨씬 더 중요하다. 음식이 중요하기 때문에(아기의 육체적 건강이 중요하고, 먹는 즐거움도 중요하다.) 그리고 음식과 함께 해주는 이야기들이 중요하기 때문에 그 일이 중요하다. 그 이야기들은 우리 가족을 하나로 묶어 주고, 우리 가족을 다른 이들과 묶어 준다. 음식에 관한 이야기는 우리들, 곧 우리의 역사와 우리의 가치에 관한 이야기이다. 우리 집안의 유대 전통 안에서 나는 음식이 똑같이 중요한 두 가지 목적에 도움이 된다는 것을 배웠다. 즉, 음식은 영양분을 공급해 주는 동시에 기억하도록 도와준다. 먹기와 이야기하기는 떼어 놓을 수 없다. 소금물은 눈물이기도 하며, 꿀은 단맛이 날 뿐 아니라 다정함을 떠올리게 한다. 무교병(無酵餠)은 우리가 겪은 박해의 빵이다.

지구상에는 수천 가지 음식이 있다. 어째서 그중 비교적 적은 수만을 먹기로 선택했는가를 설명하려면 이야기가 필요하다. 지구상에서 파슬리를 장식에 쓰는 이유, 파스타가 '아침 식사용'이 아닌 이유, 날개는 먹지만 눈은 먹지 않는 이유, 소는 먹으면서 개는 먹지 않는 이유를 설명할 필요가 있다. 이야기들은 내러티브를 구축하고, 이야기들은 규칙을 만들어 낸다.

살아오면서, 음식에 대해 해야 할 이야기들이 있다는 것을 잊어버렸다. 몸에 이롭거나 맛있는 음식, 자연에 가깝고 섭리에 맞으며 건강에 좋을 것 같은 음식을 그저 먹었다. 설명할 게 뭐가 있담? 그러나 내가 항상 머릿속으로 연습했던 부모 노릇을 제대로 하려면 이렇게 잊어버려서는 안 된다.

이 이야기는 책으로 시작되지 않았다. 나는 단지 자신과 우리 가족을 위해서 고기가 무엇인지 알고 싶었을 뿐이다. 되도록 구체적으로 알고 싶었다. 고기는 어디에서 왔나? 어떻게 생산되나? 동물이 어떻게 다루어지는가, 어느 정도까지 그 문제가 중요한가? 동물을 먹는다는 것이 경제적, 사회적, 환경적으로 어떤 영향이 있는가? 나의 개인적 탐색은 그런 차원에 오래 머물지는 않았다. 부모로서 기울인 노력을 통해 직면하게 된 진실을 시민으로서 모르는 체할 수 없었고, 작가로서 혼자만 간직할 수 없었다. 그러나 그러한 현실을 직면한다는 것과 책임감을 갖고 그에 대해 쓴다는 것은 각각 다른 문제이다.

나는 이러한 질문들을 폭넓게 제시하고 싶었다. 그래서 미국에서 먹는 동물의 99퍼센트 이상은 '공장식 축산'에서 나오며,[2] 이것이 어떤 의미이며 왜 중요한지를 설명하는 데 이 책의 상당 부분을 할애하겠지만, 축산업의 다른 1퍼센트 또한 이 이야기에서 중요한 부분이다. 이 책에서 턱없이 적은 부분을 할애한, 가족 단위로 운영하는 최고의 동물 농장에 관한 논의를 보면, 내가 그것들을 얼마나 중요하게 생각하는지, 그러나 그것들이 얼마나 미미한지를 알 수 있을 것이다.

아주 솔직하게 터놓고 말한다면 (그리고 이 페이지에서 신뢰성을 잃을 위험을 무릅쓰고 말한다면) 조사를 시작하기도 전에 무엇을 발견할지 이미 안다고 생각했다. 세세히는 몰라도, 큰 그림은 아는 줄 알았다. 다른 사람들도 같은 예상을 했다. 거의 항상, 내가 '동물을 먹는다는 것'에 관한 책을 쓰고 있다고 말하면 누구나, 심지어 나의 관점에 대해 전혀 모르는 사람들까지도 이 책이 채식주의를 옹호하는 사례가 될 것이라고 가정했다. 그것은, 축산업에 대해 철저히 조사를 해 보면 결국은 누구나 고기를 멀리해야 한다는 결론을 낼 뿐만 아니라 대부분은 이미 그런 결론이 나올 줄 안다는 강력한 가정이었다. (당신은 이 책의 제목을 보고 어떤 내용을 예상했는가?)

나 역시 동물을 먹는 것에 관한 내 책이 채식주의자들을 지지하는 직설적인 사례 연구가 될 줄 알았다. 그런데 그렇지가 않았다. 채식주의자들을 직설적으로 옹호하는 글을 쓰는 것도 가치가 있겠지만, 내가 여기에 쓴 것은 그런 것이 아니다.

축산업은 엄청나게 복잡한 주제이다. 어떤 동물 두 마리도, 동물들의 종도, 농장들도, 농부들도, 먹는 사람들도 서로 같지 않다. 이 일에 대해 진지하게 생각해 보기 시작하는 데만도 꼭 필요했던, 독서, 인터뷰, 직접 목격하기 등 엄청나게 많이 해야 했던 조사를 돌이켜 보면, 이렇게 다양한 사례들에 관해 일관성 있고 의미 있는 이야기를 한다는 것이 가능할지 의문스러웠다. 어쩌면 '고기'란 아예 없을지도 모른다. 대신 이 농장에서 기르고, 이 공장에서 도살하고, 이런 식으로 팔리고, 이 사람이 먹는 이 동물이 있는 것일지도 모른다. 하지만 각각이 다 달라서, 모자이크처럼 하나로 짜 맞추기는 힘들다.

그리고 동물을 먹는다는 것은 낙태 문제가 그러하듯 가장 중요한 세부 사항 일부(언제가 잠재적 인간과는 반대되는 의미로서 태아인가? 동물은 진짜로 어떻게 경험하는가?)를 정확하게 알기 힘든 주제들 중 하나이며, 사람들이 가장 불편해하는 지점으로 곧장 뚫고 들어가서 방어 자세나 공격적 반응을 불러일으키기도 하는 주제이다. 그것은 딱 집어 말하기 어렵고 짜증스러우면서도 울림이 큰 주제이다. 질문이 질문에 꼬리를 잇고, 어느새 자기도 모르게 실제로 자신이 믿거나 따르는 것보다 훨씬 더 극단적인 입장을 취하게 되기 십상이다. 아니면 심지어 옹호하거나 따를 가치도 없는 입장을 취하는 경우도 있다.

그리고 뭔가가 어떻게 느끼는가와 그 무엇이 무엇인가 사이의 차이를 구분하기도 쉽지 않다. 고기를 먹는 것에 대한 논쟁이 아예 논쟁이 아니라 취향에 대한 진술이 되는 경우가 너무나 많다. 그리고 돼지고기가 얼마나 많이 소비되는가, 맹그로브 늪이 양식업 때문에 얼마나 파괴되고 있나, 소가 어떻게 도살되는가 등에 대해 우리가 그 문제를 놓고 실제로 무엇을 할 수 있는가라는 질문이 제기된다. 윤리적으로 강제되어야 하는가? 공동으로 힘을 합해서? 공동체 차원에서? 법적으로? 아니면 각자 옳다고 생각하는 대로 소화시키도록 더 많은 정보를 제공하기만 하면 될까?

이 책이 막대한 조사의 산물이며 그 어떤 저널리즘 못지않게 객관적 입장을 취하고 있지만, 나는 이용할 수 있는 것 중에서 가장 보수적인 통계를 이용했고(거의 항상 정부와 학계에서 검증된 자료와 업계 자료를 썼다.), 그것들을 확인하기 위해 외부에서 사실 확인 담당자 두 명을 고용했다. 나는 이것을 이야기로 생각한다. 찾아야 할 자료들이 많이 있지만, 빈약하고 불확실한 경우가 많다. 사실은 중요하지만, 그 자체로 의미를 제공하지는 않는다. 언어 선택과 연관되어 있을 때는 더욱 그렇다. 닭이 느끼는 고통을 정확하게 측정한다는 것이 무엇을 의미하는가? 그것이 고통을 의미하기는 하는가? 고통은 무엇을 의미하는가? 고통의 지속 기간이나 고통이 낳는 징후 등등 우리가 고통의 생리학에 대해 아무리 많이 배운들 그중 어떤 것도 우리에게 단 한 가지도 정확하게 말해 주지는 못할 것이다. 그러나 동정의 이야기든 지배의 이야기든, 아니면 둘 다이든, 이야기 속에 사실을 넣어야 한다. 우리가 사는 세계가 어떤 곳인지, 우리가 누구인지, 우리가 어떤 사람이 되기를 원하는지에 대한 이야기 속에 사실을 넣어야 한다. 그러면 고기를 먹는다는 것에 관해 의미 있는 이야기를 시작할 수 있을 것이다.

우리는 이야기들로 이루어졌다. 할머니 댁 주방 식탁에서 보냈던 토요일 오후들을 떠올려 본다. 달아오른 토스터기 속에 흑빵이 있고, 가족사진들의 베일 너머 보이지 않는 곳에 웅웅거리는 냉장고가 있다. 호밀빵 끄트머리와 콜라를 앞에 놓고 할머니는 나에게 유럽에서 탈출한 이야기와 할머니가 먹어야만 했던 음식들, 할머니가 먹지 않았던 것들에 대해 들려주시곤 했다. 그것은 할머니의 인생 이야기였다. "내 얘기 좀 들어보렴." 할머니는 이렇게 청하곤 하셨다. 나는 아이라서 그 교훈이 무엇인지 모를지언정 할머니가 절대 놓쳐서는 안 될 교훈을 전해 주고 있다는 것은 알았다.

지금은 그 교훈이 무엇이었는지 안다. 세부는 다를지 몰라도, 할머니의 교훈을 내 아들에게도 전해 주려 하며, 앞으로도 노력할 것이다. 이 책은 나의 가장 진지한 시도이다. 너무나 많은 여운이 남아 있기 때문에, 시작하면서 무척이나 두려움을 느꼈다. 미국에서 해마다 식용으로 도축되는 100억여 마리 육상동물들은 잠시 제쳐 놓고, 환경과 노동자들, 전 세계의 기아와 유행하는 플루, 생물학적 다양성처럼 직접적으로 연관된 이슈들도 제쳐 놓으면, 우리가 우리 자신과 서로를 어떻게 생각하는가의 문제가 남는다. 우리는 우리의 이야기를 하는 사람들일 뿐 아니라, 이야기 자체이다. 아내와 내가 우리 아들을 채식주의자로 키운다면, 아들은 증조할머니의 단 하나뿐인 요리를 먹어 보지 못할 것이다. 할머니가 주는 사랑의 독특하고도 가장 직접적인 표현을 받아 보지 못할 것이며, 아마도 할머니를 최고의 요리사로 생각하는 일도 결코 없을 것이다. 할머니의 가장 오래된 이야기, 우리 가족의 가장 오래된 이야기는 바뀌어야만 할 것이다.

할머니가 내 아들을 처음 보고 하신 첫마디는 "나의 설욕."이었다. 할머니가 하셨던 그 무수히 많은 말들 중에서 할머니가 선택하신, 아니면 할머니를 위해 선택된 말은 바로 그것이었다.

내 얘기 좀 들어 보렴

"우리는 부자는 아니었지만 늘 넉넉했단다. 목요일에 빵과 할라*와 롤을 구우면 일주일은 너끈했지. 금요일에는 팬케이크를 만들었고, 안식일에는 항상 닭고기와 국수를 먹었지. 푸줏간에 가서 비계를 조금 더 얻어 오곤 했지. 기름기가 제일 많은 부위가 최상급이었단다. 지금하고는 달랐지. 냉장고는 없었지만, 우유와 치즈가 있었어. 채소를 가지가지 다 먹지는 못해도, 양은 충분했단다. 네가 여기에서 먹으면서 당연하게 여기는 그런 것들은……. 하지만 우리는 행복했단다. 우리가 아는 건 그 정도였어. 그리고 우리가 가진 것에 만족했지.

그러던 중 모든 것이 바뀌었지. 전쟁은 그야말로 지옥이었고, 나는 아무것도 가진 게 없었단다. 너도 알다시피, 나는 우리 가족과 헤

* 유대인들이 안식일이나 명절에 먹는 전통 빵.

어졌어. 밤이고 낮이고, 쉬지 않고 달렸어. 독일군들이 줄곧 내 등 뒤를 바짝 쫓고 있었거든. 멈추는 날에는 죽는 거야. 먹을 것도 충분치 않았어. 나는 먹지 못해서 점점 더 병이 깊어졌단다. 뼈만 남은 정도가 아니었어. 온몸이 다 짓물렀지. 움직이기도 힘들었어. 몸이 너무 나빠져서 쓰레기통을 뒤져 먹을 것을 찾았단다. 남들이 먹으려 하지 않는 것을 먹었지. 제 입만이라도 해결할 수 있다면 살아남을 수 있어. 찾을 수 있는 것이라면 뭐든 가리지 않고 먹었지. 너에게는 차마 말할 수 없는 것도 먹었단다.

최악의 시기라도 선한 사람들은 있기 마련이란다. 누군가 나에게 바지 끝을 묶으라고 가르쳐 준 덕분에 바짓가랑이에 감자를 가득 채워서 몰래 훔쳐 올 수 있었지. 그렇게 먼 길을 걷고 또 걸었어. 언제 다시 좋은 때가 올지 모르는 거니까. 한번은 어떤 사람한테서 쌀을 좀 얻어서, 시장까지 이틀을 가서 비누랑 바꾼 다음 다시 다른 시장으로 가서 비누를 콩하고 바꾸었지. 운도 따라야 하고, 직감도 있어야 해.

최악의 상황도 끝이 가까워졌단다. 많은 이들이 바로 그 끝이 다 왔을 때 죽었지. 내가 또 하루를 살 수 있을지 알 수 없었어. 한 러시아 농부가 내 꼴을 보고는 자기 집으로 들어가더니 나에게 줄 고기 한 조각을 갖고 나왔단다."

"그 농부가 할머니 목숨을 살렸군요."

"난 먹지 않았다."

"안 드셨다고요?"

"돼지고기였어. 난 돼지고기는 절대 먹지 않아."

"어째서요?"

"어째서냐니?"

"그게 코셔*가 아니라서 안 드신 거예요?"

"그야 물론이지."

"하지만 먹으면 목숨을 구할 수 있는데도 안 드셨단 말이에요?"

"중요한 게 아무것도 없다면, 지켜야 할 것도 없는 법이란다."

* 전통적인 유대교의 율법에 따라 선택, 조제된 음식물.

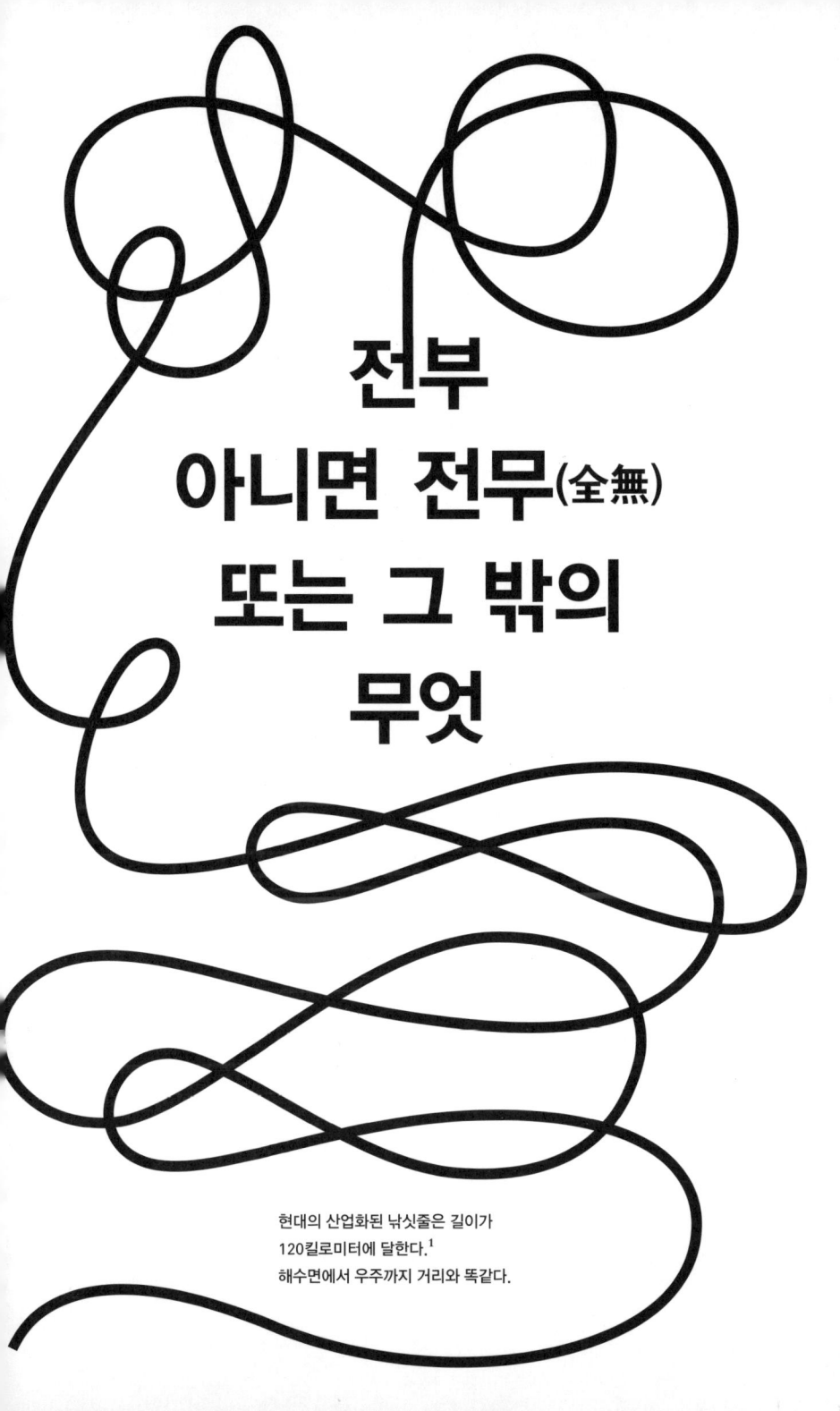

전부 아니면 전무(全無) 또는 그 밖의 무엇

현대의 산업화된 낚싯줄은 길이가
120킬로미터에 달한다.[1]
해수면에서 우주까지 거리와 똑같다.

1

조지

나는 태어나서 스물여섯 살이 될 때까지 동물을 싫어했다. 동물은 성가시고, 지저분하고, 가까이할 수 없을 정도로 나랑은 다른 존재이고, 무섭도록 예측 불가이며, 없어도 아무 상관 없다. 특히 개한테는 영 마음이 끌리지 않았는데, 어머니한테서 물려받은 공포심 탓이 컸다. 어머니는 할머니한테서 물려받았다. 어릴 때는 다른 방에 개를 가둬 두어야만 그 친구 집에 놀러 갈 수 있었다. 공원에서 개가 가까이 다가오기라도 하면 어찌나 겁에 질려 난리를 쳤는지 아버지가 어깨 위로 나를 들어 올려 주셨다. 개가 주인공으로 나오는 텔레비전 프로그램도 보기 싫었다. 사람들이 왜 개를 놓고 법석을 떠는지 이해가 안 되었고, 싫었다. 심지어 맹인들한테까지도 미묘한 편견이 생길 지경이었다.

그러던 어느 날 나는 개를 사랑하는 사람이 되었다. 애견인이 된 것이다.

조지가 난데없이 불쑥 튀어나온 것이다. 아내와 나는 개를 키우자는 얘기는 꺼내 본 적도 없었고, 하물며 개를 찾을 생각은 해 보지도 않았다. (우리가 왜 그런 짓을 하겠는가? 나는 개를 싫어하는데.) 이전까지와 다른 삶이 시작된 첫날은 어느 토요일이었다. 우리 집 부근 브루클린 7번가를 걷는데, 모퉁이에서 "저를 데려가 주세요."라고 쓴 조끼 속에 물음표처럼 몸을 말고 잠든 조그만 검은 강아지 한 마리가 눈에 띄었다. 첫눈에 반하는 사랑이나 운명 따위를 믿지는 않지만, 그 망할 개와 사랑에 빠졌고 운명처럼 그렇게 된 것이다. 강아지에 손을 댈 엄두도 못 냈지만 말이다.

강아지를 입양하자는 제안을 하다니 내가 지금까지 한 짓 중에서 가장 예상치 못한 행동이었을지 모르지만, 아름다운 작은 동물이 있었다. 제아무리 개라면 치를 떠는 사람이라도 뿌리칠 수 없을 만한 그런 종자가 있었다. 물론 사람들은 축축한 코 따위가 없어도 아름다움을 찾아낸다. 하지만 동물과 사랑에 빠지는 방식에는 뭔가 좀 독특한 데가 있다. 다루기 어려운 개와 아주 작은 개들, 털이 길고 윤기가 도는 개들, 코를 킁킁대는 세인트버나드, 천식기가 있는 퍼그, 몸을 쭉 편 셰페이, 우울해 보이는 바셋 사냥개, 다들 저마다 헌신적인 팬들을 거느리고 있다. 새 관찰자들은 살을 에듯 추운 아침에도 하늘을 살피고 자기들을 매혹하는 깃털 달린 것을 찾느라 시간을 다 보낸다. 고양이를 좋아하는 사람들은 인간관계 대부분에는 시들하다. 아이들의 책에는 거위와 귀뚜라미, 악어는 말할 것도 없고 토끼와 쥐와 곰, 애벌레 따위가 숱하게 나온다. 바위 모양으로 생긴 플러시 천 장난감을 갖고 있는 사람은 아무도 없다. 열성적인 우표 수집가들이 좋아하는 우표 이야기를 할 때 드러내는 애정과는 완전히 다른 종류인 것이다.

우리는 강아지를 집으로 데려왔다. 나는 강아지를 안고 방을 가로질렀다. 강아지를 안아도 강아지가 내 손가락을 물어뜯지는 않겠다는 확신이 서자, 다음에는 내 손바닥에 먹이를 놓고 강아시한테 먹이는 단계로 발전했다. 그다음에는 내 손을 핥게 해 주었다. 그다음에는 얼굴을 핥게 놔두었다. 그다음에는 내가 강아지 얼굴을 핥았다. 이제 나는 강아지들을 아주 좋아하고 언제까지나 행복하게 살

것이다.

미국 가정의 63퍼센트는 적어도 애완동물을 한 마리 이상 키운다.[2] 이러한 보급률은 이것이 새로운 현상이라는 점에서 매우 인상적이다. 동물을 친구로 삼는 현상은 중산층의 부상과 도시화와 일치하는데, 아마도 동물들과 달리 접촉할 방법이 없어진 탓이든가, 아니면 단지 애완동물은 값이 좀 나가므로 먹고살 만하다는 티를 낼 수 있어서일지도 모른다.[3] (미국인들은 반려 동물에게 해마다 340억 달러를 쓴다.)[4] 지금은 고전이 된 백과사전식 도서 『인간과 자연 세계』의 저자인 옥스퍼드 역사학자 키스 토머스 경은 이렇게 주장한다.

> 근대 초기에 도시 중산층 사이에서 애완동물을 키우는 것이 유행으로 퍼진 것은 (중략) 진정으로 사회적, 심리적, 상업적으로 중요한 발전이었다. (중략) 또한 거기에는 지능에 대한 관점도 암시되어 있었다. 이 현상은 중산층이 동물의 지능에 대해 긍정적 결론을 내리도록 부추겼다. 동물들의 영리함에 대해 셀 수 없을 정도로 많은 일화들이 쏟아져 나왔다. 동물에게도 성격과 개성이 있을 수 있다는 관념을 자극했다. 또 이 현상은 적어도 일부 동물들은 도덕적 고려를 받을 자격이 있다는 관점을 낳는 심리학적 기초를 제공했다.[5]

조지와의 관계를 통해 동물의 '영리함'을 깨닫게 되었다고 말하기는 어렵다. 나는 조지의 가장 기본적 욕구들 말고는 그 머릿속에 무엇이 들어 있는지 전혀 짐작도 못 하겠다. (기본적 욕구를 넘어서 많은 것이 있다는 확신은 갖게 되었지만.) 조지의 똑똑함에 놀라는 때도 많지만, 조지의 멍청함에 놀라는 때도 그만큼 많다. 우리 사이에서는 닭은 점보다 다른 점이 항상 더 잘 보인다.

그리고 조지는 애정을 주고받는 것 말고는 바라는 것이 없는 천사 같은 존재가 아니다. 조지가 처치 곤란한 골칫덩이일 때가 한두 번이 아니다. 조지는 손님들 앞에서 저랑 놀아 달라고 고집을 피우고, 내 신발과 아들의 장난감을 먹어 버리고, 다람쥐를 마구잡이로 죽이는 데 광적으로 집착하고, 사람들과 사진을 찍으려 하면 귀신같이 알고 카메라 앞으로 뛰어들고, 스케이트보드 타는 아이들이랑 하시드*에게 덤벼들고, 생리 중인 여자들을 망신 주고, (생리 중인 하시드에게는 최악의 악몽이다.) 방에서 제일 재미없는 사람한테 구린내 나는 엉덩이를 들이대고, 막 뿌린 씨를 파내고, 새로 산 물건을 할퀴어 놓고, 막 내려는 음식에 침을 묻히고, 가끔씩은 집에 똥을 싸는 것으로 앙갚음(무엇에 대한 건지?)을 하기도 한다.

오직 공존하기 위해 서로의 욕구를 전달하고, 인식하고, 수용하려는 다양한 노력을 기울이면서 나는 완전히 다른 어떤 것, 아니 누군가라고 해야 할 상대와 조우하고 교류해야만 한다. 조지는 몇 안 되는 단어에 반응할 수 있지만(조지는 약간 더 많은 단어를 무시하기로 했다.) 우리의 관계는 거의 전적으로 언어를 벗어나 이루어진다. 조지는 생각과 감정이 있는 것 같다. 가끔은 이해할 것도 같지만, 그렇지 못할 때도 자주 있다. 조지는 마치 사진처럼 나한테 보일 수는 있어도 말로 옮길 수는 없는 존재다. 조지는 형체를 가진 비밀이다. 그리고 나 역시 조지에게는 사진일 것이다.

바로 어젯밤 책을 읽다 문득 고개를 들어 보니 조지가 방 건너편

* 유대교 내에서도 율법의 내면성을 특히 강조하는 하시디즘 운동을 따르는 교인.

에서 나를 쳐다보고 있었다. "언제부터 거기 있었니?" 내가 물었다. 조지는 눈을 내리깔고 어슬렁어슬렁 내 곁을 지나 복도로 나갔다. 나와 조지 사이에서는 다른 누구하고보다도 더 규칙적인 패턴이 유지되지만, 여전히 조지는 나에게 예측할 수 없는 존재로 느껴진다. 우리가 아무리 가까운 사이일지라도, 때때로 조지의 이질성에 전율을 느낀다. 조금은 무섭기까지 하다. 아이가 생긴 후로는, 조지가 아기에게 상처를 입히지 않으리라는 보장이 없기 때문에 상황은 더 악화되었다.

우리의 다른 점을 나열하자면 책 한 권을 쓸 수도 있겠지만, 조지도 나처럼 고통을 느끼고, 쾌락을 구하고, 음식과 놀이뿐 아니라 교제도 간절히 원한다. 조지의 기분과 기호까지 세세히 다 알 필요는 없다. 우리의 심리는 같기는커녕 비슷하지도 않지만, 우리 둘 다 관점, 즉 세계를 처리하고 경험하는 본질적이고 독특한 방식이 있다.

나는 조지가 내 동물이기 때문에 먹을 생각이 없다. 하지만 내가 한 번도 만나 본 적이 없는 개는 왜 먹지 않을까? 아니면 좀 더 핵심으로 들어가서, 개는 먹지 않으면서 다른 동물을 먹는 것은 어떻게 정당화할 수 있을까?

개를 먹는 데 찬성하는 주장

미국 42개 주에서 전혀 법으로 금하지 않는데도 '인간의 가장 좋은 친구'를 먹는 것은 자기의 가장 친한 친구를 먹는 것만큼이나 금기시된다. 아무리 육식을 즐기는 사람일지라도 개는 먹지 않는다. 티브

이 가이나 가끔 요리사 고든 램지도 자기가 파는 것을 홍보할 때는 새끼 동물로 마초나 할 법한 짓을 하기도 하지만, 램지의 솥에서 밖을 빼꼼이 엿보는 강아지를 볼 일은 절대 없다. 언젠가 램지가 자기 자식이 채식주의자가 된다면 전기의자로 처형하고 말겠다고 한 적도 있지만,[6] 자식이 집에서 키우는 개를 밀렵한다면 어떤 반응을 보일지 궁금하다.

개들은 굉장하며, 여러 가지 면에서 독특하다. 하지만 개들의 지적, 경험적 능력에는 그다지 주목할 만한 점이 없다. 돼지들은 어느 모로 보나 지적이며, 뭐라 말해도 감정이 있다. 돼지들은 볼보 차 뒤 칸에 뛰어들지는 못하지만, 물건을 가져오고, 달리고, 놀고, 못된 장난을 치고, 애정을 주고받을 줄도 안다. 그런데 왜 돼지들은 난롯가에 몸을 말고 있으면 안 되나? 어째서 하다못해 불 속에 던져지는 신세만이라도 면치 못할까?

개를 먹지 않는 금기는 개에 관해서 무엇인가를, 그리고 우리에 관해서는 아주 많은 것을 말해 준다.

자기 개를 사랑하는 프랑스인들은 자기 말을 먹을 때도 있다.

자기 말을 사랑하는 스페인인들은 자기네 소를 먹기도 한다.

자기 소를 사랑하는 인도인들은 자기네 개를 먹곤 한다.[7]

아주 다른 문맥에서 쓴 것이지만, 조지 오웰이 (『동물 농장』에서) 한 말을 여기에 적용할 수 있다. "모든 동물은 평등하다. 그러나 어떤 동물들은 다른 동물보다 더 평등하다." 유난히 개를 싸고도는 것은 자연의 법칙이 아니다. 그것은 우리가 자연을 두고 하는 이야기에서 나온다.

그러면 누구 말이 옳은가? 메뉴에서 개를 제외시키는 이유가 무엇일까? 선택적 육식주의자가 말하는 바는 이런 것이다.

반려 동물을 먹지 마라. 그러나 개를 먹는 곳에서는 개가 늘 친구 대접을 받지는 않는다. 그리고 애완동물을 키우지 않는 이웃은 어떨까? 그들이 저녁으로 개를 먹는다면 이를 반대할 권리가 우리에게 있을까?

좋다. 그러면 다음은 어떠한가.

상당한 정신적 능력을 지닌 동물을 먹지 마라. '상당한 정신적 능력'이라는 말로 개의 특징을 정의해도 괜찮을 것이다. 그러나 이러한 정의에는 돼지, 소, 닭, 여러 바다 동물까지 들어갈 수 있다. 그리고 심각한 손상을 입은 인간은 제외될 것이다.

그러면 다음은 어떠한가.

자기 똥을 만지고 놀면 안 된다, 누이에게는 키스하지 마라, 혹은 친구를 잡아먹으면 안 된다와 같은 영원한 금기들이 금기인 데에는 다 그럴 만한 이유가 있다. 진화론적으로 말하자면, 그런 짓을 하면 우리에게 해가 된다. 그러나 개를 먹는 것이 금기가 아니었으며, 지금도 금기로 삼지 않는 곳도 많다. 어느 면으로 보아도 우리에게 해될 것은 없다. 개고기는 요리만 제대로 한다면 다른 여느 고기와 마찬가지로 건강에 해롭지 않으며, 이러한 영양 많은 음식이 우리 이기적 유전자의 물질 구성 요소로부터 반발을 받을 일은 그다지 없다.

또한 개를 식용으로 한 역사가 있다. 4세기경 무덤 속에 다른 식용동물과 함께 개를 잡는 그림이 그려져 있다.[8] 그에 관한 한자가 있을 정도로 뿌리 깊은 습관이다. "그러하고 틀림없는"이라는 뜻의 한중 문자 연(肰)은 문자 그대로 "개고기는 요리하면 맛있다"로 옮길 수 있다.[9] 히포크라테스는 개고기가 힘을 불어넣어 준다고 찬양했다.

로마인들은 "젖먹이 강아지"를 먹었고,[10] 다코타 인디언들은 개의 간을 즐겼으며,[11] 하와이 사람들은 얼마 전까지도 개의 골과 피를 먹었다.[12] 멕시코의 털 없는 개는 아즈텍인들의 주요 식품이었다.[13] 쿡 선장도 개를 먹었다.[14] 로알드 아문젠은 자기 썰매 개를 먹은 것으로 유명하다. (그렇다, 그는 정말로 굶주렸다.) 그리고 필리핀에서는 아직도 개들이 잡아먹히는 불운한 신세를 면치 못하고 있으며,[15] 중국과 한국에서는 약용으로 쓰인다.[16] 나이지리아에서는 성욕 강화제로 먹는다.[17] 맛이 좋다는 이유로 개를 먹는 지역도 무수히 많다. 수백 년 동안 중국인들은 혀가 시커먼 차우차우처럼 특별한 품종의 개를 키웠으며,[18] 많은 유럽 국가들에서는 아직도 식용으로 쓸 목적으로 죽은 개를 검사하는 법률이 있다.[19]

물론 어떤 일이 모든 곳에서, 늘 행해져 왔다는 이유만으로 지금 해도 괜찮다고 정당화할 수는 없다. 그러나 동물을 만들어 내고 관리해야 하는 사육한 고기와는 달리, 개들은 실질적으로 먹기에 딱 좋다. 해마다 개와 고양이들 300만~400만 마리가 안락사를 당한다.[20] 해마다 고기 수백만 킬로그램이 버려지는 셈이다. 이렇게 안락사시킨 개들을 폐기 처분해 버리는 것은 생태적으로나 경제적으로나 큰 문제이다. 집에서 키우는 애완동물을 포획해 간다면 미친 짓일 것이다. 그러나 거리를 헤매는 개들, 도망친 개들, 데려가자니 별로 귀엽지 않은 개들, 버릇이 나빠서 키우고 싶지 않은 개들을 먹는다면 한꺼번에 많은 문제가 해결될 것이다.

어떤 의미에서는 이미 그렇게 하고 있다. 사람이 먹기에 적당치 않은 동물성 단백질을 가축과 애완동물을 위한 음식으로 바꿈으로써 가공 공장들은 쓸모없는 죽은 개들을 먹이사슬의 생산적 구성 요소로 바꾸어 놓고 있다. 미국에서 해마다 동물 보호소에서 안락사 당하는 수백만 마리 개와 고양이들은 우리의 음식을 위한 음식이 된다. (입양되는 수보다 안락사당하는 수가 두 배는 많다.)[21] 그러니 이 비효율적이고 기묘한 중간 단계를 그냥 없애 버리자는 것이다.

이것이 딱히 우리의 양식에 위배되지는 않는다. 동물들에게 고통을 필요 이상 주지는 않을 것이다. 아드레날린이 개고기 맛을 더 좋게 해 준다는 믿음이 널리 퍼진 탓에 전통적인 도축 방식은 목을 매달거나 산 채로 끓이거나 때려죽이는 것이지만, 개들을 먹어야 한다면 고통 없이 빨리 죽여 줘야 한다는 점에 다들 동의할 것이다. 그렇지 않은가? 예를 들어 피를 보존하기 위해 개의 코를 꽉 잡는 전통적인 하와이식은 (법적으로는 아니더라도 사회적으로는) 절대 고려의 대상이 될 수 없다. 인도적 도축 행위법 법안에 개를 포함시킬 수도 있을 것이다. 그런 법안은 개들이 살아 있는 동안 어떤 대우를 받았는가에 대해서는 아무것도 말해 주지 않으며, 의미 있는 감시나 강제를 동반하지도 않지만, 다른 식용동물들의 경우와 마찬가지로 업계의 '자율 규제'에 맡기면 된다.

감자와 함께 고기를 원하는 전 세계 수십억 잡식주의자들에게 먹을거리를 제공해야 하는 어마어마한 과업의 의미를 충분히 이해하는 사람은 드물다. 인구가 많은 지역에서는 이미 형편껏 알아서 하고 있지만 (주목하시오, 로컬 푸드 옹호자들이여.) 개를 비효율적으로 이용하는 것은 선량한 생태주의자라도 얼굴을 붉힐 만한 일이다. 아무도 원치 않는 개들의 숫자를 줄여 보려는 헛된 시도에 막대한 돈과 에너지를 허비하면서도 개를 식용으로 쓰면 안 된다는 무책임한 금기를 퍼뜨리는 여러 '인도적' 집단들이야말로 최악의 위선자라고 주장할 사람도 있을 것이다. 개를 그대로 내버려 두고 제재 없이 새끼를 치도록 놔둔다면, 가장 효율적인 목장을 기반으로 하는 축산업조차도 상대가 안 될 만큼, 적은 에너지를 투입하여 지속 가능한 지역 고기를 공급할 수 있게 될 것이다. 생태주의적 의식을 가진 사람이라면 개가 현실적인 환경보호주의자들에게 현실적인 식량이라는 점을 인정할 때가 왔다.

우리의 감상주의를 극복할 수 없는 것일까? 개는 고기 양이 풍부하고, 몸에 좋고, 요리하기도 쉽고, 맛있다. 개들의 단백질 조각을 우리의 음식이 될 다른 종이 먹을 음식으로 만드는 수고를 하느니 개를 먹는 편이 훨씬 더 합리적이다.

이미 설득당한 이들을 위해 준비한 고전적인 필리핀식 요리법이 있다. 나는 시도해 본 적이 없지만, 때로는 요리법만 읽어 보아도 충분하다.

결혼식 요리용 개고기 스튜[22]

먼저 중간 크기의 개를 잡은 다음 불에 털을 그슬린다. 아직 따듯할 때 가죽을 주의해서 벗기고 나중에 쓰도록 치워 둔다.(다른 요리에서 쓸 수도 있다.) 고기를 한 변이 2~3센티미터인 주사위 모양으로 자른다. 식초, 마른 후추, 소금, 마늘로 두 시간 동안 재워 놓는다. 큰 프라이팬에 기름을 두르고 고기를 구워 낸 다음, 양파와 파인애플을 넣어 고기가 연해질 때까지 살짝 튀긴다. 토마토소스와 끓는 물, 초록 후추, 월계수 잎, 타바스코 소스를 넣는다. 뚜껑을 덮고 석탄불에서 고기가 연해질 때까지 뭉근히 끓인다. 개의 간을 곱게 다져 넣어 섞은 다음 5~7분쯤 더 요리한다.

아마추어 천문학자한테서 배운 간단한 묘수가 있다. 뭔가 보려는데 잘 안 보이는 경우에는, 약간 빗겨서 보면 된다. 우리가 우리 눈에서 보통 초점을 맞추는 데 쓰는 부위의 가장자리에 가장 예민한 부분(흐릿한 물체를 보기 위해 필요한 부분)이 있다.

동물을 먹는 것에는 보이지 않는 특징이 있다. 개와, 우리가 먹는 동물들과 개들의 관계에 대해 생각하는 것은, 보이지 않는 것을 비스듬히 보아서 그것을 보이게 만드는 한 가지 방법이다.

2

친구와 적

개와 물고기는 어울리지 않는다. 개는 고양이, 아이들, 소방관과 어울린다. 우리는 개와 음식을 나눠 먹고 잠자리를 함께 쓰고, 개를 데리고 비행기를 타고, 의사에게 데려가고, 개들의 기쁨에서 기쁨을 얻고, 개들이 죽으면 슬퍼한다. 물고기들은 수족관에 살고, 타르타르소스와 어울리고, 젓가락으로 먹히고, 사람의 관심 밖에 있다. 물고기들은 겉모습과 침묵으로 인하여 우리와 분리되어 있다.

개와 물고기 사이의 차이가 이보다 더 심오할 수는 없을 것 같다. 물고기는 상상할 수 없을 만큼 다양한 종을 의미한다. 그것은 우리가 물고기라는 단어를 사용할 때마다 떠오르는 3만 1000여 종으로 이루어진 대양이다.[23] 개는 이와는 대조적으로 딱 잘라 단일하다. 종은 하나이며 흔히 조지와 같은 개별적 이름으로 불린다. 나도 남자

개 주인들 중 자기 개에게 말을 거는 95퍼센트에 속해 있다.[24] 자기 개가 대답을 한다고 믿는 87퍼센트는 아니지만. 그러나 물고기가 인식하는 내적 경험이 어떤 것인지는 상상하기 어려우며, 하물며 물고기와 교류하려는 시도를 한다는 것은 더더욱 그렇다. 물고기는 수압의 변화에 정확히 자신을 맞추며, 다른 바다 동물들의 시체에서 방출된 다양한 배열의 화학물질을 받아들일 수 있고, 20킬로미터 밖에서 들려오는 소리에도 반응한다.[25] 개는 거실을 진흙투성이 발로 터벅터벅 지나가고, 우리 책상 밑에서 코를 킁킁대며 바로 우리 곁에 있다. 물고기들은 입을 다문 채 미소도 짓지 않고, 다리도 없이 죽은 눈을 하고 항상 다른 세계에 있다. 물고기들은 성경에서도 다른 식으로 창조되었으며, 인간으로 가는 진화의 행렬을 일찌감치 멈추었다고 여겨진다.

참치가 미국에서 제일 많이 먹는 생선이라는 점에서 참치를 물고기들의 대사로 들겠다. 역사적으로 참치는 결국 어부들 개인의 손에 달린 갈고리와 낚싯줄로 한 마리씩 잡혔다. 갈고리에 낚인 물고기는 피를 흘리다 죽거나 익사한 후(물고기들은 움직일 수 없으면 익사한다.) 다음에는 배로 끌어 올려진다. (참치뿐만 아니라 황새치와 녹새치까지 포함하여) 더 큰 물고기는 갈고리에 다치는 것으로 끝날 때도 많다. 상처 난 몸으로 몇 시간, 혹은 며칠까지도 낚싯줄에 끌려가지 않고 버틸 수 있다. 더 큰 물고기들의 무지막지한 힘 때문에 동물 한 마리를 끌어 올리는 데 두 명, 때로는 세 명까지도 필요하다.[26] 일단 물고기가 손 닿는 데까지 끌려오면, 작살이라는 특별한 도구를 써서 마저 끌어 올렸다. 옆구리, 지느러미, 심지어는 물고기의 눈에 작살을 박으면 피가 흐르기는 해도 갑판으로 끌어 올리기에는 딱 좋다. 작살의 갈고리를 등뼈 밑에 꽂는 것이 가장 효율적이라고 주장하는 이들도 있다. 국제 연합(UN)의 낚시 안내서 저자들처럼 "가능하다면 머리에 꽂아라."[27]라고 하는 사람들도 있다.

옛날에는 어부들이 참치 떼의 위치를 힘들게 찾아낸 다음 낚싯대나 낚싯줄, 작살로 하나씩 잡았다.[28] 하지만 오늘날 우리 접시에 오르는 참치 중 간단한 '낚싯대와 낚싯줄' 같은 장비로 잡은 것은 거의 없고, 후릿그물이나 주낙, 이 두 가지 현대적 방법 중 하나로 잡은 것이 대부분이다. 가장 흔하게 먹는 바다 동물들을 시장으로 가져오는 가장 흔한 기술에 대해 알고 싶었기 때문에, 나는 결국 참치잡이 중 가장 많이 쓰이는 이 두 가지 방법에 집중하여 조사를 했다. 이에 대해서는 나중에 설명하겠다. 하지만 먼저 고려해야 할 것이 한두 가지가 아니다.

인터넷에는 낚시 장면을 촬영한 동영상들이 지천으로 널려 있다. 지친 건새치나 참다랑어를 릴로 끌어 올린 후에 마치 지금 막 누군가의 생명을 구하기라도 한 것처럼 뻐기는 남자들도 있고, 작살을 휘두르는 비키니 차림 여자들이나 작살을 던지는 아주 어린 아이들 등 아마추어 작살잡이들이 나오는 것들도 있다. 그 기묘한 의식들을 돌이켜 볼 때, 내 마음은 끊임없이 이 비디오 속 물고기들에게로, 어부의 손을 떠난 작살이 동물의 눈을 향하는 순간으로 돌아간다…….

누군가 개의 얼굴에 대고 작살을 휘두른다면 이 책을 읽는 독자들 중 참을 사람은 아무도 없을 것이다. 굳이 길게 얘기할 필요도 없는 일이다. 이런 문제를 물고기에 적용한다면 도덕적으로 부적절할까, 아니면 개에 관해서는 이처럼 두말할 것도 없는 문제를 끌어내는 것 자체가 어리석은 짓일까? 천천히 죽어 가는 고통을 주는 건 어떤 동물에게든 잔인한 것일까, 아니면 단지 일부 동물들에게만 그런 것일까?

우리가 벗으로서 친근하게 지내는 동물들과의 관계를 길잡이 삼아 우리가 먹는 동물들에 대해 생각해 볼 수 있을까? 삶의 구도 안에서 물고기(또는 소, 돼지, 닭)와 우리는 얼마나 멀리 떨어져 있을까? 그 거리를 정의하는 것은 틈새일까, 계통수일까? 멀고 가까움은 단지 상대적인 것인가? 만약 어느 날 우리 자신보다 더 강력하고 지적인 생명체와 조우했는데, 우리가 물고기를 대하듯이 그 생명체가 우리를 대한다면, 우리는 무슨 근거로 우리를 잡아먹어서는 안 된다고 주장할 것인가?

우리가 이 질문에 내놓는, 그다지 이성적인 근거는 없는 대답에 한 해 수십억 마리 동물들의 생명과 우리 지구의 가장 큰 생태계의 건강이 달려 있다. 하지만 이러한 국제적 관심사들은 그 자체로는 멀게만 느껴질 수도 있다. 우리는 우리에게 가까운 것일수록 마음을 많이 쓰고, 그 밖의 것들은 놀랄 만큼 쉽게 잊어버린다. 또한 주변 사람들이 하는 대로 따라 하는 경향이 아주 강하고, 특히 음식에 관해서는 더욱 그렇다. 미뢰(味蕾)와 취향 모두 개인이 살아온 이력과 그 사회의 역사에 영향을 받기 때문에 식량 윤리는 너무나 복잡한 문제이다. 늘 선택을 강요받는 현대의 서구 사회는 어쩌면 과거 존재했던 그 어느 문화보다도 다른 식습관을 선택한 개인들에게 너그러운지도 모르지만, 아이러니하게도 사회에 이로운 식으로 먹으려 하는 개인들보다 "복잡한 건 질색이야. 아무거나 먹을래."라며 선택을 완전히 포기한 잡식주의자들이 사회적 요구에 더 세심하게 반응하는 것처럼 보일 수도 있다. 음식을 선택하는 데에는 많은 요소들이 작용하지만, 일반적으로 이성(의식조차도)은 이 목록에서 그다지 영향을 미치지 않는다.

동물을 먹는다는 것에 관해서는 양극화로 치닫게 하는 뭔가가 있다. 아예 먹지 않거나, 아니면 먹는 것에 대해 진지하게 의문을 제기하지 않거나 둘 중 하나이다. 행동주의자가 되거나 행동주의자들을 경멸한다. 이 대립하는 입장들, 그리고 어떤 입장을 취하기를 꺼리는 태도는 결국 동물을 먹는 것이 중요한 문제라는 사실을 암시한다. 동물을 먹는다면 어떻게 먹어야 하는가의 문제는 깊이 있는 문제로 넘어간다. 고기는 창세기부터 가장 최근의 농업법까지, 그리고 우리가 어떤 사람이며 어떤 사람이 되고 싶은가에 관한 이야기와 밀접한 관계가 있다. 이것은 매우 중요한 철학적 문제를 제기한다. 또한 이것은 지구에서 거의 3분의 1 면적을 차지하고,[29] 해양 생태계를 형성하며,[30] 지구 기후의 미래를 결정할지도 모를[31] 연간 1400억 달러의 산업이다.[32] 그러나 우리는 실제 현실보다는 논리적 극단, 논쟁의 테두리에 대해서만 생각하는 것 같다. 우리 할머니는 아무리 목숨을 건지기 위해서라도 돼지고기는 먹지 않았다고 하셨다. 할머니 이야기의 앞뒤 맥락과 전혀 다를지라도, 많은 사람들이 일상적 음식 선택에 대해 논할 때 이처럼 전부 아니면 전무(全無)라는 틀에 기대는 것 같다. 다른 윤리적 영역에는 절대 적용하지 않을 사고방식이다. (항상 거짓말만 하든가 아니면 절대 거짓말하지 않는다고 상상해 보라.) 내가 채식주의자라는 말을 누군가에게 할 때마다, 내가 펼친 적도 없는 주장의 빈틈을 찾아내려고 하거나 내 생각과 생활 방식이 일치하지 않는 점을 지적하는 식으로 상대가 반응한 적이 도대체 몇 번인지 셀 수가 없을 정도이다. (가끔 내 채식주의가 나보다도 이런 사람들에게 더 중요한 문제인 것 같다는 느낌조차 든다.)

동물을 먹는다는 것에 대해 이야기하려면 더 나은 방법이 필요하다. 고기를 우리 접시 한가운데 놓는 것과 똑같은 식으로 공적 토론 한가운데 고기를 놓는 방식이라야 한다. 그렇게 하면 굳이 집단 전체의 동의를 끌어내려는 척하지 않아도 된다. 개인적으로 우리에게 옳은 것이 무엇인지에 대한, 심지어 다른 사람들에게 올바른 것이 무엇인지에 대한 우리의 직관이 아무리 강하다 해도, 우리 모두는 우리 입장이 이웃들의 입장과 충돌하리라는 것을 이미 안다. 어떻게 해도 피할 수 없는 이 진실을 어떻게 할 것인가? 대화를 포기해야 할까, 아니면 대화를 재구성할 방법을 찾아야 할까?

전쟁

50~100년 전 우리 바다에 있었던 참치, 상어, 다른 큰 포식 어류는 열 마리당 한 마리꼴로만 남았다.[33] 많은 과학자들은 50년이 채 지나기도 전에 모든 어류 종들이 완전히 멸종하리라고 예측하며,[34] 그보다 훨씬 더 많은 바다 동물들을 포획하여 죽여서 먹기 위한 노력이 수단과 방법을 가리지 않고 진행되고 있다. 우리의 상황은 너무나 극단적이어서 브리티시컬럼비아 대학 수산학 센터의 조사 연구원들은 "수산 자원(또한 물고기로 알려져 있다.)과의 상호작용은 그것을 절멸시키기 위한 전쟁을 점점 닮아 왔다."라고 주장한다.[35]

내가 아는 바로는, 물고기와 우리의 관계를 묘사하는 데 전쟁보다 더 정확한 단어는 없다. 전쟁이라는 표현은 물고기에 맞서는 데 이용되는 기술과 과학, 그리고 지배 정신을 적절히 잡아낸다. 축산업 세계에 대해 좀 더 깊게 경험할수록 나는 과거 50년간 어업이 겪어 온 급격한 변모가 뭔가 훨씬 더 큰 것을 상징한다는 사실을 알게 되었다. 우리는 전쟁을 치러 왔다. 아니, 차라리 우리가 먹는 모든 동물들에 맞서 전쟁이 치러지도록 방치했다고 하는 편이 옳을 것이다. 이 전쟁은 새로운 현상이며, 이름이 있다. 그 이름은 바로 공장식 축산이다.

포르노그래피처럼, 공장식 축산은 정의하기 어렵지만 정체를 밝혀내기는 쉽다. 그것은 좁은 의미에서는 흔히 열 마리씩, 심지어 수만 마리씩 동물들을 한데 키우면서 유전자 공학으로 동물들을 만들어 내고, 동물들의 이동을 제한하고, 동물들에게 인공적인 것들(대개 항균제와 같은 다양한 약품들이 포함되어 있다.)을 먹이는 산업화되고 집중화된 사육 시스템이다. 전 지구적으로 지금 해마다 약 500억 마리 육상동물들이 공장식 축산으로 키워지고 있다.[36] (물고기를 계산한 기록은 없다.) 미국에서 식용으로, 또는 우유와 계란을 얻기 위해 키우는 모든 육지 동물의 99퍼센트는 공장식으로 키워진다.[37] 그래서 여기에 중요한 예외가 있다 하더라도 오늘날 동물을 먹는 것에 관해 얘기할 때는 공장식 축산에 관해 이야기하는 것이다.

공장식 축산은 실천이라기보다는 마음 자세이다. 생산 비용을 할 수 있는 데까지 최대한 절감하고, 환경 파괴, 인간의 질병, 동물의 고통과 같은 데 들어가는 비용을 체계적으로 무시하거나 그 비용의 책임을 '외부로 돌리는' 것이다. 수천 년 동안 농부들은 자연계의 운영 방식에서 농장 경영의 실마리를 얻었다. 그러나 공장식 축산은 자연을 극복해야 할 장애물로 간주한다.

산업화된 어업은 정확히 공장식 축산업은 아니지만 같은 범주에 속하며, 같은 논의의 일부로 삼을 필요가 있다. 그것은 동일한 농업적 쿠데타의 일부이다. 이런 점은 양식업(물고기들이 우리 속에 갇혀 '수확'되는 농장이 있다.)에서 가장 뚜렷하게 드러나지만, 같은 정신과 고도화된 현대 기술을 공유한다는 점에서 어느 모로 보나 자연산 낚시에도 똑같이 적용된다.

어선의 선장들은 에이햅*보다는 커크** 쪽에 더 가깝다. 그들은 전자 장비들이 가득 찬 방에서 물고기를 지켜보면서 한 번에 물고기 떼 전부를 잡을 수 있는 최적의 순간을 노린다. 물고기들을 놓치면, 선장들은 이를 알아차리고 두 번째 수단을 취한다. 이 어부들은 배에서 물고기 떼를 일정 거리 안에서만 보는 정도에 그치지 않는다. GPS 모니터들이 전 해양에 걸쳐 '어류 유인 장치(FADs)'와 함께 배치되어 있다. 모니터들은 물고기들의 수와 떠 있는 FADs의 정확한 위치에 관한 정보를 어선의 관제실로 전송한다.[38]

주낙을 따라 해마다 낚싯바늘 14억 개가 걸리고[39](낚싯바늘마다 수많은 물고기 도막, 오징어, 돌고래 살이 미끼로 매달린다.),[40] 선단(船團) 하나가 오직 한 종만을 잡기 위해 50킬로미터마다 한 개씩 총 1200개 그물을 펼치며,[41] 배 한 척이 단 몇 분 만에 바다 동물 50톤을 잡아 올릴 수 있는[42] 산업화된 어업의 전모를 알게 된다면, 현대의 어업인들을 어부라기보다는 공장식 축산업자들이라고 생각하기가 더 쉬워

* 미국 소설가 멜빌의 장편소설 『백경』에서 흰 거대한 고래와 사투를 벌이는 선장.

** 미국의 인기 SF 드라마 「스타 트렉」에서 우주 함선을 이끄는 선장.

진다.

전쟁의 기술이 문자 그대로 그리고 체계적으로 어업에 적용되어 왔다.[43] 레이더, 음향 측정기(적의 잠수함 위치를 탐지하기 위해 이용되었던 것이다.), 해군에서 개발한 전자 항행 시스템, 그리고 20세기 말에는 위성 기반 GPS 덕분에 어부들은 물고기들이 몰려드는 위치를 찾아내고 추적할 수 있는 유례없는 능력을 손에 넣었다.[44] 위성 관측 수온 영상을 이용하여 물고기 떼를 식별할 수도 있다.

공장식 축산의 성공 여부는 소비자들이 식량 생산에 대해 품는 향수 어린 이미지에 달려 있다. 낚싯대로 물고기를 잡아 올리는 어부, 한 마리 한 마리를 다 알고 돼지를 치는 농부, 알껍데기를 뚫는 부리를 지켜보는 칠면조 농장의 농부 등. 이러한 이미지들은 우리가 존중하고 신뢰하는 무엇인가에 부합하기 때문이다. 그러나 이처럼 잔존하는 이미지들은 한편으로 공장식 축산업자들에게 가장 끔찍한 악몽이기도 하다. 그 이미지들은 현재 농산업의 99퍼센트를 차지하는 농업 형태가 불과 얼마 전만 해도 1퍼센트도 안 되었다는 사실을 전 세계에 상기시킬 힘을 가지고 있다. 공장식 축산이 판을 압도했다 해도 얼마든지 뒤집힐 수 있는 것이다.

과연 무엇이 이러한 변화의 희망을 피어나게 할 수 있을까? 현대의 육류와 해산물 산업에 대해 속속들이 아는 사람은 거의 없지만, 대부분 대충은 안다. 적어도 뭔가 옳지 않다는 것이다. 그런 세부 사항도 중요하지만, 대다수 사람들이 변화를 일으키도록 설득하기에는 부족할지도 모른다. 다른 뭔가가 필요하다.

3

수치[45]

발터 벤야민의 폭넓은 문학 탐구에 관해서는 할 이야기가 많지만, 무엇보다도 그는 프란츠 카프카의 동물 이야기에 가장 큰 통찰력을 보여 준 해석자였다.

수치는 벤야민의 카프카 독해에서 핵심을 이루며, 독특한 도덕적 감수성으로 제시된다. 수치는 우리의 내적 삶 깊은 곳에서 느끼는 은밀한 감정이면서 동시에 타인들 앞에서 분명하게 느끼는 사회적 감정이다. 카프카에게 수치는 보이지 않는 타인들, 카프카의 일기에 나온 표현을 빌리자면 "미지의 가족" 앞에서 느끼는 반응이며 책임감이다. 그것은 윤리의 핵심을 이루는 경험이다.

벤야민은 카프카의 조상들, 즉 그의 미지의 가족에 동물도 포함된다는 점을 강조한다. 동물들은 카프카가 그 앞에서 얼굴을 붉히게 만드는 공동체의 일부이다. 즉 카프카의 도덕적 관심사 안에 동물들이 존재한다고 말할 수 있다. 또한 벤야민은 카프카의 동물들이 "망각을 담는 그릇"이라고 말한다. 얼핏 듣기에 알쏭달쏭한 말이다.

베를린 수족관에서 카프카가 물고기들에게 던진 어떤 시선에 관한 짧은 이야기를 전하기 위해 여기 그에 관해 언급된 부분을 밝히겠다. 카프카와 절친한 사이였던 막스 브로드*는 이렇게 전한다.

* 1884~1968, 체코계 유대인 작가로 카프카 사후에 그의 작품들을 출간했다.

갑자기 그가 조명이 켜진 탱크 속 물고기에게 말을 걸기 시작했다. "이제야 비로소 네 평화로운 모습을 볼 수 있겠구나. 더는 너를 먹지 않을 거야." 바로 그때부터 그는 철저한 채식주의자가 되었다. 카프카의 입에서 직접 이런 말을 듣지 않았다면, 어떤 가식도 없이, 그에게는 거의 완벽하게 낯선 것인 최소한의 감수성도 없이, 그렇게 쉽고 간단하게 그런 말을 입 밖에 냈다고는 상상하기 힘들었을 것이다.[46]

무엇이 카프카로 하여금 채식주의자가 될 결심을 하게 만들었을까? 그리고 브로드가 카프카의 식습관을 소개하면서 왜 하필 물고기에 관한 기록을 남겼을까? 물론 카프카 또한 채식주의자가 되는 과정에서 육상동물들에 관해 언급하기는 했다.

벤야민이 한편으로는 동물과 수치를, 다른 한편으로는 동물과 망각을 연관 지은 사실에서 해답을 찾을 수 있다. 수치는 망각에 저항하는 기억의 작용이다. 수치는 우리가 눈앞의 만족을 위하여 아직 완전히는 아닐지라도, 거의 완전히 사회적 기대와 타인에 대한 의무를 망각했을 때 느끼는 감정이다. 카프카에게 물고기는 바로 그 망각의 살이었음이 틀림없다. 물고기들의 생명은 농장에서 키우는 육상동물들보다도 훨씬 극단적인 방식으로 잊혀진다.

동물을 먹음으로써 문자 그대로 동물을 망각하는 것 이외에도 동물과 망각 사이에는 더 깊은 관련이 있다. 카프카가 보기에 동물의 몸에는 우리들 안에서 우리가 잊고 싶어 하는 모든 부분들에 대한 망각이 덧씌워져 있었다. 우리가 우리의 본성 중 어떤 부분을 부인하고 싶을 때는 그것을 '동물적 본성'이라 부르면 된다. 그러면 그 본성이 억눌리거나 감추어진다. 하지만 카프카가 대다수 사람들보다 더 잘 알았듯이, 우리는 가끔씩 정신이 들 때면 우리도 동물일 뿐이라는 사실을 깨닫는다. 이것이 옳은 생각인 듯하다. 우리는 말하자면 물고기 앞에서 수치심에 얼굴을 붉히지는 않는다. 우리는 물고기를 보며 우리 자신의 일부(등뼈, 통각수용기, 고통을 완화시켜 주는 엔돌핀, 고통에 대한 온갖 낯익은 반응들.)를 인식할 수 있으면서도 이러한 동물적 유사성이 중요하다는 사실을 부인하며, 그 결과 우리 인간성의 중요한 일부를 마찬가지로 부인한다. 우리가 동물에 대해 잊어버린 것을, 우리 자신에 대해서도 잊어 간다.

오늘날 동물을 먹는 문제와 관련하여, 지각이 있는 생명체에 반응하는 기본 능력뿐 아니라, (동물적) 존재로서 우리 자신에게 반응하는 능력까지도 위험에 처해 있다. 우리와 동물들 사이에서만이 아니라, 우리들 사이에서도 전쟁이 벌어지고 있다. 그것은 이야기만큼이나 오래 묵은 전쟁이다. 역사상 그 어느 때에도 이보다 더 일방적인 전쟁은 없었다. 철학자이자 사회 비평가인 자크 데리다는 이렇게 생각했다.

> 한편에서 동물의 생명뿐 아니라 동정의 감정까지도 유린하는 자들과, 반대편에서 이 참상에 대한 반박할 수 없는 증언에 호소하는 자들 사이에서 벌어지는 불평등한 투쟁, 바로 전쟁(이 불평등한 상태는 하루아침에 뒤집힐 수도 있다.)이 있다.
>
> 전쟁은 동정의 문제를 놓고 벌어진다. 이 전쟁은 끝이 없을지도 모르지만 (중략) 중대한 국면을 통과하고 있다. 우리는 그 국면을 통과하는 중이며, 그 국면이 우리를 통과하고 있다. 그 전쟁을 생각해 보면, 우리는 전쟁을 치르는 것이 의무이자 책임일 뿐 아니라 필연이며, 좋든 싫든, 직접적으로

든 간접적으로든, 누구도 빠져나갈 수 없는 제약임을 깨닫게 된다. (중략) 동물은 우리를 바라보고 있다. 그 앞에서 우리는 벌거벗겨진다.[47]

동물은 말없이 우리와 시선을 맞춘다. 동물이 우리를 본다. 우리가 (동물, 우리의 접시, 우리의 관심사, 우리들 자신으로부터) 눈길을 돌리든 말든, 우리는 그 시선에 노출된다. 우리가 우리의 삶을 바꾸건 아무것도 하지 않건, 이미 응답한 것이다. 아무것도 하지 않는다는 것 자체가 뭔가를 하는 것이다.

어쩌면 어린 아이들은 순진하고 책임으로부터 자유롭기 때문에 동물의 침묵과 시선을 어른들보다 더 쉽게 받아들이는지도 모른다. 적어도 우리 아이들은 우리의 전쟁에서 어느 한편에 선 적은 없다. 버릇없는 말썽꾸러기들을 제외하고는.

우리 가족은 2007년 봄에 베를린에서 지내면서 오후 시간을 수족관에서 자주 보내곤 했다. 우리는 카프카가 들여다보았던 수조 속, 아니면 그 수조와 꼭 같은 수조 속을 들여다보았다. 특히 나를 사로잡았던 것은 인기 있는 동물 이야기에 즐겨 등장하는, 체스의 말처럼 생긴 기이한 생물인 해마의 모습이었다. 해마들은 체스 말처럼 다양할 뿐 아니라, 소다수 빨대나 식물 모양을 한 것도 있고, 크기도 2.5센티미터에서 30센티미터까지 여러가지이다.[48] 이 물고기의 아무리 보아도 놀라운 외양은 사람을 매혹시킨다. (해마를 보고 싶어 하는 사람들이 하도 많아서 해마 수백만 마리가 수족관에서 죽거나 기념품으로 거래되다가 죽는다.)[49] 우리 관심 영역에 더 가까운 다른 수많은 동물들 앞은 그냥 지나치면서도, 이 해마들 앞에서만은 시간을 보내게 되는 까닭은 이러한 기이한 미학적 편견 때문일 뿐이다. 해마는 극단의 극단이다.

해마는 대다수의 동물들보다도 더 경이감을 불러일으킨다.[50] 해마는 각각의 생물 종 사이에 존재하는 깜짝 놀랄 만한 유사성과 불연속성으로 우리의 관심을 끈다. 해마는 주변 환경에 맞추어 색을 바꿀 수 있으며, 벌새의 날갯짓만큼이나 빠르게 등지느러미를 칠 수 있다. 해마는 이빨이나 위가 없어서 먹자마자 음식이 몸속을 통과해 내려가기 때문에, 쉬지 않고 먹어야 한다. (그래서 머리를 좌우로 돌리지 않고도 먹이를 찾을 수 있도록 눈이 따로따로 움직이는 식으로 적응했다.) 헤엄은 그리 잘 치지 못해서, 해마는 아주 약한 해류에라도 휘말렸다가는 지쳐서 죽기도 한다. 그래서 해초나 산호에 붙어 있거나, 서로 몸을 감고 있는 편을 더 좋아한다. 해마들은 잘 감을 수 있는 꼬리로 서로 몸을 붙들어 매고 짝을 지어 헤엄치기를 좋아한다. 해마들의 구애는 복잡한 과정을 거치는데, 보름달이 뜰 때 짝짓기를 하는 경향이 있고, 짝짓기를 하면서 음악적인 소리를 낸다. 해마들은 오랜 기간에 걸쳐 일부일처 관계를 맺고 산다. 아마도 가장 특이한 점은 수컷 해마가 6주 동안 아기 해마를 밴다는 사실일 것이다. 수컷들은 그야말로 '임신'을 하는 데 그치지 않고, 자라나는 알에 분비액으로 영양을 공급해 준다. 알을 낳는 수컷의 모습은 언제 보아도 놀랍기 그지없다. 알 주머니에서 탁한 액체가 터져 나오고, 아주 작지만 완벽하게 제 모양을 갖춘 해마가 구름 속에서 마법처럼 모습을 드러낸다.

우리 아들은 그리 감동을 받지 않았다. 아들도 수족관을 좋아해야 마땅할 것 같은데, 실은 겁을 먹고 거기 있는 동안 내내 집에 가자고 졸라 댔다. 아마도 그 애는, 나에게는 소리 없는 바다 동물들의 얼굴로 비치는 그것들 속에서 뭔가와 마주쳤을 것이다. 축축하고 어두운 분위기나 휙휙 돌아가는 펌프 주둥이, 아니면 인파가 무서웠을 수도 있다. 시간이 충분히 있어서 오래 머무른다면 아이도 실은 거기 있으면 즐겁다는 것을 "유레카!" 하고 깨달을지도 모른다고 생각했다. 그런 일은 결코 일어나지 않았다.

작가로서 카프카 이야기를 알고 수족관에서 일종의 수치심을 느꼈다. 수조에 반사된 모습은 카프카의 얼굴이 아니었다. 그것은 나의 영웅에 견주면 수치스러우리만치 지독히도 모자라는 작가의 얼굴이었다. 그리고 베를린의 유대인으로서 또 다른 수치심도 느꼈다. 여행자라는 존재로서 그에 따르는 수치심도 느꼈고, 아부 그라이브*의 사진들이 퍼져나가면서는 미국인으로서 수치심을 느꼈다. 인간으로서 느끼는 수치심도 있었다. 해산물 생산에서 '본의 아니게' 죽이는 바람에 전 세계적으로 대략 35종으로 분류되는 해마 중에서 20종이 멸종 위기에 처해 있다는 사실을 아는 데서 오는 수치심이었다.[51] 영양상 필요나 정치적 명분이나 비이성적 증오심이나 어찌하기 힘든 인간들 간의 갈등으로도 아닌, 무차별적으로 일어난 살상에 대한 수치심이었다. 너무나 관심이 없어서, 통조림 참치가 맛있거나(해마는 현대 참치 산업에서 '부수 어획'으로 죽는 바다 동물 100여 종 중 하나이다.)[52] 새우가 오르되브르로 딱 좋다는(그 무엇보다도 새우 트롤망이 해마의 씨를 말리고 있다.)[53] 사실 때문에 나의 문화권에서 정당화되

* 바그다드 인근에 있는, 이라크 최대의 정치범 수용소. 미군이 2003년 바그다드를 함락한 후 이라크인들을 이곳에 수용하면서 수감자들을 잔혹하게 학대하고 고문한 사실이 알려져 논란의 대상이 되었다.

는 죽음에 수치심을 느꼈다. 전례 없는 번영을 누리는 나라이고, 인류 역사상 그 어느 문명보다도 낮은 비율의 수입을 음식에 쓰고 있지만, 공장식 축산업이 경제적으로 이롭다는 명목으로 식용동물을 그렇게 극단적으로 잔인하게 다루는 나라에서 산다는 데 수치심을 느꼈다. 개를 그렇게 다룬다면 불법이 될 것이다.

그리고 무엇보다도 내가 부모라는 사실보다 더 수치심을 불러일으키는 것은 없다. 아이들은 우리의 모순과 위선을 정면으로 마주하며, 우리는 그 앞에 고스란히 노출된다. 우리는 매번 왜라는 질문에 대답을 찾아야 한다. 왜 이렇게 해요? 왜 저렇게 하지 않아요? 좋은 대답이 없을 때도 많다. 그래서 그냥 원래 그런 거야라고만 답한다. 아니면 사실이 아닌 줄 알면서도 이야기를 지어낸다. 얼굴이 붉어지든 그대로이든 부끄러움을 느낀다. 부모 된 자로서 느끼는 부끄러움은 좋은 수치심이다. 우리 자식들은 우리보다 더 온전한 자가 되어 성에 차는 답을 찾기를 바라는 마음이다. 내 아들은 내가 어떤 종류의 동물을 먹는지 다시 생각하게끔 할 뿐 아니라, 이것을 수치심으로써 다시 생각하게끔 한다.

내가 이 글을 쓰는 동안에도, 조지는 마룻바닥 위에 비친 직사각형 햇빛 속으로 몸을 구부린 채 내 발치에서 잠들어 있다. 조지의 발이 허공을 휘젓는 것으로 보아 꿈속에서 달리고 있는 모양이다. 다람쥐라도 쫓나? 공원에서 다른 개랑 노나? 어쩌면 헤엄치는 꿈을 꾸는지도 모르겠다. 조지의 길쭉한 두개골 속으로 들어가 녀석이 자신의 정신적 짐 중 어떤 것을 자세히 살펴보거나 내리려고 하는지 알고 싶어 죽겠다. 조지는 가끔 꿈을 꾸면서 조그맣게 짖기도 한다. 어떤 때는 제 소리에 제가 놀라 깨기도 하고, 짖는 소리에 우리 아들이 깰 때도 있다. (조지는 항상 다시 잠에 빠져들지만, 아이는 절대 그러지 못한다.) 헐떡이며 꿈에서 깨어나 벌떡 일어나서 내 곁으로 와서 몸을 바짝 붙이고 뜨거운 숨결을 내 얼굴에 뿜어내면서 내 눈을 똑바로 쳐다볼 때도 있다. 우리 사이에 있는 것은…… 무엇일까?

단어 / 의미

축산업은 세계를 묶어 주는 그 어떤 수송 수단보다도
지구온난화에 40퍼센트나 더 영향을 미친다.[1]
축산업은 기후 변화의 가장 큰 원인이다.

동물

농장을 방문하기 전에 농업의 역사에 대한 책, 산업 내 자료와 미국 농무부(USDA) 자료, 운동 단체의 팸플릿, 관련 철학 서적, 고기 문제와 함께 식량 문제를 다룬 수많은 기존 책들을 비롯하여 동물을 먹는 것에 관한 문학 작품을 섭렵하며 1년 넘는 시간을 보냈다. 종종 혼란을 느끼곤 했다. 때로 이러한 정신적 혼란은 **고통**, **기쁨**, **잔인함**과 같은 용어들의 애매모호함에서 비롯된 결과였다. 때로는 의도적인 결과인 것 같기도 했다. 언어는 결코 완전히 신뢰할 수 없는 것이지만, 동물을 먹는 문제에 이르면 단어는 의미를 전달하기보다는 엉뚱한 방향을 가리키고 위장하는 데 이용된다. **송아지 고기**처럼, 어떤 단어들은 우리가 실제로 말하는 것이 뭔지 잊도록 도와 준다. **방목**과 같은 단어들은 양심상 사실을 분명하게 알고 싶어 하는 사람들을 오도할 수 있다. **행복**과 같은 단어들은 그것들이 주는 이미지와 정반대의 것을 의미한다. 그리고 **자연스럽다**는 말은 아무 의미도 없는 것이나 마찬가지이다.

인간과 동물 간 경계보다 더 '자연스러운' 것은 아무것도 없는 것 같다. ('종간 장벽' 항목 참조.) 그러나 모든 문화권에 다 **동물**이라는 개념 범주나 그에 상응하는 단어가 있는 것은 아니다. 예를 들어 성경에는 영어의 **동물**에 해당하는 단어가 없다. 사전상 정의로 보아도 인간은 동물이면서 동물이 아니다. 첫 번째 의미에서 인간은 동물 왕국의 일원이다. 그러나 우리는 무심코 **동물**이라는 단어를 오랑우탄에서 개, 새우까지, 인간만을 제외하고 모든 생물을 의미하는 것으로 쓰는 경우가 더 많다. 한 문화권 안에서, 심지어는 한 가족 안에서도 사람들은 동물이 무엇인지를 저마다 다르게 이해한다. 어쩌면 우리 각자의 내면에서도 여러 가지 다른 식으로 이해할지도 모른다.

동물이란 무엇일까? 인류학자 팀 잉골드는 사회 문화 인류학, 고고학, 생물학, 심리학, 철학, 기호학을 공부하는 각각의 집단들을 비롯하여 다양한 학자들 집단에 질문을 던졌다.[2] 그 결과, 학자들이 그 단어의 의미를 놓고 결론에 도달하기가 불가능하다는 사실이 입증되었다. 그러나 두 가지 중요한 합의점이 있었다. "첫째, 동물성에 대한 우리의 사고에 강한 감정적 저류가 존재한다는 것이다. 둘째, 이러한 생각들을 비판적으로 사고한다면 우리 자신의 인간성에 대한 이해 내에서도 대단히 민감하며 거의 조사되지 않은 부분이 드러나게 될 것이다." '동물이란 무엇인가?'라는 질문은, 혹은 이에 덧붙여 아이에게 개에 관한 이야기를 읽어 주거나 동물의 권리를 지지하는 것은, 동물 아닌 우리가 의미하는 것을 우리가 어떻게 이해하는가 하는 문제를 불가피하게 건드린다.[3] 그 질문은 결국 '인간이란 무엇인가?'가 된다.

인간 중심주의

인간이 진화의 정점이며, 다른 동물들의 생명을 판단하기에 적절한 척도이고, 살아 있는 모든 것의 정당한 주인이라는 신념.

의인화 거부[4]

인간과 다른 동물들 사이에서 경험적으로 인지된, 의미 있는 유사성을 인정하기를 거부하는 태도. 예를 들어, 내 아들이 조지만 집에 두고 나오면 조지가 외롭지 않겠느냐고 물을 때, 내가 "조지는 외로움을 타지 않는단다."라고 대답하는 경우.

의인주의

인간의 경험을 다른 동물에게까지 투사하려는 충동. 우리 아들이 조지도 외롭지 않겠느냐고 물어보듯이.

이탈리아 철학자 에마누엘라 체나미 스파다는 이렇게 적었다.

> 우리가 동물의 경험에 대한 의문들을 표현하려면 인간의 경험을 언급하지 않을 수 없기 때문에 반드시 의인주의라는 위험이 따른다. (중략) (의인주의에 대한) 유일하게 효험 있는 '치료법'은 우리의 의문과, 동물들이 우리에게 제시하는 그 당혹스러운 문제에 더 적절한 답을 제공하기 위해 잠정적인 정의들을 계속하여 비판하는 것이다.[5]

그 당혹스러운 문제란 무엇인가? 그것은 바로 우리가 동물들에게 인간의 경험을 단지 투사하는 데 그치지 않는다는 것이다. 우리는 동물이다.(또한 동물이 아니다.)

배터리식 닭장

의인주의는 자신이 농장의 동물 우리 속에 있는 모습을 상상해 보는 것인가? 의인화 거부는 그러지 않으려 하는 것인가?

전형적인 산란계의 닭장은 마리당 건평 432제곱센티미터이다.[6] 이 페이지보다는 크고 A4 용지 한 장 크기보다는 작은 크기다. 이런 닭장을 창문도 없는 헛간에 3층에서 9층까지 층층이 쌓는다. 일본에는 18층 높이에 달하는 세계 최고 높이의 배터리식 닭장도 있다.[7]

붐비는 엘리베이터에 탄다고 상상해 보라. 너무 붐벼서 옆 사람에게 부딪치지 않고서는 (그리고 그를 화나게 만들지 않고서는) 몸을 돌릴 수도 없을 지경이다. 엘리베이터가 어찌나 붐비는지 발이 땅에서 뜨는 때도 있는데, 차라리 그게 다행이다. 경사진 바닥이 철조망으로 되어 있어서 발을 다칠 수도 있기 때문이다.

시간이 좀 지나면, 엘리베이터에 탄 사람들은 남 생각을 할 기력을 잃을 것이다. 난폭해지는 이들도 있을 것이고, 미쳐 날뛰는 이들도 나올 것이다. 먹을 것도 희망도 빼앗기면, 몇몇은 남을 잡아먹으려 할 것이다.

휴식도, 구원도 없다. 엘리베이터 수리공 따위는 오지 않는다. 문은 단 한 번, 삶을 마감할 때, 이보다 더 나쁜 단 하나의 장소로 떠나는 여행을 위해 열릴 것이다. ('처리 공정' 항목 참조.)

육계

모든 닭이 다 배터리식 닭장을 견뎌야 하는 것은 아니다. 그 점 한 가지에서만큼은 (알을 낳는 산란계와는 반대되는 종으로서) 고기가 되는 닭들, 즉 육계는 운이 좋다고 할 수 있을 것이다. 그들은 보통 930제곱센티미터에 가까운 공간을 쓴다.[8]

당신이 농부가 아니라면, 내가 써 놓은 얘기가 무슨 소리인지 어리둥절할지도 모르겠다. 닭이 닭이지, 그렇게 생각할 것이다. 하지만 지난 반세기 동안, 실제로는 각각 분명히 유전적으로 다른 두 가지 종류의 닭, 육계와 산란계가 있었다. 우리는 둘 다 닭이라고 부르지만, 다른 '기능'을 하도록 설계되어 전혀 다른 몸에 전혀 다른 신진대사로 움직인다. 산란계는 알을 만든다. (계란 생산량은 1930년대 이후로 두 배 이상 늘었다.)[9] 육계는 고기를 만든다. (같은 시기에 닭은 이전과 비교하여 절반도 안 되는 기간에 두 배 이상 성장하도록 만들어졌다.[10] 예전에 닭의 기대 수명은 15~20년이었지만, 요즘 육계는 보통 대략 6주 만에 도살된다.[11] 매일의 성장률은 줄잡아 400퍼센트 정도 증가했다.[12])

여기에서 온갖 기묘한 문제들이 발생한다. 내가 두 종류의 닭에 대해 알기 전에는 물어볼 생각조차 해 본 적 없는 질문들이다. 예를 들면, 산란계가 낳은 수컷들은 모두 어떻게 될까? 만약 인간이 그 닭들한테서 고기를 얻을 계획이 없고, 자연은 그 닭들이 알을 낳도록 만들지 않았다면, 그들은 무슨 기능을 할까?

그들은 아무 기능도 하지 않는다. 미국에서 태어나는 산란계들의 절반을 차지하는 수평아리들이 1년에 2억 5000만 마리 이상 폐기되는 이유가 바로 그것이다.[13]

폐기된다? 이 말은 좀 더 알아볼 가치가 있을 것 같다.

산란계 수평아리들은 대부분 연이어 늘어선 파이프에 전기가 흐르는 판 위로 들여보내져 폐기된다.[14] 다른 산란계들은 다른 식으로 죽는데, 그 동물들이 운이 더 좋은지 나쁜지는 말하기 곤란하다. 어떤 병아리들은 거대한 플라스틱 컨테이너 속으로 던져진다.[15] 약한 것들은 바닥에서 짓밟히다가 천천히 질식사한다. 강한 것들은 위에서 천천히 질식사한다. 다른 병아리들은 산 채로 펄프 제조기 안으로 던져진다.[16] (병아리로 가득 찬 톱밥 제조기를 상상해 보라.)

잔인하다고? 잔인함을 당신이 어떻게 정의하느냐에 달린 문제이다. ('잔인성' 항목 참조.)

개소리

(1) 개가 하는 소리('환경보호주의' 항목 참조.)

(2) 오도하거나 거짓된 말. 예를 들자면 다음과 같다.

부수 어획

아마도 개소리의 전형적인 예일 부수 어획은 이것이 의도적으로 현대의 조업 방식 중 하나로 정립된 이래로, 우연히 잡힌 바다 생물을 말한다. 정말로 '우연히' 잡힌 게 아니라는 사실을 제외하면 말이다. 현대 어업은 기술은 더 많이 이용하고 어부의 수는 줄이는 쪽으로 가는 경향을 띤다. 이러한 조합은 막대한 양의 어획과 함께 막대한 양의 부수 어획도 낳는 결과를 가져온다. 예를 들어 새우잡이를 보자. 평균적인 새우 트롤망 조업에서, 트롤망이 배 위로 잡아 올려서 죽었거나 죽어 가는 바다 동물의 80~90퍼센트는 부수 어획으로 버려진다.[17] (멸종 위기에 처한 종들 중 상당수가 이러한 부수 어획이 된다.) 새우는 무게로 따졌을 때 전 세계 해산물 중 불과 2퍼센트만을 차지하지만, 새우 트롤망 조업에서 나온 부수 어획은 전 세계 부수 어획의 33퍼센트를 차지한다.[18] 잘 알려져 있지 않다는 이유로 그러한 사실이 무시되기 일쑤다. 우리가 원하는 동물을 접시에 올리려면 얼마나 많은 동물들이 죽어야 하는지 알 수 있도록 음식에 꼬리표를 붙인다면 어떻게 될까? 그러니까 예를 들자면 인도네시아에서 트롤망으로 잡은 새우에는 "이 새우 0.5킬로그램당 12킬로그램만큼의 다른 동물들이 죽어서 다시 바다로 던져졌음."이라는 꼬리표가 붙을 것이다.[19]

아니면 참치를 보자. 참치를 잡느라고 쥐가오리, 뾰족살홍어, 긴코상어, 무태상어, 갈라파고스 상어, 밤상어, 샌드타이거상어, 백상아리, 귀상어, 곱상어, 쿠바 곱상어, 환도상어, 청상아리, 청새리상어, 꼬치삼치, 돛새치, 가다랭이, 왕고등어, 삼치, 긴부리청새치, 백새치, 황새치, 돛란도어, 회색쥐치복, 동갈치, 병어, 전갱이, 만세기, 가시복, 난류 전갱이, 멸치, 농어, 날치, 대구, 보통 해마, 감성돔, 붉은개복치, 참돔, 아귀, 전자리상어, 개복치, 장어, 동갈방어, 투어바리, 게르치, 카사바 고기, 동갈민어, 잿방어, 방어, 보통 도미, 창꼬치, 복어, 붉은거북, 푸른거북, 장수거북, 대모, 켐프바다거북, 노랑코앨버트로스, 발레아레스 슴새, 검은눈썹앨버트로스, 큰검은등갈매기, 큰집게제비갈매기, 긴날갯슴새, 큰회색슴새, 재갈매기, 붉은부리갈매기, 북방계 로열앨버트로스, 흰머리앨버트로스, 검은슴새, 남극풀마갈매기, 노랑발갈매기, 밍크고래, 정어리고래, 긴수염고래, 보통 돌고래, 북방긴수염고래, 검은고래, 혹등고래, 부리고래, 범고래, 쥐돌고래, 향유고래, 청백돌고래, 대서양 알락돌고래, 긴부리돌고래, 청백돌고래, 민부리고래를 비롯해[20] 통상 145종이 아무런 이유도 없이 죽는다.[21]

상에 차려지는 초밥 한 접시를 생각해 보라. 그러나 이 접시에는 초밥 한 접시를 내기 위해 죽은 그 모든 동물들도 담겨져 있다. 접시의 길이는 1.5미터까지 늘어나야 할지도 모른다.

CAFO

가축 밀집 사육 시설(Concentrated Animal Feeding Operation), 다시 말해서 공장식 축산 농장이다. 이러한 공식 명칭은 육류 산업이 아니라 미국 환경보호청(EPA)에서 붙인 것이다. ('환경보호주의' 항목 참조.) 모든 CAFO는 상대적으로 약한 동물 복지 법률에 따른다 하더라도 불법으로 간주될 만한 방식으로 동물들에게 해를 입히고 있다. 그래서 다음과 같은 결정이 내려졌다.

CFE

공통 농업 면제법(Common Farming Exemptions)은 그 산업에서 일반적으로 시행되는 것이라면, 가축을 사육하는 어떤 방식이든 다 법적으로 허용한다. 다시 말해서 농부들이, 이 경우에는 법인이라고 하는 편이 맞겠지만, 그들이 무엇이 잔인한지 정의할 권력을 갖는다. 예를 들자면 동물에게 달린 것 중 그들에게 필요 없는 부분은 진통제도 주지 않고 자르는 것처럼, 그 이상으로 상상할 수 있는 어떤 잔인한 관습이라도 산업에서 채택한다면 자동적으로 합법적인 것이 된다.

CFE는 각 주마다 따로 제정하므로, 마음이 불편한 정도에서 말도 안 되는 것까지 범위가 다양하다. 네바다 주를 보자. CFE에 따라, 주의 복지법이 "가축이나 농장 동물의 사육, 취급, 급식, 축사, 수송을 비롯하여 기존의 축산 방법을 금지하거나 간섭하도록" 집행될 수 없다.[22] 베가스에서 일어난 일은 베가스에서만 법의 적용을 받는다.

이 문제의 전문가인 변호사 데이비드 울프선과 메리앤 설리번은 다음과 같이 설명한다.

> 어떤 주들은 관례화된 축산업의 모든 관행이라기보다는 특정한 관행들을 면제해 줍니다. (중략) 오하이오 주는 "건강을 위해 가축들에게 운동을 시키고 축사를 환기해 주어야 할" 의무를 면제해 주고, 버몬트 주는 "비인도적이거나 동물의 복지에 해로운" 식으로 동물을 "묶어 놓거나, 밧줄을 매거나, 구속하는" 것을 불법으로 간주하는 동물 학대 금지 조항 부분에서 가축들은 제외시킵니다. 오하이오 주에서는 농장 동물들이 운동을 하지 못하고 맑은 공기를 누리지 못하며, 버몬트 주에서는 묶여

있거나 비인도적 방식으로 밧줄에 매여 있거나 구속되어 있으리라는 것을 누구나 충분히 가정할 수 있습니다.[23]

마음을 따뜻하게 해 주는 음식

우리 아들이 생후 4주 무렵 어느 날 밤 미열이 났다. 다음 날 아침 아들은 숨 쉬기 힘들어했다. 소아과 의사의 권고에 따라 우리는 아기를 응급실로 데려갔고, 거기에서 호흡기 세포 융합 바이러스라는 진단을 받았다. 어른들에게는 보통 흔한 감기 증상으로 나타나지만, 아기들에게는 생명을 위협할 수도 있을 만큼 극히 위험한 병이다. 우리는 소아과 집중 치료실에서 한 주를 보내며 아들 방에 있는 안락의자와 대기실 의자에서 번갈아 잠을 잤다.

이틀, 사흘, 나흘, 닷새까지 우리 친구인 샘과 엘리너가 음식을 갖다 주었다. 우리가 다 먹지도 못할 만큼 많은 양이었다. 렌즈콩 샐러드, 초콜릿 트러플, 구운 채소, 땅콩과 딸기, 버섯 리소토, 감자 팬케이크, 강낭콩, 나초, 줄풀, 오트밀, 말린 망고, 프리마베라 파스타, 칠리 등 모두 정성스러운 손맛이 담긴 음식들이었다. 우리는 카페테리아에서 식사를 하거나 음식을 배달시켜 먹을 수도 있었다. 그리고 그들은 병문안을 와서 따듯한 말을 해 주는 것으로 애정을 표현할 수도 있었다. 그러나 그들은 그 모든 음식을 가져왔고, 그것은 우리에게 꼭 필요했던, 작지만 멋진 것이었다. 그것이 바로 그 어떤 이유보다도, 그리고 다른 많은 이유가 있어도, 이 책을 그들에게 바치는 이유이다.

(계속해서) 마음을 따뜻하게 해 주는 음식

엿새째 되는 날, 아내와 나는 그곳에 온 후 처음으로 함께 병원을 떠날 수 있었다. 우리 아들은 확실히 고비를 넘겼고, 의사들은 다음 날이면 아기를 집으로 데려가도 좋다고 했다. 우리는 아슬아슬하게 위기를 넘겼다는 안도감을 느꼈다. 그래서 아들이 잠이 들자마자 엘리베이터를 타고 내려와 다시 세상으로 나왔다. (처가 식구들이 침대 곁을 지켰다.)

눈이 내리고 있었다. 눈발은 초현실적으로 느껴질 만큼 크고, 또렷하고, 오래갔다. 마치 아이들이 오려 낸 흰 종이 조각 같았다. 우리는 딱히 어디로 갈지도 정하지 않고 몽유병자들처럼 2번가를 미끄러져 내려가 한 폴란드 식당으로 들어갔다. 엄청나게 큰 유리창이 거리로 나 있었고, 눈송이가 유리창에 잠시 달라붙어 있다 떨어졌다. 무엇을 주문했는지 기억에 없다. 음식 맛이 좋았는지도 기억나지 않는다. 내 생애 최고의 식사였다.

잔인성

불필요한 고통을 고의적으로 유발할 뿐 아니라, 그에 대해 무관심한 것. 잔인해지기란 생각보다 훨씬 쉽다.

흔히 자연은 "피로 물든 이빨과 발톱"*을 지니고 있다고들 말한다. 나는 이 말을 목장 주인들한테서 수도 없이 들었다. 그들은 자기들이 동물들을 울타리 밖 위협으로부터 지켜주고 있다고 나를 설득하려 했다. 자연은 물론 소풍 같은 것이 아니다. (소풍이 소풍인 경우

* 테니슨의 시 「추념의 시」에서 나온 표현.

는 극히 드물다.) 또한 바로 그 최고의 농장에서 동물이 야생에서보다 더 나은 삶을 누리는 경우도 분명 있다. 그러나 자연은 잔인하지 않다. 서로를 죽이고, 때로는 고문하기까지 하는 것은 자연의 동물들이 아니다. 잔인함은 잔인함을 어떻게 이해하는가와, 그것에 맞서 뭔가를 선택할 능력에 달려 있다. 아니면 그것을 무시하기 위해 뭔가를 선택하는 능력에 달려 있거나.

필사의 노력

할머니의 지하실에는 밀가루 30킬로그램이 쌓여 있다. 최근 주말에 찾아갔을 때, 콜라 한 병을 가지러 내려갔다가 물이 차오르는 강둑에 쌓은 모래주머니처럼 벽에 줄지어 세워 놓은 주머니들이 눈에 띄었다. 아흔 살 먹은 노인한테 무슨 밀가루가 이리도 많이 필요하담? 게다가 냉장고에 든 2리터짜리 콜라 수십 병과 산처럼 쌓인 엉클 벤 찐쌀 부대하며, 벽처럼 쌓아 올린 호밀 빵은 또 뭐야?

"지하실에 밀가루를 엄청나게 많이 쌓아 두셨던데요." 나는 부엌으로 돌아가 이렇게 말했다.

"30킬로그램이다."

할머니의 말투를 파악할 수가 없었다. 자랑스러워하시는 건가? 도전적인 말투인가? 아니면 부끄러움?

"왜 그러셨는지 여쭈어 봐도 돼요?"

할머니께서는 찬장을 열고 두툼한 쿠폰 더미를 꺼내셨다. 밀가루 한 부대를 사면 한 부대를 공짜로 준다는 쿠폰이었다.

"어떻게 이렇게 많은 쿠폰을 얻으셨어요?" 내가 물었다.

"그 정도야 마음만 먹으면 일도 아니지."

"그 많은 밀가루로 뭘 하시려고요?"

"쿠키를 좀 만들 거다."

평생 운전대 한 번 잡아 본 적이 없는 할머니께서 슈퍼마켓에서 집까지 그것들을 어떻게 나르셨는지 머리를 굴려 보았다. 언제나 그렇듯 누군가가 운전을 해 주었을 테지만, 차 한 대에 밀가루 30킬로그램을 한 번에 다 실으신 걸까, 아니면 여러 번 왕복하셨을까?

내가 아는 할머니라면, 운전자에게 되도록 불편을 덜 끼치려면 차 한 대에 몇 부대나 실을 수 있을지 계산하셨을 것이다. 그런 다음 필요한 수만큼 친구들에게 연락을 해서 아마도 하루에 여러 차례 슈퍼마켓을 다녀오셨을 것이다. 홀로코스트를 헤치고 나올 수 있었던 것은 다 할머니가 운이 좋고 꾀발랐던 덕분이라고 할머니께서는 누누이 말씀하시곤 했는데, 꾀바르다는 건 바로 이런 것을 가리켜서 하신 말씀이었던가?

할머니의 식량 조달 작전을 나 역시 여러 차례 거들었다. 밀기울 시리얼을 세일했던 때가 기억난다. 쿠폰 한 장으로 고객 한 명당 세 상자까지만 살 수 있었다. 할머니는 당신 것으로 세 상자를 산 다음, 형과 나한테 세 상자씩을 사 오라 하고 문 앞에서 기다리셨다. 계산원 눈에 내 모습이 어떻게 비쳤을까? 진짜로 다섯 살짜리 사내아이가 굶어 죽어 가는 사람에게도 내키지 않을 음식을 몇 상자나 사려고 쿠폰을 쓴다고? 우리는 한 시간 후 돌아와서 또다시 그 짓을 했다.

밀가루에 대해 납득할 만한 답이 있어야 했다. 할머니는 대체 쿠키를 몇 사람 몫이나 구우실 셈인가? 계란 1400판은 어디 숨겨 두셨나? 그리고 무엇보다도, 어떻게 이 부대들을 다 지하실에 갖다 놓으셨을까? 할머니의 노쇠한 운전사들이야 내가 익히 다 아는 분들인데, 그들이 짐 나르는 일을 했을 리는 없다.

"한 번에 한 부대씩 날랐다." 할머니가 탁자 위 먼지를 손으로 쓸어 내며 말씀하셨다.

한 번에 한 부대라. 할머니 몸으로는 차에서 대문까지 한 번에 한 걸음 딛기도 힘들다. 할머니는 느릿느릿 힘겹게 숨을 쉬신다. 최근에 의사한테 갔다가 할머니의 심박 수가 푸른 고래와 맞먹는다는 것을 알았다.

할머니의 변함없는 소원은 다음 바르 미츠바*를 살아서 보는 것이지만, 내가 보기에는 적어도 10년은 더 사실 것 같다. 할머니는 엔간해서는 돌아가실 분이 아니다. 120세까지 사실지도 모른다. 그렇더라도 저 밀가루의 반도 다 못 쓰실 게 틀림없다. 그리고 할머니도 분명히 그 사실을 아신다.

마음을 불편하게 하는 음식

음식을 나누면 기분이 좋아지고 사회적 유대 관계가 생겨난다. 음식에 대해 누구보다도 사려 깊은 글을 쓴 마이클 폴란은 이를 '식탁 친교'라 부르며, 이 식탁 친교의 중요성이 채식주의에 반대하는 한 가지 요소가 된다고 주장한다. 나 역시 이에 동의한다. 한 가지 면에서는 그의 말이 옳다.

당신이 폴란과 같은 입장이며 공장식 축산 고기에 반대한다고 가정해 보자. 당신이 손님으로 갔는데 당신을 위해 준비한 음식을 먹

* 유대교에서 치르는 13세 남자아이의 성인식.

지 않는다면 남들 보기에 좋지 않을 것이다. 더구나 (폴란은 이런 상황에 처할 일이 없겠지만) 거절의 이유가 윤리적 차원에서라면 더욱 그렇다. 하지만 그 때문에 어느 정도까지 분위기가 망쳐질까? 이것은 고전적인 딜레마이다. 분위기를 망치지 않아야 한다는 데 얼마나 가치를 두는가? 사회적으로 책임 있게 행동하는 데 얼마나 가치를 두는가? 윤리적 식습관과 식탁 친교의 상대적 중요성은 상황에 따라 달라질 것이다. (할머니가 요리하신, 당근 넣은 닭고기를 물리치는 것은 전자렌지에 돌린 버펄로 윙에 손대지 않는 것과는 다르다.)

하지만 더 중요한 것이 있는데, 폴란은 이상하게도 이 점은 강조하지 않았지만, 육식을 가려서 하는 것이 채식주의보다 식탁 친교에 훨씬 더 큰 타격을 입힌다는 점이다. 친구한테 저녁 식사에 초대를 받았다고 상상해 보라. 당신이 이렇게 말한다 치자. "초대해 주어서 기뻐. 그런데 나 채식주의자야. 그냥 알고 있으라고." 아니면 이렇게 말할 수도 있다. "초대해 주어서 고맙다. 하지만 난 가족농이 생산한 고기만 먹어." 그렇다면 어떡하면 좋을까? 집주인이 부탁을 들어주는 것은 차치하고, 무슨 말인지 그를 이해시키기라도 하려면 웹사이트 링크나 동네 상점의 목록을 주인에게 보내 주어야 할지도 모른다. 이러한 노력이 목적을 달성하는 데에는 도움이 될지도 모르지만, (요즘은 달리 설명이 필요 없는) 채식주의자 식단을 부탁하는 것보다 더 무례한 행동이다. 요즘은 모든 음식 산업(레스토랑, 항공사, 대학 구내식당, 결혼식 출장 요리.)이 채식주의자들을 수용할 수 있는 시스템을 갖추고 있다. 하지만 육식을 가려 하는 사람들을 위한 인프라는 없다.

그리고 모임의 주인 노릇을 하게 되는 경우라면 어떨까? 육식을 가려 하는 사람들도 채식주의자용 음식은 먹지만, 역의 경우는 절대 성립하지 않는다. 어느 쪽이 식탁 친교를 두텁게 하는 데 더 도움이 될까?

그리고 식탁 친교는 우리 입에 넣는 것만이 아니라, 우리 입에서 나오는 것으로 이루어지기도 한다. 우리가 서로 다른 것을 믿을 때조차도, 우리가 믿는 것을 놓고 대화를 나누는 것이 우리 앞에 차려진 음식보다도 더 우정을 키우는 데 도움이 될 수도 있다.

다우너

(1) 기분을 울적하게 만드는 것 또는 사람.

(2) 쇠약해져서 자꾸 넘어지고, 버티고 서 있지 못하는 동물. 사람이 쓰러지는 경우나 마찬가지로, 이 경우도 심각한 병이 있음을 의미한다. 쓰러지는 동물들은 심각한 병이 들었거나 부상을 당한 상태이지만, 충분한 물과 휴식을 얻지 못해 천천히 고통스럽게 죽어 가는 경우도 많다. 다우너에 대해 신뢰할 만한 유용한 통계는 없지만 (누가 보도하겠는가?) 대략 다우너 소는 1년에 20만 마리 정도가 나오는 것으로 추산된다.[24] 이 책에 실린 단어당 두 마리씩인 셈이다. 동물의 복지를 고려하자면, 다우너 동물들을 안락사 시키는 것이 우리가 할 수 있는 최소한의 조치일 것 같다. 하지만 안락사를 시키려면 돈이 든다. 다우너들은 아무짝에도 쓸모가 없으므로 아무런 배려도, 자비도 얻지 못한다. 미국 50개 주 대부분이 다우너들을 며칠이고 방치해 두어 저절로 죽게 하거나 산 채로 대형 쓰레기통에 던져 넣어도 전혀 법적으로 문제 삼지 않는다.

이 책을 위해 처음으로 조사차 방문한 곳은 뉴욕 주 왓킨스글렌의 팜 생크추어리였다. 이곳은 농장이 아니다. 거기에서는 아무것도 사육하거나 재배하지 않는다. 1986년 진 바우어와 그의 아내 로리 휴스턴이 설립한 이 농장은 부자연스러운 생활에서 구해 낸 농장 동물들을 위해 마련되었다. (자연스러운 생활이란 다 자라면 도살당하는 동물들에게 쓰기에는 어색한 표현일 것이다. 예를 들어, 농장의 돼지들은 보통 110킬로그램 정도 나가면 도축된다. 이 유전적 돌연변이들을 팜 생크추어리에서처럼 그대로 살려 둔다면, 360킬로그램을 넘을 수도 있다.)

팜 생크추어리는 미국에서 가장 중요한 동물 보호, 교육, 로비 단체들 중 하나가 되었다. 한때는, 농담이 아니라 정말로 그레이트풀 데드의 콘서트장에서 폭스바겐 밴 뒤 칸에서 채식주의자용 핫도그를 판 돈으로 자금을 대던 시절도 있었지만, 이제는 뉴욕 북부에 0.7제곱킬로미터, 북부 캘리포니아에 1.2제곱킬로미터의 동물 보호 구역을 둘 정도로 성장했다. 회원 수가 20만 명이 넘고, 연간 예산이 약 600만 달러에 이르며, 지역 또는 전국적으로 법을 입안하는 데 영향을 행사할 능력을 갖추었다. 그러나 그중 어떤 것도 내가 거기에서 작업을 시작하기로 한 이유가 되지 못한다. 나는 단지 농장의 동물들과 상호작용을 누리고 싶었다. 서른 해를 살아오면서, 내가 접했던 돼지, 소, 닭은 모두 죽어서 토막 쳐진 것들뿐이었다.

목장을 걸으면서 바우어는 팜 생크추어리가 자신이 꿈꿔 왔거나 계획했던 것이라기보다는 우발적 사건에서 비롯된 것이었다고 설명했다.

"랭커스터 인근의 가축 사육장 옆을 운전하고 지나다가, 뒤쪽에서 한 무리의 다우너를 보았답니다. 가까이 다가가 보니 그중 양 한 마리가 머리를 움직이더군요. 아직 숨이 붙어서 괴로워하고 있었어요. 그래서 그 양을 밴 뒤 칸에 태웠지요. 내 평생 그런 짓을 해 본 것은 처음이었지만, 그냥 두고 갈 수가 있어야지요. 안락사를 시켜 줄 생각으로 수의사에게 데려갔답니다. 하지만 몇 번 쿡쿡 찔렀더니 발딱 일어서지 뭡니까. 그래서 윌밍턴의 우리 집으로 데려갔다가 그 다음에 농장을 구하고 나서는 여기로 데려왔답니다. 그 양이 10년을 살았어요. 10년이라니까요. 제법 오래 살았지요."

추가로 동물 보호소를 설립하자는 홍보 차원에서 이 이야기를 꺼낸 것은 아니다. 팜 생크추어리가 여러 가지로 좋은 일을 많이 하지만, 그 좋은 점은 교육적인 데 그치며(나 같은 사람이 진실을 체험할 수 있게 해 준다.), 실제로 얼마나 많은 동물을 구하고 돌보는가를 따져 본다면 현실성이 부족하다. 바우어는 누구보다도 먼저 이 점을 인정할 것이다. 내가 이 이야기를 한 것은 다우너 동물들이 건강한 상태에 가까운 경우도 있다는 것을 예를 들어 보여 주기 위해서이다. 어떤 동물이든 구해 주거나 자비롭게 죽여 주거나 둘 중 하나는 해 주어야 한다.

환경보호주의

자연 자원과, 인간의 삶을 유지해 주는 생태계를 보호하고 복구하려는 관심. 나를 더 흥분시킬 수도 있는 더 웅대한 정의들도 있지만, 사실 적어도 당분간은 이것이 일반적인 용어 정의가 될 것이다. 어떤 환경보호론자들은 동물도 자원에 포함시킨다. 여기에서 동물 자원이 의미하는 것은 보통 지구상에서 개체 수가 가장 많은 종이 아니라, 멸종 위기에 처해 있거나 사냥을 당해서 보호와 복구가 가장 필요한 그런 종이다.

시카고 대학에서 이루어진 최근 연구는 우리의 식단 선택이 지구 온난화에 적어도 운송 수단 선택과 맞먹는 역할을 한다는 사실을 발견했다.[25] UN[26]과 퓨 위원회[27]에서 좀 더 최근에 발표한 권위 있는 연구 결과는 전 세계적으로 축산 동물들이 운송 수단보다 기후 변화에 더 영향을 미친다는 사실을 확실하게 보여 준다. UN에 따르면, 가축 부문은 전체 온실 가스 배출량의 18퍼센트를 차지하며,[28] 이는 차, 트럭, 비행기, 열차, 배를 비롯한 전체 운송 수단 부문보다 약 40퍼센트나 더 많은 것이다.[29] 축산업은 지구온난화 지수(GWP)가 이산화탄소의 296배에 달하는 인공 아산화질소의 전체 배출량 중에서 65퍼센트를 발생시킬 뿐 아니라, GWP가 이산화탄소보다도 23배나 더 높은 인공 메탄의 전체 배출량 중에서 37퍼센트를 발생시킨다.[30] 가장 최근 자료들은 식단의 역할을 양으로 보여 주기까지 한다. 잡식주의자들은 채식주의자들보다 7배나 많은 온실 가스를 방출한다.[31]

UN은 육류 산업이 환경에 미치는 영향을 다음과 같이 요약했다. (공장식이든 전통적인 농장식이든) 식량으로 동물을 기르는 것은 "한 지역에서 전 세계 규모에 이르기까지, 가장 심각한 환경 문제에 영향을 미치는 가장 중요한 요소들 중 하나이다. (중략) 〔축산업은〕 토양 오염, 기후 변화, 대기 오염, 물 부족과 수질 오염, 생물학적 다양성 상실 등의 문제를 다룰 때 주요 정책의 주안점이 되어야 한다. 환경 문제에 가축이 미치는 영향은 막대하다."[32] 다시 말해서, 환경에 대해 관심을 갖는다면, UN[33]과 같은 정보원(혹은 기후 변동에 관한 정부간 패널[34]이나 공익을 위한 과학 센터,[35] 퓨 위원회,[36] 우려하는 과학자 연맹,[37] 월드워치 연구소[38]…….)이 내놓는 과학적 결과들을 받아들인다면, 고기를 먹는 문제에 관심을 갖지 않을 수 없다.

간단히 말하자면, 공장식 축산 동물 제품을 규칙적으로 먹는 사람이라면, 그 단어를 본래 의미와 분리하지 않고서는 환경보호주의자라고 자처할 수가 없다는 얘기다.

공장식 축산 농장

이 용어는 다음 세대쯤이면 아예 용도 폐기될 것이 분명하다. 이유는 공장식 축산 농장이 더는 존재하지 않게 되거나, 아니면 이것과 비교할 가족농이 사라지거나 둘 중 하나일 것이기 때문이다.

가족농

가족농의 일반 정의는, 한 가족이 동물을 소유하고 농장 운영을 하며 하루하루 노동을 바치는 농장이다. 두 세대 전에는 사실 모든 농장이 가족농이었다.

사료 요구율

공장식 농장 농부든 가족농의 농부든 양쪽 다 농장의 동물들이 먹는 식량 단위당 얻을 수 있는 동물의 고기, 계란, 우유의 비율에 관심을 갖지 않을 수 없다. 그러나 이들의 관심에는 차이가 있다. 즉 그들은 수익성을 증대시키기 위해 어느 정도까지 손을 쓰는가에서 전혀 다르다. 이것이 두 종류의 농부들을 구별 짓는다. 예를 들어 보자.

음식과 빛

공장식 축산 농장들은 보통 생산성을 높이기 위해 음식과 조명을 조작하는데, 동물의 복지는 무시되기 일쑤다. 계란을 얻으려는 농부들은 이런 방법을 써서 새의 체내 시계에 재시동을 걸어 새들이 귀한 알을 동시에 더 빨리 낳게 만든다. 한 육계 농장 농부가 나에게 이렇게 상황을 설명해 주었다.

> 칠면조 축산업에서는 23~26주, 양계 산업에서는 16~20주가 되어 암컷이 성숙하면 암컷들을 바로 우리에 넣고 조명을 어둡게 합니다. 완전히 깜깜하게 해 놓을 때도 있습니다. 그런 다음 아주 저단백질 사료만 먹입니다. 굶어 죽지 않을 정도로만 먹이는 거죠. 이런 식으로 2~3주쯤 갑니다. 그다음 하루 열여섯 시간, 스무 시간씩 불을 켜 줍니다. 그러면 새들은 봄이 온 줄 알지요. 사료도 고단백질로 줍니다. 새들은 곧장 알을 낳기 시작합니다. 아주 과학적인 원리에 따르기 때문에, 얼마든지 원하는 대로 움직이도록 할 수 있습니다. 야생에서는 봄이 오면 싹이 돋아나고 잔디가 자라고 해가 길어지지요. 새들한테 이렇게 말하는 겁니다. "자, 이제 슬슬 알을 낳아야겠어. 봄이 왔잖아." 그러니까 이미 내장된 것을 사람이 톡 건드려 주는 것뿐이지요. 조명, 음식, 먹는 때를 조절함으로써 산업은 새들이 1년 내내 알을 낳게 만들 수 있답니다. 그래서 그렇게 하는 거죠. 칠면조들은 이제 1년에 알을 120개 낳고, 암탉은 300개를 낳습니다. 자연 상태에서보다 두 배 내지는 세 배까지도 많은 양이지요. 그렇게 첫해를 보내고 나면 다음 해에는 새들이 그만큼 알을 많이 낳지 못하기 때문에 도축당합니다. 산업은 알을 적게 낳는 새들을 먹이고 돌보느니 죽여 버리고 새로 시작하는 편이 더 싸게 먹힌다는 사실을 발견한 거

지요. 이러한 관행 덕분에 새고기가 오늘날 그렇게 싼 값에 나오게 되었지만, 새들은 그로 인해 고통 받고 있어요.

사람들 대부분이 가축 우리가 좁다든가, 폭력적인 방식으로 도축한다든가 하는 공장식 축산 농장의 잔인성을 어렴풋하게나마 대강은 알지만, 광범위하게 실행되는 기술들은 대중에게 잘 알려져 있지 않다. 나도 음식과 조명을 빼앗는다는 얘기는 처음 들어 보았다. 그 사실을 알고 난 후로는 다시는 흔히 파는 계란을 먹고 싶은 마음이 사라졌다. 고맙게도 방목이 있다. 그렇지 않은가?

방목

고기, 계란, 때로는 생선(목장의 참치?)한테까지도 붙는 방목 꼬리표는 다 개소리다. "완전히 자연 그대로", "신선한", "마법 같은"이라는 말과 마찬가지로 그 말에서 마음의 평화를 얻어서는 안 된다.

방목이라고 하려면, 고기용으로 키우는 닭이 '야외로 나갈 수 있어야' 한다.[39] 문자 그대로 받아들인다면, 그 말은 아무런 의미도 없다. (닭 3만 마리가 들어찬 닭장을 상상해 보라. 한쪽에 달린 작은 문은 좁다란 공터로 이어져 있다. 그 문은 가끔씩을 제외하고는 항상 닫혀 있다.)

USDA는 산란계의 경우에는 아예 방목에 대한 정의조차 규정하지 않으며, 대신 방목했다는 주장의 정확성을 뒷받침하는 자료로 생산자의 증명서를 든다.[40] 널따랗고 휑한 헛간에 꽉꽉 밀어 넣어 키운 닭이 낳은, 공장식 축산 농장의 계란에 방목 라벨이 붙는 일이 흔하다. (닭장을 쓰지 않도록 규제하고 있으나 그 말 이상도, 이하의 의미도 아니다. 닭들이 닭장 속에 있는 건 아니다.) 대부분의 '방목'(혹은 닭장에서 사육하지 않는) 산란계들은 일단 '진이 다 빠지면' 부리를 자르고 약을 먹여 잔인하게 도살한다고 보면 된다.[41] 내 싱크대 밑에 닭 한 떼를 몰아넣고 방목이라고 우겨도 아무 상관 없다.

신선한

이건 더 개소리다. USDA에 따르면, "신선한" 가금류는 체내 온도가 영하 3도 이하 혹은 영상 5도 이상인 경우는 절대 없었다.[42] 신선한 닭은 냉동된 것이어도 괜찮고(그래서 "신선한 냉동 닭"이라는 모순어법이 나온다.) 음식의 신선도에 시간은 관계가 없다. 병원균에 감염되고 배설물 범벅이 된 닭도 기술적으로는 신선하고, 닭장 밖에서 방목으로 키워진 것이라 할 수 있으며, 법적으로 슈퍼마켓에서 판매할 수 있다. (우선 똥은 좀 씻어내야겠지만 말이다.)

습관, ~의 힘

아버지는 우리 집에서 요리란 요리는 전부 도맡아 하시면서 우리에게 특이한 음식을 곧잘 해 주셨다. 우리는 두부가 두부이기 이전에도 두부를 먹었다. 아버지가 그 맛을 좋아해서도 아니요, 요즘처럼 두부가 건강에 좋다고 해서도 아니었다. 아버지는 단지 남들이 안 먹는 뭔가를 먹고 싶었을 뿐이다. 그리고 틀에 박힌 요리법을 따르면서 재료만 낯선 것들을 쓰는 것으로는 만족하지 못하셨다. 아버지는 포토벨로 '핑거스', 팔라펠* '라구',** 밀 글루텐 '스크램블' 따위를 만

* 이스라엘의 전통 음식으로, 조미한 야채를 넣어 납작하게 말아서 만든 빵.

** 미국 라구 사의 이탈리아 요리용 소스.

드셨다.

아버지는 '요리' 중 상당수에 대체 식품을 쓰셨다. 코셔가 아닌 공짜 식품을 좀 더 미묘하게 코셔가 아닌 식품(베이컨 → 칠면조 베이컨)으로, 건강에 좋지 않은 음식을 약간 더 건강에 나쁜 음식(칠면조 베이컨 → 가짜 베이컨)으로 바꿔서 어머니를 넘어오게 하려고 하시기도 했고, 어떤 때는 오로지 그것이 가능하다는 것을 입증하기 위해 바꾸기도(밀가루 → 메밀가루) 하셨다.

최근에 집을 찾았을 때, 아버지의 냉장고에서 발견한 식품은 바로 이런 것이었다. 인조 닭고기 패티, 너겟, 사슬 모양의 가짜 소시지와 패티, 버터와 계란 대체품, 채식주의자용 버거, 채식주의자용 킬바사.* 수십 가지 다양한 모조 동물 제품을 먹는다고 하면 채식주의자라 생각할지 몰라도, 그것은 사실이 아닐 뿐 아니라(우리 아버지는 항상 고기도 드신다.), 요점을 다 놓치는 것이다. 아버지는 항상 본질을 거슬러 요리를 하셨다. 아버지의 요리법은 미식가다울 뿐 아니라 실존적이다.

우리는 한 번도 그런 점을 문제 삼은 적이 없었고, 심지어 좋아했을지도 모른다. 저녁 식사에 친구들을 데려올 생각은 한 번도 안 해봤지만. 아버지를 위대한 요리사로 여겼을지도 모른다. 하지만 할머니의 요리에서 보았듯이, 음식은 음식이 아니었다. 그것은 이야기였다. 모험을 즐기고, 새롭다는 이유로 새로운 것을 우리에게 한 번 먹어 보라고 부추기고, 사람들이 아버지의 미친 과학자 같은 요리를 비웃으면 그 비웃음이야말로 그 어떤 음식의 맛보다도 더 가치 있다

* 폴란드의 훈제 소시지.

여기고 좋아하는 아버지가 바로 우리의 이야기였다.

저녁 식사 뒤에 디저트가 따라 나오는 법은 절대 없었다. 나는 18년을 부모님과 함께 살았지만 식탁에 달콤한 것이 나온 때는 단 하나도 기억나지 않는다. 아버지가 우리 이를 걱정해서 그러신 것은 아니었다. (이 닦으라는 말은 별로 들은 기억이 없다.) 아버지는 단지 디저트가 꼭 필요하다고 생각지 않으셨던 것이다. 맛 좋은 음식이 더 훌륭한 것이 확실한데, 어째서 위장을 다른 것으로 채운단 말인가? 놀라운 것은 우리가 아버지 말씀을 믿었다는 사실이다. 음식에 대한 생각은 물론이고, 의식 이전의 욕구까지, 내 입맛은 아버지의 교훈에 따라 형성되었다. 오늘날까지도 디저트에 나만큼 관심 없는 사람은 보질 못했다. 나는 항상 노란 케이크 한 조각을 놔두고 흑빵 한 쪽을 집는다.

내 아들의 욕구는 어떤 가르침에 따라 형성될까? 나는 고기에 대해서는 거의 완전히 식욕을 잃어서 붉은 고기를 보면 거부감을 느끼곤 하지만, 여름에 바비큐 냄새를 맡으면 아직도 입안에 침이 고인다. 내 아들은 어떨까? 그 애는 정말로 맛이 없어서 고기를 원하지 않는 최초의 세대가 될까? 아니면 훨씬 더 간절히 먹고 싶어 할까?

인간

인간들은 의도적으로 이이를 낳고, 접촉을 하고(혹은 하지 않고), 생일을 챙기고, 시간을 낭비하고, 이를 닦고, 향수를 느끼고, 얼룩을 지우고, 종교를 만들고, 정치 정당과 법을 세우고, 유품을 보관하고, 모욕을 준 후 몇 년이 지나서 사과를 하고, 속삭이고, 스스로를 두려워하고, 꿈을 해석하고, 성기를 숨기고, 면도하고, 타임캡슐을 묻고,

양심상 이유로 어떤 것을 먹지 않기로 할 수 있는 유일한 동물이다. 동물을 먹는 것을 정당화하는 근거와 먹지 않는 것을 정당화하는 근거는 종종 동일하다. 우리는 그들이 아니기 때문이다.

본능

우리들 대다수는 철새들이 방향을 찾는 놀라운 능력을 익히 잘 안다. 철새들은 대륙을 가로질러 특정한 보금자리로 가는 길을 찾을 수 있다. 나는 이 사실에 대해 배울 때 그것이 '본능'이라고 들었다. ('본능'은 동물의 행동이 너무 지나치게 지능적일 때마다 동물의 그 선택을 설명하는 데 쓰인다. ('지능' 항목 참조.)) 하지만 본능은 비둘기들이 어떻게 인간이 다니는 길을 따라 날아가는지를 설명하는 데에는 그다지 도움이 되지 않는다. 비둘기들은 고속도로를 따라가다가 아래에서 운전하는 인간들과 똑같은 경계표지들을 따르는 것처럼 특정 출구로 나간다.[43]

좁은 의미로 지능은 지적 능력으로 정의되었다.(예를 들어, 박식한 사람.) 요즘은 시공간적 지능, 대인 지능, 감정 지능, 음악 지능 등 지능을 다양하게 본다. 치타가 빨리 뛸 수 있다고 해서 지적이라고 할 수는 없다. 하지만 삼각형의 빗변을 찾아내고, 먹잇감의 움직임을 예측하고 가로막는 등 공간을 측정하는 불가사의한 능력은 일종의 의미 있는 정신적 작용이다. 이것을 본능이라고 치부해 버린다면, 외과의사가 망치로 무릎을 톡톡 쳐서 다리가 허공을 차는 것과 축구 경기에서 페널티 킥을 멋지게 찰 수 있는 것을 똑같이 취급하는 것이나 마찬가지다.

지능

여러 세대에 걸쳐 농부들은 영리한 돼지들은 돼지우리의 빗장을 여는 법을 익힌다는 사실을 알았다. 영국 박물학자 길버트 화이트는 1789년 이러한 암컷 돼지에 대해서 기록했다. 그 돼지는 빗장을 풀고 나서 "중간에 있는 문을 모두 열고, 혼자 〔수컷이〕 갇혀 있는 멀리 떨어진 농장까지 가곤 했다. 목적을 달성하고 나서는 똑같은 방법으로 집에 돌아왔다."[44]

과학자들은 돼지들에게 언어가 있다는 것을 입증했다.[45] 돼지들이 (인간이나 서로가) 부르면 오고,[46] 장난감을 가지고 놀고(마음에 드는 것은 갖고),[47] 곤란에 빠진 다른 돼지들을 도우러 가는[48] 모습도 관찰되었다. 축산업계에 우호적 입장을 취하는 동물 과학자 스탠리 커티스 박사는 코로 조작할 수 있도록 만든 조이스틱으로 비디오게임을 하도록 돼지들을 훈련시킴으로써 돼지의 인지 능력을 경험적으로 평가했다. 돼지들은 게임을 배우는 정도가 아니라, 침팬지만큼 게임을 빨리 해냈고 추상 표현에 놀라운 능력을 과시했다.[49] 빗장을 푸는 돼지들의 전설은 계속된다.[50] 커티스의 동료인 켄 케파트 박사는 이런 일을 할 수 있는 돼지들의 능력을 확인한 것은 물론이고, 이에 덧붙여 돼지들이 종종 짝을 지어 작업을 하며, 보통 반복해서 빗장을 풀고, 심지어 다른 돼지들의 빗장까지 열어 주는 경우도 있다고 했다. 돼지의 지능에 관한 이야기가 미국 농촌에 전해 오는 민담의 일부였다면, 바로 그런 똑같은 민간 전승으로 사람들은 물고기와 닭이 유독 멍청하다고 상상했다. 과연 그럴까?

지능?

1992년 학술지 게재 심사를 거친 논문 중 70편만이 물고기의 학습에 관해 보고했다.[51] 10년 후에는 이러한 논문이 500편에 달했다. (오늘날은 640편이다.)[52] 다른 어떤 동물에 관해서도 우리의 지식이 이렇게 빨리, 극적으로 수정된 적은 없었다. 1990년대에 물고기의 정신적 능력에 관한 세계적 전문가였다고 해도, 오늘날에는 기껏해야 초보자밖에는 될 수 없을 것이다.

물고기는 복잡한 둥지를 짓고,[53] 일부일처제를 유지하며,[54] 다른 종과 협동해서 사냥을 하고,[55] 도구를 사용한다.[56] 물고기들은 서로를 구별해서 인식한다.(믿어도 좋은 상대와 믿지 못하는 상대를 기억한다.)[57] 물고기들은 독자적으로 판단을 내리며,[58] 사회적 위신을 스스로 감지하고 관찰하며[59] 더 나은 지위를 얻기 위해 경쟁한다.(《어류와 어업》 학술지 논문에서 인용한 바에 따르면, 물고기들은 "조종, 처벌, 화해 등 마키아벨리적 전략"[60]을 사용한다.) 물고기들은 주목할 만한 장기 기억 능력이 있으며,[61] 사회적 네트워크를 통해 서로 지식을 전달하는 데 숙련되어 있고,[62] 대를 이어 정보를 전달할 줄도 안다. 물고기들은 과학 문헌에서 "먹이고, 교육하고, 쉬고, 짝짓기를 하는 장소로 가는 특정한 길을 찾는, 오랫동안 이어져 온 '문화적 전통'"이라고 부르는 것까지도 갖췄다.[63]

그러면 닭은? 여기에서도 마찬가지로 과학 분야에서 혁명이 있었다. 저명한 동물 생리학자 레슬리 로저스 박사는 조류의 뇌에서 편재화 현상을 발견했다.[64] 이는 뇌가 좌뇌와 우뇌로 분리되어 각각 다른 특성을 갖는 것으로, 한때는 인간 뇌에만 존재하는 고유한 특질로 믿었다. (과학자들은 이제 편재화가 동물의 왕국 전역에 존재한다는 것을 인정한다.)[65] 로저스는 40여 년간 조사 경험을 토대로, 새의 뇌에 대한 우리의 현재 지식으로 보아 "새들에게 포유류, 심지어 영장류와도 맞먹는 인지 능력이 있음이 분명하다."라고 주장했다.[66] 그녀는 새들이 "자신만의 자서전을 이루는, 연속적으로 이어지는 일종의 연대기적 사건 순서에 따라 기록되는" 정교한 기억력을 지녔다고 주장한다.[67] 물고기들처럼, 닭도 대를 이어 정보를 전달할 수 있다.[68] 또한 서로를 속이기도 하고[69] 더 큰 보상을 위해 만족을 미룰 수도 있다.[70]

이러한 연구를 통해 새의 뇌에 대한 우리의 이해가 너무나 많이 바뀌어서, 2005년 전 세계에서 과학 전문가들이 조류의 뇌를 이루는 부분들의 이름을 다시 짓는 절차를 개시하기 위해 모였다. 그들은 '원시적' 기능을 의미하는 과거의 용어들을 새의 뇌가 인간의 대뇌 피질과 유사한 (그러나 다른) 식으로 정보를 처리한다는 새로운 인식[71]을 반영한 용어로 바꾸는 것을 목표로 하고 있다.

뇌의 그림을 앞에 놓고 서서 개명을 위해 논쟁을 벌이는 완고한 생리학자들의 모습은 더 많은 것을 시사한다. 모든 것의 시작이 되는 이야기의 시작을 상상해 보라. 아담(이브도 없고 신적 존재의 안내도 없이)이 동물에게 이름을 붙여 준다. 아담이 했던 일을 계속 이어서, 우리는 멍청한 사람들을 새대가리라고, 겁쟁이들을 닭이라고, 바보들을 칠면조라고 부른다. 이것이 우리가 붙여 줄 수 있는 제일 좋은 이름들일까? 여자들이 갈비뼈에서 나왔다는 생각을 수정할 수 있다면, 우리 저녁 식탁에서 바비큐 소스를 뒤집어쓴 채 등장하는 갈비로 끝나거나, 아니면 우리 손에 들린 KFC로 끝나는 식으로 동물들을 치부해 버리는 관념은 바꿀 수 없을까?

KFC

전에는 켄터키 프라이드치킨을 뜻했지만 이제는 아무것도 가리키지 않는 KFC는 논란의 여지가 있지만 역사상 그 어떤 것보다도 전 세계 고통의 총량을 늘린 회사일지도 모른다. KFC는 1년에 거의 10억 마리 닭을 구입한다.[72] 그 닭들을 한 마리씩 포장한다면 맨해튼을 강 끝에서 끝까지 다 덮고 사무용 건물들의 높은 층 창문까지 넘쳐날 것이다. 그러니까 KFC의 업무는 가금류 산업 전 부문에 걸쳐 엄청난 파급 효과를 낳는다.

KFC는 "닭의 복지와 인도적 처리에 기여한다."라고 주장한다.[73] 이 말을 과연 믿어도 좋을까? KFC에 닭을 공급하는 웨스트버지니아의 한 도축장에서 노동자들이 살아 있는 닭의 목을 자르고, 눈에 담배를 박고, 닭의 얼굴에 스프레이 페인트를 뿌리고, 거칠게 닭을 짓밟는다는 증거가 제시되었다.[74] 이러한 행동들이 목격된 것만도 수십 차례였다. 이 도축장은 어쩌다 나오는 '썩은 사과'가 아니라, '올해의 우수 공급 업체'였다. 상황이 이러니 아무도 보지 않는 썩은 사과에서는 무슨 일이 벌어질지 상상해 보라.

KFC의 웹 사이트에서는 이렇게 주장한다. "우리는 우리 공급 업체들이 동물들을 돌보고 다루는 데 인도적 수단을 이용하는지를 판단하기 위해 계속해서 모니터링하고 있습니다. 우리의 높은 기준을 따르고 우리와 함께 동물 복지에 기여할 것을 약속한 공급 업체들하고만 거래하는 것이 우리의 궁극적 목표입니다."[75] 반은 진실이다. KFC는 복지를 보장하겠노라고 약속한 공급 업체들과 거래를 한다. KFC가 말해 주지 않는 사실은 공급 업체들이 관행적으로 무엇을 복지로 간주하는가이다. ('CFE' 항목 참조.)

이와 비슷한 절반의 진실은 KFC가 공급 업체들의 도축 시설에 대해 복지 감사를 시행하고 있다는 주장이다.(위에서 언급한 '모니터링'.) 우리에게 말해 주지 않는 것은 이 감사를 보통 미리 통보하고 실시한다는 것이다. KFC가 (적어도 이론상으로) 공언하는 감사란 어떤 면에서는 곧 검사를 받을 대상에게 남의 눈에 띄고 싶지 않은 것은 무엇이든 방수포로 덮어씌울 시간을 충분히 허락하면서 그들의 불법적 행동을 입증하겠다는 뜻이다. 그뿐 아니라, 감사관들이 보고해야 하는 기준에는 KFC의 동물 복지 고문들이 최근에 내놓은 권고 중 단 한 가지도 포함되어 있지 않다. 이 고문들 중 다섯 명이 좌절하고 사임했다. 그들 중 한 사람인 아델 더글러스는 《시카고 트리뷴》에 KFC가 "회의라고는 단 한 번도 한 적이 없다. 그들은 어떤 조언도 청하지 않으면서 언론에 자기들이 동물 복지 자문 위원회를 두고 있다고 선전하기에만 바쁘다. 이용당한 기분이 든다."라고 말했다.[76] 겔프 대학에서 동물 복지 연구의 명예 의장이고, 자문 위원회 임원이었으며, 북미 지역에서 조류 복지 분야의 선도적인 과학 전문가로 꼽히는 이언 덩컨은 "개선되는 속도가 너무나 느려서, 그 때문에 사임했다. 언제 일어나도 일어날 일이었다. 그들은 정말로 기준을 만드는 일을 미루고만 있다. (중략) 경영진이 실은 동물 복지를 중요하게 생각하지 않는 것 같다."라고 말했다.[77]

이 다섯 명의 자문 위원회 임원들이 어떻게 교체되었을까? 현재 KFC의 동물 복지 자문 위원회에는 일부 노동자들이 가학적으로 새들을 학대하는 장면이 목격되었던 '올해의 우수 공급 업체' 공장을 운영하는 회사인 필그림스 프라이드의 부사장, 해마다 22억 마리 닭을 도살하며 역시 여러 차례 시행된 조사 중(그중 한 번은 직원들이 도축 라인에 대고 소변을 보기도 했다.)[78] 일부 직원들이 살아 있는 새들을 토막 내는 장면이 목격된 타이슨 식품의 이사가 포함되어 있으며, KFC의 '임원진과 그 외 직원들'도 정기적으로 참여한다.[79] 근본적으로 KFC는 자사의 공급 업체를 자문역으로 삼았으면서 자문역들이 공급 업체들을 대상으로 프로그램을 개발했다고 주장한다.

그 이름처럼, 동물 복지에 대한 KFC의 기여도는 아무 의미도 없다.

코셔?[80]

내가 유대 학교나 집에서 배운 바로는, 유대교의 음식 금기는 일종의 타협책으로 고안된 것이었다. 인간이 꼭 동물을 먹어야겠다면, 세상의 다른 동물들에 대해 존중하는 마음을 갖고 겸손한 태도로, 아주 인도적으로 해야 한다. 자기가 먹는 동물에게 그들이 살아 있을 때나 도축당할 때나 불필요한 고통을 주어서는 안 된다. 그러한 사고방식 때문에 어린 시절 유대인이라는 데 자부심을 느꼈고, 지금도 역시 자부심을 느낀다.

바로 그 때문에, 세계 최대의 코셔 도축장인 아이오와 포스트빌의 애그리프로세서에서 완전히 의식이 살아 있는 소들의 목을 잘라 식도와 기관을 체계적으로 뽑아내는 장면, 부주의하게 도살한 결과로 소들이 3분 동안 천천히 죽어 가는 장면, 소의 얼굴에 전기봉으로 충격을 가하는 장면을 녹화한 것을 보았을 때, 일반 도축장에서 일어나는 이런 일들에 대해 수없이 많이 들었을 때보다도 훨씬 더 마음이 괴로웠다.

다행히도 많은 유대 공동체들은 아이오와의 도축장에 반대의 목소리를 냈다. 보수파 운동의 랍비 총회 의장은 모든 랍비들에게 보낸 메시지에서 "코셔라고 주장하면서 규칙을 어기고 하느님의 살아 있는 피조물에게 고통을 주는 회사가 있다면, 그 회사는 유대 공동체에, 그리고 궁극적으로는 하느님께 답변을 해야 한다."라고 주장했다.[81] 이스라엘의 바르 일란 대학의 탈무드 학과 정통파 의장 역시 항의하며 웅변적으로 말했다. "이런 식의 코셔 도축을 하는 공장은 신의 이름을 더럽히는 죄를 저지르는 셈이다. 하느님이 제례 법에만 신경 쓰고 도덕적 법은 개의치 않는다고 주장한다면 하느님의 이름을 모독하는 것이기 때문이다."[82] 그리고 미국 랍비 개혁 중앙 협회의 의장과 보수파 운동의 랍비 교육 기관인 치글러 학교 학장을 포함하여 50명이 넘는 영향력 있는 랍비들이 낸 공동 성명에서 "동물에 대한 동정심을 가르치는 유대교의 굳건한 전통이 체계적인 학대로 유린되고 있으며, 이를 다시 바로 세울 필요가 있다."라고 주장했다.[83]

애그리프로세서에서 문서로 입증된 잔인한 행위가 코셔 산업에서 근절되었다고 믿을 만한 근거는 없다. 공장식 축산업이 지배하는 한 기대하기 어려울 것이다.

여기에서 어려운 문제가 제기되는데, 이것을 사고의 실험으로서가 아니라 단도직입적인 질문으로 던지겠다. 성경에 나오는 양치기와 양떼의 세계가 아니라 동물이 법적, 사회적으로 상품 취급되는 인구 과잉의 우리 세계에서 (전심전력을 다한다 해도) '신성모독'을 피하기 위해서 "하느님의 살아 있는 피조물에게 고통을 주"지 않고 고기를 먹는다는 것이 가능하기나 한가? 코셔 고기라는 개념 자체가 모순이 되어 버렸는가?

유기농[84]

유기농이란 무엇을 의미하는가? 아무 의미가 없는 것은 아니라 해도, 우리가 유기농이라고 받아들이는 것에는 한참 못 미친다. 유기농 딱지가 붙은 고기, 우유, 계란에 대하여 USDA는 다음과 같은 사항을 요구한다. (1) 동물을 유기농 사료(즉, 합성 농약과 비료 없이 키워진 곡물)를 먹여 키워야 한다. (2) 동물의 생활 주기를 추적해야 한다.(즉, 문서 족적을 남겨야 한다.) (3) 항생제나 성장 촉진 호르몬을 먹여서는 안 된다. (4) '야외 활동을 할 수 있도록' 해 주어야 한다. 슬프게도 마지막 기준은 거의 무의미해져 버렸다. 어떤 경우에는 '야외 활동을 할 수 있게 해 준다'는 것이 철망을 친 창 너머로 밖을 내다볼 기회를 준다는 정도의 의미밖에 없다.

유기농 식품은 일반적으로 안전을 거의 확신할 수 있으며, 생태 발자국 지수*는 더 낮으면서 건강에는 더 좋다. 하지만 유기농 식품이 꼭 더 인도적인 것은 아니다. 산란계나 소에 관해서라면 '유기농'은 더 나은 복지를 의미한다. 또한 돼지의 경우에도 더 나은 복지를 뜻할 수도 있지만, 보장성은 떨어진다. 그러나 육계와 칠면조의 경우에는 '유기농'이 복지 문제에 한해서는 꼭 의미가 있지는 않다. 자기 칠면조를 유기농이라고 하면서 매일 괴롭혀도 상관없다.

PETA

중동의 빵과도 발음이 비슷한 이 단체는 내가 만난 농부들에게도

* Ecological Footprint, EF. 인간이 지구에서 살아가는 데 필요한 것들을 제공하기 위해 자원을 생산하고 폐기하는 데 드는 모든 비용을 토지로 환산한 지수.

잘 알려져 있다. 세계 최대의 동물 권리 단체인 이 '동물에 대한 윤리적 대우를 주장하는 사람들의 모임(People for the Ethical Treatment of Animals)'은 회원 200만 명 이상을 거느리고 있다.

PETA 사람들은 아무리 남들 눈에 곱지 않게 보일지라도(인상적이다.) 누가 모욕을 당하든지 상관 않고(이것은 그다지 인상적이지 않다.) 자기들의 운동을 전진시키기 위해서라면 못 할 일이 거의 없는 것 같다. 그들은 피투성이가 된 채 고기 써는 식칼을 휘두르는 로널드 맥도날드와 함께 '언해피밀'을 어린 아이들에게 나누어 줄 것이다. 토마토에 붙일 "모피 입은 사람한테 저를 던져 주세요."라고 쓰인 스티커를 인쇄할 것이다. 그들은 포 시즌 호텔에서 점심을 먹는 《보그》 편집장 안나 윈투어의 식탁에 죽은 너구리를 던졌고(그리고 그녀의 사무실에 구더기가 우글거리는 내장을 보냈다.), 대통령과 왕족들 앞에서 스트리킹을 하고, 학생들에게 "너희들 아빠가 동물을 죽이고 있다!"라는 팸플릿을 나누어 주고, 펫 샵 보이스(Pet Shop Boys)에게 이름을 레스큐 셸터 보이스(Rescue Shelter Boys)로 바꾸라고 요구했다.(그 밴드는 요구를 들어주지 않았지만, 논의해 볼 가치가 있는 이슈라는 점은 인정했다.) 그들의 외곬 에너지를 진지하게 칭찬해 주기는 쉽지 않다. 그 에너지가 나를 향하는 것만은 당연히 어떻게든 피하고 싶을 것이다.

그들을 어떻게 생각하건 간에 PETA보다 공장식 축산업과 그 동맹들에게 공포를 불러일으키는 조직은 없다. 그들은 효율적이다. PETA가 패스트푸드 회사들을 표적으로 삼았을 때, 미국에서 가장 유명하며 권위 있는 복지 과학자인 템플 그랜딘(그녀는 전국의 소 도축장 절반 이상을 설계했다.)은 과거 30년간 일하면서 보아 온 것보다 최근

1년 동안 더 많은 개선을 봤다고 말했다.[85] 아마도 지구상에서 PETA가 제일 미워하는 인물일 스티브 코퍼러드(10년 동안 반PETA 세미나를 열어 온 육류 산업 컨설턴트)는 이렇게 말한다. "이제는 PETA가 많은 임원들에게 신의 공포를 불어넣을 능력이 있다는 사실을 산업 전반에서 충분히 인지하고 있다."[86] 모든 종류의 회사들이 정기적으로 PETA와 협상을 하고, 공개적으로 그 단체의 목표물이 되는 것을 피하기 위해 동물 복지 정책을 조용히 바꾼다는 사실을 알았을 때에 나는 놀라지 않았다.

PETA는 관심을 끌기 위해 냉소적인 전략을 사용한다는 비난을 받기도 하는데, 어느 정도는 진실이다. 또한 PETA는 인간과 동물을 동등하게 취급해야 한다고 주장한다는 비난도 받는데, 그들이 그렇지는 않다. (그것이 무슨 의미가 있기나 할까? 소한테 투표라도 하라고?) 그들이 유난히 감정에 휩쓸리는 군중 집단은 아니다. 어느 편이냐 하면, 그들은 지나치리만큼 이성적이며, 수영복 차림의 패멀라 앤더슨 못지않게 유명한 그들의 진지한 이상("동물은 먹거나, 입거나, 실험을 하거나, 오락거리로 이용할 수 있는 우리의 소유물이 아니다.")을 실현하는 데 집중한다. 놀랄 사람들도 많겠지만, PETA는 안락사에 찬성한다. 예를 들어 개를 개 사육장에서 살게 할지 안락사를 시킬지 둘 중에서 선택해야 한다면, PETA는 후자를 택할 뿐 아니라 그 편을 옹호한다. 그들은 죽이는 것에 반대하지만, 고통을 주는 것은 더 반대한다. PETA 사람들은 자기 개와 고양이를 사랑한다. PETA 사무실에는 많은 반려 동물들이 주인들과 함께한다. 그러나 그들이 딱히 개와 고양이에게 친절하게 해 주라는 윤리에 자극받은 것은 아니다. 그들은 혁명을 원한다.

그들은 자신들의 혁명을 '동물의 권리'라고 부르지만, PETA가 농장 동물들(그들의 최대 관심사이다.)을 위해 얻어 낸 변화들이 많기는 해도 그들이 얻어 낸 승리는 동물 권리에 대해서보다는 동물 복지 면에서가 더 크다. 우리당 동물 수를 줄이고, 도축을 할 때 좀 더 규제에 따르고, 수송할 때 좀 더 넉넉한 공간을 제공하는 것 등이다. PETA의 전략이 희극적(또는 악취미의) 양상을 띠는 때도 자주 있지만, 이러한 상식을 벗어난 접근 방식으로 사람들 대부분이 그리 지나친 것은 아니라고 말할 만한 온건한 개선을 얻어 냈다. (도축을 할 때 좀 더 규제에 따라야 한다든가, 거주와 수송을 위한 공간을 좀 더 여유 있게 주어야 한다는 데 반대할 사람이 누가 있겠는가?) 궁극적으로, PETA를 둘러싼 논쟁은 그 조직보다는 그것을 비판하는 우리들과 더 관계가 있을지도 모른다. 다시 말해서, '그 PETA 놈들'이 우리가 너무 비겁해서, 혹은 무관심해서 스스로 지키려 나서지 않는 가치들을 지지해 왔다는 달갑지 않은 인식과 무관하지 않다는 것이다.

처리 공정

도살, 도축. 농장 동물들이 살아 있는 동안 그들에게 많은 도움을 받는다고 생각하지 않는 사람들조차도 항상 동물들이 '편안한' 죽음을 맞을 자격이 있다고 주장한다. 석쇠에 구운 송아지 고기라면 맥을 못 추고 낙인 찍기를 즐기는, 둘째가라면 서러울 마초 목장주라도 인도적 도축 문제에 한해서는 채식주의 운동가들과 의견을 같이 할 것이다. 모두의 동의를 얻을 수 있는 것은 이것뿐일까?

과격파

그 고통이 어떤 것인지, 혹은 얼마나 중요한지에 대해서는 동의하지 않는다 하더라도, 동물들이 상당한 고통을 받을 수 있다는 점에는 사실상 모두가 동의한다. 조사에 따르면, 미국인들 중 96퍼센트가 동물들이 법적 보호를 받을 자격이 있다고 말하며,[87] 76퍼센트는 동물 복지가 저렴한 고기 값보다 더 중요하다고 말하고,[88] 3분의 2에 가까운 수가 농장 동물 취급과 관련하여 그냥 법 정도가 아니라 '엄격한 법'을 통과시켜야 한다는 주장을 지지한다.[89] 이렇게 많은 사람들이 완전히 의견 일치를 보는 이슈는 다른 어디에서도 찾기 힘들 것이다.

대다수 사람들이 동의하는 또 한 가지는 환경의 중요성이다. 연안의 석유 시추를 찬성하든 반대하든, 지구온난화를 '믿든' 안 믿든, 자신의 허머*를 옹호하든, 고기 없이는 못 살든, 숨 쉬는 공기와 마시는 물이 중요하다는 사실은 안다. 그리고 그것들이 아이들과 손주들에게도 중요하다는 사실도 안다. 환경이 위기에 처해 있다는 사실을 계속 부인하는 사람들조차도 만약 정말 그렇다면 문제라는 점에는 동의할 것이다.

미국에서는 농장 동물이 인간과 직접 상호작용을 하는 모든 동물들 중 99퍼센트 이상을 대표한다.[90] '동물의 세계'에 우리가 미치는 영향이라는 관점에서 본다면, 동물에게 주는 고통이든 수백만 년에 걸친 진화를 통해 현재의 살기 좋은 균형 상태까지 이른 생물학적 다양성과 종의 상호 의존성 문제이든, 그 어떤 것도 우리가 어떤 음

* 사륜구동 지프형 차량.

식을 먹을지 선택하는 데서 비롯되는 영향에는 비기지 못한다. 우리의 행동 중 고기를 먹는 것만큼 동물의 고통을 직접적으로 유발하는 것은 단 한 가지도 없듯이, 우리가 매일같이 하는 선택보다 환경에 더 큰 영향을 미치는 것은 없다.

우리는 기묘한 상황에 처해 있다. 실제로, 우리가 동물과 환경을 어떻게 다루는지가 중요한 문제라는 데에는 모두가 동의하지만, 우리가 동물과 환경과 맺는 가장 중요한 관계에 대해서는 그리 깊이 생각하는 사람은 드물다. 더 이상한 것은, 동물을 먹기를 거부함으로써(이런 행동이 학대받는 동물의 숫자와 생태 발자국 지수를 감소시킬 수 있다는 데에는 모두가 동의한다.) 이러한 논란의 여지가 없는 가치에 따라 행동하기를 선택하는 사람들을 두고 극단적이라거나 심지어는 과격하다고까지 한다는 것이다.

감상주의

현실보다 감정에 가치를 두는 것. 감상은 흔히 세상 물정을 잘 모르는 순진함이나 나약함으로 간주된다. 가축들이 사육되는 조건에 대해 우려를 표명하면(혹은 관심만 보여도) 감상주의자라고 무시를 당하기 일쑤다. 하지만 한 발짝 뒤로 물러서서 누가 감상주의자이고 누가 현실주의자인지 질문을 던져 보는 것이 좋겠다.

농장 동물들이 어떻게 취급되는지 안다면 동물과 우리 자신에 대한 사실을 대면하거나 회피하는 데 도움이 될까? 더 값싼 햄버거(아니면 햄버거를 먹는 행위 자체)보다 동정의 감정에 더 큰 가치를 두어야 한다는 주장은 감정과 충동에서 나온 표현인가 아니면 현실과 우리의 도덕적 직관을 연결시킨 것인가?

두 친구가 점심 식사를 주문한다 치자. 한 명이 "햄버거가 먹고 싶은 기분인데." 이렇게 말하고 햄버거를 주문한다. 또 한 명도 "햄버거를 먹고 싶은 기분이야."라고 말하지만, 어느 순간 무엇을 하고 싶은 기분인지보다 자신에게 더 중요한 것이 있다는 사실을 떠올리고 다른 것을 주문한다. 누가 감상주의자인가?

종간 장벽

베를린 동물원은 전 세계에서 가장 많은 동물 종을 보유한 동물원으로 약 1400종을 보유하고 있다. 1844년에 문을 연 이 동물원은 독일 최초의 동물원이었다. 맨 처음 있었던 동물들은 프리드리히 빌헬름 4세의 동물원에서 보낸 선물들이었다. 한 해에 관람객 260만 명이 찾는, 유럽에서 가장 붐비는 동물원이다. 1942년 연합군의 공습으로 거의 모든 기반 시설이 파괴되었고, 불과 99마리 동물만이 살아남았다. (사람들이 땔감을 구하느라 공원의 나무를 베어 가던 도시에서 어떤 동물이든 살아남았다는 것 자체가 놀라운 일이다.) 지금은 약 1만 5000마리 동물들이 있다. 하지만 사람들 대부분의 주목을 끄는 동물은 그중 단 한 마리이다.

30년간 동물원에서 태어난 최초의 북극곰인 크누트는 2006년 12월 5일 이 세상에 나왔다. 그는 은퇴한 독일 서커스단 출신 곰인 엄마 곰, 스물한 살의 토스카에게 버림받았고, 그의 쌍둥이 형제는 나흘 만에 죽었다. 나쁜 텔레비전 영화를 위해서라면 꽤 괜찮은 시작이겠지만, 한 생명에게는 그렇지 않다. 어린 크누트는 태어나자마자 44일을 인큐베이터에서 보냈다. 그의 사육사인 토마스 되르플라인은 크누트를 24시간 내내 돌보기 위해 동물원에서 잠을 잤다. 되르플라인은 크누트에게 두 시간마다 우유병으로 우유를 먹여 주고, 크누트가 잠들 때는 엘비스의 「위장한 악마」를 기타로 연주해 주고, 난리를 치느라 생긴 찰과상과 타박상을 감싸 주었다. 크누트는 태어났을 때 몸무게가 0.8킬로그램이었지만, 석 달쯤 지나 내가 보았을 때에는 두 배도 더 나갔다. 그대로 죽 잘 큰다면, 언젠가는 200배 정도 더 커질 것이다.

크누트에 대한 베를린 사람들의 감정은 사랑한다는 정도로는 표현이 턱없이 부족하다. 시장 클라우스 보베라이트는 매일 아침마다 새로 찍은 크누트의 사진을 확인한다. 시의 하키 팀인 아이스베렌은 크누트를 마스코트로 입양할 수 있을지를 동물원에 문의했다. 베를린에서 구독 부수가 최대인 신문 《타게스슈피겔》을 포함하여 셀 수도 없이 많은 블로그들이 크누트가 매 시간 무얼 하는지를 올린다. 크누트는 자기 팟캐스트와 웹캠도 있다. 수많은 일간신문에서 가슴을 드러낸 모델을 제치고 대신 실렸을 정도이다.

크누트의 공식 데뷔에 기자들이 400여 명 몰렸는데, 그 때문에 동시에 열렸던 유럽 연합(EU) 정상회담이 가려졌을 정도였다. 크누트 나비넥타이, 크누트 배낭, 크누트 기념 접시, 크누트 파자마, 크누트 입상, 확신할 수는 없지만 크누트 팬티까지 있을지도 모른다. 크누트는 독일 환경 장관인 지그마르 가브리엘을 대부로 두었다. 또 다른 동물원 동물인 판다 얀얀은 사실상 크누트의 인기에 밀려 죽었다. 동물원 사육사들은 얀얀을 넘어선 크누트를 보기 위해 동물원에 몰려든 사람들 3만 명이 얀얀을 과도하게 흥분시켰거나 아니면 우울증에 빠뜨려 죽음으로 몰아갔다고 추측한다.(나에게는 확실치가 않다.) 죽음에 관해서 얘기하자면, 동물 권리 보호 단체가 이런 환경에서 사육하느니 동물을 안락사 시키는 편이 낫다고 주장했을 때(나중에 한 주장이었으므로, 위선에 지나지 않았다.) 어린 학생들이 거리로 나서서 "크누트를 죽이면 안 돼요."라는 구호를 외쳤다. 축구 팬들은 축구 팀 이름 대신 크누트의 이름을 연호했다.

크누트를 보러 갔다가 배가 고파지면, 그 우리에서 바로 몇 발짝 떨어진 곳에 공장식 사육으로 키운 돼지고기로 만든 '크누트 소시지'를 파는 매점이 있는 것을 발견할 것이다. 그 돼지들은 적어도 크누트 못지않게 영리하고, 우리의 관심을 받을 가치가 있다. 이것이 종간 장벽이다.

스트레스

다음에 언급되는 것을 묵살하기 위해 산업에서 쓰는 용어.

고통

고통이란 무엇인가? 그 질문은 고통스러운 주제를 상정한다. 동물이 고통을 받는다는 생각에 대한 모든 진지한 저항은 동물이 어떤 한 단계에서는 '고통을 느낀다'는 것을 인정하지만, 동물들은 일반적인 정신과 감정의 세계, 혹은 '주체성'이라고 할 만한 것이 없기 때문에 동물들이 느끼는 고통은 우리의 고통과 의미 있는 유사성이 없다고 보는 경향이 있다. 내가 보기에 이러한 주장은, 많은 이들에게 매우 현실적이며 생생한 관념, 즉 동물들의 고통이 단지 다른 차원의 것일 뿐이며 그러므로 (유감스럽기는 하더라도) 사실 중요하지 않다는 주장이다.

우리 모두는 고통이 무엇을 의미하는지 강한 직관으로 알지만, 고통을 말로 포착하기란 지극히 어려울 수도 있다. 아이 적에 우리는 세상의 다른 존재들, 인간, 그중에서도 특히 가족과 동물과의 상호 작용을 통해 고통의 의미를 배운다. 고통이라는 단어는 항상 다른 존재들과 공유한 경험, 공유한 드라마에 대한 직관적 통찰을 내포한다. 물론 인간의 고통에는 이루지 못한 꿈, 인종차별주의의 경험, 신체적 수치 등등 특별한 종류도 있다. 하지만 그 점 때문에 동물의 고통이 "실제로는 고통이 아니다."라고 말할 수 있는 것인가?

고통의 정의 혹은 고통에 대한 다른 숙고 사항 중에서 가장 중요한 부분은 신경로, 통증수용체, 프로스타글란딘,* 뉴런의 오피오이드 수용체** 따위에 대한 것이 아니라, 누가 고통 받고 있으며 그 고통이 얼마나 문제시되어야 하는가에 대한 것이다. 동물에게는 적용되지 않을 정의를 보완하기 위해서, 고통의 의미와 세계를 상상하는, 철학적으로 일관된 방식이 있어야 할 것이다. 물론 이것은 상식에 정면으로 위배되지만, 불가능한 일은 아닐 것이다. 그래서 동물들이 실은 고통을 느끼지 않는다고 주장하는 사람들과 동물들도 고통을 느낀다고 주장하는 사람들 모두 일관성 있는 견해와 설득력 있는 증거를 내놓을 수 있다면, 동물의 고통에 대해 의심을 품어야 마땅할까? 동물들이 정말로 고통을 느끼지 않을지도 모른다고, 즉 문제가 되는 식으로는 아니라고 인정해야만 할까?

짐작하시는 대로, 내 대답은 아니요다. 하지만 이 점을 놓고 논쟁

* 생체 내에서 합성된 생리활성물질. 염증을 유발하는 것과 점막을 보호하는 것 등 여러 가지가 있다.

** 인체에서 분비되는 아편계 물질이 작용하는 수용체.

을 하지는 않겠다. 그보다는 우리가 '고통이란 무엇인가?'라는 질문을 던질 때 무엇이 어느 정도로 위태로워지는지 깨달아야 할 필요가 있다.

고통이란 무엇인가? 그게 무엇인지 확실히 말할 수는 없지만, 고통이란 크고 작은, 날것의 다면적인 모든 신음, 비명, 한숨의 근원에 붙이는 이름이라는 것은 안다. 그것이 우리의 관심사이다. 그 단어는 우리가 무엇을 보고 있는가보다는 우리의 응시를 정의한다.

숨기 /
찾기

산란계들을 넣는 일반적인 닭장에서
닭 한 마리에게 주어지는 공간은
432제곱센티미터로 위의 사각형 크기와 같다.[1]
거의 모든 방목형 사육 조류들에게도
대략 비슷한 공간이 주어진다.

1

나는 오밤중에 모르는 사람의 농장에 침입하는 그런 사람이 아닙니다

나는 한밤중에 검은 옷을 입고 마을에서 멀리 떨어진 곳에 있다. 일회용 신발 위에 정형 외과용 교정화를 신고, 덜덜 떨리는 손에는 라텍스 고무장갑을 끼었다. 몸을 더듬어 모든 준비를 다 갖추었는지 다섯 번째로 확인한다. 붉은색 필터를 끼운 손전등, 사진이 있는 신분증, 현금 40달러, 비디오카메라, 캘리포니아 형법 597조 복사본, 물 한 병(내가 마실 것이 아니다.), 무음으로 설정한 휴대폰, 호루라기 등이다. 엔진을 끄고 대여섯 번쯤 미리 둘러보았던 바로 그 장소까지 마지막 30미터 정도를 차를 밀고 간다. 이 정도는 아직 무섭지 않다.

오늘 밤에는 동물 운동가 'C'와 동행한다. 그녀를 차에 태우고서야 비로소 내가 자신감을 불어넣어 줄 사람을 그리고 있었음을 깨닫는다. C는 키가 작고 가냘파 보인다. 조종사용 안경을 쓰고, 샌들을 신고, 치열 교정기를 꼈다.

"차가 많군요." 나는 그녀의 집에서 차를 돌려 나오면서 말했다.

"당분간 부모님과 함께 지내고 있어요."

사고가 잦고, 동물을 도축장으로 나르는 길로 쓰는 트럭들이 많이 지나다녀서 동네 주민들은 피투성이 도로라고 부르는 고속도로를 달리던 중에 C가 말하기를, 차단 방역과 '말썽꾼들'을 신경 쓰면서부터 문을 열어 두는 일이 점점 드물어졌기는 하지만 가끔은 열린 문을 지나서 그냥 '입장'할 수 있을 때도 있다고 한다. 요즘은 담장을 따라 한참을 걸어야 할 때가 더 많다. 조명이 켜지고 경보가 울리는 때도 있다. 개들이 지키는 경우도 있고, 개들의 목줄을 풀어 놓을 때도 있다. 그녀는 기웃거리는 채식주의자들을 물어뜯을 자세를 취하고 덤불 속을 어슬렁거리던 황소와 맞닥뜨린 적도 있다고 말했다.

"황소라니." 나는 아무 뜻도 없이 반쯤은 따라하듯, 반쯤은 되묻듯 말했다.

"수컷 소 말이에요." 그녀는 치과 용품처럼 보이는 가방 속을 정리하면서 무뚝뚝하게 대꾸했다.

"그럼 오늘 밤 우리가 황소와 마주친다면요?"

"그럴 일은 없을 거예요."

뒤차가 바짝 따라붙어서 어쩔 수 없이, 닭들을 빽빽하게 채워 높이 싣고 도축장으로 가는 트럭 뒤를 따라갔다.

"가정해 보면요?"

"꼼짝 말고 서 있어요." C가 충고했다. "소들은 정지한 물체는 못 본대요."

C가 농장을 야간 방문하던 중에 상황이 매우 악화된 적이 있었는가 묻는다면, 대답은 그렇다이다. 그녀는 양팔에 죽어 가는 토끼를 한 마리씩 끼고 퇴비 구덩이에 빠져서 (문자 그대로) 목까지 (문자 그대로) 똥 속에 푹 빠진 적이 있었다. 어쩌다 그만 실수로 헛간에 갇히는 바람에 2만 마리의 불쌍한 동물들과 함께 그들이 내뿜는 숨결을 맡으며 칠흑 같은 어둠 속에서 밤을 새워야 했던 적도 있었다. 동료들 중 한 명은 닭한테서 치명적인 캄필로박터균에 감염되었다.

방풍 유리 위에 깃털이 쌓이고 있었다. 나는 와이퍼를 작동시키고 이렇게 물었다. “가방 속에 든 것들은 다 뭡니까?”

“구조를 해야 할 경우를 대비한 것이에요.”

그녀가 무슨 말을 하는지 당최 알아들을 수가 없었고, 마음에 들지도 않았다.

“지금, 당신이 황소들은 정지해 있는 물체는 보지 못할 거라고 했잖아요. 하지만 그게 당신이 반드시 알아 둘 필요가 있는 것이라고 할 수는 없지 않나요? 장황하게 이말 저말 늘어놓자는 건 아닌데, 하지만……”

하지만 대체 내가 무슨 짓을 하고 있담? 나는 내가 아는 한 이런 여행을 한 적이 있는 다른 사람들처럼, 기자도, 활동가도, 수의사도, 변호사도, 철학자도 아니다. 나는 이런 짓을 할 사람이 못 된다. 그리고 농장을 지키는 황소 앞에서 꼼짝도 않고 서 있을 수 있는 사람도 못 된다.

우리는 계획된 장소인, 자갈이 깔린 정류장으로 가서 똑같이 맞춰 놓은 우리 시계가 계획된 시간인 새벽 3시를 가리킬 때까지 기다린다. 그다지 위로가 되지는 않지만, 전에 왔을 때 보았던 개가 짖는 소리는 들리지 않는다. 나는 호주머니에서 종이쪽지를 꺼내어 마지막으로 한 번 읽어 본다.

> 어떤 가축이든 언제고 (중략) 열두 시간 이상 연속으로 필요한 음식이나 물 없이 가두어 두는 경우, 누구든 필요하다고 판단할 경우 그 동물이 갇혀 있는 우리로 들어가서, 그대로 가두어 두는 한 필요한 물과 음식을 주는 것은 법에 저촉되지 않는다. 이런 사람은 그곳에 들어간 데 대해 책임이 없다.

주법(州法)이 있다 해도 그다지 안심이 되지 않는다. 나는 렘수면에서 깨어나 완전무장을 한 농부가 자기 칠면조의 생활 조건을 검토하고 있는, 아루굴라와 루겔라흐*의 차이를 아는 나를 발견하는 상상을 한다. 그는 2연발총을 발사할 준비를 하고, 내 괄약근은 힘이 풀리고, 그다음에는? 내가 캘리포니아 형법 597조를 불쑥 읊을까? 그러면 방아쇠를 당기려는 그의 손가락이 더 근질거릴까 아니면 그 반대일까?

때가 왔다.

우리는 휘파람 한 번만 불면 그만일 내용을 전달하기 위해 온갖 연극적 수신호들을 사용한다. 하지만 우리는 침묵의 서약을 맺었다. 안전하게 귀갓길에 오르기 전까지는 단 한마디도 해서는 안 된다. 고무장갑 낀 검지를 빙빙 돌리면 가자는 뜻이다.

"당신 먼저 가요." 내가 무심코 불쑥 말한다.

그리고 이제부터 살 떨리는 부분이다.

여러분의 지속적인 관심

타이슨 식품 관계자 분들께

제가 앞서 1월 10일, 2월 27일, 3월 15일, 5월 15일, 6월 7일에 보낸 편지에 이어 보냅니다. 다시 한 번 말씀드리자면, 저는 제 아들에게 무엇을 먹일지를 충분한 정보를 갖추고 결정하려는 노력의 일환으로 육류 산업

* 유대인들의 전통 쿠키.

에 대해서 가능한 한 많은 것을 배우고자 열심인 초보 아버지입니다. 타이슨 식품이 세계 최대의 닭고기, 쇠고기, 돼지고기 가공업체이자 판매업체라는 사실을 고려한다면, 귀사에서부터 출발하는 것이 좋을 듯합니다. 귀사의 농장을 방문하고, 귀사의 농장이 어떻게 운영되는지를 근본적인 부분에서부터 동물 복지와 환경 문제에 이르기까지 모든 것을 회사 대표와 이야기해 보고 싶습니다. 가능하다면 귀사의 농부들과도 이야기해 보고 싶습니다. 좀 촉박하게 연락 주셔도 언제든 시간을 낼 수 있습니다. 필요하다면 기꺼이 어디든 가겠습니다.

귀사의 '가족 중심 철학'과 최근의 광고 캠페인 "여러분의 가족에게 믿고 권해 드려도 좋습니다."를 생각하면, 제 아들의 먹을거리가 어디에서 나오는지 직접 확인하고 싶은 제 소망을 이해해 주시리라 믿습니다.

늘 수고하시는 데 감사드립니다.

조너선 사프란 포어

정말 슬픈 산업

인접한 살구 밭을 엄폐물 삼아 축사까지 갈 수 있다는 것을 C가 위성사진에서 알아냈기 때문에, 우리는 농장에서 몇백 미터 떨어진 곳에 차를 세웠다. 우리는 나뭇가지 밑에 몸을 구부리고 말없이 걷는다. 브루클린은 지금 새벽 6시다. 아들이 곧 깨어날 시간이다. 아들은 몇 분 동안 아기 침대에서 부스럭거리다가 울음을 터뜨릴 것이다. 그런 다음 안락의자에서 아내의 팔에 안겨 기댄 채 젖을 먹을 것이다. 내가 아버지나 아들, 혹은 손자가 아니었더라면, 지금껏 살았던 그 누구도 그런 적이 없듯이 나 혼자 먹었더라면, 쉽사리 잊어버리거나 무시할 수 있었을지도 모르지만, 그렇지 않으므로 이 모든 것, 즉 내가 캘리포니아에서 벌이는 이 여행, 뉴욕에서 타이핑하는 이 글자, 아이오와와 캔자스와 퓨젓사운드에서 알게 된 농장들이 나에게 영향을 준다.

한 20분쯤 흘렀을까. C가 발을 멈추고 90도 각도로 방향을 튼다. 어떻게 바로 여기, 우리가 지나온 수백 그루 나무와 전혀 다른 데가 없는 이 나무에서 멈추어야 한다는 것을 그녀가 아는지 놀랄 일이다. 우리는 똑같은 나무들을 지나 10미터쯤 더 가서, 폭포 앞에 선 카약 젓는 사람들처럼 발을 멈춘다. 나뭇잎 사이로 불과 10미터쯤 떨어진 곳에 가시철조망을 친 담장이 보이고, 그것을 지나 농장 단지가 보인다.

농장에는 일곱 축사가 있는데, 축사 한 채당 폭이 15미터, 길이는 150미터 정도 되고, 새들 2만 5000마리가 들어 있다.[2] 그때는 아직 그런 사실은 몰랐지만.

축사 바로 옆에 거대한 곡물 창고가 있는데, 드라마 「초원의 집」보다는 「블레이드 러너」*에 나올 법한 몰골이다. 금속 파이프들이 건물 바깥을 거미줄처럼 에워쌌고, 툭 튀어나온 거대한 팬이 덜커덩거리며 돌아가고, 투광 조명이 낮을 별개의 부분으로 기묘하게 일구고 있다. 누구나 농장 하면 떠올리는 이미지들이 있다. 아마도 대부분 밭, 헛간, 트랙터, 동물들 등으로 이루어진 이미지일 것이고, 적어도 그중 한 가지는 포함되어 있을 것이다. 농업에 종사하지 않는 사람들

* 복제 인간이 등장하는 디스토피아 미래를 그린 SF 영화.

중에서 지금 내 눈앞에 있는 것을 마음속에 떠올릴 사람이 과연 있을지 의심스럽다. 하지만 내 앞에 있는 것은 미국에서 소비되는 동물들 중 줄잡아 99퍼센트를 생산하는 그런 농장들 중 하나다.

C는 우주 비행사가 낄 것 같은 장갑을 끼고서 내가 통과할 수 있을 만큼 가시철조망 사이를 벌린다. 내 바지가 걸려서 찢어졌지만 이런 경우를 위해 구입한 일회용이다. 그녀는 나에게 장갑을 넘겨주고, 나는 그녀를 위해 철조망을 벌린다.

마치 달 표면 같다. 한 걸음 내디딜 때마다 동물의 폐기물, 오물, 축사 주변에 쏟아 놓은 아직 뭔지 모를 것들에 발이 쑥쑥 빠진다. 끈끈한 진창 속에서 신발을 잃어버리지 않으려고 발가락을 구부려야 한다. 나는 가능한 한 몸을 작게 움츠리고, 속에 든 것이 짤랑거리지 않도록 손으로 호주머니를 꾹 누른다. 우리는 공터를 빨리, 조용히 지나서 줄지어 늘어선 축사들로 접근한다. 축사를 엄폐물 삼아 더 자유로이 움직일 수 있다. 열 개 남짓한 직경 1미터 정도 되는 거대한 팬들이 간헐적으로 돌다가 멎다가 한다.

우리는 첫 번째 축사로 다가간다. 문 아래로 빛이 새어 나온다. 좋은 징조일 수도 있고 나쁜 징조일 수도 있다. 우리 손전등을 쓰지 않아도 될 테니까 좋은 일이다. C 말로는 손전등에 동물들이 겁을 먹어서 최악의 경우에는 무리 전체가 꽥꽥대며 소란을 일으킬 수도 있단다. 하지만 누군가 문을 열고 밖에 무슨 일이 있는지 살펴본다면 우리는 숨을 수가 없을 테니까 나쁜 일이기도 하다. 문득 궁금해진다. 왜 오밤중에 동물들이 가득 찬 축사에 저렇게 환히 불을 밝혀 놓는 것일까?

안에서 움직이는 소리가 들려온다. 기계음이, 청중들의 속삭임 같거나 샹들리에 상점에서 약한 지진이 일어날 때 날 것 같은 소리와 섞인다. C가 문을 열려고 해 보더니 다음 축사로 가야겠다고 신호를 보낸다.

우리는 이런 식으로 잠기지 않은 문을 찾느라 몇 분을 허비했다.

의문점 하나 더. 왜 농부가 칠면조 농장 문을 잠가 놓을까?

누가 장비나 동물을 훔쳐갈까 걱정이 되어서일 리는 없다. 축사에는 훔쳐갈 만한 장비 따위는 없고, 동물들은 상당한 수를 죽을힘을 다해 무단으로 옮길 정도의 값어치는 없다. 농부는 동물들이 도망갈까 염려하지 않기 때문에 문을 잠그지 않는다. (칠면조들이 문손잡이를 돌리지는 못한다.) 차단 방역 때문도 역시 아니다. (가시철조망으로도 충분히 단순한 호기심은 막을 수 있다.) 그렇다면 왜?

나는 그 후로 3년간을 축산업에 푹 빠져서 보냈지만, 그 어느 것도 잠긴 문 이상으로 내 마음을 심란하게 만들지는 못할 것이다. 그 어떤 것도 공장식 축산업의 모든 슬픈 사정을 그보다 더 잘 포착하지는 못할 것이다. 그 어떤 것도 그보다 더 강하게 나로 하여금 이 책을 쓰게 만들지는 못할 것이다.

밝혀진 바와 같이, 잠긴 문은 빙산의 일각이다. 나는 타이슨이고 어디고 편지를 보낸 회사들로부터 단 한 통의 회신도 받지 못했다. (일종의 거절 메시지인 셈이다. 아무 말도 하지 않겠다는 또 다른 메시지를 보낸 것이다.) 유급 직원들을 둔 조사 단체들조차도 업계의 비밀 엄수 정책에 끊임없이 방해를 받는다. 명성 높고 부유한 퓨 위원회가 공장식 축산의 영향을 평가하는 2년짜리 연구에 자금을 대기로 결정했을 때, 다음과 같이 보고했다

> 본 위원회가 조사를 완료하고 합의된 권고안을 승인하는 데 심각한 장애물들이 있다. (중략) 사실, 몇몇 농산업 대표들은 위원회 직원들에게 기술 보고서를 쓸 잠재력 있는 저자들을 추천해 주는 한편으로, 다른 농산업 대표들은 바로 그 저자들에게 그들의 대학에서 연구 자금을 철회하겠다고 협박하여 우리를 돕지 못하도록 방해한다. 우리는 학술 조사, 농업 정책 개발, 정부 규제, 집행 등 도처에서 업계가 행사하는 중대한 영향력을 발견했다.

공장식 축산업의 유력 브로커들은 자기들이 하는 짓을 소비자들이 볼 수 없어야만(혹은 들을 수 없어야만) 자기네 산업 모델이 유지될 수 있다는 것을 안다.

구출

곡물 창고에서 사람 목소리가 들려온다. 어째서 새벽 3시 반에 일을 할까? 기계 소리가 들린다. 무슨 기계일까? 지금은 한밤중인데 뭔가 벌어지고 있다. 무슨 일이 벌어지는 것일까?

"하나 찾았어요." C가 속삭인다. 그녀가 열린 묵직한 나무 문을 밀자 평행사변형 모양의 빛이 새어 나온다. 그녀는 안으로 들어간다. 나도 뒤따라 들어간 다음 등 뒤에서 문을 밀어서 닫는다. 맨 처음 내 주의를 끈 것은 옆의 벽에 줄지어 걸린 가스 마스크이다. 농장 축사에 왜 가스 마스크가 있을까?

우리는 살금살금 안으로 들어간다. 칠면조 새끼들 1만 마리가 있다. 주먹만 한 크기에 톱밥 색 깃털이 돋은 칠면조들은 톱밥이 깔린 바닥에서 눈에 잘 띄지도 않는다. 새끼들은 알을 품어 주는 어미들의 온기를 대신하도록 설치한 적외선등 밑에서 무리 지어 웅크리고 잠이 들어 있다. 어미들은 어디에 있을까?

수학적 정밀성을 기해 빈틈 하나 없이 모든 것이 빽빽이 들어찬 공간이다. 잠시 새들로부터 시선을 거두어 건물 자체를 바라본다. 조명, 먹이통, 팬, 적외선등이 완벽하게 조정된 인공 낮 안에 고르게 배치되어 있다. 동물들 말고는 '자연적'이라고 할 수 있을 만한 것은 전혀 없다. 땅 한 조각, 달빛이 들어올 창문 하나도 없다. 주변에 널린 이 이름 없는 생명들을 잊고 이 작은 독자적 세계를 이토록 정밀하게 통제하는 기술적 조화를 찬미하는 것이, 기계의 효율성과 지배력을 보고, 그러고는 그 새들을 존재가 아니라 이 세계의 일부로, 즉 그 기계의 연장이나 그 안의 톱니로 본다는 것이 얼마나 쉬운지 놀라울 지경이다. 다른 식으로 보려면 노력이 필요하다.

적외선등 주변에 모인 새끼들 바깥에서 중심으로 들어가려고 기를 쓰는 새끼 새 한 마리가 눈에 띈다. 그리고 또 한 마리, 등 바로 밑에 언뜻 보기에는 햇볕을 쬐는 개처럼 만족스러운 모습을 한 녀석이 보인다. 또 한 마리는 숨조차 쉬지 않는 듯 꼼짝도 않는다.

처음에는 그 상황이 그리 나빠 보이지 않는다. 붐비기는 하지만, 새들은 그런대로 행복해 보인다. (인간의 아기들도 붐비는 육아실에 있지 않은가?) 그리고 새들은 귀엽다. 눈앞의 광경을 보면서 이 모든 어린 동물들을 접하는 기쁨에 기분이 꽤 좋아진다.

C는 축사 다른 쪽에서 좀 따분해 보이는 새들에게 물을 주고 있다. 그래서 나는 희미한 장화 자국을 톱밥에 남기면서 발끝으로 살

금살금 둘러본다. 칠면조들과 함께 있는 데 점점 더 익숙해지면서, 손을 대 보지는 않더라도 더 가까이 가 보고 싶어진다. (C의 첫 번째 명령은 새들을 절대 만지지 말라는 것이었다.) 더 가까이 들여다볼수록, 더 많은 것이 눈에 들어온다. 새끼 새들의 부리 끝이 시커멓고, 발가락 끝도 그렇다. 어떤 새들은 정수리에 붉은 반점이 있다.

동물들이 너무 많이 있어서, 시간이 좀 지나서야 죽은 새들이 얼마나 많은지를 깨닫는다. 어떤 새들은 피투성이다. 어떤 새들은 온통 부스럼투성이다. 부리에 쪼인 듯한 새들도 있다. 어떤 새들은 생기를 잃고 조그맣게 쌓인 낙엽 무더기처럼 모여 있다. 어떤 새들은 기형이다. 죽은 새들은 예외로 해도, 어디를 보아도 그런 새들이 적어도 한 마리는 꼭 있다.

나는 C에게로 다가간다. 벌써 10분은 족히 지났다. 더 이상 운을 시험해 보고 싶은 마음이 없다. 그녀는 무릎을 꿇고 뭔가를 보고 있다. 나도 다가가서 그녀의 옆에 무릎을 꿇는다. 새끼 새 한 마리가 다리를 벌린 채 옆으로 누워 떨고 있다. 눈은 부스럼으로 덮였다. 털이 빠진 부분에 딱지가 덮여 있다. 부리를 약간 벌리고, 머리를 앞뒤로 끄덕인다. 태어난 지 얼마나 되었을까? 일주일? 2주일? 태어날 때부터 죽 이런 상태였을까, 아니면 무슨 일이 있었나? 이 새한테 일어날 수 있었을 법한 일이 무엇일까?

C는 어떡하면 좋을지 알 것이다. 그리고 과연 그 생각이 맞았다. 그녀는 가방을 열고 칼을 꺼낸다. 한 손을 새의 머리 위로 쳐든다. 새가 움직이지 못하게 하려는 건가, 아니면 눈을 가려 주는 건가? 그녀는 새의 목을 베어 새를 구해 준다.

2

나는 오밤중에 모르는 사람의 농장에 들어가는 그런 사람입니다

"구조 작업에서 제가 안락사를 시켰던 그 칠면조, 그 새는 가망이 없었어요. 오래전 저는 가금류 공장에서 일했답니다. 저는 보조 도살자였지요. 자동화된 목 절단 기계에서 살아남은 닭들의 목을 베는 일을 맡았다는 말이에요. 수천 마리 새들을 그런 식으로 죽였어요. 어쩌면 수만 마리는 될 거예요. 수십만 마리일지도 모르고요. 그런 상황에 있다 보면 아무 생각도 안 든답니다. 자기가 어디 있는지, 무슨 짓을 하고 있는지, 얼마나 오랫동안 그 일을 해 왔는지, 그 동물이 무엇인지. 그리고 내가 누구인지도. 살아남아야겠다는 생각만이 미치지 않도록 막아 준답니다. 하지만 실은 그것이 그 자체로 광기이지요.

도축 라인에서 그런 일을 맡은 덕분에, 나는 목의 해부 구조와 새끼 새를 단번에 죽이는 법을 알게 되었답니다. 그리고 그 새를 불행에서 구해 주는 것이 옳다는 것을 너무나도 잘 알아요. 하지만 힘든 일입니다. 그 새끼 새는 도살될 수천 마리 새들의 대열 속에 있지 않았으니까요. 그 새 한 마리뿐이었지요. 그런 경우에는 모든 것이 다 힘들답니다.

저는 과격파가 아닙니다. 거의 모든 면에서 중도파이지요. 피어싱 같은 건 하지 않아요. 머리 모양을 괴상망측하게 하고 다니지도 않고요. 마약도 하지 않습니다. 정치적으로는 이슈에 따라 진보 쪽일 때도 있고 보수 쪽일 때도 있어요. 하지만 공장식 축산은 온건한 이슈입니다. 진실을 알기만 한다면, 가장 합리적인 사람들도 동의할 주제이지요.

저는 위스콘신과 텍사스에서 자랐습니다. 우리 가족은 평범했어요. 아버지는 사냥을 좋아하셨고(지금도 그렇습니다.), 삼촌들은 모두 덫을 놓고 낚시를 했어요. 어머니는 월요일 밤이면 구이 요리를 하셨고, 화요일마다 닭 요리를 하셨지요. 오빠는 사냥과 낚시, 두 가지 스포츠에서 주 대표였어요.

농장 문제를 처음 접한 것은 친구가 소 도살 장면을 담은 필름을 보여 주었을 때였습니다. 우리는 10대였고, 그건 그저 「사형참극」* 비디오처럼 속이 메슥거리는 것일 뿐이었어요. 그는 채식주의자가 아니었어요. 친구들 중에 채식주의자는 아무도 없었죠. 나를 채식주의자로 만들려 한 것도 아니었어요. 그냥 웃자고 한 짓이죠.

그날 저녁 식탁에 닭다리가 나왔는데, 저는 제 몫을 먹을 수가 없었어요. 손에 뼈를 들고 있으니, 그게 그냥 닭고기가 아니라 어떤 한 마리 닭으로 느껴지는 거예요. 내가 어떤 특정한 한 마리 닭을 먹는다는 것이야 늘 알던 사실이지만, 전에는 그런 생각이 떠오른 적이 없었어요. 아빠가 나한테 왜 그러느냐고 물었고, 저는 아빠한테 비디오 얘기를 했지요. 그때는 아빠가 하시는 말씀은 뭐든지 다 진실로 받아들였고, 아빠가 모든 것을 다 설명해 주실 수 있다고 굳게 믿었어요. 하지만 아빠의 대답이라고는 고작해야 '별로 입에 올리고 싶

* 실제 사형 장면 등 인간의 다양한 죽음을 다룬, 픽션과 다큐멘터리가 뒤섞인 1980년 작 영화.

은 얘기는 아니구나.'였어요. 아빠가 그 정도로 그치셨다면, 아마 제가 지금 당신에게 이 얘기를 하고 있지도 않을 거예요. 하지만 아빠는 그 얘기로 농담을 하셨어요. 남들 다 하는 농담요. 저한테도 하나도 새로울 것 없는 농담이었어요. 아빠는 울부짖는 동물 흉내를 내셨어요. 저는 그 일을 그냥 넘길 수 없었고, 크게 분개했어요. 저는 그때 그 자리에서, 설명하기 어려울 때 농담을 하는 사람은 절대 되지 않겠다고 마음먹었지요.

그 비디오가 예외적인 것인지 알고 싶었어요. 제 삶을 바꿀 계기를 찾고 싶었던 것 같아요. 그래서 모든 대형 농업 회사들에 견학을 요청하는 편지를 썼어요. 솔직히 회사들이 거절하거나 아예 답장을 보내오지 않아도 전혀 화가 나지는 않았어요. 그 일이 잘 되지 않자, 차를 타고 이리저리 돌아다니다가 눈에 띄는 농부 아무나 붙잡고 축사를 좀 보여 줄 수 있는지 물었어요. 농부들은 하나같이 거절할 수밖에 없는 이유를 둘러댔어요. 그들이 하는 짓을 생각하면, 누군가에게 보여 주고 싶지 않는대서 나무랄 수도 없지요. 하지만 그렇게 중요한 일을 비밀로 한다면, 내가 내 식으로 일을 해야겠다고 마음먹었대도 누가 나더러 뭐라고 할 수 있겠어요?

제가 맨 처음 밤에 들어간 농장은 산란계 농장이었어요. 닭들이 엄청나게 많이 있는 것 같았어요. 닭들은 몇 줄씩이나 높이 쌓인 닭장 속에 꽉 들어차 있었어요. 그 후 며칠 동안이나 저는 눈과 폐가 따끔거리고 아팠답니다. 비디오에서 보았던 것만큼 폭력적이고 피비린내 나지는 않았지만, 훨씬 더 강한 충격을 주었어요. 끔찍하게 고통스러운 죽음보다 끔찍하게 고통스러운 삶이 더 나쁘다는 것을 깨닫는 순간, 정말로 그 일은 저를 바꾸어 놓았답니다.

그 농장이 하도 끔찍해서 저는 틀림없이 그곳만 그럴 거라고 생각했어요. 사람들이 그런 일이 그렇게 대규모로 벌어지도록 놔둘 거라고는 믿을 수가 없었던가 봐요. 그래서 또 다른 농장, 칠면조 농장에 잠입했답니다. 마침 도살하기 바로 며칠 전이어서, 칠면조들은 다 자라 몸 돌릴 틈도 없이 꼭 끼어 있었어요. 바닥이 보이지 않을 지경이었지요. 새들은 완전히 미쳐 있었답니다. 푸드덕거리고, 꽥꽥대고, 서로를 쪼아 댔지요. 여기저기에 죽은 새들, 반쯤 죽은 새들이 널려 있었어요. 슬픈 광경이었지요. 새들을 거기에 넣은 사람이 저는 아니지만, 제가 인간이라는 사실만으로도 부끄러움을 느꼈어요. 여기만 이럴 거라고 혼잣말을 했어요. 그래서 또 다른 농장에 들어갔지요. 그리고 또 다른 농장에. 그리고 또 다른 곳에.

어쩌면 마음속 깊은 곳에서 제가 본 것들이 일반적인 상황이라고 믿고 싶지 않았기 때문에 그 일을 계속했는지도 몰라요. 하지만 이런 일에 대해 알고 싶어 하는 사람이라면 누구나 공장식 축산 농장은 거의 다 그렇다는 것을 알게 되지요. 사람들은 대부분 이런 농장들을 자기들 눈으로 직접 볼 수 없지만, 제 눈을 통해서 볼 수 있어요. 저는 닭과 계란 공장, 칠면조 공장, 돼지 농장 두어 곳(이런 곳들은 이제는 들어갈 수가 없답니다.), 토끼 농장, 나대지 낙농장과 비육장, 가축 경매장, 수송 트럭의 상황을 비디오로 촬영했답니다. 비디오 장면이 저녁 뉴스나 신문에 가끔 실리기도 해요. 동물 학대 재판에서 사용된 적도 두어 번 있답니다.

그런 이유로 당신을 돕기로 동의한 거랍니다. 저는 당신을 몰라요. 당신이 어떤 책을 쓸지도 모르고요. 하지만 그 책의 어느 부분에서든 그 농장들 안에서 벌어지는 일을 바깥 세상에 알려 줄 수 있다면, 그것만으로도 충분해요. 이런 경우에는 진실이 너무나 강력하기 때문에 당신이 어느 각도에서 다룬들 문제 되지도 않아요.

어쨌든 당신이 책을 쓸 때 내가 항상 동물들을 죽이는 것처럼 보이지는 않기를 바라요. 저는 이 일을 지금까지 네 번 했어요. 정 피할 수 없을 때에만요. 대개는 제일 상태가 나쁜 동물들을 수의사에게 데려가지요. 하지만 그 새끼 칠면조는 너무 상태가 안 좋아서 옮길 수가 없었어요. 그대로 두기에는 너무 고통이 심했고요. 저는 낙태 반대론자예요. 저는 신을 믿고, 천국과 지옥을 믿어요. 하지만 고통을 숭배하지는 않아요. 이 공장식 농장 농부들은 동물들을 죽이지 않고서 얼마나 죽음에 가까운 상태로 유지할 수 있는지를 계산해요. 그게 바로 사업 모델이지요. 동물들을 얼마나 빨리 자라게 만들 수 있는지, 얼마나 빽빽이 몰아넣을 수 있는지, 얼마나 많이 혹은 적게 먹일 수 있는지, 죽이지 않고서 얼마나 오래 병든 상태로 둘 수 있는지.

이건 동물 실험이 아니에요. 실험이라면 고통의 다른 끝에는 뭔가 그만큼 좋은 결과가 있을 거라고 기대할 수도 있겠죠. 이건 우리가 동물을 먹고 싶어 한 탓에 빚어진 일이에요. 한 번 말해 보세요. 어째서 우리의 감각 중에서도 가장 저급한 감각인 미각이 다른 감각들을 지배하는 윤리 법칙에서 면제되는 거죠? 잠시 가만 생각해 본다면, 이건 미친 짓이에요. 한 배고픈 인간이 동물을 죽이고 잡아먹는 게 당연하다면, 한 발정 난 인간이 동물을 강간할 권리를 주장하는 것은 왜 당연히 여기지 않는 거죠? 지워 버리기는 쉽지만 대답하기는 어려운 질문이죠. 그리고 시각적 충격을 주겠다고 화랑에서 동물들을 토막 내는 예술가를 어떻게 생각해요? 사람들이 그 소리를 그렇게 끔찍이도 듣고 싶게 만들려고 동물을 괴롭혀서 소리를 낼 필요가 있다면 그게 재미있을까요? 농장 동물들에게 우리가 하고 있는 짓을 취향 말고, 대체 다른 무엇으로 정당화할 수 있을지 어디 한번 생각해 보시라고요.

제가 어떤 회사의 로고를 오용했다면, 감옥에 갈 수도 있겠지요. 그런데 어떤 회사가 10억 마리 새들을 학대한다면, 법은 그 새들을 보호해 주는 것이 아니라 회사가 하고 싶은 대로 할 권리를 보호해 준단 말이에요. 동물의 권리를 부인한다는 것이 바로 그런 거예요. 동물의 권리라는 개념이 누군가한테는 미친 소리로 들린다는 것이야말로 미친 거예요. 우리는 동물을 나무토막처럼 다루는 것이 정상이고, 동물을 동물답게 다루는 것이 극단적인 행동이 되는 세상에 살고 있어요.

미성년자 노동법이 생기기 이전에도 열 살짜리 노동자들한테 잘해 주는 업체들이 있었지요. 사회가 미성년자 노동을 금지한 이유는 어린이들이 좋은 환경에서 일할 수도 있다는 생각을 못 해서가 아니라, 힘없는 개인들을 지배할 힘을 기업체에 너무 많이 주면 사회가 부패하기 때문이에요. 동물이 고통 받지 않고 살아갈 권리보다 우리가 동물을 먹을 권리가 더 중요하다고 생각한다면, 사회가 썩어 들어가는 거예요. 그냥 짐작으로 하는 말이 아니에요. 그게 우리의 현실이에요. 공장식 축산업이 어떤 모습인지 보세요. 기술적인 힘이 우리 손에 들어오자마자, 우리가 하나의 사회로서 동물들에게 무슨 짓을 해 왔는지 한 번 보시라고요. '동물 복지'니 '인도적'이니 하는 명목하에 우리가 실제로 무슨 짓을 하는지 보세요. 그런 다음에 여전히 고기를 먹어야 한다고 믿을지 결단을 내리세요."

3

나는 공장식 축산 농장의 농부입니다[3]

"직업이 뭐냐는 질문을 받으면, 저는 은퇴한 농부라고 대답해 줍니다. 여섯 살 때부터 소젖을 짜기 시작했지요. 우리 가족은 위스콘신에서 살았습니다. 아버지가 치셨던 소 떼는 대충 50마리쯤이었는데, 많지는 않았지만 그 당시에는 그 정도가 보통이었답니다. 집을 떠날 때까지 저는 매일같이 열심히 일했어요. 아주 열심히 일했지요. 그때쯤 이제 일은 할 만큼 했으니, 더 나은 길이 있을 거라는 생각을 했지요.

고등학교를 졸업한 후, 축산학으로 학위를 받고 가금류 축산 회사에 취직했답니다. 칠면조 농장들에 서비스를 제공하고, 운영과 설계를 도왔습니다. 그 후로 몇 군데 통합 회사들에서 일했지요. 새들을 백만 마리쯤 키우는 대규모 농장을 운영하기도 했고요. 질병 관리, 가축 관리를 했습니다. 소위 문제 해결이라고들 하는 것이지요. 농장 경영에는 해결해야 할 문제가 하나둘이 아니랍니다. 지금은 닭의 영양 공급과 건강 관리를 전문으로 맡고 있습니다. 농업 관련 산업에 몸담고 있지요. 공장식 축산이라고 부르는 이들도 있지만, 그 용어는 좀 마음에 들지 않는군요.

여기는 제가 자랐던 세계와는 다른 세계입니다. 지난 30년 동안 식량 가격은 오르지 않았어요. 다른 모든 비용과 비교하면, 단백질 가격은 그대로인 거지요. 살아남기 위해서, 그러니까 부자가 되기 위해서가 아니라 식탁에 먹을 것을 올리고, 자식을 학교에 보내고, 필요하면 새 차를 사고, 그런 일들을 하기 위해서 농부들은 점점 더 생산을 많이 해야만 했습니다. 간단한 계산이지요. 말씀드렸다시피, 제 아버지는 소를 50마리 키우셨습니다. 지금은 1200마리는 있어야 그럭저럭 먹고살 만합니다. 그게 업계에서 버틸 수 있는 최저 규모입니다. 그러면 한 가족이 소 1200마리의 젖을 짤 수는 없지요. 그래서 직원이 네댓 명 필요합니다. 각자 젖짜기, 질병 관리, 곡물 손질 등 전문화된 일을 맡습니다. 예, 그게 효율적이지요. 간신히 먹고사는 정도 수준이지만, 그래도 농장 생활의 다양함 때문에 많은 사람들이 농부가 되었지요. 그런데 지금은 그게 사라졌어요.

경제적 어려움으로 인한 또 한 가지 변화는 더 적은 비용으로 동물이 더 많은 생산을 하도록 만들어야 한다는 겁니다. 그래서 성장은 더 빨리 하면서 사료 요구율은 개선되도록 사육하지요. 식량 가격이 다른 것들과 비교해서 계속 더 내려가는 한, 농부는 생산 비용을 낮추는 것 외에는 달리 선택의 여지가 없습니다. 그리고 유전학적으로 그런 임무를 잘 완수할 수 있는 동물 쪽으로 옮겨 가겠지요. 그 결과 동물의 복지에 반하는 결과를 낳을 수 있겠지만요. 그런 손실은 시스템상 어쩔 수 없는 겁니다. 축사에 육계 5만 마리를 넣을 경우, 수천 마리가 첫 주에 죽어 나갈 거라고 가정해 봅시다. 우리 아버지는 동물 한 마리도 잃을 여유가 없었습니다. 지금은 주저 없이 4퍼센트는 잃는다 치고 시작합니다.[4]

당신한테 솔직하게 다 털어놓을 생각이니까, 단점도 말씀드린 겁니다. 하지만 사실 우리에게는 어마어마한 시스템이 있습니다. 완벽하냐고요? 아니지요. 어떤 시스템도 완벽하지는 않습니다. 만약 어떤 작자가 당신한테 사람들 수십억 명을 먹일 완벽한 방법이 있다는 소리를 하거든, 눈 씻고 다시 한 번 잘 보셔야 합니다. 방목 사육으로 얻은 계란이니, 목초를 먹인 소니, 들어보셨을 겁니다. 다 좋지요. 좋은 방향이라고 생각합니다. 하지만 온 세상을 다 먹이지는 못해요. 절대로. 방목으로 기른 닭이 낳은 계란으로는 십억 명도 먹일 수가 없습니다. 그리고 누가 소규모 농장이 모델이니 그 따위 소리를 한다면, 저는 그것을 마리 앙투아네트 신드롬이라고 부르겠습니다. 먹을 빵이 없으면 케이크를 주면 되지 않냐, 이런 소리지요. 고효율 농업 덕에 모든 사람들을 먹일 수 있었습니다. 그 점을 생각해 보시라고요. 그것을 버린다면 동물의 복지는 개선될 테고, 환경에도 훨씬 더 좋겠지만, 저는 1918년의 중국으로 돌아가고 싶지는 않습니다. 굶주리는 사람들 얘기를 하는 겁니다.

물론 사람들이 고기를 덜 먹어야 한다고 하실지도 모르지요. 하지만 이 사실을 아셔야 합니다. 사람들은 고기를 덜 먹을 생각이 없어요. PETA처럼 굴 수도 있고, 어느 날 잠에서 깨어 보니 온 세상 사람들이 동물을 너무나 사랑해서 더 이상 먹고 싶은 생각이 싹 없어졌다고 할 날이 올 거라 믿어도 좋겠지만, 역사적으로 보면 사람들은 동물을 사랑하면서도 얼마든지 먹을 수 있습니다. 이 한 가지 일을 하는데도 이렇게 힘이 드는데, 채식주의자 세상을 꿈꾼다면 유치한 거지요. 아니, 부도덕하다고까지 해도 좋을 겁니다.

보세요, 미국 농부가 전 세계를 먹여 살려 왔다고요. 세계 2차대전 이후에 제기된 요청이었고, 미국 농부는 그 일을 해냈습니다. 지금처럼 먹을 수 있었던 적은 한 번도 없었어요. 단백질이 지금처럼 구입할 만한 적당한 가격이었던 적은 없었단 말입니다. 내 동물들은 악천후를 피하도록 보호를 받고, 필요한 음식은 다 얻고, 잘 자랍니다. 동물들도 병에 걸릴 때가 있지요. 죽기도 하고요. 하지만 자연에서 동물들이 무슨 꼴을 당하는지 아십니까? 동물들이 자연사하는 줄 아세요? 자연이 동물을 죽이기 전에 기절시켜 줄 것 같습니까? 자연의 동물들은 굶어 죽거나 다른 동물들에게 발기발기 찢겨 죽습니다. 그런 식으로 죽는다니까요.

이제 사람들은 먹을거리가 어디에서 오는지 전혀 몰라요. 먹을거리는 합성물도 아니고, 연구실에서 만들어지지도 않습니다. 실제로 재배해야 해요. 농부들한테 무엇을 재배할지 요구하는 쪽은 바로 소비자인데, 정작 소비자들이 마치 농부들이 원해서 그렇게 했다는 식으로 나올 때가 제일 불쾌합니다. 소비자들은 저렴한 먹을거리를 원했어요. 그래서 우리가 그것을 키운 겁니다. 방목으로 키운 닭이 낳은 계란을 원한다면, 훨씬 더 많은 돈을 내야 합니다. 더 말하고 자시고 할 것도 없어요. 닭장에서 닭을 키우는 거대한 축사에서 계란을 생산하는 쪽이 더 싸게 먹힙니다. 그게 더 효율적이에요. 다시 말하면, 더 지속 가능하다는 뜻도 되지요. 예, 그 단어가 산업에 반대하는 의미로 자주 쓰인다는 건 알지만, 저는 공장식 축산이 더 지속 가능할 수도 있다고 말하는 겁니다. 중국에서 인도, 브라질까지, 육류 제품에 대한 수요가 늘어 가고 있어요. 그것도 빠른 속도로. 가족농으로 전 세계 백억 인구를 먹여 살릴 수 있을 것 같습니까?

제 친구 하나한테 몇 년 전 젊은이 두 명이 찾아와서 농장 생활에 대한 다큐멘터리에 넣을 몇 장면을 좀 찍을 수 있겠느냐고 부탁한 적이 있었습니다. 괜찮은 사람들 같아 보여서, 친구는 그러라고 했지요. 하지만 그들은 내용을 편집해서 마치 새들이 학대를 받고 있는 것처럼 만들어 놨습니다. 칠면조들이 강간당하고 있다고 했다니까요. 저도 그 농장을 압니다. 여러 차례 찾아가 봤는데, 분명히 말씀드릴 수 있습니다. 그 칠면조들은 생명을 유지하고 새끼를 잘 낳기 위해 필요한 보살핌을 다 잘 받고 있었습니다. 앞뒤 문맥 다 자른 거지요. 게다가 처음 보는 사람들은 제 눈앞에 보이는 이것이 뭔지 알지도 못합니다. 이 산업이 항상 보기 좋은 건 아니지만, 그렇다고 불쾌한 것과 잘못된 것을 혼동하는 건 큰 실수입니다. 애들한테 비디오카메라만 주면 제가 수의사인 줄 안다니까요. 배우려면 한세월 걸리는 것을 태어날 때부터 다 안다고 생각해요. 사람들을 자극하려면 선정적인 내용이 꼭 필요한 줄은 알지만, 저는 진실을 더 좋아합니다.

1980년대에는 이 산업이 동물 단체들하고도 대화를 해 보려고 했어요. 그런데 완전히 사기당했어요. 그 결과 칠면조 업계가 내린 결론이 더는 해 봤자라는 거였지요. 우리는 담을 쌓아 올렸고, 그것으로 끝이었답니다. 이제는 대화도 하지 않고, 농장에 사람들을 들이지도 않습니다. 표준 작업 지침서대로 해요. PETA는 농장 경영에 대해서 얘기하고 싶어 하는 게 아니에요. 농장 경영을 끝장내기를 원하지요. 세상이 실제로 어찌 돌아가는지에 대해서는 눈곱만큼도 모르면서 말입니다. 지금도 적과 얘기를 하고 있는 것인지도 모르겠군요.

하지만 전 진심으로 하는 말입니다. 그리고 이건 극단주의자들의 고성에 묻혀 버릴지라도, 꼭 해야 할 중요한 얘기입니다. 제 이름은 쓰지 말아 달라고 부탁했지만, 전 하늘을 우러러 한 점 부끄러움도 없습니다. 단 하나도요. 여기에 더 큰 그림이 있다는 것을 아셔야 합니다. 그리고 저한테는 윗사람이 있어요. 먹여 살려야 할 처자식도 있고요.

제안 한 가지 할까요? 눈에 보이는 대로 죄다 보겠다고 달려가기 전에, 공부 좀 하십시오. 자기 눈만 믿으면 안 된다, 이 말입니다. 머리를 믿으세요. 동물들에 대해서 공부를 하고, 농장 경영과 식량의 경제학에 대해 배우고, 역사 공부도 하세요. 처음부터 시작하시라고요."

4

최초의 닭

당신의 자손은 갈루스 도메스티쿠스,* 닭, 수탉, 암탉, 가금류, '내일의 닭', 육계, 산란계, 미스터 맥도날드,[5] 그 밖에 무수히 많은 다른 이름들로 알려질 것이다. 각각의 이름마다 하나씩 이야기가 있지만, 그 어떤 이야기도 들려진 바 없고, 아직은 어떤 이름도 당신이나 그 어떤 동물에게도 주어진 적이 없다.

모든 일이 시작되기 전 모든 동물들과 마찬가지로, 당신도 자기 취향과 본능에 따라 번식을 한다. 먹이를 주는 이도, 억지로 일을 시키거나 보호해 주는 이도 없다. 당신은 브랜드가 찍히거나 꼬리표가 붙은 소유물로 표시되지 않는다. 당신을 소유할 수 있거나 제 것으로 할 수 있는 대상으로 생각조차 하지 않는다.

야생 수탉으로서 당신은 풍경을 관찰하고, 복잡한 울음소리로 다른 이들에게 침략자를 경고하고, 부리와 날카로운 발가락으로 짝들

* Gallus domesticus, 닭의 학명.

을 지킨다. 야생 암탉으로서 당신은 병아리들이 알에서 깨기도 전부터 그들과 대화하고, 몸의 무게를 옮겨서 힘겨워하는 삐약삐약 소리에 대답해 준다.[6] 어머니답게 보살피는 당신의 이미지는 최초의 물 위에 퍼지는 하느님의 첫 숨결을 묘사하기 위해 창세기 2절[7]에도 이용될 것이다. 예수는 당신을 보살피는 사랑의 이미지로 불러낼 것이다. "암탉이 제 날개 밑에 병아리들을 모으듯이, 당신의 자녀들을 다 같이 모으기를 열망했나이다." 그러나 창세기는 아직 씌어지지 않았고, 예수도 아직 태어나지 않았다.

최초의 인간

당신이 먹는 음식은 전부 당신 힘으로 찾아낸 음식이다. 대부분의 경우 당신은 당신이 죽이는 동물들과 가까운 거리에 살지 않는다. 당신은 그들과 땅을 공유하거나 땅을 놓고 다투지 않으며, 그들을 찾으러 나가야만 한다. 그 순간, 사냥을 하는 짧은 순간을 제외하고는 대개 개별적으로 알지 못하는 동물들을 죽이고, 자신이 사냥한 동물들을 각각의 종으로만 본다.[8] (물론) 모든 면에서 다 그런 것은 아니지만, 당신이 아는 동물들은 힘이 있다. 그들에게는 인간에게 없는 능력이 있고, 그들은 위험할 수도 있으며, 인간의 목숨을 빼앗아 갈 수도 있다. 당신은 의례와 전통을 만들어 낼 때도 동물들을 이용한다. 동물들을 모래나 흙, 동굴 벽에 그린다.[9] 동물의 모습만 그리는 것이 아니라 인간과 동물의 형상이 혼합된 잡종도 만들어 낸다. 동물들은 당신 자신이기도 하고 그렇지 않기도 하다. 당신은 그들과 복잡한 관계를 맺고 있으며, 어떤 의미에서는 평등한 관계이다. 이제 변화가 닥칠 때가 되었다.

최초의 문제

때는 기원전 8000년경이다. 한때는 정글 속 야생의 새였던 닭이 이제는 염소나 소처럼 길들여졌다. 이는 인간과 새로운 친분을 맺은 것을 뜻한다. 새로운 종류의 보살핌과 새로운 종류의 폭력.

길들이기를 인간과 다른 종의 공진화 과정으로 묘사하는 것은 예나 지금이나 흔한 수사법이다. 기본적으로 인간은 닭, 소, 돼지 등등으로 이름 붙인 동물들과 계약을 맺었다. 우리가 너희를 보호해 주고 먹을 것을 마련해 주는 대신, 너희에게 마구를 씌우고, 젖과 알을 가져가고, 가끔은 너희를 잡아서 먹겠다. 야생 생활이 늘 좋기만 한 것은 아니다. 자연은 잔인하다. 그러니까 이건 논리상 괜찮은 계약이다. 그리고 동물들은 자기들 나름의 방식으로 이에 동의했다. 마이클 폴란은 『잡식동물의 딜레마』에서 이러한 이야기를 내놓았다.

> 길들이기는 정치적 발전이라기보다는 진화이다. 그것은 물론 수만년 전 인간들이 동물들에게 일방적으로 부과한 체제가 아니다. 그보다 길들이기는 유달리 기회주의적인 소수의 종들이 다윈주의적 시행 착오를 통해 혼자 힘으로 서기보다는 인간과 동맹을 맺고 생존하고 번영하는 편이 더 낫다는 사실을 발견하면서 일어났다. 인간들은 동물들이 인간에게 제공하는 젖, 알, 그리고, 그렇다, 살을 받고 동물들에게 먹을 것과 보

호를 제공했다. (중략) 동물들의 관점에서 보자면 인류와 맺은 거래는 적어도 우리 시대 이전까지는 대단한 성공으로 드러났다.[10]

이것이 고대의 동물 동의 신화에 대한 다윈주의 이후의 해석이다. 이는 목장주들이 자기네 일에 수반되는 폭력을 변호하기 위해 내놓은 주장으로, 농업 학교 교과 과정에도 등장한다. 이 이야기의 밑바닥에는 종의 이해와 개인의 이해가 상충하는 경우도 많지만, 종이 없다면 개인도 있을 수 없다는 생각이 깔려 있다. 만약 인류가 채식주의자였더라면, 논리상 농장 동물도 존재하지 않았을 것이다. (정확히 옳은 말은 아니다. 이미 '장식용'이거나 친구 삼아 키우는 닭과 돼지들 품종이 수십 가지에 이르고, 그렇지 않더라도 작물에 거름을 주기 위해서라도 계속 키웠을 것이다.) 사실상 동물들은 우리가 자기들을 사육해 주기를 원한다. 그쪽을 더 좋아한다. 내가 만난 목장주들 중에는 실수로 문을 열어 둔 채 놔뒀는데도 한 마리도 도망가지 않더라고 하는 이들도 있었다.

고대 그리스에서 동의의 신화는 동물을 잡기 전에 델포이 신탁에서 머리에 물을 뿌림으로써 실행되었다. 동물들이 머리를 끄덕거려서 물을 털어 내면, 신탁은 이를 도살해도 좋다는 동의의 뜻으로 해석하며 이렇게 말했다. "저 기꺼이 고개를 끄덕이는 동물 (중략) 내 말하노니 그대는 정당하게 희생을 바치노라."[11] 러시아의 야쿠트인* 들이 이용한 전통 제문은 다음과 같다. "그대가 나에게 왔노라, 곰의 왕이여, 그대는 내가 그대를 죽여 주기를 바라노라."[12] 고대 이스라엘

* 시베리아 동북부 주민.

전통에서는 이스라엘의 속죄를 위해 희생되는 붉은 암소가 제단에 제 발로 걸어와야만 제의가 효력을 지닌다.[13] 동의의 신화에는 여러 가지 판이 있지만, 모두가 '공정한 계약', 적어도 은유적으로는 동물이 자신의 사육과 도살에 참여하고 있음을 암시한다.

신화의 신화

그러나 종들이 선택하는 것이 아니라, 개체가 선택한다. 그리고 종들이 어느 정도는 선택할 수 있다 치더라도, 그들이 개체의 복지보다 종의 영속성을 선택했다는 해석을 더 폭넓게 적용시키기는 무리이다. 이런 논리를 좇다 보면 다른 대안이 없을 경우에는 인간들 중 어느 한 집단을 노예화하는 것도 받아들일 수 있다는 얘기가 된다. (우리가 식용동물을 위해 대신 써 준 모토는 자유인으로 살 것인가 죽을 것인가가 아니라, 노예로 죽지만 그래도 살아라이다.) 더 분명한 것은, 동물들 대부분은 개별적으로조차도 이러한 협약을 헤아릴 능력이 없다. 닭들은 많은 것을 할 줄 알지만, 인간과 정교한 타협을 할 줄은 모른다.

그렇다 해도, 이러한 반대는 논점을 벗어날 수도 있다. 사실이야 어떻건 간에 대다수 사람들은, 예를 들면 집에서 키우는 개나 고양이에 대한 공정하거나 부당한 대접을 상상할 것이다. 그리고 우리는 동물들이 '동의했다'고 가정하는 사육 방식을 상상해 볼 수도 있다. (몇 년 동안이나 맛있는 음식을 제공받고, 다른 개들과 마음껏 실외에서 어울리고, 원하는 만큼 공간을 쓴 개가 규제가 덜한 거친 환경에서 사는 개들의 고생을 안다면 자신이 누린 것과의 교환 조건으로 마지막에는 잡아먹혀도 좋다고 동의할지도 모른다.)

우리는 이러한 것들을 상상할 수 있고, 쭉 상상해 왔다. 동물의 동의에 관한 설이 현재까지도 끈질기게 내려오는 것을 보면, 이해관계를 치워 버리지 못하면서도 올바른 일을 하고 싶어 하는 인간의 욕망을 알 만하다.

역사적으로 대다수 사람들이 동물을 먹는 것을 당연하게 받아들였다 해도 전혀 놀랄 일이 아니다. 고기는 포만감을 주고, 대부분 사람들에게 냄새와 맛도 좋다. (사실상 인간 역사 전체를 통틀어 어떤 인간들이 다른 인간들을 노예로 삼았다는 것도 역시 놀라운 일이 아니다.) 그러나 기록이 남아 있는 한 역사를 거슬러 올라가 보면, 인간들은 동물을 먹는다는 행위에 본질적으로 내포된 폭력과 죽음의 관계에 대해 양가적 감정을 드러냈다. 그래서 우리는 이야기를 해 온 것이다.

최초의 망각

오늘날에는 사육되는 동물을 볼 일이 아주 드물어서, 이 모든 것을 잊기 쉽다. 이전 세대는 농장 동물의 특성과 그들에게 가해지는 폭력에 우리보다 익숙했다. 그들은 돼지들이 명랑하고, 영리하고, 호기심이 많으며(우리라면 '개처럼'이라고 할 것이다.), 복잡한 사회적 관계를 맺는다는(우리라면 '영장류처럼'이라고 할 것이다.) 것을 알았을 것이다. 거세당하거나 도살될 때 돼지가 내지르는 아이 같은 비명 소리는 물론이고, 우리 안 돼지의 생김새와 행동도 알았을 것이다.

동물을 접할 일이 거의 없다 보니, 우리의 행동이 동물의 처우에 미치는 영향에 관한 문제도 훨씬 더 쉽게 제쳐 놓을 수 있게 되었다. 고기가 제시하는 문제는 추상적인 것이 되었다. 개별적인 동물도, 동물 개개의 기쁨이나 고통의 표정도, 흔들어 대는 꼬리도, 비명 소리도 없다. 철학자 일레인 스캐리는 관찰을 통해 "아름다움은 항상 특정한 곳에서 생겨난다."라는 사실을 알아냈다.[14] 반면 잔인성은 추상을 더 선호한다.

어떤 이들은 동물을 제 손으로 사냥하거나 도살함으로써 이 간격을 해소하려 했다. 마치 그런 경험들이 어느 정도는 동물을 먹기 위한 노력을 정당화하기라도 하는 것처럼 말이다. 어리석기 짝이 없는 짓이다. 누군가를 죽인다면 살인할 능력이 있다는 것이야 물론 입증되겠지만, 왜 살인을 해야 하는지 혹은 하지 말아야 하는지를 이해시켜 주는 가장 합리적인 방법은 못 될 것이다.

동물을 죽이는 것은 대개 기억하는 척하면서 한편으로 문제를 잊는 방법일 뿐이다. 어쩌면 무지보다도 더 해로울지도 모른다. 잠든 사람은 언제라도 깨울 수 있지만, 잠든 척하는 사람은 아무리 지독한 소음으로도 도저히 깨울 수 없다.

최초의 동물 윤리[15]

옛날 옛적에, 농업의 요구에 기반을 두고 지각이 있는 생명을 다른 생명이 먹여 살리는 데 대한 근본적인 문제에 답했던, 가축에 대한 지배적인 윤리는 (물론) 먹지 마라도 아니고, 관심 끊어라도 아니었다. 관심을 갖고 먹어라라고 해야 할 것이다.

관심을 갖고 먹어라라는 윤리가 요구하는 가축에 대한 관심이 공식적 도덕과 꼭 일치하지는 않았다. 그 윤리는 가축을 키우는 데 따르는 경제적 필요에 기반한 것이었으므로, 꼭 그래야 할 필요도 없었다. 그 본질상 인간과 가축의 관계에서는 자기 가축에게 먹을 것과 안전한 환경을 제공한다는 의미에서 동물에 대한 관심이 어느 정도 필요했다. 농장 동물들에 대한 관심은 어느 정도까지는 좋은 사업이었다. 그러나 양치기 개라든가 (충분한) 깨끗한 물 따위를 손에 넣으려면 치러야 할 대가가 있었다. 거세하고, 진이 다 빠질 때까지 일을 시키고, 산 채로 피를 다 뽑거나 살을 베어 내고, 낙인을 찍고, 어미한테서 새끼를 빼앗고, 그리고 도축하는 것도 물론 좋은 사업이었다. 동물들은 경찰들에게 희생되는 대가로 경찰의 보호를 보장받는 셈이었다. 보호받고 봉사하는 관계랄까.

관심을 갖고 먹어라라는 윤리는 수천 년 동안 지속되면서 진화해 왔다. 그 윤리는 그것이 출현한 다양한 문화에 따라 변용되어 수없이 다양한 윤리 체계를 낳았다. 인도에서는 소를 먹지 않는 금기를 낳았고, 이슬람 문화권과 유대교에서는 도살을 빨리 해치워야 한다는 명령을 끌어 냈다. 러시아 툰드라에서는 야쿠트인들이 동물들은 사람 손에 죽기를 원한다는 주장을 하게 했다. 하지만 그런 식으로 오래 지속되지는 않았다.

관심을 갖고 먹어라라는 윤리는 시간이 흐르면서 서서히 사라져 간 것이 아니라 갑자기 죽어 버렸다. 사실상 살해된 것이다.

최초의 라인 노동자

1820년대와 1830년대 후반 신시내티에서 시작되어 시카고까지 뻗어 나간 최초의 산업화된 '처리' 공장들(다시 말해서 도축장)은 숙련된 푸주한의 지식을 한 무리의 사람들로 대치하여 마음을, 근육을, 관절을 마비시키는 작업들을 순서대로 배치한 일련의 과정으로 수행케 했다.[16] (다른 많은 사람들 중에서도) 동물을 잡는 사람, 피 뽑는 사람, 꼬리 자르는 사람, 다리 자르는 사람, 엉덩이 살 자르는 사람, 옆구리 자르는 사람, 머릿가죽 벗기는 사람, 머리를 톱으로 써는 사람, 내장을 처리하는 사람, 등을 쪼개는 사람 등이 있다.[17] 스스로도 인정했듯이 헨리 포드는 이러한 라인 작업의 효율성에서 영감을 얻어 이 모델을 자동차 산업에 도입하여 제조업에서 혁명을 이끌어 냈다.[18] (차를 조립하는 일은 소를 해체하는 작업을 거꾸로 하면 된다.)

도축과 처리의 효율성을 향상시켜야 한다는 압력은 부분적으로는 철도 교통의 발전에서 나왔다.[19] 1879년 냉동차의 발명으로 더 많은 소를 한꺼번에 모아 훨씬 더 먼 거리까지 나를 수 있게 된 것이 그 예다. 오늘날에는 고기가 지구 반 바퀴를 돌아 당신의 슈퍼마켓까지 오는 일도 흔하다. 고기가 수송되는 평균 거리는 2500킬로미터를 상회한다.[20] 점심 한 끼 먹으러 브루클린에서 텍사스팬핸들까지 운전해 가는 셈이다.

1908년 컨베이어 시스템이 분해 라인에 도입되면서 노동자들이 아니라 감독들이 라인의 속도를 통제할 수 있게 되었다.[21] 이러한 속도는 80여 년 동안 많은 경우에 두 배, 심지어 세 배까지도 빨라졌고,[22] 이에 따라 예측 가능한 사실이지만 도축의 비효율성과 작업장의 재해도 늘어났다.

처리 공정 과정에서 이러한 경향이 생겨났어도 20세기 초반 동물들은 여전히 보통은 농장과 목장에서 늘 해 오던 방식대로 사육되었고, 대다수 사람들은 계속 그럴 거라고 생각했다. 살아 있는 동물들을 죽은 것처럼 다룬다는 생각은 아직 농부들 머리에 떠오르지 않았다.

공장식 축산으로 가축을 키운 최초의 농부

1923년 델마바(델라웨어, 메릴랜드, 버지니아) 반도에서 주부 실리어 스틸에게 일어난, 사소하다 못해 우습기까지 한 사고가 현대 가금류 산업과 전 세계 공장식 축산업의 도래를 알렸다.[24] 닭 몇 마리를 치던 스틸은 그녀의 주장에 따르면 병아리 50마리를 주문했는데, 500마리를 받았다. 스틸은 이를 치워 버리는 대신, 겨울 동안에 병아리들을 실험 삼아 실내에서 키워 보기로 했다. 그즈음 발명되었던 사료 보충제 덕분에 새들은 살아남았고, 그녀의 실험은 반복되며 계속되었다.[25] 1926년경 스틸의 닭은 1만 마리로 불었고,[26] 1935년에는 25만 마리가 되었다.[27] (1930년 미국에서 한 가정에서 치는 평균 닭의 수는 아직까지 23마리에 불과했다.)[28]

스틸이 비약적 발전을 이루어 낸 지 불과 10년 만에 델마바 반도는 전 세계 가금류 산업의 수도가 되었다.[29] 델라웨어 주의 서섹스는 이제 1년에 2억 5000만여 마리 육계를 생산하는데, 이는 미국의 다른 어느 주와 비교해도 두 배에 가까운 수치이다. 가금류 생산은 이

지역의 주요 경제 활동인 동시에 주된 오염원이다.[30] (델마바 농업 지역의 모든 지하수 중 3분의 1이 질산염에 오염되었다.)[31]

여러 달 동안 비좁은 곳에 갇혀 운동도 못 하고 햇빛도 못 쬔 스틸의 닭들은 닭의 먹이에 비타민 A와 비타민 D를 첨가하는 방식이 새로 발견되지 않았더라면 살아남지 못했을 것이다.[32] 또한 그 이전에 인공 부화기 덕분에 계란을 더 많이 부화시킬 수 없었더라면, 애초에 스틸이 병아리를 주문할 수도 없었을 것이다. 수세대 동안 축적된 기술들의 다양한 영향력들이 예기치 못한 방식으로 서로 수렴되고 확대되었다.

1928년경 허버트 후버*는 "냄비마다 닭 한 마리씩"을 약속했다. 그 약속은 누구나 예상했던 식으로는 아니지만 실현된 정도가 아니라 초과되었다. 1930년대 초 아서 퍼듀와 존 타이슨처럼 떠오르는 공장식 축산업의 설계자들이 양계 산업에 들어왔다. 그들은 막 싹트기 시작한 산업화된 현대 농업의 과학을 끌어들여 세계 2차대전까지 가금류 생산에서 수많은 '혁신'을 이루어 냈다. 정부 보조금의 도움으로 생산된 잡종 옥수수[33]는 사슬로 연결된 먹이 공급기로 날라지며[34] 값싼 먹이로 공급되었다. 보통 뜨겁게 달군 칼날로 지지는 방식으로 병아리의 부리를 절단하는 방법이 발명되었고, 곧 자동화되었다.[35] (부리는 닭의 중요한 탐색 도구이다.) 자동 조명과 팬은 닭장의 밀도를 훨씬 더 높일 수 있게 만들어 주었고, 궁극적으로 조명을 조절하여 성장 주기를 조작하는 현재의 방식을 예고했다.

닭들의 삶이 모든 국면에서 더 적은 비용으로 더 많은 식량을 생

* 1874~1964, 미국의 31대 대통령.

산하도록 설계되었다. 그리하여 또 한 번 비약적 발전이 일어날 시점이 왔다.

최초의 '내일의 닭'

1946년 가금류 산업은 유전학으로 시선을 돌려 USDA의 도움으로 먹이를 더 적게 먹고도 더 많은 가슴살을 생산할 수 있는 닭을 만들어 내기 위한 '내일의 닭' 콘테스트를 개최했다. 우승자는 놀랍게도 캘리포니아 메리스빌의 찰스 밴트리스였다. (그때까지는 뉴잉글랜드가 번식용 가축의 주요 공급지였다.) 밴트리스의 깃털이 붉은 코니시종과 뉴햄프셔종의 교배종은 산업 잡지에 따르면 "전쟁 후 마케팅에서 강조하면 곧 수요가 몰릴, 넓은 가슴의 외관"[36]을 제공할 코니시종의 혈통을 도입했다.

1940년대에는 또한 닭 모이에 술파제와 항생제를 넣어 성장을 자극하고 감금에 따른 질병을 억제했다.[37] 모이와 약 처방은 새로 나온 '내일의 닭'과 함께 크게 발전했다. 1950년대에는 이제 한 가지 '닭'은 없었고, 알을 낳기 위한 닭, 고기를 얻기 위한 닭 두 가지로 뚜렷하게 구분되었다.

모이와 환경의 조작과 함께 닭의 유전자도 계란(산란계)이나 고기, 특히 가슴살(육계)을 과잉으로 생산하기 위해 집중적으로 조작되었다.[38] 1935년에서 1995년까지, '육계'의 평균 무게는 65퍼센트 증가했고 시장에 출하되기까지 걸리는 시간은 60퍼센트 단축된 반면, 필요한 모이 양은 57퍼센트 감소했다.[39] 이러한 변화가 얼마나 급격한 것인지 이해하려면, 인간의 아이가 그라놀라 바랑 플린스톤 비타민만 먹으면서 1년에 130킬로그램 성장한다고 상상해 보면 된다.

닭 유전학에서 이 같은 변화는 단지 여러 변화들 가운데 하나가 아니었다. 이는 어떻게 닭을 키울지를 결정했다. 이러한 새로운 변화들과 함께 투약과 감금은 수익성을 높이는 목적 때문만이 아니라, 닭들이 더는 그런 것들 없이는 '건강'하기는 고사하고 살아남기조차 힘든 경우가 많아졌기 때문에 하게 되었다.

더 나쁜 것은 이렇게 유전학으로 조작된 그로테스크한 닭들이 산업 전체를 차지하게 되었다는 사실이다. 이제 사실상 소비를 위해 키워지는 닭들은 그것들 말고는 없다. 미국에서 사육되는 닭들은 한때는 수십 종에 이르렀고(저지자이언트, 뉴햄프셔, 플리머스락), 제각기 자기 지역 환경에 맞게 적응한 것들이었다. 이제는 공장식 사육 닭밖에는 없다.

1950년대와 1960년대에 가금류 축산 회사들은 완전히 수직적으로 통합되기 시작했다. 그들은 유전자 풀(오늘날에는 두 회사가 전 세계 모든 육계의 유전자 중 4분의 3을 소유하고 있다.),[40] 가금류(농부들은 청소년 캠프의 상담 선생들처럼 닭을 돌보기만 할 뿐이다.), 필요한 약, 모이, 도축과 처리 시스템, 시장 브랜드를 소유하고 있다. 바뀐 것은 기술만이 아니었다. 생물학적 다양성은 유전학적 단일성으로 대체되었고, 대학의 축산학과는 동물 과학과가 되었다. 한때는 여자들이 주도했던 사업이 이제는 남자들의 손으로 넘어갔으며, 숙련된 농부들은 계약을 맺고 임금을 받는 노동자들로 대치되었다. 이 바닥으로 추락하는 경주의 시작을 알리는 총을 발사한 사람은 아무도 없었다. 그저 온 세상이 기울었고 모두가 구멍 속으로 미끄러졌을 따름이다.

최초의 공장식 축산 농장

공장식 축산은 혁신이라기보다는 사건이었다. 목장이 있던 자리에 황량한 경비 구역이 들어섰고, 한때 헛간이 서 있던 곳에는 층층이 빼곡하게 쌓아 올린 닭장이 들어섰으며, 예전에 마당을 차지했던 친숙한 가축들을 날지 못하는 새, 바깥에서는 살지 못하는 돼지, 자연적으로 번식할 능력이 없는 칠면조 등 유전자 조작 동물들이 대신하게 되었다.

이러한 변화가 무엇을 의미했고, 무엇을 의미할까? 자크 데리다는 이 불편한 질문을 피하지 않은 몇 안 되는 현대 철학자들 중 한 명이다. 그는 이렇게 주장한다. "그 질문을 어떻게 해석하든지 간에, 거기에서 어떠한 실제적, 기술적, 과학적, 법률적, 윤리적, 정치적 결과를 도출해 내건 간에, 아무도 이 사건을 더는 부인하지는 못할 것이다. 유례없이 나타난, 동물의 이러한 종속 규모를 부정하지 못할 것이다."[41] 그의 주장은 이렇게 계속된다.

> 이러한 종속은 (중략) 그 단어를 아무리 도덕적으로 중립적인 의미로 쓴다 해도 폭력이라 할 수 있다. (중략) 인간이 이러한 잔혹 행위를 위장하거나 숨기기 위해서, 전 세계적인 규모로 이러한 폭력의 망각이나 오인을 조직하기 위해서 모든 수단을 동원하고 있다는 사실을 진지하게, 오랫동안 부인할 수 있는 사람은 아무도 없다.

자력으로, 그리고 정부와 과학 단체와 제휴하여, 20세기 미국 사업가들은 농장 운영에서 일련의 혁명을 계획하고 실행에 옮겼다. 그들은 동물을 기계로 보아야 한다는 근대 초기의 (데카르트가 옹호한) 철학 명제를 수천, 수백만, 이제는 수억 마리의 농장 동물들에게 현실로 바꾸어 놓았다.

1960년대부터 죽 산업 잡지에 묘사된 것처럼, 산란계는 "매우 효율적인 변환 기계"로 간주되었고(《농부와 목축업자》), 돼지는 "공장의 기계와 꼭 같다"고 했으며(《돼지 농장 경영》), 21세기에는 새로운 "맞춤 주문형 생물을 위한 컴퓨터 '요리책'"이 나올 것이라고 했다.(《농업 연구》)[42]

이러한 과학의 마법은 저렴한 고기, 젖, 알을 생산하는 데 성공했다. 지난 50년간 새 집 한 채의 평균 가격은 거의 1500퍼센트 증가했고, 새 차 가격은 1400퍼센트 이상 올랐지만, 공장식 축산업이 닭고기 산업에서 쇠고기, 유제품, 돼지고기 산업까지 확산되면서 우유 가격은 불과 350퍼센트 오르는 데 그쳤으며, 계란과 닭고기 가격은 두 배에도 못 미치는 가격으로 올랐을 뿐이다.[43] 인플레이션을 감안한다면, 동물 단백질 가격이 오늘날보다 더 저렴했던 적은 역사상 없다. (농업 보조금, 환경에 대한 영향, 인간의 질병 등등 외부로 돌린 비용 항목을 고려하지 않는다면 그렇다는 얘기다. 이런 비용을 감안하면 가격은 역사적으로 유례없이 높아진다.)

모든 식용동물 종을 통틀어 축산업은 이제 공장식 축산업에 의해 지배되고 있다. 고기를 얻기 위해 사육되는 닭들의 99.9퍼센트, 산란계의 97퍼센트, 칠면조의 99퍼센트, 돼지의 95퍼센트, 소의 78퍼센트가 그렇다.[44] 그러나 여전히 가능성 있는 대안들도 있다. 돼지 축산업에서 소농들은 스스로를 지키기 위해 힘을 합쳐 일하기 시작했다. 지속 가능한 어업과 소 축산업을 위한 운동이 언론의 주목을 받으며 시장 점유율을 올리고 있다. 그러나 축산업에서 가장 규모가 크고 영향력도 높은 가금류 축산업(도축되는 육상동물들 중 99퍼센트가 농장 사육되는 조류이다.)은 거의 완벽하게 변모해 버렸다. 믿을 수 없는 일이지만, 남아 있는 진짜 독립 가금류 농장 농부는 단 한 명뿐일지도 모른다…….

5

나는 최후의 가금류 축산 농부입니다

"내 이름은 프랭크 리스, 가금류 농장 농부요. 평생 그 일을 해 왔다오. 어쩌다가 그렇게 되었는지는 모르겠소. 교실이라고는 달랑 한 개뿐인 작은 시골 학교에 다녔지요. 어머니는 제일 먼저 '나와 내 칠면조'라는 제목으로 이야기를 쓰라고 하셨고요.

언제나 칠면조들의 아름답고 위엄 있는 당당한 자태가 너무 좋았어요. 그놈들이 뽐내며 걷는 모양새가 마음에 든 다오. 나도 잘 모르겠소. 어떻게 설명하면 좋을지는 모르겠소. 그냥 그 녀석들 깃털 무늬가 좋아요. 항상 그놈들 성격이 좋았다오. 칠면조들은 아주 호기심이 많고, 대단한 장난꾸러기에다가 친근하고 활기가 넘쳐요.

밤에 집에 앉아 있노라면 그놈들 소리가 들린답니다. 소리만 들어도 그놈들이 곤란한 상황인지 아닌지 가려낼 수 있지요. 60년 가까이 칠면조들과 지내다 보니, 이제는 그놈들 말을 알아들을 정도가 되었지요. 칠면조 두 마리가 싸우는지, 아니면 헛간에 주머니쥐가 들어왔는지 그놈들이 내는 소리로 알아요. 그놈들이 까무러치도록 놀랐을 때 내는 소리가 있고, 뭔가 새로운 것을 보고 흥분해서 내는 소리가 있거든요. 어미 칠면조 소리를 들어 보면 정말 놀랍답니다. 새끼들한테 말할 때 음역이 장난이 아니지요. 그리고 조그만 새끼들은 그걸 다 알아들어요. 새끼들한테 어미가 이러지요. '뛰어와서 내 밑에 숨으렴.' 아니면 '여기에서 여기로 움직여.'라고요. 칠면조들은 무슨 일이 생길지를 알고 서로 대화할 수 있어요. 자기들 세계에서, 자기들의 언어로 말이오. 그놈들을 사람처럼 볼 생각은 없어요. 그놈들은 인간이 아니라 칠면조니까. 그냥 칠면조들이 그렇다는 얘기지요.

많은 사람들이 내 농장 옆을 지날 때면 발걸음을 늦춘다오. 학교랑 교회며 4-H* 애들도 많이 오지요. 아이들이 나한테 칠면조가 어떻게 나무들 속에 들어가 있냐, 지붕에 올라가 있냐 묻지요. 그럼 나는 '저기까지 날아갔단다!' 하고 말해 준답니다. 그러면 아이들이 내 말을 안 믿는다오! 예전에는 미국에서도 이렇게 들판에서 키우는 칠면조들이 수백만 마리였지요. 수백 년 동안 다들 농장에서 이런 칠면조를 키우고, 또 먹었어요. 그런데 이제는 내 칠면조들밖에는 남지 않았다오. 이런 식으로 하는 사람은 나밖에 없어요.

슈퍼마켓에서 산 칠면조들 중 단 한 마리도 정상적으로 걷지 못하는데, 하물며 뛰어 오른다거나 날 수 있을 리가 없지요. 그거 아시우? 교미조차도 못 해요. 항생제를 안 썼다느니, 유기농이니, 방목이니, 그런 것들도 죄다 마찬가지라오. 전부 다 똑같은 시원찮은 유전

* 농업 구조와 농촌 생활 개선을 목적으로 하는 세계적인 청소년 민간단체.

자예요. 그놈들 몸으로는 더는 그런 것을 할 수가 없다니까요. 가게에서 팔리는 칠면조들이니 식당에서 나오는 칠면조들이니 죄다 인공수정으로 낳은 것들이라오. 효율성을 위해서 그런 것뿐이라면 모르지만, 이 동물들은 말 그대로 자연적으로는 번식할 수가 없다오. 그런데 대체 뭐가 지속 가능할 수가 있겠소?

여기 이 녀석들은 혹한, 눈, 얼음에도 끄떡없어요. 현대 산업의 칠면조들이라면 어림도 없지요. 그런 놈들은 살아남을 수가 없을 거요. 우리 집 애들은 눈이 한 자씩 쌓여도 별다른 어려움 없이 잘 헤쳐 나갈 수 있다오. 그리고 내 칠면조들은 모두 발톱이 있어요. 날개와 부리도 다 있고. 아무것도 잘라내지 않았소. 아무것도 건드리지 않았어요. 예방접종도 하지 않고, 항생제도 안 먹여요. 그럴 필요가 없지. 우리 새들은 매일 운동을 하거든. 그리고 이 녀석들 유전자는 함부로 손을 댄 적이 없기 때문에, 자연적으로 강한 면역 체계를 갖고 있지요. 나는 새들을 잃은 적이 없다오. 전 세계 어디에서건 이보다 더 건강한 녀석들을 찾아낼 수 있다면 한 번 내 앞에 데려와 보시구려. 그러면 내 믿어 줄 테니. 산업이 알아낸 것, 이거야말로 진짜배기 혁명인데, 수익을 내려면 건강한 동물은 필요 없다는 거요. 병든 동물들이 더 돈이 돼. 아주 적은 돈으로 쓸모 있는 것들을 전부 다 갖고 싶어 하는 우리의 욕심에 동물들이 대가를 치러 온 거요.

전에는 생물학적 다양성 같은 건 필요하지도 않았어요. 내 농장을 보시오. 와 보고 싶은 사람들은 누구나 올 수 있어요. 내 동물들을 쇼나 박람회에 데려간다는 건 생각도 안 해 볼 거요. 나는 늘 사람들한테 산업화된 칠면조 농장에 한 번 가 보라고 하지요. 아마

건물 안으로 들어갈 필요도 없을걸. 들어가기도 전에 냄새가 진동할 테니 말이오. 하지만 사람들은 그런 얘기는 듣고 싶어 하지 않지요. 큰 칠면조 농장들이 매일 죽은 칠면조들을 태우기 위해 소각로를 둔다는 얘기는 듣고 싶어 하지 않는단 말이오. 산업이 칠면조들을 처리하도록 내보낼 때, 수송 과정에서 10~15퍼센트는 잃을 것을 다 안다는 얘기도 안 듣고 싶어 해. 공장에 도착할 때 이미 죽은 상태인 거지. 내 경우에는 이번 추수감사절에 DOA*가 얼마였는지 아시우? 0이었어. 하지만 이런 건 그저 숫자일 뿐이고, 누가 관심 가질 만한 것이 못 되지. 별 얘기도 아니야. 어쨌든 칠면조들의 15퍼센트는 질식해 죽는다오. 그러면 소각로에 던져 넣는 거지.

왜 공장의 새들이 한 번에 몽땅 죽는지 아시오? 그리고 사람들이 그 새들을 먹는 건 또 어떻고? 일전에 동네 소아과 의사 한 명이 말하기를, 전에는 본 적도 없는 별의별 병들을 다 보고 있다더군요. 소아 당뇨병은 물론이고 의사들이 뭐라고 불러야 할지조차 모르는 염증이랑 자가 면역 질환들이 생겼다더군요. 그리고 여자아이들은 훨씬 더 이른 시기에 사춘기를 맞고, 아이들은 모든 것에 알레르기 반응을 보이고, 천식은 어떻게 손쓸 수가 없을 지경이라지 뭐요. 다들 그게 우리가 먹는 음식 때문인 줄 알아요. 동물들의 유전자를 함부로 망쳐 놓고 성장 호르몬이니 뭐니 실은 우리도 제대로 잘 모르는 온갖 약들을 먹이지 않소. 그러고는 그 동물들을 먹지. 요즘 아이들은 이런 것을 먹고 자란 첫 세대예요. 아이들을 상대로 과학 실험을 하고 있는 거요. 야구 선수들 열댓 명이 성장 호르몬을 먹었다고 하

* dead on arrival. 병원 도착 시 이미 사망이라는 뜻으로 의사들이 쓰는 용어.

면 그 난리를 치면서, 정작 우리가 먹는 동물들한테는 그런 짓을 하고 그걸 또 우리 아이들한테 먹인다니 이상하지 않소?

사람들은 이제 동물들한테서 너무나 멀리 떨어져 있어요. 내가 자랄 때만 해도 동물들을 제일 먼저 보살폈다오. 아침 먹기 전에 동물들 뒤치다꺼리부터 했지. 동물을 돌봐 주지 않으면 밥 안 준다는 말을 듣고 자랐어요. 휴가도 가 본 적이 없었지요. 누군가는 꼭 자리를 지켜야 했으니까. 당일치기 여행을 갔던 기억이 나는군요. 하지만 어둡기 전에 집으로 돌아오지 않으면 목장에 나가 소들을 안으로 들여 놓고서는 어둠 속에서 젖을 짜야 한다는 것을 알았기에 소들이 항상 미웠다오. 무슨 일이 있어도 해야 하는 일이었으니까. 그런 책임을 원치 않는다면, 농부가 되어서는 안 돼요. 농부가 된다는 것은 해야 할 일을 다 해낸다는 뜻이니까. 일을 옳게 해 놓을 수 없다면, 아예 하지를 말아야지. 간단해요. 그럼 다른 일을 해야지. 소비자들이 농부들이 일을 옳게 하도록 돈을 내고 싶지 않다면, 고기를 먹지 말아야 해요.

이런 것을 다 아는 사람들이 있다오. 돈 많은 도시 사람들 얘기를 하는 게 아니에요. 내 칠면조들을 사 가는 사람들 대부분은 뭐라 말해도 부자가 아니라오. 한정된 수입으로 아등바등 사는 사람들이지. 하지만 자기가 믿는 것을 위해 기꺼이 돈을 더 낼 용의가 있는 사람들이에요. 진짜 가격에 돈을 내는 거지. 나는 칠면조 한 마리 값으로는 너무 비싸다고 하는 사람들한테 항상 이렇게 말해 주지요. '칠면조를 먹지 마시우.' 그만큼 신경 쓸 여유가 없다는 거야 있을 수도 있는 일이지만, 그러기 싫으면 안 먹으면 그만이지. 그거야 누구든 할 수 있잖소.

신선한 것을 사라, 그 지역에서 난 것을 사라, 다들 하는 소리지요. 말짱 다 속임수요. 다 똑같은 새들인걸 뭐. 문제는 그 녀석들 유전자에 있다니까. 요즘 대량 생산하는 칠면조 축산업을 계획할 때, 실험한답시고 칠면조 수천 마리를 죽여요. 다리를 더 짧게 해야 하나, 아니면 가슴뼈를 더 짧게 해야 하나? 이렇게 할까 저렇게 할까? 자연 상태에서 종종 인간의 아기들이 기형으로 태어날 때가 있지요. 하지만 대를 이어 죽 그런 기형을 낳으려고 하지는 않소. 그런데 칠면조들한테는 바로 그런 짓을 했단 말이오.

마이클 폴란이 『잡식동물의 딜레마』에서 폴리페이스 농장에 대해 거기가 뭐 대단한 곳이나 되는 것처럼 썼더구먼. 하지만 그 농장은 끔찍한 곳이오. 웃기는 소리지. 조엘 샐러틴은 공장식 축산으로 새들을 키우고 있어요. 그 사람한테 전화해서 물어보시오. 그 사람이 새들을 목장에 풀어서 키우긴 하지. 그래 봤자 아무런 차이도 없소. 아우토반에 고장 난 혼다를 갖다 놓고 포르셰라고 하는 거나 마찬가지지. KFC 닭들은 거의 항상 39일 만에 도축돼요. 새끼들이지. 그렇게 빨리 자라게 한다오. 샐러틴이 방목으로 키운 유기농 닭들은 생후 42일째 도축해요. 그것도 똑같은 닭이니까. 유전자를 하도 건드려 놔서 그 이상은 살지를 못한다오. 잠깐만 생각 좀 해 보시오. 다 클 때까지도 살지 못하게 만들어 놓은 새라니. 그 사람은 자기도 최선을 다하고 있다고 말할지도 모르지만, 새들을 건강하게 키우려면 돈이 너무 많이 들어요. 그 사람 등을 두드려 주며 당신은 참 좋은 사람이라고 말해 줄 수 없어서 유감이군요. 그것들은 물건이 아니라 동물이오. 그러니까 내가 이렇게 강조하는 거요. 하려면 제대로 하든가, 아니면 말든가.

나는 처음부터 끝까지 제대로 합니다. 더 중요한 것은, 옛 유전자를 그대로 써서 백 년 전에 키웠던 새들을 키우고 있소. 더 느리게 자란다고요? 그렇지. 모이를 더 많이 주어야 한다고? 그것도 맞소. 하지만 건강한지 아닌지는 보면 알 거요.

새끼 칠면조들을 우편으로 보낸다는 건 용납할 수 없는 일이오. 칠면조들 절반은 우편으로 가면서 받는 스트레스 때문에 죽는다든가, 살아남은 것들도 결국에는 즉시 모이와 물을 준 녀석들보다 2킬로그램이나 무게가 덜 나간다는가 하는 데에는 다들 신경도 안 써요. 하지만 나는 신경이 쓰인다오. 내 동물들은 모두 원하는 만큼 목장 공간을 쓰지요. 난 절대 녀석들을 가둬 놓거나 약을 먹이지 않는다오. 조명을 조작한다거나 부자연스럽게 주기를 맞추기 위해 굶기지도 않지요. 내 칠면조들이 너무 춥거나 너무 더운 상태로 이동하게 놔 둘 수는 없어요. 나는 내 칠면조들을 밤에 수송해요. 그래야 녀석들이 더 안정이 되거든. 더 많이 실을 수 있어도, 트럭 한 대에 너무 많이 싣지 않는다오. 그게 시간이 더 오래 걸린다 해도 내 칠면조들은 절대 발목을 묶어 매달지 않고 바로 세운 채로 운반해요. 우리 처리 공장에서는 모든 것을 느리게 해야 한다오. 속도를 절반으로 줄이는 대가로 돈을 두 배 주지요. 그들은 칠면조들을 트레일러에서 안전하게 내려야 해요. 뼈가 부러지는 일도 없고, 불필요한 스트레스도 없다오. 모든 일을 손으로 조심스럽게 하지요. 매번 제대로 해요. 칠면조들을 묶어 놓기 전에 기절시키지요. 보통은 산 채로 매달아서 전기 물통으로 끌고 가지만, 우리는 그러지 않소. 한 번에 한 마리씩 합니다. 한 사람이 손으로 잡아서 하지요. 한 마리씩 처리하면 잘할 수 있어요. 내가 제일 우려하는 것은 동물들이

산 채로 끓는 물에 집어넣어지는 겁니다. 내 누이가 큰 가금류 공장에서 일했지요. 돈이 필요했거든요. 딱 2주 일했소. 그게 벌써 오래전 이야기인데, 아직도 거기에서 본 것이 얼마나 끔찍했는지 얘기한다오.

사람들은 동물에 관심이 있어요. 난 그렇게 믿습니다. 그저 알고 싶은 마음이 없거나 돈을 내고 싶지 않을 따름이지요. 모든 닭들 중에서 4분의 1은 피로 골절*을 겪어요. 잘못된 일이지요. 닭들이 꽉꽉 들어찬 곳에서 배설물도 서로 못 피하고 해는 구경도 못 해요. 발톱이 닭장 창살을 감고 자라요. 잘못된 일이에요. 도살될 때에도 동물들은 도살된다는 것을 느껴요. 잘못된 일이지요. 사람들도 잘못된 일이라는 것을 안다오. 신념까지도 필요 없소. 그저 행동을 바꾸기만 하면 돼요. 내가 제일 낫다는 것도 아니고, 무엇이 옳은지에 대한 내 기준에 남들도 따라야 한다고 설득하려는 것도 아니에요. 스스로의 기준에 따라 살라고 설득하는 거라오.

우리 어머니는 인디언의 피가 섞인 분이었소. 나는 아직도 인디언들의 사죄 장소에서 그 일을 한답니다. 가을에 다른 사람들이 감사 기도를 드릴 동안, 나는 사죄를 올리지요. 칠면조들이 트럭에 실린 모습을 보는 것도 싫고, 도살되기를 기다리는 것도 싫어요. 녀석들이 나를 돌아보면서 이렇게 말한다오. '나를 여기에서 데리고 나가 줘요.' 죽인다는 건…… 그건 정말이지…… 가끔 마음속으로 적어도 내 밑에서는 동물들이 가능한 한 잘 지내도록 해 줄 수 있다고 정당화하곤 하지요. 그건 마치……. 칠면조들이 나를 쳐다보면 이렇

* 뼈에 과도한 스트레스가 지속적으로 쌓여 일어나는 미세한 골절.

게 말해 줍니다. '나를 용서해 다오.' 어쩔 수 없어요. 나는 이 문제를 개인의 문제로 국한시킨다오. 동물들이 고생이지요. 오늘 밤에는 밖으로 나가서 울타리를 뛰어넘은 녀석들을 모두 도로 안으로 넣을 겁니다. 이 칠면조들은 나한테 익숙해요. 나를 알아요. 내가 그리로 가면, 달려올 거요. 우리 문을 열면 안으로 들어간다오. 하지만 동시에 나는 수천 마리를 트럭에 태우고 도축장으로 보내지요.

사람들은 죽음의 마지막 순간에만 관심을 가져요. 나는 동물의 생애 전체를 잘 보라고 하고 싶소. 결국은 목을 잘리고 그 시간이 3분 동안 지속될 수도 있다는 것을 알고서 6주 동안 고통 속에서 살아야 한다면, 아마도 6주 전에 목이 잘리는 쪽을 택할 겁니다. 사람들은 죽이는 순간만 봐요. 이렇게들 말하지요. '어쨌거나 결국은 죽을 텐데 동물들이 걷거나 움직일 수 없다 한들 그게 뭐 대수인가요?' 만일 자기 아이라면, 아이가 3년, 석 달, 3주, 세 시간, 3분 동안 고통받기를 원하겠소? 칠면조 새끼는 인간의 아기가 아니지만, 그들도 고통을 느껴요. 산업 내에서 경영자고, 수의사고, 노동자고 누구고, 칠면조들이 고통을 느낀다는 것을 의심하는 사람은 여태껏 단 한 명도 못 봤어요. 그러면 얼만큼의 고통을 허용할 수 있을까요? 그게 바로 이 모든 문제들의 근본에 깔려 있는 것이고, 모든 사람들이 스스로에게 던져야 하는 질문이라오. 당신은 당신의 음식을 위해 얼만큼의 고통을 용인하겠소?

우리 조카랑 조카며느리한테 아기가 있는데, 태어나자마자 살아남지 못할 거라는 얘기를 들었다오. 그 부부는 아주 신심이 깊은 아이들이라오. 20분 동안 아기를 안고 있었지요. 20분 동안 아기는 고통 없이 살아 있었고, 그들 삶의 일부였어요. 그 애들은 그 20분을 절대 다른 무엇과도 바꾸지 않을 거라고 했다오. 그저 신에게 감사드렸고, 비록 20분에 불과했지만 아기가 살아 있게 해 준 것에 대해 신을 찬양했지요. 그런 문제에 대해서는 뭐라고 하시겠소?"

영향 / 말 없음 / 영향 / 말 없음 / 영향 / 말 없음 / 영향 / 말 없음 / 영향 / 말 없음 / 영향 / 말 없음 / 영향 / 말
없음 / 영향 / 말 없음 / 영향 / 말 없음 / 영향 / 말 없음 / 영향 / 말 없음 / 영향 / 말 없음 / 영향 / 말 없음 / 영
향 / 말 없음 / 영향 / 말 없음 / 영향 / 말 없음 / 영향 / 말 없음 / 영향 / 말 없음 / 영향 / 말 없음 / 영향 / 말
없음 / 영향 / 말 없음 / 영향 / 말 없음 / 영향 / 말 없음 / 영향 / 말 없음 / 영향 / 말 없음 / 영향 / 말 없음 / 영
향 / 말 없음 / 영향 / 말 없음 / 영향 / 말 없음 / 영향 / 말 없음 / 영향 / 말 없음 / 영향 / 말 없음 / 영향 / 말
없음 / 영향 / 말 없음 / 영향 / 말 없음 / 영향 / 말 없음 / 영향 / 말 없음 / 영향 / 말 없음 / 영향 / 말 없음 / 영
향 / 말 없음 / 영향 / 말 없음 / 영향 / 말 없음 / 영향 / 말 없음 / 영향 / 말 없음 / 영향 / 말 없음 / 영향 / 말
없음 / 영향 / 말 없음 / 영향 / 말 없음 / 영향 / 말 없음 / 영향 / 말 없음 / 영향 / 말 없음 / 영향 / 말 없음 / 영
향 / 말 없음 / 영향 / 말 없음 / 영향 / 말 없음 / 영향 / 말 없음 / 영향 / 말 없음 / 영향 / 말 없음 / 영향 / 말
없음 / 영향 / 말 없음 / 영향 / 말 없음 / 영향 / 말 없음 / 영향 / 말 없음 / 영향 / 말 없음 / 영향 / 말 없음 / 영
향 / 말 없음 / 영향 / 말 없음 / 영향 / 말 없음 / 영향 / 말 없음 / 영향 / 말 없음 / 영향 / 말 없음 / 영향 / 말
없음 / 영향 / 말 없음 / 영향 / 말 없음 / 영향 / 말 없음 / 영향 / 말 없음 / 영향 / 말 없음 / 영향 / 말 없음 / 영
향 / 말 없음 / 영향 / 말 없음 / 영향 / 말 없음 / 영향 / 말 없음 / 영향 / 말 없음 / 영향 / 말 없음 / 영향 / 말
없음 / 영향 / 말 없음 / 영향 / 말 없음 / 영향 / 말 없음 / 영향 / 말 없음 / 영향 / 말 없음 / 영향 / 말 없음 / 영
향 / 말 없음 / 영향 / 말 없음 / 영향 / 말 없음 / 영향 / 말 없음 / 영향 / 말 없음 / 영향 / 말 없음 / 영향 / 말
없음 / 영향 / 말 없음 / 영향 / 말 없음 / 영향 / 말 없음 / 영향 / 말 없음 / 영향 / 말 없음 / 영향 / 말 없음 / 영
향 / 말 없음 / 영향 / 말 없음 / 영향 / 말 없음 / 영향 / 말 없음 / 영향 / 말 없음 / 영향 / 말 없음 / 영향 / 말
없음 / 영향 / 말 없음 / 영향 / 말 없음 / 영향 / 말 없음 / 영향 / 말 없음 / 영향 / 말 없음 / 영향 / 말 없음 / 영
향 / 말 없음 / 영향 / 말 없음 / 영향 / 말 없음 / 영향 / 말 없음 / 영향 / 말 없음 / 영향 / 말 없음 / 영향 / 말
없음 / 영향 / 말 없음 / 영향 / 말 없음 / 영향 / 말 없음 / 영향 / 말 없음 / 영향 / 말 없음 / 영향 / 말 없음 / 영
향 / 말 없음 / 영향 / 말 없음 / 영향 / 말 없음 / 영향 / 말 없음 / 영향 / 말 없음 / 영향 / 말 없음 / 영향 / 말
없음 / 영향 / 말 없음 / 영향 / 말 없음 / 영향 / 말 없음 / 영향 / 말 없음 / 영향 / 말 없음 / 영향 / 말 없음 / 영
향 / 말 없음 / 영향 / 말 없음 / 영향 / 말 없음 / 영향 / 말 없음 / 영향 / 말 없음 / 영향 / 말 없음 / 영향 / 말
없음 / 영향 / 말 없음 / 영향 / 말 없음 / 영향 / 말 없음 / 영향 / 말 없음 / 영향 / 말 없음 / 영향 / 말 없음 / 영
향 / 말 없음 / 영향 / 말 없음 / 영향 / 말 없음 / 영향 / 말 없음 / 영향 / 말 없음 / 영향 / 말 없음 / 영향 / 말
없음 / 영향 / 말 없음 / 영향 / 말 없음 / 영향 / 말 없음 / 영향 / 말 없음 / 영향 / 말 없음 / 영향 / 말 없음 / 영
향 / 말 없음 / 영향 / 말 없음 / 영향 / 말 없음 / 영향 / 말 없음 / 영향 / 말 없음 / 영향 / 말 없음 / 영향 / 말
없음 / 영향 / 말 없음 / 영향 / 말 없음 / 영향 / 말 없음 / 영향 / 말 없음 / 영향 / 말 없음 / 영향 / 말 없음 / 영
향 / 말 없음 / 영향 / 말 없음 / 영향 / 말 없음 / 영향 / 말 없음 / 영향 / 말 없음 / 영향 / 말 없음 / 영향 / 말
없음 / 영향 / 말 없음 / 영향 / 말 없음 / 영향 / 말 없음 / 영향 / 말 없음 / 영향 / 말 없음 / 영향 / 말 없음 / 영
향 / 말 없음 / 영향 / 말 없음 / 영향 / 말 없음 / 영향 / 말 없음 / 영향 / 말 없음 / 영향 / 말 없음 / 영향 / 말
없음 / 영향 / 말 없음 / 영향 / 말 없음 / 영향 / 말 없음 / 영향 / 말 없음 / 영향 / 말 없음 / 영향 / 말 없음 / 영
향 / 말 없음 / 영향 / 말 없음 / 영향 / 말 없음 / 영향 / 말 없음 / 영향 / 말 없음 / 영향 / 말 없음 / 영향 / 말
없음 / 영향 / 말 없음 / 영향 / 말 없음 / 영향 / 말 없음 / 영향 / 말 없음 / 영향 / 말 없음 / 영향 / 말 없음 / 영
향 / 말 없음 / 영향 / 말 없음 / 영향 / 말 없음 / 영향 / 말 없음 / 영향 / 말 없음 / 영향 / 말 없음 / 영향 / 말
없음 / 영향 / 말 없음 / 영향 / 말 없음 / 영향 / 말 없음 / 영향 / 말 없음 / 영향 / 말 없음 / 영향 / 말 없음 / 영
향 / 말 없음 / 영향 / 말 없음 / 영향 / 말 없음 / 영향 / 말 없음 / 영향 / 말 없음 / 영향 / 말 없음 / 영향 / 말
없음 / 영향 / 말 없음 / 영향 / 말 없음 / 영향 / 말 없음 / 영향 / 말 없음 / 영향 / 말 없음 / 영향 / 말 없음 / 영
향 / 말 없음 / 영향 / 말 없음 / 영향 / 말 없음 / 영향 / 말 없음 / 영향 / 말 없음 / 영향 / 말 없음 / 영향 / 말
없음 / 영향 / 말 없음 / 영향 / 말 없음 / 영향 / 말 없음 / 영향 / 말 없음 / 영향 / 말 없음 / 영향 / 말 없음 / 영
향 / 말 없음 / 영향 / 말 없음 / 영향 / 말 없음 / 영향 / 말 없음 / 영향 / 말 없음 / 영향 / 말 없음 / 영향 / 말
없음 / 영향 / 말 없음 / 영향 / 말 없음 / 영향 / 말 없음 / 영향 / 말 없음 / 영향 / 말 없음 / 영향 / 말 없음 / 영
향 / 말 없음 / 영향 / 말 없음 / 영향 / 말 없음 / 영향 / 말 없음 / 영향 / 말 없음 / 영향 / 말 없음 / 영향 / 말
없음 / 영향 / 말 없음 / 영향 / 말 없음 / 영향 / 말 없음 / 영향 / 말 없음 / 영향 / 말 없음 / 영향 / 말 없음 / 영

향 / 말 없음 / 영향 / 말 없음 / 영향 / 말 없음 / 영향 / 말 없음 / 영향 / 말 없음 / 영향 / 말 없음 / 영향 / 말
없음 / 영향 / 말 없음 / 영향 / 말 없음 / 영향 / 말 없음 / 영향 / 말 없음 / 영향 / 말 없음 / 영향 / 말 없음 / 영
향 / 말 없음 / 영향 / 말 없음 / 영향 / 말 없음 / 영향 / 말 없음 / 영향 / 말 없음 / 영향 / 말 없음 / 영향 / 말
없음 / 영향 / 말 없음 / 영향 / 말 없음 / 영향 / 말 없음 / 영향 / 말 없음 / 영향 / 말 없음 / 영향 / 말 없음 / 영
향 / 말 없음 / 영향 / 말 없음 / 영향 / 말 없음 / 영향 / 말 없음 / 영향 / 말 없음 / 영향 / 말 없음 / 영향 / 말
없음 / 영향 / 말 없음 / 영향 / 말 없음 / 영향 / 말 없음 / 영향 / 말 없음 / 영향 / 말 없음 / 영향 / 말 없음 / 영
향 / 말 없음 / 영향 / 말 없음 / 영향 / 말 없음 / 영향 / 말 없음 / 영향 / 말 없음 / 영향 / 말 없음 / 영향 / 말
없음 / 영향 / 말 없음 / 영향 / 말 없음 / 영향 / 말 없음 / 영향 / 말 없음 / 영향 / 말 없음 / 영향 / 말 없음 / 영
향 / 말 없음 / 영향 / 말 없음 / 영향 / 말 없음 / 영향 / 말 없음 / 영향 / 말 없음 / 영향 / 말 없음 / 영향 / 말
없음 / 영향 / 말 없음 / 영향 / 말 없음 / 영향 / 말 없음 / 영향 / 말 없음 / 영향 / 말 없음 / 영향 / 말 없음 / 영
향 / 말 없음 / 영향 / 말 없음 / 영향 / 말 없음 / 영향 / 말 없음 / 영향 / 말 없음 / 영향 / 말 없음 / 영향 / 말
없음 / 영향 / 말 없음 / 영향 / 말 없음 / 영향 / 말 없음 / 영향 / 말 없음 / 영향 / 말 없음 / 영향 / 말 없음 / 영
향 / 말 없음 / 영향 / 말 없음 / 영향 / 말 없음 / 영향 / 말 없음 / 영향 / 말 없음 / 영향 / 말 없음 / 영향 / 말
없음 / 영향 / 말 없음 / 영향 / 말 없음 / 영향 / 말 없음 / 영향 / 말 없음 / 영향 / 말 없음 / 영향 / 말 없음 / 영
향 / 말 없음 / 영향 / 말 없음 / 영향 / 말 없음 / 영향 / 말 없음 / 영향 / 말 없음 / 영향 / 말 없음 / 영향 / 말
없음 / 영향 / 말 없음 / 영향 / 말 없음 / 영향 / 말 없음 / 영향 / 말 없음 / 영향 / 말 없음 / 영향 / 말 없음 / 영
향 / 말 없음 / 영향 / 말 없음 / 영향 / 말 없음 / 영향 / 말 없음 / 영향 / 말 없음 / 영향 / 말 없음 / 영향 / 말
없음 / 영향 / 말 없음 / 영향 / 말 없음 / 영향 / 말 없음 / 영향 / 말 없음 / 영향 / 말 없음 / 영향 / 말 없음 / 영
향 / 말 없음 / 영향 / 말 없음 / 영향 / 말 없음 / 영향 / 말 없음 / 영향 / 말 없음 / 영향 / 말 없음 / 영향 / 말
없음 / 영향 / 말 없음 / 영향 / 말 없음 / 영향 / 말 없음 / 영향 / 말 없음 / 영향 / 말 없음 / 영향 / 말 없음 / 영
향 / 말 없음 / 영향 / 말 없음 / 영향 / 말 없음 / 영향 / 말 없음 / 영향 / 말 없음 / 영향 / 말 없음 / 영향 / 말
없음 / 영향 / 말 없음 / 영향 / 말 없음 / 영향 / 말 없음 / 영향 / 말 없음 / 영향 / 말 없음 / 영향 / 말 없음 / 영
향 / 말 없음 / 영향 / 말 없음 / 영향 / 말 없음 / 영향 / 말 없음 / 영향 / 말 없음 / 영향 / 말 없음 / 영향 / 말
없음 / 영향 / 말 없음 / 영향 / 말 없음 / 영향 / 말 없음 / 영향 / 말 없음 / 영향 / 말 없음 / 영향 / 말 없음 / 영
향 / 말 없음 / 영향 / 말 없음 / 영향 / 말 없음 / 영향 / 말 없음 / 영향 / 말 없음 / 영향 / 말 없음 / 영향 / 말
없음 / 영향 / 말 없음 / 영향 / 말 없음 / 영향 / 말 없음 / 영향 / 말 없음 / 영향 / 말 없음 / 영향 / 말 없음 / 영
향 / 말 없음 / 영향 / 말 없음 / 영향 / 말 없음 / 영향 / 말 없음 / 영향 / 말 없음 / 영향 / 말 없음 / 영향 / 말
없음 / 영향 / 말 없음 / 영향 / 말 없음 / 영향 / 말 없음 / 영향 / 말 없음 / 영향 / 말 없음 / 영향 / 말 없음 / 영
향 / 말 없음 / 영향 / 말 없음 / 영향 / 말 없음 / 영향 / 말 없음 / 영향 / 말 없음 / 영향 / 말 없음 / 영향 / 말
없음 / 영향 / 말 없음 / 영향 / 말 없음 / 영향 / 말 없음 / 영향 / 말 없음 / 영향 / 말 없음 / 영향 / 말 없음 / 영
향 / 말 없음 / 영향 / 말 없음 / 영향 / 말 없음 / 영향 / 말 없음 / 영향 / 말 없음 / 영향 / 말 없음 / 영향 / 말
없음 / 영향 / 말 없음 / 영향 / 말 없음 / 영향 / 말 없음 / 영향 / 말 없음 / 영향 / 말 없음 / 영향 / 말 없음 / 영
향 / 말 없음 / 영향 / 말 없음 / 영향 / 말 없음 / 영향 / 말 없음 / 영향 / 말 없음 / 영향 / 말 없음 / 영향 / 말
없음 / 영향 / 말 없음 / 영향 / 말 없음 / 영향 / 말 없음 / 영향 / 말 없음 / 영향 / 말 없음 / 영향 / 말 없음 / 영
향 / 말 없음 / 영향 / 말 없음 / 영향 / 말 없음 / 영향 / 말 없음 / 영향 / 말 없음 / 영향 / 말 없음 / 영향 / 말
없음 / 영향 / 말 없음 / 영향 / 말 없음 / 영향 / 말 없음 / 영향 / 말 없음 / 영향 / 말 없음 / 영향 / 말 없음 / 영
향 / 말 없음 / 영향 / 말 없음 / 영향 / 말 없음 / 영향 / 말 없음 / 영향 / 말 없음 / 영향 / 말 없음 / 영향 / 말
없음 / 영향 / 말 없음 / 영향 / 말 없음 / 영향 / 말 없음 / 영향 / 말 없음 / 영향 / 말 없음 / 영향 / 말 없음 / 영
향 / 말 없음 / 영향 / 말 없음 / 영향 / 말 없음 / 영향 / 말 없음 / 영향 / 말 없음 / 영향 / 말 없음 / 영향 / 말
없음 / 영향 / 말 없음 / 영향 / 말 없음 / 영향 / 말 없음 / 영향 / 말 없음 / 영향 / 말 없음 / 영향 / 말 없음 / 영
향 / 말 없음 / 영향 / 말 없음 / 영향 / 말 없음 / 영향 / 말 없음 / 영향 / 말 없음 / 영향 / 말 없음 / 영향 / 말
없음 / 영향 / 말 없음 / 영향 / 말 없음 / 영향 / 말 없음 / 영향 / 말 없음 / 영향 / 말 없음 / 영향 / 말 없음 / 영
향 / 말 없음 / 영향 / 말 없음 / 영향 / 말 없음 / 영향 / 말 없음 / 영향 / 말 없음 / 영향 / 말 없음 / 영향 / 말
없음 / 영향 / 말 없음 / 영향 / 말 없음 / 영향 / 말 없음 / 영향 / 말 없음 / 영향 / 말 없음 / 영향 / 말 없음 / 영

향 / 말 없음 / 영향 / 말 없음 / 영향 / 말 없음 / 영향 / 말 없음 / 영향 / 말 없음 / 영향 / 말 없음 / 영향 / 말
없음 / 영향 / 말 없음 / 영향 / 말 없음 / 영향 / 말 없음 / 영향 / 말 없음 / 영향 / 말 없음 / 영향 / 말 없음 / 영
향 / 말 없음 / 영향 / 말 없음 / 영향 / 말 없음 / 영향 / 말 없음 / 영향 / 말 없음 / 영향 / 말 없음 / 영향 / 말
없음 / 영향 / 말 없음 / 영향 / 말 없음 / 영향 / 말 없음 / 영향 / 말 없음 / 영향 / 말 없음 / 영향 / 말 없음 / 영
향 / 말 없음 / 영향 / 말 없음 / 영향 / 말 없음 / 영향 / 말 없음 / 영향 / 말 없음 / 영향 / 말 없음 / 영향 / 말
없음 / 영향 / 말 없음 / 영향 / 말 없음 / 영향 / 말 없음 / 영향 / 말 없음 / 영향 / 말 없음 / 영향 / 말 없음 / 영
향 / 말 없음 / 영향 / 말 없음 / 영향 / 말 없음 / 영향 / 말 없음 / 영향 / 말 없음 / 영향 / 말 없음 / 영향 / 말
없음 / 영향 / 말 없음 / 영향 / 말 없음 / 영향 / 말 없음 / 영향 / 말 없음 / 영향 / 말 없음 / 영향 / 말 없음 / 영
향 / 말 없음 / 영향 / 말 없음 / 영향 / 말 없음 / 영향 / 말 없음 / 영향 / 말 없음 / 영향 / 말 없음 / 영향 / 말
없음 / 영향 / 말 없음 / 영향 / 말 없음 / 영향 / 말 없음 / 영향 / 말 없음 / 영향 / 말 없음 / 영향 / 말 없음 / 영
향 / 말 없음 / 영향 / 말 없음 / 영향 / 말 없음 / 영향 / 말 없음 / 영향 / 말 없음 / 영향 / 말 없음 / 영향 / 말
없음 / 영향 / 말 없음 / 영향 / 말 없음 / 영향 / 말 없음 / 영향 / 말 없음 / 영향 / 말 없음 / 영향 / 말 없음 / 영
향 / 말 없음 / 영향 / 말 없음 / 영향 / 말 없음 / 영향 / 말 없음 / 영향 / 말 없음 / 영향 / 말 없음 / 영향 / 말
없음 / 영향 / 말 없음 / 영향 / 말 없음 / 영향 / 말 없음 / 영향 / 말 없음 / 영향 / 말 없음 / 영향 / 말 없음 / 영
향 / 말 없음 / 영향 / 말 없음 / 영향 / 말 없음 / 영향 / 말 없음 / 영향 / 말 없음 / 영향 / 말 없음 / 영향 / 말
없음 / 영향 / 말 없음 / 영향 / 말 없음 / 영향 / 말 없음 / 영향 / 말 없음 / 영향 / 말 없음 / 영향 / 말 없음 / 영
향 / 말 없음 / 영향 / 말 없음 / 영향 / 말 없음 / 영향 / 말 없음 / 영향 / 말 없음 / 영향 / 말 없음 / 영향 / 말
없음 / 영향 / 말 없음 / 영향 / 말 없음 / 영향 / 말 없음 / 영향 / 말 없음 / 영향 / 말 없음 / 영향 / 말 없음 / 영
향 / 말 없음 / 영향 / 말 없음 / 영향 / 말 없음 / 영향 / 말 없음 / 영향 / 말 없음 / 영향 / 말 없음 / 영향 / 말
없음 / 영향 / 말 없음 / 영향 / 말 없음 / 영향 / 말 없음 / 영향 / 말 없음 / 영향 / 말 없음 / 영향 / 말 없음 / 영
향 / 말 없음 / 영향 / 말 없음 / 영향 / 말 없음 / 영향 / 말 없음 / 영향 / 말 없음 / 영향 / 말 없음 / 영향 / 말
없음 / 영향 / 말 없음 / 영향 / 말 없음 / 영향 / 말 없음 / 영향 / 말 없음 / 영향 / 말 없음 / 영향 / 말 없음 / 영
향 / 말 없음 / 영향 / 말 없음 / 영향 / 말 없음 / 영향 / 말 없음 / 영향 / 말 없음 / 영향 / 말 없음 / 영향 / 말
없음 / 영향 / 말 없음 / 영향 / 말 없음 / 영향 / 말 없음 / 영향 / 말 없음 / 영향 / 말 없음 / 영향 / 말 없음 / 영
향 / 말 없음 / 영향 / 말 없음 / 영향 / 말 없음 / 영향 / 말 없음 / 영향 / 말 없음 / 영향 / 말 없음 / 영향 / 말
없음 / 영향 / 말 없음 / 영향 / 말 없음 / 영향 / 말 없음 / 영향 / 말 없음 / 영향 / 말 없음 / 영향 / 말 없음 / 영
향 / 말 없음 / 영향 / 말 없음 / 영향 / 말 없음 / 영향 / 말 없음 / 영향 / 말 없음 / 영향 / 말 없음 / 영향 / 말
없음 / 영향 / 말 없음 / 영향 / 말 없음 / 영향 / 말 없음 / 영향 / 말 없음 / 영향 / 말 없음 / 영향 / 말 없음 / 영
향 / 말 없음 / 영향 / 말 없음 / 영향 / 말 없음 / 영향 / 말 없음 / 영향 / 말 없음 / 영향 / 말 없음 / 영향 / 말
없음 / 영향 / 말 없음 / 영향 / 말 없음 / 영향 / 말 없음 / 영향 / 말 없음 / 영향 / 말 없음 / 영향 / 말 없음 / 영
향 / 말 없음 / 영향 / 말 없음 / 영향 / 말 없음 / 영향 / 말 없음 / 영향 / 말 없음 / 영향 / 말 없음 / 영향 / 말
없음 / 영향 / 말 없음 / 영향 / 말 없음 / 영향 / 말 없음 / 영향 / 말 없음 / 영향 / 말 없음 / 영향 / 말 없음 / 영
향 / 말 없음 / 영향 / 말 없음 / 영향 / 말 없음 / 영향 / 말 없음 / 영향 / 말 없음 / 영향 / 말 없음 / 영향 / 말
없음 / 영향 / 말 없음 / 영향 / 말 없음 / 영향 / 말 없음 / 영향 / 말 없음 / 영향 / 말 없음 / 영향 / 말 없음 / 영
향 / 말 없음 / 영향 / 말 없음 / 영향 / 말 없음 / 영향 / 말 없음 / 영향 / 말 없음 / 영향 / 말 없음 / 영향 / 말
없음 / 영향 / 말 없음 / 영향 / 말 없음 / 영향 / 말 없음 / 영향 / 말 없음 / 영향 / 말 없음 / 영향 / 말 없음 / 영
향 / 말 없음 / 영향 / 말 없음 / 영향 / 말 없음 / 영향 / 말 없음 / 영향 / 말 없음 / 영향 / 말 없음 / 영향 / 말
없음 / 영향 / 말 없음 / 영향 / 말 없음 / 영향 / 말 없음 / 영향 / 말 없음 / 영향 / 말 없음 / 영향 / 말 없음 / 영
향 / 말 없음 / 영향 / 말 없음 / 영향 / 말 없음 / 영향 / 말 없음 / 영향 / 말 없음 / 영향 / 말 없음 / 영향 / 말
없음 / 영향 / 말 없음 / 영향 / 말 없음 / 영향 / 말 없음 / 영향 / 말 없음 / 영향 / 말 없음 / 영향 / 말 없음 / 영
향 / 말 없음 / 영향 / 말 없음 / 영향 / 말 없음 / 영향 / 말 없음 / 영향 / 말 없음 / 영향 / 말 없음 / 영향 / 말
없음 / 영향 / 말 없음 / 영향 / 말 없음 / 영향 / 말 없음 / 영향 / 말 없음 / 영향 / 말 없음 / 영향 / 말 없음 / 영
향 / 말 없음 / 영향 / 말 없음 / 영향 / 말 없음 / 영향 / 말 없음 / 영향 / 말 없음 / 영향 / 말 없음 / 영향 / 말
없음 / 영향 / 말 없음 / 영향 / 말 없음 / 영향 / 말 없음 / 영향 / 말 없음 / 영향 / 말 없음 / 영향 / 말 없음 / 영

향 / 말 없음 / 영향 / 말 없음 / 영향 / 말 없음 / 영향 / 말 없음 / 영향 / 말 없음 / 영향 / 말 없음 / 영향 / 말
없음 / 영향 / 말 없음 / 영향 / 말 없음 / 영향 / 말 없음 / 영향 / 말 없음 / 영향 / 말 없음 / 영향 / 말 없음 / 영
향 / 말 없음 / 영향 / 말 없음 / 영향 / 말 없음 / 영향 / 말 없음 / 영향 / 말 없음 / 영향 / 말 없음 / 영향 / 말
없음 / 영향 / 말 없음 / 영향 / 말 없음 / 영향 / 말 없음 / 영향 / 말 없음 / 영향 / 말 없음 / 영향 / 말 없음 / 영
향 / 말 없음 / 영향 / 말 없음 / 영향 / 말 없음 / 영향 / 말 없음 / 영향 / 말 없음 / 영향 / 말 없음 / 영향 / 말
없음 / 영향 / 말 없음 / 영향 / 말 없음 / 영향 / 말 없음 / 영향 / 말 없음 / 영향 / 말 없음 / 영향 / 말 없음 / 영
향 / 말 없음 / 영향 / 말 없음 / 영향 / 말 없음 / 영향 / 말 없음 / 영향 / 말 없음 / 영향 / 말 없음 / 영향 / 말
없음 / 영향 / 말 없음 / 영향 / 말 없음 / 영향 / 말 없음 / 영향 / 말 없음 / 영향 / 말 없음 / 영향 / 말 없음 / 영
향 / 말 없음 / 영향 / 말 없음 / 영향 / 말 없음 / 영향 / 말 없음 / 영향 / 말 없음 / 영향 / 말 없음 / 영향 / 말
없음 / 영향 / 말 없음 / 영향 / 말 없음 / 영향 / 말 없음 / 영향 / 말 없음 / 영향 / 말 없음 / 영향 / 말 없음 / 영
향 / 말 없음 / 영향 / 말 없음 / 영향 / 말 없음 / 영향 / 말 없음 / 영향 / 말 없음 / 영향 / 말 없음 / 영향 / 말
없음 / 영향 / 말 없음 / 영향 / 말 없음 / 영향 / 말 없음 / 영향 / 말 없음 / 영향 / 말 없음 / 영향 / 말 없음 / 영
향 / 말 없음 / 영향 / 말 없음 / 영향 / 말 없음 / 영향 / 말 없음 / 영향 / 말 없음 / 영향 / 말 없음 / 영향 / 말
없음 / 영향 / 말 없음 / 영향 / 말 없음 / 영향 / 말 없음 / 영향 / 말 없음 / 영향 / 말 없음 / 영향 / 말 없음 / 영
향 / 말 없음 / 영향 / 말 없음 / 영향 / 말 없음 / 영향 / 말 없음 / 영향 / 말 없음 / 영향 / 말 없음 / 영향 / 말
없음 / 영향 / 말 없음 / 영향 / 말 없음 / 영향 / 말 없음 / 영향 / 말 없음 / 영향 / 말 없음 / 영향 / 말 없음 / 영
향 / 말 없음 / 영향 / 말 없음 / 영향 / 말 없음 / 영향 / 말 없음 / 영향 / 말 없음 / 영향 / 말 없음 / 영향 / 말
없음 / 영향 / 말 없음 / 영향 / 말 없음 / 영향 / 말 없음 / 영향 / 말 없음 / 영향 / 말 없음 / 영향 / 말 없음 / 영
향 / 말 없음 / 영향 / 말 없음 / 영향 / 말 없음 / 영향 / 말 없음 / 영향 / 말 없음 / 영향 / 말 없음 / 영향 / 말
없음 / 영향 / 말 없음 / 영향 / 말 없음 / 영향 / 말 없음 / 영향 / 말 없음 / 영향 / 말 없음 / 영향 / 말 없음 / 영
향 / 말 없음 / 영향 / 말 없음 / 영향 / 말 없음 / 영향 / 말 없음 / 영향 / 말 없음 / 영향 / 말 없음 / 영향 / 말
없음 / 영향 / 말 없음 / 영향 / 말 없음 / 영향 / 말 없음 / 영향 / 말 없음 / 영향 / 말 없음 / 영향 / 말 없음 / 영
향 / 말 없음 / 영향 / 말 없음 / 영향 / 말 없음 / 영향 / 말 없음 / 영향 / 말 없음 / 영향 / 말 없음 / 영향 / 말
없음 / 영향 / 말 없음 / 영향 / 말 없음 / 영향 / 말 없음 / 영향 / 말 없음 / 영향 / 말 없음 / 영향 / 말 없음 / 영
향 / 말 없음 / 영향 / 말 없음 / 영향 / 말 없음 / 영향 / 말 없음 / 영향 / 말 없음 / 영향 / 말 없음 / 영향 / 말
없음 / 영향 / 말 없음 / 영향 / 말 없음 / 영향 / 말 없음 / 영향 / 말 없음 / 영향 / 말 없음 / 영향 / 말 없음 / 영
향 / 말 없음 / 영향 / 말 없음 / 영향 / 말 없음 / 영향 / 말 없음 / 영향 / 말 없음 / 영향 / 말 없음 / 영향 / 말
없음 / 영향 / 말 없음 / 영향 / 말 없음 / 영향 / 말 없음 / 영향 / 말 없음 / 영향 / 말 없음 / 영향 / 말 없음 / 영
향 / 말 없음 / 영향 / 말 없음 / 영향 / 말 없음 / 영향 / 말 없음 / 영향 / 말 없음 / 영향 / 말 없음 / 영향 / 말
없음 / 영향 / 말 없음 / 영향 / 말 없음 / 영향 / 말 없음 / 영향 / 말 없음 / 영향 / 말 없음 / 영향 / 말 없음 / 영
향 / 말 없음 / 영향 / 말 없음 / 영향 / 말 없음 / 영향 / 말 없음 / 영향 / 말 없음 / 영향 / 말 없음 / 영향 / 말
없음 / 영향 / 말 없음 / 영향 / 말 없음 / 영향 / 말 없음 / 영향 / 말 없음 / 영향 / 말 없음 / 영향 / 말 없음 / 영
향 / 말 없음 / 영향 / 말 없음 / 영향 / 말 없음 / 영향 / 말 없음 / 영향 / 말 없음 / 영향 / 말 없음 / 영향 / 말
없음 / 영향 / 말 없음 / 영향 / 말 없음 / 영향 / 말 없음 / 영향 / 말 없음 / 영향 / 말 없음 / 영향 / 말 없음 / 영
향 / 말 없음 / 영향 / 말 없음 / 영향 / 말 없음 / 영향 / 말 없음 / 영향 / 말 없음 / 영향 / 말 없음 / 영향 / 말
없음 / 영향 / 말 없음 / 영향 / 말 없음 / 영향 / 말 없음 / 영향 / 말 없음 / 영향 / 말 없음 / 영향 / 말 없음 / 영
향 / 말 없음 / 영향 / 말 없음 / 영향 / 말 없음 / 영향 / 말 없음 / 영향 / 말 없음 / 영향 / 말 없음 / 영향 / 말
없음 / 영향 / 말 없음 / 영향 / 말 없음 / 영향 / 말 없음 / 영향 / 말 없음 / 영향 / 말 없음 / 영향 / 말 없음 / 영
향 / 말 없음 / 영향 / 말 없음 / 영향 / 말 없음 / 영향 / 말 없음 / 영향 / 말 없음 / 영향 / 말 없음 / 영향 / 말
없음 / 영향 / 말 없음 / 영향 / 말 없음 / 영향 / 말 없음 / 영향 / 말 없음 / 영향 / 말 없음 / 영향 / 말 없음 / 영
향 / 말 없음 / 영향 / 말 없음 / 영향 / 말 없음 / 영향 / 말 없음 / 영향 / 말 없음 / 영향 / 말 없음 / 영향 / 말
없음 / 영향 / 말 없음 / 영향 / 말 없음 / 영향 / 말 없음 / 영향 / 말 없음 / 영향 / 말 없음 / 영향 / 말 없음 / 영
향 / 말 없음 / 영향 / 말 없음 / 영향 / 말 없음 / 영향 / 말 없음 / 영향 / 말 없음 / 영향 / 말 없음 / 영향 / 말
없음 / 영향 / 말 없음 / 영향 / 말 없음 / 영향 / 말 없음 / 영향 / 말 없음 / 영향 / 말 없음 / 영향 / 말 없음 / 영

향 / 말 없음 / 영향 / 말 없음 / 영향 / 말 없음 / 영향 / 말 없음 / 영향 / 말 없음 / 영향 / 말 없음 / 영향 / 말
없음 / 영향 / 말 없음 / 영향 / 말 없음 / 영향 / 말 없음 / 영향 / 말 없음 / 영향 / 말 없음 / 영향 / 말 없음 / 영
향 / 말 없음 / 영향 / 말 없음 / 영향 / 말 없음 / 영향 / 말 없음 / 영향 / 말 없음 / 영향 / 말 없음 / 영향 / 말
없음 / 영향 / 말 없음 / 영향 / 말 없음 / 영향 / 말 없음 / 영향 / 말 없음 / 영향 / 말 없음 / 영향 / 말 없음 / 영
향 / 말 없음 / 영향 / 말 없음 / 영향 / 말 없음 / 영향 / 말 없음 / 영향 / 말 없음 / 영향 / 말 없음 / 영향 / 말
없음 / 영향 / 말 없음 / 영향 / 말 없음 / 영향 / 말 없음 / 영향 / 말 없음 / 영향 / 말 없음 / 영향 / 말 없음 / 영
향 / 말 없음 / 영향 / 말 없음 / 영향 / 말 없음 / 영향 / 말 없음 / 영향 / 말 없음 / 영향 / 말 없음 / 영향 / 말
없음 / 영향 / 말 없음 / 영향 / 말 없음 / 영향 / 말 없음 / 영향 / 말 없음 / 영향 / 말 없음 / 영향 / 말 없음 / 영
향 / 말 없음 / 영향 / 말 없음 / 영향 / 말 없음 / 영향 / 말 없음 / 영향 / 말 없음 / 영향 / 말 없음 / 영향 / 말
없음 / 영향 / 말 없음 / 영향 / 말 없음 / 영향 / 말 없음 / 영향 / 말 없음 / 영향 / 말 없음 / 영향 / 말 없음 / 영
향 / 말 없음 / 영향 / 말 없음 / 영향 / 말 없음 / 영향 / 말 없음 / 영향 / 말 없음 / 영향 / 말 없음 / 영향 / 말
없음 / 영향 / 말 없음 / 영향 / 말 없음 / 영향 / 말 없음 / 영향 / 말 없음 / 영향 / 말 없음 / 영향 / 말 없음 / 영
향 / 말 없음 / 영향 / 말 없음 / 영향 / 말 없음 / 영향 / 말 없음 / 영향 / 말 없음 / 영향 / 말 없음 / 영향 / 말
없음 / 영향 / 말 없음 / 영향 / 말 없음 / 영향 / 말 없음 / 영향 / 말 없음 / 영향 / 말 없음 / 영향 / 말 없음 / 영
향 / 말 없음 / 영향 / 말 없음 / 영향 / 말 없음 / 영향 / 말 없음 / 영향 / 말 없음 / 영향 / 말 없음 / 영향 / 말
없음 / 영향 / 말 없음 / 영향 / 말 없음 / 영향 / 말 없음 / 영향 / 말 없음 / 영향 / 말 없음 / 영향 / 말 없음 / 영
향 / 말 없음 / 영향 / 말 없음 / 영향 / 말 없음 / 영향 / 말 없음 / 영향 / 말 없음 / 영향 / 말 없음 / 영향 / 말
없음 / 영향 / 말 없음 / 영향 / 말 없음 / 영향 / 말 없음 / 영향 / 말 없음 / 영향 / 말 없음 / 영향 / 말 없음 / 영
향 / 말 없음 / 영향 / 말 없음 / 영향 / 말 없음 / 영향 / 말 없음 / 영향 / 말 없음 / 영향 / 말 없음 / 영향 / 말
없음 / 영향 / 말 없음 / 영향 / 말 없음 / 영향 / 말 없음 / 영향 / 말 없음 / 영향 / 말 없음 / 영향 / 말 없음 / 영
향 / 말 없음 / 영향 / 말 없음 / 영향 / 말 없음 / 영향 / 말 없음 / 영향 / 말 없음 / 영향 / 말 없음 / 영향 / 말
없음 / 영향 / 말 없음 / 영향 / 말 없음 / 영향 / 말 없음 / 영향 / 말 없음 / 영향 / 말 없음 / 영향 / 말 없음 / 영
향 / 말 없음 / 영향 / 말 없음 / 영향 / 말 없음 / 영향 / 말 없음 / 영향 / 말 없음 / 영향 / 말 없음 / 영향 / 말
없음 / 영향 / 말 없음 / 영향 / 말 없음 / 영향 / 말 없음 / 영향 / 말 없음 / 영향 / 말 없음 / 영향 / 말 없음 / 영
향 / 말 없음 / 영향 / 말 없음 / 영향 / 말 없음 / 영향 / 말 없음 / 영향 / 말 없음 / 영향 / 말 없음 / 영향 / 말
없음 / 영향 / 말 없음 / 영향 / 말 없음 / 영향 / 말 없음 / 영향 / 말 없음 / 영향 / 말 없음 / 영향 / 말 없음 / 영
향 / 말 없음 / 영향 / 말 없음 / 영향 / 말 없음 / 영향 / 말 없음 / 영향 / 말 없음 / 영향 / 말 없음 / 영향 / 말
없음 / 영향 / 말 없음 / 영향 / 말 없음 / 영향 / 말 없음 / 영향 / 말 없음 / 영향 / 말 없음 / 영향 / 말 없음 / 영
향 / 말 없음 / 영향 / 말 없음 / 영향 / 말 없음 / 영향 / 말 없음 / 영향 / 말 없음 / 영향 / 말 없음 / 영향 / 말
없음 / 영향 / 말 없음 / 영향 / 말 없음 / 영향 / 말 없음 / 영향 / 말 없음 / 영향 / 말 없음 / 영향 / 말 없음 / 영
향 / 말 없음 / 영향 / 말 없음 / 영향 / 말 없음 / 영향 / 말 없음 / 영향 / 말 없음 / 영향 / 말 없음 / 영향 / 말
없음 / 영향 / 말 없음 / 영향 / 말 없음 / 영향 / 말 없음 / 영향 / 말 없음 / 영향 / 말 없음 / 영향 / 말 없음 / 영
향 / 말 없음 / 영향 / 말 없음 / 영향 / 말 없음 / 영향 / 말 없음 / 영향 / 말 없음 / 영향 / 말 없음 / 영향 / 말
없음 / 영향 / 말 없음 / 영향 / 말 없음 / 영향 / 말 없음 / 영향 / 말 없음 / 영향 / 말 없음 / 영향 / 말 없음 / 영
향 / 말 없음 / 영향 / 말 없음 / 영향 / 말 없음 / 영향 / 말 없음 / 영향 / 말 없음 / 영향 / 말 없음 / 영향 / 말
없음 / 영향 / 말 없음 / 영향 / 말 없음 / 영향 / 말 없음 / 나

평균적으로 미국인들은 평생 동안
2만 1000마리분의 동물을 먹는다.[1]
앞의 다섯 페이지에 늘어선 모든 단어는
동물 한 마리에게 해당하는 것이다.

람 호이카

브레빅미션은 베링 해협에 있는 조그마한 이누이트족 마을이다. 지방 자치제의 상근 직원 한 명이 '재정 사무관'이다. 경찰도 소방서도 없고, 공공시설 직원도 없고, 쓰레기 처리반도 없다. 그런데 놀랍게도 온라인 데이트 서비스는 있다. (시민들이라고 해야 고작 276명이니, 임자 없는 사람이 누구인지 어느 정도는 다 알 거라고 생각했을지도 모르겠다.) 애인을 찾는 여자가 둘, 남자가 둘 있다. 남자들 중 한 명이 여자들한테 관심이 없다는 점만 제외하면(하여튼 내가 마지막으로 그곳을 찾았을 때에는 그랬다.) 짝이 잘 맞을 것 같다. "키 165센티미터에 매력적인 외모"라고 자신을 소개한 아프리카 흑인 훈남1은 브레빅에서 찾을 수 있는 사람들 중에서 적어도 2등은 된다. 1등은 키 182센티미터의 스웨덴인으로 흰머리가 좀 있고 잘 다듬은 흰 염소수염을 기른 요한 훌틴의 차지다. 훌틴은 자신의 여행에 대해 딱 한 사람한테만 알리고 1997년 8월 19일 브레빅에 도착한 즉시 발굴을 하러 갔다. 단단한 얼음 밑에 시체들이 있었다. 그는 집단 묘지를 발굴했다.

영구 동토층 아래 깊은 곳에 1918년 인플루엔자 대유행의 희생자들이 보존되어 있었다. 훌틴과 함께 그 계획을 진행한 다른 한 명은 동료 과학자인 제프리 토벤버거로, 1918년 인플루엔자의 원인을 찾고 있었다.

1918년 사망자들에 대한 훌틴의 연구는 시의 적절했다. 홍콩의 닭들이 보유한 H5N1 유형의 바이러스가 인간에게 '전염된다'는 사실이 확인된 것이 그가 브레빅미션에 오기 불과 몇 달 전이었다. 잠재적으로 역사적 중요성을 띤 사건이었다.

세 살짜리 람 호이카는 이 특히 불길한 H5N1 바이러스에 목숨을 잃은 여섯 명 중 첫 번째 희생자였다.[2] 치명적인 바이러스가 종을 뛰어넘어 퍼지면서 새로운 전염병이 세상으로 들어올 수도 있는 창이 열렸기 때문에, 나나 여러분이 지금 그의 이름을 아는 것이다. 보건 당국들이 그때처럼 조치를 취하지 않았더라면(아니면 우리가 운이 더 나빴다면), 람 호이카는 전 세계 규모로 발발한 전염병의 사망자들 중 한 명이 되었을지도 모른다. 지금도 여전히 그럴 가능성은 있다. H5N1의 성가신 뿌리는 미국 신문 1면에서는 사라졌지만, 지구상에서 완전히 사라진 것은 아니다. 문제는 그것이 아직도 비교적 적은 수의 사람들을 계속해서 죽일 것이냐 아니면 더 치명적인 종류로 변이할 것이냐이다. H5N1 같은 바이러스들은 끊임없이 발달하여 인간의 면역 체계를 망가뜨린다는 목적을 무자비하게 달성하는 흉포한 청부업자가 될 가능성이 있다.

잠재된 H5N1의 악몽이 어른거리면서, 홀틴과 토벤버거는 1918년의 전염병을 유발한 것이 무엇인지 알고 싶었다. 또 그럴 만한 이유가 있었다. 1918년의 전염병보다 더 많은 사람들을 더 빨리 죽인 것은 질병이든 뭐든 그 이전에도, 이후에도 없었다.[3]

인플루엔자

1918년의 유행병은 막대한 사망자에 대해 제대로 보도한 서구 언론이 스페인 언론뿐이었기 때문에 '스페인 독감'으로 기억되었다. (스페인이 세계대전에 참전을 하지 않아서 스페인의 보도가 전시의 검열과 혼란으로 왜곡되지 않았기 때문이라는 설도 있다.) 이름은 그러했지만, 스페인 독감은 전 세계를 강타했다. 단순히 전염병이 아니라 유행병으로 불린 것도 그 때문이다. 그것이 최초의 유행성 인플루엔자는 아니었고, 가장 최근(1957년과 1968년에도 유행병이 있었다.)의 것도 아니었지만, 분명히 가장 치명적이었다. 에이즈가 2400만의 인명을 죽음으로 몰아넣는 데 대략 24년이 걸린 반면, 스페인 독감은 24주 만에 그에 맞먹는 사망자를 냈다.[4] 사망자 통계 중에서 최근에 나온 어떤 수정판에서는 전 세계적으로 사망자가 5000만 명, 어쩌면 1억 명까지 이르렀다고 본다.[5] 어림잡아 미국인들 중 4분의 1, 어쩌면 전 세계 인구의 4분의 1이 병에 걸렸다는 뜻이다.[6]

노약자나 병자들에게만 생명의 위협이 되는 대부분의 인플루엔자들과는 달리, 스페인 독감은 한창 전성기에 있는 건강한 사람들도 죽였다. 사실상 사망률은 스물다섯 살에서 스물아홉 살까지 집단에서 가장 높았고,[7] 독감 유행이 절정에 달했을 때에는 미국인들 평균 기대 수명이 서른다섯 살까지 떨어졌다.[8] 재난의 규모는 다른 곳에서와 마찬가지로 미국에서도 엄청났기 때문에, 왜 내가 학창시절 이것에 대해 배우지 않았는지, 아니면 기록이나 이야기를 통해서라도 접해 보지 못했는지 이해가 안 된다. 스페인 독감이 맹위를 떨칠 동안에는 한 주에 미국인들 2만 명이 죽어 나갔다.[9] 집단 무덤을 파느라고 증기 삽이 동원되었다.[10]

보건 당국들은 오늘날 바로 이러한 사건을 두려워한다. 많은 사람들이 H5N1에 기반을 둔 유행병은 피할 수 없다고 주장한다. 문제는 유행병이 언제 닥칠 것이냐이며, 가장 중요한 것은 얼마나 심각할 것이냐이다.

H5N1 바이러스가 최근 발병한 돼지 인플루엔자보다 훨씬 더 치명적인 영향을 주지 않고 가까스로 우리를 피해 간다 할지라도, 오늘날 그 어떤 보건 당국도 유행병을 완전히 예방할 수 있다고는 보지 않는다. 세계 보건 기구(WHO)의 의장은 간단히 이렇게 말했다. "또 다른 유행병을 피할 수 없다는 것을 잘 압니다. (중략) 그것은 오고야 말 것입니다."[11] 미국 국립 과학 학술원의 의학 연구소는 유행병은 "피할 수 없을 뿐 아니라, 이미 올 때가 지났다."라고 더 최근에 덧붙였다.[12] 최근 역사를 보면 평균 27년 6개월 주기로 유행병이 도는데, 마지막 유행병이 퍼진 지 이제 40년이 지났다. 과학자들은 유행병의 미래를 확실히 알 수는 없지만, 위험이 임박했다는 것만은 알 수 있고, 잘 안다.[13]

이제 WHO 사무원들은 그간 잠재적인 새로운 유행성 플루에 관해 모아 온 엄청난 양의 과학 자료들을 속속들이 다 꿰고 있다. 그래서 양복과 넥타이와 긴 흰색 재킷을 차려입고 항상 냉정을 유지하는 이 족속들이 자기네 선거구 사람들, 즉 모든 사람들을 위하여 뽑았다는 '유행 인플루엔자에 대해 알아야 할 것들'의 목록을 보자면 상당히 불안해진다.

전 세계가 또 다른 유행병 직전에 있을지도 모른다.
모든 나라들이 영향을 받을 것이다.
광범위한 질병이 발생할 것이다.
의료 지원이 불충분할 것이다.
많은 사망자가 발생할 것이다.
극심한 경제적, 사회적 분열이 일어날 것이다.[14]

비교적 보수적인 WHO가 조류 독감이 인간에게 옮고 공기 중으로 감염된다면(돼지 인플루엔자, H1N1이 그랬듯이.), "비교적 보수적으로 추정치를 잡아도 사망자가 200만~740만 명 발생할 것"이라고 했다.[15] 그들의 설명에 따르면 "이 추정치는 1957년에 일어난 상대적으로 가벼웠던 유행병에 기초한 것이다. 1918년에 출현했던 것에 더 가까운, 더 치명적인 바이러스에 기초한 추정치는 훨씬 더 높다." 자비롭게도 WHO는 이 더 높은 추정치는 '알아야 할' 목록에 넣지 않았다. 야속하게도 그들은 그 추정치가 아주 약간은 비현실적이라고도 말해 주지 않는다.

훌틴은 결국 1918년의 냉동된 사망자들 가운데서 한 여인의 유해를 찾아내고 루시라는 이름을 붙여 주었다. 그는 루시의 폐를 떼어내 토벤버거에게 보냈다. 그는 조직에서 샘플을 채취하여 매우 주목할 만한 증거를 찾아냈다. 그 결과는 2005년에 발표되었는데, 1918년 유행병의 원인이 조류 인플루엔자, 즉 조류 독감이라는 사실을 보여주었다.[16] 중요한 과학적 질문 하나가 풀린 것이다.

다른 증거는 1918년의 바이러스가 돼지들에게서 변이되었거나[17] (특이하게도 돼지는 인간 바이러스와 조류 바이러스 양쪽에 다 감염된다.)[18] 아니면 심지어는 최후의 치명적 바이러스가 되기 전에 한동안 인간에게서 변이가 일어났을지도 모른다는 것을 암시한다. 확신할 수는 없다. 확신할 수 있는 것은 농장 가축과 인간들 사이를 오가는 새로운 바이러스가 머지않은 미래에 전 세계인의 건강에 큰 위협이 되리라고 과학자들이 모두 의견을 같이했다는 사실이다. 관심사는 조류 독감이든 돼지 독감이든 다음에 올 것뿐만이 아니라, '동물원성' 병원균(동물에서 인간으로 혹은 그 역으로 옮기는 병원균), 특히 인간, 닭,

칠면조, 돼지들 사이를 옮겨 다니는 모든 종류의 바이러스들이다.

또한 확신할 수 있는 것은, 오늘날 유행 인플루엔자를 놓고 무슨 얘기를 하든, 지금까지 알려진 것 중에서 가장 치명적인 질병 발병 사건과 오늘날 우리 앞에 놓인 최대의 보건 위협 중 하나가 전 세계의 농장 동물들, 그중에서도 조류의 건강과 밀접한 관계가 있다는 것만큼은 무시할 수 없다는 사실이다.

모든 독감들

인플루엔자 연구에 관한 이야기에서 또 하나의 핵심 인물은 로버트 웹스터라는 바이러스 학자이다. 그는 모든 인간 인플루엔자가 조류에서 유래되었음을 입증했다. 그는 이것을 '농가 앞마당 이론'이라고 불렀는데, "인간의 유행병 바이러스들은 집에서 키우는 조류의 플루 바이러스에서 유전자 일부를 보충한다."라고 추측한다.[19]

1968년 '홍콩 독감'이 유행하고 몇 년 후, 웹스터는 원인 바이러스의 정체를 밝혀냈다. 예상했던 대로 바이러스는 중앙 유럽의 오리에서 발견된 조류 바이러스의 양상이 혼합된 변종이었다.[20] 1968년 유행병이 조류에서 비롯된 것이 특이한 일이 아님을 암시하는, 오늘날 발견한 최고의 증거이다. 이제 과학자들은 모든 독감 균의 최초 근원을 찾아보면, 1억 년이 넘도록 지구를 배회해 온 오리와 거위처럼 물에 사는 새들한테서 나온다고 주장한다.[21] 독감은 우리가 새들과 맺은 관계 자체임이 밝혀진 것이다.

여기에서 약간의 기초적인 과학 지식이 필요하다. 야생 오리, 거위, 제비갈매기, 갈매기들은 이 바이러스들의 최초 근원지로서 H1에서 최근 발견된 H16까지, N1에서 N9까지 오늘날 과학이 분류한 독감 균들 모두를 몸에 품고 있다.[22] 사육하는 가금류 또한 이러한 독감 균들의 거대 저장소이다.[23] 야생이건 가축이건 조류들이 꼭 이러한 바이러스들 때문에 병에 걸리지는 않는다. 그냥 바이러스에 감염된 채로 있는 경우도 많고, 때로는 세계를 가로질러 날아가서 배설물을 통해 바이러스를 호수, 강, 연못에 퍼뜨린다. 더 많은 경우에는 산업화된 동물 처리 공정 기술의 도움을 받아 우리가 먹는 음식에 직접 퍼뜨린다.

각각의 포유류 종들은 조류들이 옮기는 바이러스 중 일부에만 취약하다. 예를 들어 인간은 보통 H1, H2, H3 바이러스에만 취약하며, 돼지들은 H1, H3에, 말은 H3과 H7에 약하다.[24] H는 혈구 응집소의 약자로, 인플루엔자 바이러스 표면에서 발견되는 대못 모양의 단백질이다.[25] '응집하는' 능력, 다시 말해서 적혈구를 덩어리지게 하는 성질을 따서 이름을 붙였다. 혈구 응집소는 분자들을 잇는 일종의 다리 역할을 해 주어, 적의 군대가 임시 가설 다리를 건너오듯이 바이러스 자체가 희생자의 세포로 흘러 들어갈 수 있게 해 준다. 혈구 응집소는 인간과 동물 세포 표면에 있는 수용체로 알려진 특정한 종류의 분자 구조와 자신을 결합하는 놀라운 능력을 통해 이 치명적인 작업을 수행할 수 있다. H1, H2, H3, 보통 인간을 공격하는 세 가지 유형의 혈구 응집소는 우리 호흡기에 달라붙는 데 전문가들이다. 바로 그 때문에 독감이 흔히 호흡기에서 시작되는 것이다.

H1N1이 그랬던 것처럼(새, 돼지, 인간의 바이러스를 결합했다.) 한 종

의 바이러스가 다른 종의 바이러스들과 섞이고 싶어 안달이 나기 시작하면 그때부터 골치 아파진다. H5N1의 경우에는 인간에게 전염성이 아주 높은 신종 바이러스가 실제로 돼지 집단 속에서 '탄생'할지도 모른다는 공포가 있다. 왜냐하면 돼지들은 인간을 공격하는 바이러스뿐 아니라 조류를 공격하는 바이러스 유형에도 감염이 잘 되기 때문이다. 돼지 한 마리가 동시에 두 가지 다른 유형의 바이러스에 감염되면, 바이러스들이 유전자를 교환할 가능성이 있다. 바로 이런 결과로 H1N1 돼지 독감이 출현했다. 우려스러운 것은 이러한 유전자 교환의 결과로 조류 독감의 독성과 누구나 다 흔하게 걸리는 보통 감기의 전염성을 다 가진 바이러스가 출현할 수도 있다는 사실이다.

이 새로운 질병의 가능성이 어떻게 나왔을까? 어느 정도까지 현대 축산업에 책임이 있을까? 이 질문에 답하기 위해, 우리가 먹는 새들이 어디에서 오는지, 왜 그들의 환경이 새뿐만 아니라 우리까지 병들게 하기에 안성맞춤인지 알아볼 필요가 있다.

새의 삶과 죽음

내가 C와 함께 본 두 번째 농장에는 축사가 스무 채 세워져 있었는데, 한 채당 폭 14미터에, 길이 150미터로 새 3만 3000마리를 수용할 수 있었다.[26] 줄자를 가져오지 않아서 더 자세한 조사는 할 수가 없었다. 하지만 이 정도는 이 산업에서는 전형적인 규모이기 때문에 자신 있게 이 숫자라고 주장할 수 있다. 요즘에는 더 큰 축사를 짓기

도 한다. 폭 18미터에 길이 153미터, 이 규모에서는 새들을 5만 마리 이상 수용한다.[27]

한 방에 있는 3만 3000마리 규모의 새들을 다 돌아보기는 쉽지 않다. 새들이 얼마나 빽빽이 들어차 있는지 알려고 굳이 직접 눈으로 확인할 필요도 없고, 수학을 동원할 필요조차 없다. 동물 복지 가이드라인에서, 미국 계육 협회는 적정 수용 밀도를 새 한 마리당 0.07제곱미터로 지정해 놓았다.[28] 그것이 닭 생산업체들을 대표하는 '주류' 조직이 동물 복지에 적합하다고 본 기준이다. 이를 보면 복지에 대해 철저히 합의된 의견이라는 것이 실제로 어떤 의미인지, 그리고 믿을 만한 중립적 출처를 제외하고는 어디에서 나온 라벨도 왜 믿을 수 없는지를 알 수 있다.

여기에서 잠깐 멈춰 보자. 훨씬 더 적은 공간에서 사는 동물들도 많지만, 0.07제곱미터를 생각해 보자. 한 번 그림으로 그려 보라. (직접 공장식 가금류 농장 안에 들어가 볼 일은 아마도 없겠지만, 상상력을 보충할 만한 것이 필요하다면 인터넷에 사진들이 많이 있다.) A4 용지 한 장을 찾아서 축구공 비슷한 모양으로 다 자란 새가 그 위에 서 있다고 상상해 보라. 이런 사각형 3만 3000개가 다닥다닥 붙어 있다고 상상해 보라. (육계들은 닭장에 넣지 않고, 여러 층으로 쌓지도 않는다.) 이제 그 주위를 창문 없는 벽으로 두르고 위에 천장을 얹는다. (약을 넣은) 먹이 공급, 물 공급, 난방, 환기를 하는 자동화 시스템을 깐다. 이게 바로 농장이다.

이제 농장 운영으로 들어가 보자.

우선, 되도록 적게 먹고도 빨리 자랄 닭을 찾는다. 새로 조작한 육계의 근육과 지방 조직은 뼈보다 훨씬 빨리 자라서[29] 기형과 질병을 유발한다.[30] 그중 1~4퍼센트는 공장식 축산업 외부에는 사실상 알려지지 않은 문제인 갑작스러운 돌연사 증후군으로 경련하며 몸부림치다가 죽어 갈 것이다.[31] 공장식 축산업이 유발하는 또 다른 문제는 과도한 체액이 체강(體腔)을 채우는 복수(腹水) 증상으로, 이렇게 죽는 숫자가 훨씬 더 많다.(전 세계적으로 가금류 5퍼센트에 해당한다.)[32] 네 마리 중 세 마리는 걷는 데 어느 정도 장애가 있다.[33] 상식적으로 생각해 보면 닭들은 만성 통증에 시달리고 있다. 넷 중 한 마리는 걷는 데 심각한 장애가 있으며[34] 틀림없이 늘 통증에 시달릴 것이다.[35]

육계들에게는 생후 첫 주 동안, 혹은 병아리 시기 내내 하루 24시간 조명을 켜 준다.[36] 이렇게 하면 닭들이 더 많이 먹는다. 그런 다음 하루에 네 시간쯤 조명을 꺼 주어 어둠 속에 있게 한다. 딱 살기 위해 필요한 만큼만 재워 주는 것이다. 물론 닭들을 오랫동안 조명이 비치고, 비좁고, 그로테스크한 몸에 짓눌리는 부자연스럽기 짝이 없는 환경에 살게 하면 미쳐 버릴 것이다. 육계들은 적어도 생후 42일째에 대개 도축되므로[37](아니면 39일째)[38] 아직 싸움을 벌여 사회적 위계질서를 세우지도 못한 상태이다.

두말하면 잔소리겠지만, 불구이고 약에 취한 데다 과도한 스트레스를 받는 닭들을 지저분하고 배설물로 찌든 방에 쑤셔 넣어 두면 건강이 좋을 리가 없다. 불구 말고도 눈의 손상, 시력 상실, 뼈의 박테리아 감염, 척추 탈골, 마비, 내출혈, 빈혈, 조류 장딴지근 힘줄 분리증, 다리와 목의 뒤틀림, 호흡기 질병, 면역 체계 약화는 공장식 축산업에서 고질적인 문제이다.[39] 과학적 연구와 정부 기록은 사실상 모든 닭들(95퍼센트 이상)이 대장균(배설물 오염을 보여 주는 척도)에 감염되어 있으며[40] 소매점의 닭 중에서도 39~75퍼센트는 여전히 감염된 상태임을 보여 준다.[41] 가금류의 약 8퍼센트는 살모넬라균에 감염되어 있다.[42](오래전부터 적어도 넷 중 한 마리는 감염되어 있었고,[43] 아직도 일부 농장에서 일어나는 일이다.[44]) 70~90퍼센트는 잠재적으로 치명적인 또 다른 병원균인 캄필로박터균에 감염되어 있다.[45] 진흙과 냄새, 박테리아를 제거하기 위해 보통 염소(鹽素) 목욕을 시킨다.[46]

물론 소비자들은 자기네 닭이 맛이 썩 좋지 않다는 것을 알아차렸을지도 모르지만(약에 절고, 병에 찌들고, 배설물로 오염된 동물이 맛이 좋을 수가 있겠는가?) 우리가 닭의 외양, 냄새, 맛이라고 생각하는 것을 제공하기 위해 새들에게 '국물'과 소금물을 주입한다.(아니면 펌프로 넣는다.)[47] (《소비자 보고서》의 최근 연구는 자연 그대로라는 라벨이 붙은 닭과 칠면조 중 상당수가 '국물, 조미료, 또는 물로 무게를 10~30퍼센트 정도 부풀려졌다'는 것을 알아냈다.)[48]

사육이 끝나면, 이제 '처리'할 차례다.

먼저, 새들을 모아 나무 상자에 넣고, 살아 있는 새들을 죄다 부위별로 비닐 포장한 제품으로 바꾸는 전 과정을 돌릴 일꾼들을 찾아야 한다. 해마다 이직률이 100퍼센트를 초과하는 것이 보통이기 때문에, 계속해서 일할 사람을 찾아야 할 것이다.[49] (내가 했던 인터뷰에서는 이직률이 150퍼센트쯤 될 거라고 했다.) 불법 체류 외국인들을 대개 선호하지만, 영어를 할 줄 모르는 가난한 최근 이민자들도 쓸 만한 일꾼이다.[50] 국제 인권 단체의 기준에 따르면, 미국 도축장의 일반적인 노동 기준은 온통 인권 위반투성이다.[51] 그들은 싼 고기를 생산하여 전 세계를 먹이는 데 없어서는 안 될 존재들이다. 닭들을 한 손에 다섯 마리씩 다리를 잡아 거꾸로 들고 운송용 나무 상자에 쑤셔 넣는 일을 시키고 일꾼들에게 최저 임금이나 그에 가까운 액수를 주는 것이다.

내가 인터뷰했던 여러 일꾼들의 말에 따르면 닭을 상자에 넣을 때 노동자 한 명당 3.5분에 105마리를 처리하는 속도가 요구되는데, 이 정도 속도로 작업을 진행하다 보면 새들을 거칠게 다루게 된다. 또한 내가 들은 바로는, 노동자들은 간간이 새들의 뼈가 그들의 손에서 딱 부러지는 것을 느낀다. (도축장에 살아서 도착하는 새들 중 대략 30퍼센트는 프랑켄슈타인 유전학과 거친 처우에 대한 결과로 뼈가 막 부러진 상태이다.)[52] 새들을 보호해 줄 법 따위도 없지만, 물론 일꾼들을 다루는 데 관한 법도 없다. 이런 노동은 사람을 그 후로도 며칠 동안이나 괴롭히는 법이어서, 불평할 처지가 못 되는 사람들을 고용하기 마련이다. 캘리포니아에서 가장 큰 닭 처리 공장들 중 한 곳의 직원이며 나와 오후를 함께 보냈던 직원 '마리아' 같은 사람들 말이다. 마리아는 40년이 넘게 일을 하고, 산재로 다섯 번이나 외과 수술을 한 탓에, 더는 손을 놀려 설거지를 할 수가 없다. 그녀는 하도 통증이 가시지 않아서 저녁 내내 팔을 얼음물에 담그고 있고, 약이 없으면 잠들지 못하는 때가 많다. 그녀는 시간당 8달러를 받는데, 보복당할까 두려워 나에게 자기 실명은 쓰지 말아 달라고 부탁했다.

트럭에 상자들을 싣는다. 날씨가 어떻건 무시하고, 공장이 수백 킬로미터 밖에 있더라도 새들에게 모이나 물도 주지 않는다. 공장에 도착하면 노동자들을 시켜 새들을 내던져서 발목에 금속 족쇄를 채워 움직이는 컨베이어 시스템에 거꾸로 매달게 한다. 더 많은 뼈가 부러진다. 새들의 비명 소리와 날개 푸드덕거리는 소리가 하도 시끄러워서 노동자들이 라인 바로 옆 사람의 말소리도 듣지 못할 때가 많다. 새들이 고통과 공포로 똥오줌을 싸기도 한다.

컨베이어 시스템이 전기가 통하는 물통 속으로 새들을 끌어간다. 이렇게 하면 닭들이 마비될 것 같겠지만, 무감각한 상태가 되지는 않는다.[53] 많은 유럽 국가들을 포함하여 다른 나라들은 (최소한 법적으로는) 닭들의 피를 뽑거나 열탕에 담그기 전에, 의식을 잃게 하거나 죽이도록 규정하고 있다. 미국에서는 USDA의 해석에 따라 인도적 도축 행위법에서 닭의 도축은 면제하고 있어서, 전압을 낮게 유지한다. 동물의 의식을 잃게 만드는 데 필요한 수준의 10분의 1 정도이다.[54] 물통 속을 통과한 후에도 마비된 닭의 눈은 여전히 움직인다. 때로는 비명을 지르려는 것처럼 천천히 부리를 벌리는 등 몸을 움직일 수 있다.

움직일 수는 없지만 의식은 있는 닭들이 라인에서 다음으로 거쳐야 할 곳은 자동화된 목 절단기가 될 것이다. 동맥을 제대로 자르지 못하면, 피가 천천히 뿜어져 나온다. 내가 대화를 나누었던 또 다른 노동자의 말에 따르면, 이런 일은 '항상' 일어난다. 그래서 보조 도살자로 일할 노동자가 몇 명 더 필요하다. 이들은 기계가 미처 자르지 못한 새들의 목을 베어 준다. 만약 이들 역시 실수를 한다면, 이 또한 '항상' 일어나는 일일 뿐이다. 산업 대표인 미국 계육 협회에 따르면, 해마다 약 1억 8000만 마리 닭들이 적절치 못한 방식으로 도축된다. 이 수치 때문에 골치를 썩고 있느냐고 질문을 받자, 협회의 대변인인 리처드 L. 롭은 한숨을 쉬며 이렇게 말했다. "처리는 비교적 단시간에 끝납니다."[55]

내가 대화를 나누어 본 수많은 새 잡는 일꾼, 새를 매다는 일꾼, 도살꾼들은 새들이 살아서 의식이 있는 채로 열탕 탱크에 들어간다고 했다. (정보 자유법을 통해 입수한 정부 통계를 보면 해마다 약 400만 마리 새들이 이런 일을 당한다고 한다.)[56] 피부와 깃털에 묻은 배설물들이 탱크 속에 남기 때문에, 새들은 피부에 병원균이 스미거나 흡수되어 균을 가득 품게 된다.[57](탱크의 뜨거운 물은 새들의 구멍들을 열어 준다.)

새들의 머리를 잘라 내고 발을 제거한 다음에는 기계가 세로로 배를 갈라 열고 내장을 제거한다. 고속 기계가 내장을 뜯어내면서 배설물이 새들의 배 속에 퍼뜨려지기 때문에, 이 과정에서도 종종 오염이 발생한다. 옛날에는 USDA 감독관들이 이러한 배설물로 오염된 닭들은 폐기 처분해야 했다. 그러나 약 30여 년 전, 가금류 축산업계의 설득으로 USDA는 이러한 자동 내장 제거기를 계속 사용할 수 있도록 배설물을 재분류했다. 한때는 위험한 오염 물질이었던 배설물이 이제는 표면의 얼룩으로 분류된다.[58] 그 결과, 감독관들은 새들 중 절반 정도만 폐기 처분한다.[59] 아마도 롬과 미국 계육 협회는 그저 한숨을 쉬며 이렇게만 말할 것이다. "사람들은 비교적 단시간에 배설물을 먹어 치워 버립니다."

다음으로 새들은 USDA 직원의 검사를 받는다. 직원들의 직분은 명목상으로는 소비자의 안전을 지키는 것이다. 감독관이 각기 다른 질병 10여 가지와 의심되는 이상 증세를 찾아내기 위해 새의 겉과 속, 몸통과 기관들을 검사하는 데 주어지는 시간은 새 한 마리당 대략 2초 정도이다.[60] 감독관은 하루에 2만 5000마리 새들을 검사한다. 기자 스콧 브론스타인은 《애틀란타 저널 컨스티튜션》에 가금류 검사에 관한 훌륭한 연재 기사를 썼는데, 닭을 먹는 사람이면 누구나 꼭 읽어 보아야 한다. 그는 37개 공장에서 거의 100명에 가까운

USDA 가금류 검사관들과 인터뷰를 했다. 그는 이렇게 썼다. "누런 고름을 질질 흘리며 초록색 배설물로 더럽혀지고 해로운 박테리아에 오염되었거나, 폐와 심장이 감염되었거나 종양이 있거나 피부 상태가 나쁜 새들 수백만 마리가 소비자들에게 팔리기 위해 매주 배송된다."[61]

다음으로 닭들은 초대형 냉장 물탱크로 운반되는데, 수천 마리 새들을 거기에서 한꺼번에 식힌다.[62] 정부 책임성 확보를 위한 기구의 톰 드바인은 이렇게 말한다. "이 탱크의 물은 온갖 오물과 박테리아가 떠 있어서 그야말로 '똥물'이다. 깨끗하고 건강한 새들을 더러운 새들과 똑같은 탱크 속에 담가 놓으니, 당연히 교차 감염이 예상된다."[63]

유럽과 캐나다의 가금류 처리 업체들 중 상당수는 공기 냉각 시스템을 사용하지만, 미국 가금류 생산업체의 99퍼센트는 물에 담그는 방식을 고수하고, 시대에 뒤떨어진 물 냉각 방식을 계속 쓰기 위해 소비자들과 쇠고기 업체들과 소송을 벌이고 있다.[64] 그 이유를 찾기란 어렵지 않다. 공기 냉각을 하면 새들의 몸통 무게가 줄어들지만, 물 냉각 방식은 죽은 새들이 물을 흡수한다. ('똥물'이라고 했던 바로 그 물 말이다.) 한 연구는 냉각 단계에서 죽은 닭을 비닐봉지에 넣어 밀봉하기만 해도 교차 감염을 막을 수 있다는 것을 보여 준다.[65] 하지만 이렇게 하면 더러운 물을 가금류 산업에 수천만 달러를 안겨주는 부가적인 몸무게의 값어치로 바꿀 기회도 없어진다.[66]

정부가 조치를 취하기 이전에는 얼마 전까지만 해도 USDA는 소비자들에게 닭을 판매할 때 닭이 흡수한 물의 양을 닭고기 가격에 최대 8퍼센트까지 포함시킬 수 있도록 제한을 두었다.[67] 1990년대에

이 사실이 널리 알려지자, 당연히 강력한 항의가 터져 나왔다. 소비자들은 혐오감을 일으킬 뿐 아니라 품질을 떨어뜨리는 이러한 관행을 고소했다.[68] 법정은 8퍼센트 규칙을 "자의적이고 변동이 심하다."라는 이유로 폐지했다.[69]

그러나 아이러니하게도 법원 판결에 대한 USDA의 해석 덕분에 양계 산업계에서는 닭고기에서 몇 퍼센트가 염소 살균된 오수로 이루어져야 하는가를 평가하는 자기네 나름의 연구를 했다.[70] (농업 관련 산업에 도전할 때는 이런 결과를 수도 없이 볼 수 있다.) 산업계에서 논의가 끝나자, 닭고기 가격의 11퍼센트보다 약간 더 많이 액체 흡수를 허용하는 새로운 법이 나왔다.[71] (정확한 비율은 포장 위에 작은 글씨로 찍어 표시한다). 대중의 관심이 다른 데로 옮겨 가기가 무섭게, 가금류 축산업은 소비자를 보호하려는 의도로 만들어진 규제를 자기네 이익을 위한 것으로 바꾸어 놓았다.

흡수된 오수로 인한 이러한 닭고기 증량의 결과로 이제 미국 가금류 소비자들은 해마다 대규모 가금류 생산업자들에게 수백만 달러의 부가 이익을 안겨 주게 되었다.[72] USDA는 이를 잘 알기에 관행을 옹호한다. 누가 뭐래도 가금류 처리 업체들은 많은 가족농들과 마찬가지로 '전 세계를 먹이기 위해' 최선을 다하고 있을 뿐이다. (아니면 이 경우에는 수화(水和)를 확실히 하려는 것이던가.)

내가 지금까지 묘사한 것은 예외적인 경우가 아니다. 노동자들이 피가학적이어서, 기계가 결함이 있어서, 혹은 이 경우가 '썩은 사과'라서 그렇게 된 것이 아니다. 그게 규칙이다. 미국에서 식용으로 팔리는 닭 99퍼센트 이상이 이런 식으로 살다가 죽는다.

어떤 면에서 공장식 시스템들은, 예를 들자면 처리 과정에서 우연히 산 채로 삶아지는 새들의 비율이나 그 몸이 흡수한 오수의 양에서 매주 크게 차이가 날 수도 있다. 이런 것들은 중요한 차이다. 그러나 다른 면에서 보자면 공장식 양계 산업은 운영이 잘되건 그렇지 않건, '방목'이건 아니건, 근본적으로는 같다. 모든 새들은 비슷한 프랑켄슈타인식 유전학 혈통에서 나오고, 모두 갇혀 있다. 산들바람이나 따스한 햇볕도 즐기지 못한다. 횃대에 앉는다든가, 주변 환경을 탐색한다든가, 안정적인 사회적 관계를 맺는 등 닭이라는 종 특유의 행동 중 어떤 것도 해 볼 수가 없다. 항상 질병이 만연해 있다. 고통이 유일한 규칙이다. 동물들은 언제나 하나의 물건, 하나의 몸뚱이로 취급된다. 죽음은 언제나 똑같이 잔인하다. 차이점보다 이러한 동일성이 더 중요하다.

방대한 가금류 축산업에 시스템 문제가 있다면 우리의 세계에도 끔찍하게 잘못된 부분이 있음을 의미한다. 오늘날 EU에서는 해마다 60억 마리 닭이 이와 비슷한 조건에서 사육되고 있으며, 미국에서는 90억 마리 이상, 중국에서는 70억 마리 이상 사육된다.[73] 인도의 10억이 넘는 인구는 1인당으로 따지면 닭고기를 거의 먹지 않다시피 하지만, 그럼에도 여전히 해마다 공장식으로 사육하는 가금류의 수가 20억 마리에 이르며, 그들이 키우는 가금류의 숫자는 중국과 마찬가지로 전 세계적으로 상당한 비율을 차지하며 무섭게 치솟고 있다. (종종 그 성장 속도가 빠르게 팽창하는 미국 가금류 축산업 성장 속도의 두 배에 이르기도 한다.) 전 세계적으로 공장식 축산 가금류가 500억 마리 있다. 인도와 중국이 미국과 맞먹는 비율로 가금류를 소비하는 날이 온다면, 지금도 기가 질릴 이 숫자가 두 배 이상이 될 것이다.

500억. 해마다 500억 마리 새들이 이런 식으로 살다가 죽음을 맞는다.

실리어 스틸이 1923년에 벌인 실험 이전에는 공장식 축산 가금류의 숫자가 0이었다. 이런 현실이 얼마나 혁명적이고 새로운 것인지 상상도 할 수 없을 것이다. 그리고 이 변화는 닭을 다른 식으로 사육하게 되었다는 정도가 아니다. 우리는 더 많은 닭을 먹는다.[74] 미국인들은 80년 전하고만 비교해도 150배나 더 많이 닭을 먹고 있다.

500억 마리에 대해 또 하나 얘기하고 싶은 것은, 그것이 최대한 정확히 계산한 숫자라는 것이다. 미국에서 90억 마리라는 수치를 내놓은 통계학자들은 그것을 월별, 주별, 닭의 무게별로 분석하여 1년 전 같은 달 동안 닭이 죽은 수와 비교한다.[75] 산업은 이 숫자를 연구하고, 토론하고, 계획하고, 숭배의 대상처럼 떠받든다. 그것들은 단순한 숫자가 아니라, 승리의 선언이다.

영향

인플루엔자라는 단어는 그 이름이 유래한 바이러스와 아주 흡사하게 돌연변이 과정을 거쳐서 우리에게로 온다.[76] 그 단어가 맨 처음 쓰인 것은 이탈리아에서였는데, 본래는 별의 영향을 가리키는 데 쓰였다. 즉, 많은 사람들이 동시에 느꼈을, 영적 세계나 오컬트 세계의 영향이었다. 그러나 16세기부터 그 말이 다른 단어들과 의미가 뒤섞이고 혼합되면서 전염병과, (마치 누군가가 벌인 악의의 결과인 것처럼) 동시에 다양한 집단에 타격을 주는 유행병을 가리키게 되었다.

인플루엔자에 대해 얘기할 때, 적어도 어원상으로 말하자면, 이것은 전 세계 어디에서나 동시에 나타나는 영향을 말하는 것이다. 오늘날의 조류 독감이나 돼지 독감 바이러스, 혹은 1918년 스페인 독감 바이러스는 진짜 인플루엔자는 아니다. 근본적인 영향이 아니라, 단지 증후일 뿐이다.

이제는 유행병이 초자연적인 힘의 창조물이라고 믿는 사람은 거의 없다. 병들고 약에 취한 5억 마리 새들, 모든 독감 바이러스의 원인인 이 새들을 인간을 공격하는 새로운 병원균의 탄생을 촉진하는 근본적인 영향으로 보아야 할까? 감금 시설에서 면역 체계와 타협한 5억 마리 돼지들은 또 어떤가?[77]

2004년 새롭게 출현한 동물원성 질병에 관하여 전 세계 전문가들이 면역 반응이 제대로 일어나지 않는 병든 농장 동물들과 유행병의 대폭발 사이에 있을 법한 관계를 논의하기 위해 모였다.[78] 그들의 결론을 보기 전에, 서로 관련이 있으면서도 전혀 별개인 두 가지 공공 보건 문제와 관련해서 새로운 병원균에 대해 생각해 보는 것이 좋을 것이다. 첫 번째 문제는 캄필로박터균, 살모넬라균, 대장균의 새로운 계통이 생겨나는 것처럼, 모든 종류의 병원균과 공장식 축산업 간 관계에서 일어나는, 보다 일반적인 문제다. 두 번째 공공 보건 문제는 더 특정한 것이다. 모든 수퍼 병원균의 수퍼 병원균, 즉 어느 정도는 1918년 스페인 독감의 재판이 될지도 모를 잡종 바이러스를 탄생시킬 조건을 인간이 만들고 있다는 것이다. 이 두 가지 문제는 깊이 연관되어 있다.

음식으로 옮는 병을 매번 추적할 수는 없지만, 그 근원, 혹은 '감염 경로'는 알려져 있다.[79] 바로 동물 제품이 압도적으로 많은 비율을 차지한다. 미국 질병 통제 센터(CDC)에 따르면, 지금까지는 가금류가 최대 원인이다.[80] 《소비자 보고서》에 발표된 조사를 보면, (유기농과 무항생제 브랜드까지 포함한) 모든 닭고기의 83퍼센트가 구입 시점에 캄필로박터균이나 살모넬라균에 감염되어 있다.[81]

왜 더 많은 사람들이 식품으로 옮는 병 중에서 피할 수 있는 병의 비율을 모르는지 (그리고 왜 그에 대해 화내지 않는지) 잘 모르겠다. 어쩌면 병원균에 감염된 고기(특히 가금류)처럼 항상 일어나는 일은 무엇이든 배경 속으로 희미하게 사라져 버리는 경향이 있기 때문에 뭔가 잘못되어도 두드러져 보이지 않는 것인지도 모른다.

어쨌거나 무엇을 찾아야 할지를 안다면, 병원균 문제는 무섭도록 또렷해진다. 예를 들어, 다음번에 친구가 흔히들 장염이라고 잘못 아는 갑작스러운 '독감'에 걸린다면 몇 가지 질문을 해 보자. 친구의 병이 구토와 설사 후에 증상이 호전되는, 금방 걸렸다 낫는 '하루짜리 독감'에 속하는 것이었는가? 증상이 그리 단순하지는 않겠지만, 이 질문에 대한 답이 그렇다라면, 친구는 아마도 독감이 아니었을 것이다. CDC 통계에 따르면 해마다 미국에서 발생하는, 식품으로 감염되는 병 7600만 건 중 하나일 것이다.[82] 친구는 가벼운 유행성 질병에 걸린 것이 아니라 병원균에 감염된 것이다. 그리고 십중팔구 그 균은 공장식 축산업으로 발생한 것이다.

공장식 축산업과 관련된 병의 수는 차치하더라도, 공장식 축산 농장들은 수많은 살균제를 소비하는 것만으로도 항생제에 내성이 있는 병원균을 키워 낸다. 우리는 항생제와 기타 살균제를 얻으려면 인간이 먹을 수 있는 약들의 수를 제한하는 공공 보건 기준에 따라 의사한테 가야 한다. 의학상 중요한 문제이기 때문에 이러한 불편을 무릅쓰는 것이다. 미생물은 결국 살균제에 적응하게 된다. 미생물이 살아남는 법을 익히기 전에, 진짜로 아픈 사람들에게는 어떤 항생제든 이용 횟수를 제한하는 것이 좋다.

일반적으로 공장식 축산 농장에서는 매끼마다 동물들에게 약을 먹인다. 내가 앞서 설명했듯이 공장식 가금류 축산에서는 거의 필수적이다. 업계는 처음부터 이 문제를 알았지만, 동물의 생산성이 떨어지게 놔두기보다는 식품에 첨가물을 넣어 면역 반응 저하를 해결했다.

그 결과 농장 동물들은 의료적 상황과 무관하게(즉, 병이 나기도 전에) 항생제를 먹는다. 미국에서 해마다 인간에게 투여되는 항생제의 양은 1300톤이지만, 가축에게 먹이는 양은 8000톤이다.[83] 최소한 업계 주장에 따르면 그렇다. 우려하는 과학자 연맹은 업계에서 항생제 사용량을 적어도 40퍼센트는 줄여서 보고했다고 했다.[84] 그들은 닭, 돼지, 기타 농장 동물들에게 병이 나기도 전에 투여하는 항생제 양만 1만 1000톤으로 계산했다. 더 나아가 그 항생제들 중 1500톤은 EU에서 최근 불법으로 규정한 것이라고 추산했다.[85]

약에 강한 병원균이 생겨나리라는 것은 불 보듯 훤한 일이다. 공장식 축산업에 새로운 약이 도입되면서 급속히 항생제에 대한 저항력도 퍼져 가고 있다는 것을 보여 주는 연구들이 많이 있다. 예를 들어 1995년 CDC에서 항의했음에도 미국 식품 의약국(FDA)이 시프로 같은 플루르퀴놀린 제제 항생제를 닭에 사용하도록 승인했을 때, 이 강력한 새로운 항생제에 내성을 지닌 박테리아의 비율은 거의 0퍼센트에서 2002년경 18퍼센트까지 올라갔다.[86] 《뉴잉글랜드 의학 저널》의 더 광범위한 연구는 살균제에 대한 내성이 1992년과 1997년 사이에 여덟 배가 증가했음을 보여 주었으며, 분자 아류형을

이용하여 이러한 증가 현상의 원인을 농장 닭에 사용한 살균제에서 찾았다.[87]

1960년대 후반까지 거슬러 올라가 보면, 과학자들은 농장 동물의 먹이에 무분별하게 항생제를 쓰는 데 경고의 목소리를 냈다.[88] 오늘날 미국 의학 협회,[89] CDC,[90] 미국 의학 연구소[91](미국 국립 과학 학술원의 한 분과), WHO[92] 같은 다양한 기구들이 항생제 내성의 증가와 공장식 축산업계에서 자행하는 무분별한 항생제 사용 간의 연관 관계를 파악하고 항생제 사용 금지를 요청하고 있다. 그러나 미국의 공장식 축산업계는 이러한 금지 조치에 효과적으로 반대해 왔다. 그리고 놀랄 일도 아니지만 다른 나라에서 제한적으로 금지 조치를 취한다 해도 제한적 해결책일 뿐이다.

무분별한 항생제 사용에 대한 전면적인 금지 조치가 반드시 필요한데도 아직도 이루어지지 않는 분명한 이유가 있다. 바로 공장식 축산업계가 최근 (제약업계와 연대하여) 공공 보건 전문가들에게 더 막강한 권력을 행사하게 된 것이다. 업계의 막강한 권력이 어디에서 나오는지는 뻔하다. 우리가 그들에게 준 권력이다. 공장식 축산 동물 제품(그리고 동물 제품으로 팔리는 물)을 먹음으로써 우리 자신도 모르는 사이에 이 업계에 어마어마한 규모로 자금을 대 주기로 선택한 것이다. 그리고 지금도 매일같이 그렇게 하고 있다.

해마다 음식을 통해 7600만 미국인들을 병에 걸리게 하고, 항생제 내성을 자꾸만 키워 가는 바로 그 조건들이 유행병의 위험을 높이는 데도 기여한다. UN 식량 농업 기구, WHO, 세계 동물 보건 기구(OIE)가 '새롭게 출현하는 동물원성 질병들'에 관한 쓸 만한 정보를 평가하기 위해 그들의 막대한 자원을 한데 모았던 2004년의 주목할 만한 회담으로 돌아가 보자.[93] 회담이 열릴 당시 H5N1과 중증 급성 호흡기 증후군(SARS), 즉 '사스'가 새로 출현한 공포스러운 동물원성 질병 목록 상위에 올라 있었다. 오늘날에는 H1N1이 최대의 적이 될 것이다.

과학자들은 동물원성 질병에서 '주요 위험 요소'와, 질병이 퍼질 때 단지 그 속도에만 영향을 주는 단순한 '확산 위험 요소'를 구분했다.[94] 주요 위험 요소의 전형적인 예는 '농업 생산 시스템이나 소비 패턴의 변화'였다. 어떤 특정 농업과 소비자의 변화를 염두에 두었던 것일까? 네 가지 주된 위험 요소들의 목록에서 첫 번째는 '동물 단백질 수요의 증가'였다. 이는 고기, 계란, 낙농품에 대한 수요가 동물원성 질병의 출현에 영향을 미치는 '주요 요소'임을 말해 주는 가장 좋은 예이다.

보고서는 계속해서 동물 제품에 대한 수요가 '농장 운영 관행의 변화'로 이어진다고 지적한다.[95] 관련한 '변화'에 대해 혼동을 일으키지 않기 위해서 공장식 가금류 축산업만을 뽑아서 보기로 하겠다.

농업 과학 기술 협회 역시 유사한 결론에 이르렀다. 이 조직은 업계 전문가와 WHO, OIE, USDA 출신 전문가들로 구성되었다. 협회의 2005년 보고서는 공장식 축산의 주된 파급 효과가 "전염성이 강한 원형 병원균으로부터 (흔히 미묘한 돌연변이에 의해) 생겨난 병원균이 빠르게 대상을 고르고 확산해 나가는 것이며, 그로 인하여 질병 발병, 확산 위험이 증가한다."라고 말한다.[96] 유전적으로 단일하며 병에 잘 걸리는 새들을 좁은 곳에 몰아넣고 공장식 축산업의 인공 조명 아래에서 배설물로 범벅이 된 채 스트레스를 받으며 번식하게 만

들면, 병원균의 성장과 돌연변이를 촉진하게 된다.[97] 보고서는 질병에 대한 위험이 전 세계적으로 높아진 것이 바로 '증대한 효율성에 치러야 하는 비용'이라고 결론짓는다.[98] 우리의 선택은 간단하다. 값싼 닭고기냐 우리의 건강이냐, 둘 중 하나이다.

오늘날 공장식 축산업과 유행병의 연결 고리는 더 이상 부정할 수 없게 되었다. 최근의 H1N1 돼지 독감은 본래 미국의 돼지 공장이 거의 다 몰려 있는 노스캐롤라이나의 공장식 돼지 축산 농가에서 시작되었으며, 그 후 미국 전역에 빠르게 퍼져나갔다. 과학자들이 처음으로 새, 돼지, 인간의 바이러스 유전 물질이 결합된 바이러스를 목격한 것도 이러한 공장식 축산 농장에서였다. 컬럼비아와 프린스턴 대학의 과학자들은 최근 전 세계적으로 가장 공포의 대상이 된 바이러스의 여덟 가지 유전자 일부를 추적하여 그중 여섯 개를 미국 공장식 축산업에서 찾아낼 수 있었다.[99]

내가 이 모든 과학적 사실을 들이대지 않아도 우리 마음속 한쪽에서는 뭔가 끔찍하게 잘못된 일이 일어나고 있다는 것을 알아챘을지 모른다. 우리를 먹여 살리는 자양분이 지금 고통에서 나오고 있다. 누군가 우리가 먹는 고기가 어떻게 생산되는지를 촬영한 필름을 보여 주겠다고 한다면, 그것이 공포 영화이리라는 것을 다들 안다. 아마도 우리가 인정하고 싶은 것 이상으로 더 잘 알면서 기억 속 어두운 곳에 억눌러 놓고 거부하는 것일지도 모른다. 우리는 공장식 축산 고기를 먹을 때 문자 그대로 고문당한 살을 먹고 사는 것이다. 점차 그 고문당한 살이 우리 살이 되어 가고 있다.

더 큰 영향들

공장식 축산 고기에 대한 수요는 음식으로 전염되는 질병과 전염성 질병들과 관련해 유해한 영향을 미칠 뿐 아니라, 공공 보건에도 많은 영향을 미친다. 우선 눈에 띄는 것으로, 이제는 널리 알려진, 국가적인 주요 사망 원인(심장 질환이 1위, 암이 2위, 뇌졸중이 3위이다.)[100]과 육류 소비 간의 관계가 있고, 그보다는 눈에 훨씬 덜 띄지만 우리가 정부와 의학 전문가들로부터 받는 영양 정보에 대한 육류 산업의 비뚤어진 영향력이 또한 있다.

스페인 독감이 전 세계를 휩쓸기 직전인 1917년, 제1차 세계대전이 유럽을 유린하는 동안, 전시에 미국의 식량 자원을 최대한 이용할 것을 주창하고 나선 한 여성 단체가 오늘날 식량과 영양에 관한 미국 최고의 전문가들 단체인 미국 영양학회(ADA)의 전신이 되었다.[101] 1990년대 이후 ADA는 건강한 채식주의 식단의 개요를 발표했는데, 이제는 누구나 기본적으로 숙지하는 기준이 되었다. ADA는 조심스러운 입장을 취하기 때문에 동물 제품의 소비를 줄였을 때 얻는 건강상 이점이 문서상으로 충분히 입증되었는데도 이는 배제시켰다. ADA의 관련 과학 논문 요약문을 요약한 세 가지 핵심 문장이 있다. 첫 번째는 다음과 같다.

> 잘 짜인 채식주의 식단은 임신기, 수유기, 유아기, 아동기, 청소년기를 포함한 모든 단계의 인생 주기 동안 모든 개인에게, 그리고 운동 선수에게 적합하다.[102]

두 번째.

> 채식주의 식단은 포화 지방과 콜레스테롤을 낮추고, 식이 섬유, 마그네슘, 포타슘, 비타민 C와 E, 폴산, 카로티노이드, 플라보노이드, 기타 식물성 화학 물질을 다량으로 함유한다.[103]

논문 다른 곳에서도 (운동선수를 포함하여) 채식주의자와 완전 채식주의자들이 단백질을 "필요 이상으로 충분히 섭취"한다고 지적한다.[104] 그리고 단백질을 충분히 얻지 못할까 봐 염려스러워서 고기를 먹으려는 생각은 전혀 근거 없다는 것을 보여 주기 위하여, 다른 자료에서는 동물 단백질 섭취가 골다공증, 신장 질병, 요로 결석, 몇몇 암과 관련이 있다고 제시한다.[105] 여전히 혼란이 끊이지 않는다 해도, 채식주의자와 완전 채식주의자들이 잡식주의자들보다 더 최적의 단백질 소비를 한다는 사실만은 분명하다.

결국 우리는 추측이 아니라(그 추측이 기초 과학에 아무리 정당한 근거를 두고 있다 하더라도) 영양학적 조사, 즉 실제 인간 개체군에 대한 연구에서 나온 가장 믿을 수 있는 기준에 근거하여 가장 중요한 정보를 얻었다.

세 번째.

> 채식주의 식단은 혈중 콜레스테롤 수치, (미국에서 연간 사망 원인 중 25퍼센트 이상을 차지하는) 심장 질환 위험,[106] 혈압, 고혈압과 2형 당뇨병 위험을 낮추는 등 수많은 건강상 이점을 가져온다.[107] 채식주의자들은 신체 중량 지수(BMI)가 낮고(즉, 뚱뚱하지 않다.) 전체적으로 암 발생률이 낮은 경

향이 있다. 〔미국에서 연간 사망자 중 25퍼센트 가까이가 암으로 죽는다.〕[108]

개인의 건강을 위하여 꼭 채식주의자가 되어야 한다고는 생각지 않지만, 동물 먹기를 중단해서 건강에 해가 된다면 그것은 물론 채식주의자가 되지 말아야 할 이유가 될 것이다. 물론 내 아들에게 동물을 먹여야 할 이유도 될 것이다.

나는 이 점에 대해 미국의 일급 영양학자들 여러 명과 함께 성인의 경우와 어린이의 경우 양쪽을 다 들어서 대화를 나누어 본 결과, 똑같은 얘기를 몇 번이나 되풀이해 들었다. 채식주의는 적어도 고기가 포함된 식단 못지않게 건강에 좋다는 것이다.

동물 제품을 피하면 건강한 식생활을 하기가 더 쉬워진다는 것을 믿기가 좀 어렵다면, 그럴 만한 이유가 있다. 우리는 영양에 대해 줄곧 거짓을 듣고 있다. 정확하게 짚고 넘어가자. 우리가 거짓을 듣고 있다고 말할 때, 나는 과학적 자료를 논박하는 것이 아니라 그에 의존해서 얘기한다. 대중은 여러 가지 경로를 통해 영양과 건강에 관한 과학 자료에서(특히, 영양에 관한 정부의 가이드라인에서) 정보를 얻는다. 과학 자체가 부상한 이래로, 영양학 자료가 여러분과 나 같은 사람들에게 어떻게 제시될 것인가에 영향력을 행사하는 사람들 가운데는 고기를 생산하는 사람들이 반드시 끼어 있었다.

예를 들어, 그들의 웹 사이트에 나온 대로 "미국 낙농업 제품의 판매와 수요를 증대시키는 것"만을 유일한 목적으로 둔 산업체인 미국 낙농 협회의 마케팅 부문인 미국 유제품 협회(NDC)를 생각해 보자.[109] NDC는 공공 보건상의 부정적 결과는 아랑곳하지 않고 낙농 제품 소비를 장려하고 있으며, 심지어 낙농 제품을 소화시킬 수 없는 집단들에까지 이를 팔려고 한다.[110] 최소한 NDC의 행동은 무역 단체이기 때문에 그렇다고 이해할 만하다. 하지만 교육자들과 정부가 왜 1950년대 이후로 NDC가 미국 최대이자 가장 주요한 영양학 교육 자료의 공급 업체가 되도록 허용했는지는 이해할 수 없는 일이다.[111] 더 나쁜 것은, 우리의 현재 연방 '영양학' 가이드라인은 미국에서 공장식 축산업을 표준으로 만들기 위해 쉼 없이 노력해 온 바로 그 정부 부서 USDA에서 나온다는 것이다.

USDA는 미국에서 가장 중요한 광고 공간에 대한 독점권을 갖고 있다. 즉 거의 모든 먹을거리들에서 발견하는, 영양 성분에 관한 그 작은 네모 칸 말이다. USDA는 ADA가 사무실을 열었던 바로 그 해에 설립되어, 국가에 영양학 정보를 제공하고, 궁극적으로는 공공 보건에 도움이 될 가이드라인을 만들어 낼 책임을 맡았다.[112] 하지만 동시에 USDA는 산업을 장려할 책임도 부여받았다.

이해관계가 충돌할 것이 불 보듯 뻔하다. 미국은 식품 산업을 지원해야 하는 정부 기관으로부터 연방이 보증하는 영양 정보를 얻는데, 오늘날 식품 산업에 대한 지원이란 공장식 축산업에 대한 지원을 의미한다. 우리 생활 속으로 조금씩 스며 들어오는 ('충분한 단백질'에 대한 걱정처럼) 잘못된 정보의 세부 사항은 자연스럽게 여기에서 나오며, 매리언 네슬과 같은 작가들이 이를 상세히 반영해 왔다. 네슬은 공공 보건 전문가로서 '영양과 보건에 관한 공중 위생국장 보고서'를 포함하여 정부와 폭넓은 작업을 해 왔으며, 수십 년간 식품 산업과 교류해 왔다.[113] 여러 면에서 그녀의 결론은 우리가 익히 예상했던 바를 확인해 주는 뻔한 것이지만, 그녀가 보여 주는 내부자의 관점은 식품 산업, 특히 축산업이 국가 영양 정책에 얼마나 큰 영향력을 행사하는지 그 실상을 새삼 분명하게 볼 수 있게 해 준다. 그녀는 식품 회사들이 담배 회사들과 마찬가지로(그녀가 쓴 비유이다.) 제품을 파는 데 도움이 되기만 한다면 무슨 말이든, 무슨 짓이든 할 것이라고 주장한다.[114] 그들은 불리하다고 생각하는 규제를 없애기 위해 의회에 로비를 할 것이다.[115] 이러한 규제를 집행하지 못하도록 연방 규제 기관에 압력을 넣는다. 규제 조치가 마음에 들지 않으면 소송을 제기한다. 담배 회사들처럼 식품 회사들은 전문 조직과 연구를 지원함으로써 식품과 영양 전문가들을 자기편으로 끌어들이며, 아이들에게 직접 판매함으로써 매출을 늘린다. 골다공증 예방 명목으로 낙농 제품 소비를 장려하는 듯한 미국 정부의 권고에 대해, 네슬은 전 세계에서 우유가 식단에서 큰 비중을 차지하지 않는 지역 주민들이 미국인들보다 골다공증과 골절이 더 적은 경우가 많다고 지적한다.[116] 낙농 제품을 가장 많이 소비하는 나라에서 골다공증 비율이 제일 높이 나타난다.[117]

식품 산업의 영향력에 대한 인상적인 예로 네슬은 최근에 USDA가 어떤 음식이든 건강에 아무리 해로운 영향을 줄지라도 "덜 먹어야 한다."는 말은 하지 않는 것을 비공식적 정책으로 한다고 주장한다.[118] 그래서 "고기를 덜 먹어야 한다."라고 말하는(이런 것이 도움이 될지도 모른다.) 대신, "지방 섭취량을 전체 칼로리의 30퍼센트 이하로 제한하라."라고 충고한다.(정보를 애매하게 흐리며 최소한만을 말한다.) 식품이 위험할 때 우리에게 알려 줄 책임을 부여받은 기관들이 음식이 위험할 경우 (특히 그것이 동물 제품이라면) 우리에게 (직접적으로) 말해 주지 않는 정책을 취하는 것이다.

우리는 식품 산업이 우리의 국가 영양 정책을 교묘하게 다루도록 놔두었다. 그 결과 그 정책은 동네 식품점의 건강 식품 코너에 어떤 식품이 쌓여 있는가에서부터 우리 아이들이 학교에서 무엇을 먹는지까지 모든 것에 영향을 미친다. 예를 들어 영양학에 관한 자료들이 우리 식단에서 동물 제품을 줄여야 한다고 보여 주는데도 공립학교 급식에서 낙농 제품, 쇠고기, 계란, 가금육 같은 동물 제품을 아이들에게 제공하기 위해 우리가 낸 세금 중 5억 달러 이상이 쓰인다.[119] 반면, USDA조차도 더 먹어야 한다고 인정한 과일과 채소를 사는 데에는 겨우 1억 6600만 달러가 제공된다.[120] 인류의 건강을 전문으로 다룰 뿐, 그 밖에는 따로 이득을 챙길 것이 없는 조직인 미국 국립 보건원에 이런 책임을 맡기는 것이 더 말이 되지 않을까? (그리고 더 윤리적이기도 하다.)

공장식 축산업의 성장이 전 세계에 시사하는 바를, 특히 음식으로 퍼지는 질병, 항생제에 대한 내성, 잠재적 유행병 문제와 연관 지어 고려해 보면, 정말로 모골이 송연해진다. 인도와 중국의 가금류 산업은 1980년대 이후로 해마다 5~13퍼센트 성장률을 보였다.[121] 인도와 중국이 미국인들과 맞먹는 양의 가금류를 먹어 치우기 시작한다면 (해마다 27~28마리),[122] 그들만으로도 오늘날 전 세계가 먹는 만큼 닭이 소비될 것이다. 전 세계가 미국의 선례를 따른다면, 해마다 1650억여 마리 새들이 소비될 것이다. (세계 인구가 증가하지 않는다 하더라도 말이다.) 그다음에는 어떻게 될까? 2000억? 5000억? 닭장이 더 높이 쌓일까, 더 작아질까, 아니면 둘 다일까? 언제쯤 항생제를 버려야만 인간의 고통을 예방할 수 있다는 사실을 받아들이게 될까? 우리 손주들이 일주일 중 며칠이나 앓을까? 어디에서 끝이 날까?

천국의 소
각들 / 똥
덩어리들

지구 육지의 3분의 1에 가까운 면적을
가축들이 차지한다.[1]

1

하하, 흑흑

파라다이스 로커 미트 사(社)는 전에는 미주리 주 북서부의 스미스빌 호수 근처에 있었다. 원래 공장은 2002년 햄 훈제 가공을 했는데 화재가 일어나 불타 버렸다. 새로운 시설에는 뒤쪽에서 달려오는 소의 모습과 함께 옛 공장의 그림이 그려져 있다. 이것은 실제 사건을 묘사한 것이다. 화재가 일어나기 4년 전인 1998년 여름, 소 한 마리가 도축장을 탈출했다. 암소는 몇 킬로미터를 도망갔다. 이야기가 거기에서 끝났더라도 충분히 놀라웠을 것이다. 그러나 이 소는 보통 소가 아니었다. 암소는 가까스로 길을 건너고, 울타리를 짓밟거나 무시했고, 자기를 찾는 농부들을 피했다. 그리하여 스미스빌 호숫가까지 다다르자, 물에 시험 삼아 한 번 들어가 보거나 두 번 생각하거나 뒤를 돌아보지도 않았다. 소는 어디든 좋으니 하여튼 안전한 곳까지 헤엄쳐 가기로 했다. 그것이 암소가 치른 3종 경기의 두 번째 구간인 셈이었다. 적어도 암소는 자신이 어디에서 나와 헤엄쳐 가는지 알았던 것 같다. 파라다이스 로커 미트 사의 주인인 마리오 판타스마는 친구한테서 걸려 온 전화로 소가 물속으로 뛰어들었다는 것을 알았다. 결국 도주는 마리오가 호수 건너편에서 소를 잡음으로써 끝났다. 두둥, 두둥, 그리고 내려지는 막. 이것이 희극인지 비극인지는 주인공을 누구로 보느냐에 따라 달라진다.

나는 헤리티지 식품(소규모 고기 유통업체)의 공동 설립자인 패트릭 마틴스한테서 이 탈출담을 들었는데, 그가 나를 마리오에게 소개

해 주었다. 패트릭은 자기 블로그에다가 그 에피소드를 썼다. "얼마나 많은 사람들이 대탈출을 응원했는지 놀라울 정도이다. 나는 아무런 거리낌 없이 고기를 먹지만, 내 마음 한구석에서는 돼지가 탈출에 성공해서 숲에 정착해 자유로운 야생 돼지 군락을 만들었다는 얘기를 듣고 싶어 한다." 패트릭에게 그 이야기는 주인공이 둘이었고, 그래서 비극인 동시에 희극이었다.

판타스마가 지어낸 이름처럼 들린다면, 그건 진짜 그렇기 때문이다. 마리오의 아버지는 이탈리아 칼라브리아의 어떤 집 문간에 버려졌다. 가족은 아기를 데려와서 '팬텀(phantom)'이라는 성을 붙여 주었다.

직접 보면, 마리오는 어디를 보아도 유령처럼 보이는 데는 없다. 그는 위풍당당한 몸매를 지녔다. 패트릭의 묘사에 따르면 '두툼한 목과 본인햄* 같은 팔'이 있으며, 큰 소리로 거침없이 떠들어 댄다. 그는 항상 본의 아니게 잠든 아기들을 깨울 수밖에 없는 그런 사람이다. 그의 태도는 매우 유쾌했다. 특히 내가 이야기를 나누었던(혹은 나누려 시도했던) 다른 모든 도축장에서 마주쳤던 이들의 침묵과 엇나간 대화를 떠올리면 더욱 그렇다.

월요일과 화요일은 파라다이스에서 도축을 하는 날이다. 수요일과 목요일은 절단하고 포장하는 날이고, 금요일은 지역 주민들의 동물들을 주문대로 도축해 주는 날이다. (마리오는 나에게 이렇게 말했다. "사냥철에는 2주 동안 사슴이 500~800마리가 들어온다오. 진짜 돌아 버리겠다니까.") 오늘은 화요일이다. 내가 현장으로 차를 몰고 들어가 시

* 돼지 뒷다리를 정형하여 뼈가 들어 있는 채로 훈연한 햄.

동을 끄자 비명 소리가 들려온다.

파라다이스 정문이 열리면 그 앞으로 조그만 판매 구역이 있는데, 줄지어 늘어선 냉장 용기 안에는 내가 먹어 본 제품도 있고(베이컨, 스테이크.), 뭔지 알지만 먹어 본 적은 한 번도 없는 것(피, 코.)도 있고, 뭔지 정체를 알 수 없는 것도 있다. 박제한 동물들이 벽에 높이 걸려 있다. 사슴 머리 둘, 뿔이 긴 소, 숫양, 물고기, 셀 수도 없이 많은 사슴뿔 그 아래쪽으로는 초등학생 필적으로 크레용으로 쓴 편지들이 붙어 있다. "돼지 눈알 정말 감사합니다. 눈의 다른 부분들을 해부해 보고 배우면서 즐거웠어요!" "눈알이 끈적거렸지만 너무 재미있었어요!" "눈알 고맙습니다!" 현금 등록기 옆에는 대여섯 가지 박제품과 스웨덴 여자 마사지사를 광고하는 명함집이 있다.

파라다이스 로커 미트 사는 중서부에서 마지막으로 남은 독립 도축업의 요새이자, 지역 농업 공동체에는 하느님이 보내 주신 선물 같은 곳이다. 대형 법인들이 사실상 모든 독립 도축장을 사들여서 폐쇄했기 때문에, 농부들은 그들의 시스템 속으로 들어가지 않을 수가 없었다. 결론적으로 소수의 소비자들, 즉 여전히 공장식 축산업 밖에 있는 농부들은 도축 처리를 하려면 웃돈을 내야 했고(도축장이 그들을 받아 주기나 한다면 말이다. 그들은 항상 변덕스럽다.), 자기들 동물들을 어떻게 다루어 주었으면 좋겠는지에 대해서는 입도 벙긋하기 힘들었다.

사냥철에는 하루 온종일 이웃들이 찾아 대서 파라다이스 전화통에 불이 난다. 파라다이스의 소매점은 뼈째 잘라 낸 고기, 맞춤 도축, 훈제고기처럼 슈퍼마켓에서는 더 이상 제공할 수 없는 것들을 제공하며, 지방 선거 기간에는 투표소로도 쓰인다. 파라다이스는 청결하고, 뛰어난 전문 도축 기술을 보유했으며, 동물의 복지 문제에 민감한 것으로 유명하다. 한마디로 말해서 통계적으로는 전혀 도축업을 대표하지 못하지만 내가 찾고 싶었던 '이상적인' 도축장에 가까운 곳이다. 파라다이스를 찾아가서 고속화된 산업 도축을 생각해 보려고 한다면, 자전거 타는 것을 보면서 허머의 연비를 따지는 것이나 마찬가지일 것이다. (물론 둘 다 교통수단이기는 하지만.)

이 시설에는 대형 냉장고 두 대와 함께 상점, 사무실, 훈제실, 도축실, 도축을 기다리는 동물들을 위한 우리 등 다양한 공간들이 있지만, 도축과 절단의 실제 작업은 천장이 높은 큰 방 한 군데에서 이루어진다. 마리오는 회전문을 통해 들어가기 전에 나에게 흰 종이옷과 모자를 착용하라고 했다. 그는 두꺼운 손을 치켜들어 도축장 구석 쪽을 가리키며 자기들이 택한 방법을 설명하기 시작했다. "저쪽에서 직원이 돼지를 안으로 데려옵니다. 충격기(동물들이 단시간 내에 의식을 잃게 만드는 전기 쇼크 총)를 쓸 겁니다. 동물들이 일단 충격을 받으면, 윈치로 끌어와서 피를 뽑지요. 우리의 목표는, 우리가 인도적 도축 행위법에 따라 해야 할 일은, 동물을 눈도 깜박이지 못할 정도의 상태로 쓰러뜨리는 겁니다. 완전히 기능을 못하도록 만들어야 합니다."

잠시도 멈추지 않는 분해 라인인 대규모 공장식 도축장에서와는 달리, 파라다이스의 돼지들은 한 번에 한 마리씩 처리된다. 회사에서는 기껏해야 1년도 채 붙어 있지 않는 임금 노동자를 고용하지 않는다. 마리오의 아들도 도축실에서 일한다. 돼지들은 뒤쪽에 있는, 반은 실외인 우리 속에 모아 놓는데, 그 우리는 고무를 댄 통로로 도축실과 연결되어 있다. 돼지들이 안에 들어가자마자 문이 뒤에서 닫혀서 대기 중인 이 돼지들은 무슨 일이 벌어지는지 알 수 없다. 인간적 관점에서는 물론이고 효율성 면에서도 그럴듯하다. 죽음의 공포를 느낀 돼지는 위험하지는 않다 해도 다루기 어려워질 것이다. 그리고 스트레스는 돼지고기의 품질에 나쁜 영향을 미친다고 알려져 있다.

도축실 한쪽 구석에는 문이 두 개 있는데, 하나는 일꾼들이 드나드는 문이고, 하나는 돼지들이 드나드는 문이다. 돼지들의 문은 도축장 뒤쪽에 있는 우리로 이어져 있다. 문들이 있는 쪽은 벽으로 가려져 있어서 방의 다른 쪽에서는 잘 보이지 않는다. 이렇게 잘 안 보이는 구석에 어마어마하게 큰 기계가 놓여 있는데, 이 기계는 동물이 들어오면 그 자리에 잠시 동물을 잡아 둔다. 이 틈을 타서 '기절시키는 일꾼'(충격기를 사용하는 일꾼)들이 돼지의 머리에 대고 총을 발사하여 돼지를 순식간에 기절시킨다. 그 큰 기계와 그것의 작동 장면이 기절시키는 일꾼을 제외한 누구의 눈에도 띄지 않게 벽을 둔 이유에 대해 변명하려는 사람은 아무도 없지만, 쉽게 추측할 수 있는 일이다. 말하나마나 어느 정도는, 일꾼들이 이 일이 살아 있는 존재를 해체하는 일이라는 사실을 잠시 잊고 할 일을 할 수 있도록 해 주려는 의도에서이다. 돼지들이 눈에 들어올 즈음이면, 돼지는 이미 더는 살아 있지 않다.

또한 눈에 보이지 않게 막아 놓음으로써 USDA 검사관이 도축 장면을 보지 못하게 한다. 검사관의 임무는 살아 있는 동물에게 병이나, 인간이 소비하기에 적합지 않은 결함이 있는지를 검사하는 것이기 때문에, 이것은 문제의 소지가 있어 보인다. 또한 돼지 입장에서도 큰 문제이다. 도축이 인도적으로 이루어지는지 확인하는 것도 다른 누구도 아닌 검사관이 할 일이다. 전 USDA 검사관이자 미국 식품 검사관 공동 협의회의 의장인 데이브 카니의 말에 따르면 "공장들이 물리적으로 배치된 방식을 보면, 육류 검사 구역은 라인에서 한참 아래에 있습니다. 도축 지역이 검사관들이 있는 위치에서는 보이지도 않는 경우가 많습니다. 순식간에 휙 지나가 버리는 사체들에서 질병이나 이상을 찾아내면서 도축 지역을 모니터링하기란 사실상 불가능하지요."[2] 인디애나의 검사관도 이와 비슷한 얘기를 한다. "우리가 서 있는 위치에서는 무슨 일이 벌어지는지 볼 수가 없습니다. 많은 공장들이 도축 지역을 다른 구역과 분리하여 벽으로 막아 놓습니다. 예, 우리는 도축을 모니터링해야 합니다. 하지만 무슨 일이 진행되는지 확인해 보려고 자리를 뜨는 것조차 허용되지 않는데, 어떻게 모니터링할 수가 있겠습니까?"[3]

나는 마리오에게 충격기가 항상 제대로 작동하는지 묻는다.

"제 생각에는 첫 번째 충격에서 대략 80퍼센트 정도는 기절하는 것 같습니다.[4] 동물들이 여전히 감각이 있으면 안 되지요. 한번은 장비가 제대로 작동을 하지 않아서 전압이 절반 정도밖에 안 되었던 적이 있었습니다. 진짜로 장비를 제대로 잘 준비해 두어야 해요. 도축하기 전에 테스트를 하지요. 장비가 제대로 말을 듣지 않는 때도 가끔 있어요. 그래서 볼트 충격기를 예비로 둔답니다. 동물의 머리에다 대고 두개골에 쇳조각을 쏘는 거예요."

다행히 첫 번째에서, 아니면 적어도 두 번째에서 전기 쇼크 총으로 기절시켜 돼지가 의식을 잃으면, 돼지의 발을 매달고 목을 칼로 찔러서 피를 흘리게 한다. 그런 다음 돼지를 열탕 소독기에 넣는다. 돼지는 거의 플라스틱처럼 보일 정도로 반짝반짝 윤기가 흐르면서,

들어갈 때보다 훨씬 돼지 같지 않은 모습으로 나와 테이블 위에 부려진다. 그러면 일꾼 두 명 중 한 명은 가스 발염기를, 다른 한 명은 긁개를 들고 남은 털을 제거한다.

그런 다음 돼지를 다시 매달고, 어떤 사람(오늘은 마리오의 아들이다.)이 동력톱으로 한가운데를 세로로 절단한다. 누구나 배가 쫙 갈라지는 모습 따위를 볼 거라고 기대하겠지만, 얼굴이 반으로 잘리고, 코가 얼굴 한복판에서 베어지고, 머리의 절반이 책처럼 벗겨져 열린 모습은 충격적이다. 또한 가른 돼지 몸속에서 내장을 제거하는 사람이 장갑조차 끼지 않고 손으로만 그 일을 하는 데 놀랐다. 맨손으로 해야 손이 미끄러지거나 둔해지지 않는다고 한다.

이런 광경을 보고 혐오감을 느끼는 것은 내가 도시 출신이기 때문만은 아니다. 마리오와 노동자들은 도축장의 피비린내 나는 모습을 겪어 내기가 쉽지 않다고 인정했고, 도축장 노동자들과 솔직한 대화를 나누어 보면 어디서고 그런 감정에 대해 들을 수 있었다.

내장과 기관들이 검사관의 테이블 위에 놓이면, 검사관은 그것들을 분류한다. 겉표면 아래 있는 것을 보기 위해 조각을 잘라 낼 때도 자주 있다. 그런 다음 끈적끈적한 것들을 테이블에서 커다란 쓰레기통으로 쓸어 넣는다. 검사관은 그 모습 그대로 공포 영화에 나가도 손색이 없을 정도이다. 내 말이 무슨 뜻인지 알아듣는다면 눈치챘겠지만, 물론 희생자가 되는 처녀로서 나간다는 뜻은 아니다. 그의 겉옷에는 피가 온통 튀어 있고, 고글 밑의 시선은 광기로 번득인다. 그는 독이라는 이름의 내장 검사관이다. 오랫동안 그는 파라다이스 라인에서 내장과 기관들을 검사했다. 나는 그에게 의심스러운 것을 발견하고 작업을 멈추게 한 적이 몇 번이나 있었는지 물어 보았다. 그는 고글을 벗고 "한 번도 없었소."라고 대꾸한 다음, 다시 고글을 썼다.

돼지는 없다

야생 돼지는 남극 대륙만 제외하고 모든 대륙에 고루 분포해 있다.[5] 분류학자들의 말에 따르면 총 16종이라고 한다.[6] 우리가 먹는 종인 길들인 돼지들만 해도 많은 품종으로 분류된다. 종과 달리, 품종은 자연적인 현상에 의한 것이 아니다. 품종은 농부들이 특정한 특징을 지닌 동물들을 골라서 서로 짝을 지어 주어 유지한다. 요즘은 보통 인공 수정을 한다. (대규모 돼지 농장의 약 90퍼센트는 인공 수정을 한다.)[7] 단일 품종의 돼지 몇백 마리를 두고 몇 세대 동안 자기들 마음대로 짝짓기를 하게 내버려 둔다면, 자기네 품종의 특징을 잃어 갈 것이다.

개나 고양이 품종과 마찬가지로, 돼지 품종도 제각기 특징이 있다. 사료 요구율처럼 생산자에게 더 중요한 특징도 있고, 살코기에 지방 마블링이 풍부한지 빈약한지처럼 소비자에게 더 중요한 특징도 있다. 그리고 불안감에 대한 취약성이라든가 다리의 통증 문제 등 돼지에게 더 중요한 것도 있다. 농부, 소비자, 돼지에게 중요한 특징들이 다 똑같지는 않기 때문에, 농부들이 산업과 소비자가 요구하는 특징들을 보여 주려는 이유로 동물을 더 큰 고통으로 몰아넣는 식으로 사육하는 일이 자주 일어난다. 순종 독일 셰퍼드를 본 적이 있다면, 그 개가 서 있을 때 앞쪽보다 몸 뒤쪽이 바닥에 더 가까이 있어서 항상 웅크리고 있거나 공격적으로 노려보는 것처럼 보인다는 사실을 알아챘을지도 모르겠다. 이러한 '외관'이 사육자들의 마음에 들었기 때문에 뒷다리가 더 짧은 동물들을 번식시킴으로써 수세대에 걸쳐 이를 선택한 것이다. 결과적으로 독일 셰퍼드는 최고의 혈통을 지닌 것조차도 지금은 고관절 이형성으로 고통 받는다. 이 고통을 주는 유전자 때문에 결국 많은 주인들이 반려 동물을 안락사시키거나, 많은 돈을 들여 수술을 해 준다. '방목'을 하건 '자유롭게 풀어' 키우건 '유기농'이건, 농장 동물들을 목적에 따라 바꾸려 하는 거의 모든 시도는 그들에게 고통만을 안겨 줄 따름이다. 목장주들이 항생제와 기타 약물, 고도로 통제된 감금을 통해 건강치 않은 동물들한테서까지도 높은 수익을 뽑게 해 주는 공장식 축산은 새롭고, 때로는 기괴한 생물들을 창조해 냈다.

'또 다른 백색육'으로 팔리는, 지방이 적은 돼지고기의 수요를 대기 위해 돼지고기 산업이 만들어 낸 돼지는 다리와 심장에 문제가 더 많을 뿐 아니라, 흥분을 더 잘 하고, 공포, 불안, 스트레스도 더 많이 느낀다.[8] (이것은 업계를 위해 자료를 제공한 목장주들의 결론이다.) 이처럼 과도한 스트레스에 시달리는 동물들 때문에 업계가 우려하는데, 이는 동물들의 복지 때문이 아니라 앞에서도 말했듯이 '스트레스'가 고기 맛을 해치기 때문이다. 스트레스를 받는 동물들은 산을 더 많이 분비하는데, 이는 실제로 우리 위 속의 산이 고기를 분해하는 것과 비슷한 방식으로 동물들의 근육을 분해하는 작용을 한다.

1992년 미국 돼지고기 산업의 중추인 미국 돈육 생산자 협회는 산이 많이 분비됐고, 색이 옅고, 무른 고기(육색이 창백하고, 물렁거리며, 육즙이 많이 흘러내리는 돼지고기, 소위 'PSE' 돼지고기.)가 도축되는 돼지들 중 10퍼센트에 해당하며,[9] 산업에 6900만 달러의 손실을 안겨 준다고 보고했다. 1995년에 아이오와 주립 대학 교수 로렌 크리스티안이 '스트레스 유전자'를 발견했으며 사육자들은 이를 제거함으로써 PSE 돼지고기의 발생을 줄일 수 있다고 발표하자, 업계는 유전자 풀에서 그 유전자를 제거했다. 그러나 PSE 돼지고기 문제는 계속해서 더욱 늘어만 갔고, 돼지들은 계속 너무나 '스트레스'를 받은 나머지, 돼지를 가두어 놓은 시설 가까이로 트랙터를 몰고 가기만 해도 픽픽 쓰러져 죽을 정도였다.[10] 업계에서 자체적으로 설립한 연구 조사 기관인 미국 식육 과학 협회는 도축된 돼지들의 15퍼센트 이상이 PSE 고기(혹은 색이 옅거나 무르거나 물이 많거나, 적어도 셋 중 하나라도 해당되는 고기)라는 것을 2002년까지의 연구에서 발견했다.[11] 스트레스 유전자를 제거한다는 것은 좋은 아이디어였다. 적어도 수송 중에 죽은 돼지들의 수를 줄였다는 점에서는 괜찮았다.[12] 하지만 그것이 '스트레스' 자체를 제거하지는 못했다.

물론 제거하지 못한 것이 당연하다. 최근 수십 년간 과학자들은 우리의 신체 상태와 심리적 기질을 '조절'하는 유전자를 발견했다고 잇달아 발표했다. 그리하여 DNA 배열을 게놈에서 잘라낼 수만 있다면 운동할 필요도 없고 먹고 싶은 대로 다 먹을 수 있고 기분이 울적해질 걱정도 절대 할 필요가 없다는 꿈같은 전망과 함께 '뚱보 유전자' 따위가 발표된다. 또 다른 과학자들은 우리의 유전자들이 불륜, 호기심 부족, 비겁함, 성마름 등을 부추긴다고 주장했다. 특정한 게놈 배열이 우리가 보고, 행동하고, 느끼는 방식에 크게 영향을 미친다는 점에서는 분명히 그들의 말이 옳다. 그러나 눈 색깔과 같은 지극히 단순한 특징들 몇 가지를 제외하면, 상관관계가 다 하나하나 맞아떨어지지는 않는다. 당연히 스트레스 같은 단어와 함께 묶이는 다양한 현상들처럼 복잡한 어떤 것에도 해당되지 않는다. 농장 동물들의 '스트레스'에 대해 말할 때 우리는 불안, 지나친 공격성, 좌절감, 공포, 그리고 무엇보다도 고통과 같은 서로 다른 많은 것들에 대해 이야기하는 것이다. 그중 어느 것도 푸른 눈처럼 끄고 켤 수 있는 간단한 유전적 특징이 아니다.

전통적으로 미국에서 이용된 많은 품종들 가운데 하나인 돼지는 적당한 거처와 잠자리만 제공해 주면 1년 내내 야외에서 지냈고, 지내고 있으며, 지낼 수 있다. 이렇게 하면 엑손 발데즈 호 기름 유출 사건 같은 생태 재앙을 피할 수 있기도 하지만, 돼지들이 즐겨 하는 활동 중 상당수가 뛰기, 놀기, 햇볕 쬐기, 풀 뜯어 먹기, 진흙과 물 뒤집어쓰고 산들바람 쐬기(돼지들은 코에서만 땀을 흘린다.)처럼 야외에서 하기 제일 좋은 것들이기 때문이다. 오늘날의 공장식 축산업 돼지 품종들은 유전자를 너무 많이 바꾸어 놓아서, 이와는 반대로 보통 실내 온도가 조절되는 건물 안에서 햇빛과 계절의 변화로부터 차단되어 키워져야만 한다. 우리는 가장 인공적인 환경이 아니면 어디에서도 살아남을 수 없는 생물을 만들어 낸 것이다. 우리는 현대의 유전학 지식의 가공할 힘을 더 고통 받는 동물들을 만들어 내는 데 집중적으로 쓰고 있다.

멋진, 괴로운, 말도 안 되는

마리오는 나를 뒤쪽으로 안내했다. "여기가 대기용 돼지 우리입니다. 돼지들이 그 전날 밤 도착하지요. 돼지들한테 물을 줍니다. 24시간 이상 머물러야 할 경우에는 먹이를 주지요. 이 우리들은 소 떼를 위해 설계되었습니다. 돼지 50마리가 들어가면 딱 맞을 공간이지만, 가끔은 한번에 70~80마리를 넣을 때도 있답니다. 힘들지요."

이렇게 몸집이 크고 영리한 동물들을 이렇게 죽음과 가까운 곳에 잔뜩 몰아넣어 둔다는 것은 보통 일이 아니다. 곧 무슨 일이 벌어질지 돼지들이 조금이라도 눈치 챘는지 알 길은 없다. 기절 담당 일꾼이 다음 돼지를 통로로 데려가려고 나올 때를 제외하고 돼지들은 비교적 긴장을 풀고 있는 듯하다. 공포에 질려 있지도 않고, 울부짖는 소리도 없고, 구석에 몰려 웅크리고 있지도 않다. 그러나 옆으로 누운 돼지 한 마리가 약간 떨고 있었다. 기절 담당 일꾼이 나오자 다른 돼지들은 다 벌떡 일어나 흥분해서 아우성을 치는데도 그 돼지만은 그대로 누워서 떨었다. 조지가 그런 행동을 보인다면, 나는 조지를 곧장 수의사한테 데려갈 것이다. 내가 아무런 조치도 취해주지 않는 것을 누군가 본다면, 적어도 내 인간성에 좀 문제가 있다고 생각할 것이다. 나는 마리오에게 그 돼지에 대해 물었다.

"별것 아니에요." 그는 쿡쿡 웃으며 대답했다.

사실 돼지들이 도축을 기다리다가 심장 발작을 일으키거나 걸을 수 없는 상태가 되는 일은 드물지 않다.[13] 스트레스를 너무 많이 받은 탓이다. 운송 과정, 환경 변화, 손으로 잡아서 다룬 것, 방 건너편에서 들려오는 비명 소리, 피비린내, 기절 담당 일꾼이 흔드는 팔 때문이다. 하지만 어쩌면 정말로 별일 아닐지도 모르고, 마리오의 쿡쿡거리는 웃음은 내 무지를 비웃는 것이었을지도 모른다.

나는 마리오에게 돼지들이 왜 자기들이 거기 와 있는지 아는지, 아니면 무슨 일이 벌어질지 조금이라도 눈치를 챘다고 생각하는지 물어보았다.

"제 생각에는 돼지들이 아는 것 같지 않아요. 동물들은 자기들이 곧 죽게 되리라는 것을 안다고 주장하는 이들도 많이 있지요. 나는 여기에서 셀 수도 없이 많은 소와 돼지들이 지나가는 것을 봤지만, 그런 인상은 전혀 받은 적이 없어요. 제 말은, 돼지들은 여기에 처음 와 보기 때문에 겁을 먹는다는 거예요. 돼지들은 들판에서, 흙먼지 속에서 뒹구는 데 익숙하거든요. 그래서 돼지들을 밤에 여기로 데려오는 거랍니다. 돼지들이 아는 거라고는 자기들이 옮겨져 와서 여기에서 뭔가를 기다리고 있다는 것 정도지요."

어쩌면 돼지들은 자신의 운명을 알지도 못하고, 두려워하지도 않을지도 모른다. 마리오의 말이 옳을지도 모른다. 그가 틀렸을지도 모른다. 둘 다 있을 수 있는 일이다.

"돼지들을 좋아하세요?" 내가 물었다. 어쩌면 가장 뻔한 질문이지만, 또한 이런 상황에서는 던지기도, 대답하기도 아주 어려운 질문이기도 하다.

"돼지들을 진정시켜야 해요. 그건 정신적인 문제예요. 어떤 동물을 더 좋아하느냐 얘기를 하자면, 양이 제일 거칠어요. 우리 충격기는 돼지한테 맞게 만들어진 것이지, 양한테는 안 됩니다. 전에 양한테 써 본 적이 있지만, 총알이 튕겨져 나갈지도 몰라요."

나는 그때 마침 나온 기절 담당 일꾼한테 정신이 팔려 양에 대해 그가 마지막으로 한 말은 미처 듣지 못했다. 일꾼은 팔에 반쯤 피를 묻히고, 딸랑이와 노 같은 도구를 이용하여 또 다른 돼지 한 마리를 도축 구역으로 몰아갔다. 난데없는 얘기인지 관련이 있는 얘기인지 모르겠지만, 마리오가 자기 개에 대해 이야기하기 시작했다. "새 사냥개예요. 작은 녀석이지요. 시추랍니다." 그는 "싯"이라고 첫 음절을 발음한 다음, 입에 압력을 모으려는 듯이 아주 잠깐 쉬었다가 마침내 "추"를 뱉어 냈다. 그는 신이 나서 얼마 전 자기 시추에게 열어 준 생일 파티 얘기를 늘어놓았다. 그의 가족들은 다른 동네 개들, '작은 개들 전부'를 초대했다. 그는 개들을 주인들 무릎 위에 전부 앉히고 사진을 찍었다. 그는 옛날에는 작은 개들을 좋아하지 않았다. 진짜 개가 아니라고 생각했다. 그러다가 작은 개를 얻었다. 지금은 작은 개들을 정말 좋아한다. 기절 담당 일꾼이 나와서 피투성이 팔을 흔들며 또 다른 돼지 한 마리를 데려갔다.

"이 동물들을 좋아하시나요?" 내가 물었다.

"돼지들을 좋아하느냐고요?"

"한 마리쯤 살려 주고 싶었던 적은 없었나요?"

그는 얼마 전 자기한테 데려온 소 이야기를 해 주었다. 주말 농장에서 애완용으로 키우던 소인데 '드디어 때가 왔다.' (아무도 이런 문장을 멋 부려 말하고 싶어 할 것 같지는 않다.) 마리오가 소를 잡을 준비를 하는데, 소가 그의 얼굴을 핥았다. 핥고 또 핥고. 그 소가 친구 노릇을 하는 데 익숙해져 있어서일지도 몰랐다. 애원하는 것일지도 몰랐다. 마리오는 그 이야기를 하면서 킬킬대며(내가 보기에는 일부러 그러는 듯했다.) 불편한 마음을 전했다. "아이고, 세상에. 그러더니 나를 벽으로 딱 밀어붙여 옴짝달싹도 못하게 해 놓고는 20분이나 나한테 기대어 있었지 뭐요. 내가 결국 그 녀석을 잡기 전까지 말이오."

멋진 이야기이고, 괴로운 이야기이면서, 말도 안 되는 이야기이다. 어떻게 소가 그를 벽에 밀어붙일 수가 있담? 그 장소의 배치로 보아서는 있을 법하지 않은 일이었다. 게다가 다른 일꾼들은 어쩌고? 그들은 그런 일이 벌어질 동안 손놓고 구경만 했단 말인가? 제일 큰 공장에서 제일 작은 공장까지, 나는 쉬지 않고 작업이 계속 돌아가게 해야 한다는 말을 귀가 닳도록 들었다. 왜 파라다이스에서는 20분이나 지연되어도 참아 준단 말인가?

이것이 동물을 살려 주고 싶었던 적이 있었느냐는 내 질문에 대한 그의 답일까?

갈 시간이 되었다. 마리오와 그의 일꾼들과 시간을 더 보내고 싶었다. 그들은 좋은 사람들이고, 자부심이 넘치며, 우호적이다. 이런 사람들이 더 이상 농계에서 버틸 수 없을지도 모른다는 점이 걱정스러울 뿐이다. 1967년에 미국에는 100만 개가 넘는 돼지 농장이 있었다. 오늘날은 10분의 1로 줄었다.[14] 불과 10년 전에 벌써 돼지를 키우는 농장의 수는 3분의 2 이하로 떨어졌다.[15] (지금은 네 회사가 미국 돼지들의 60퍼센트를 생산한다.)[16]

이는 더 큰 변화의 일부일 뿐이다. 1930년에는 미국 인구의 20퍼센트 이상이 농업에 종사했다.[17] 오늘날은 2퍼센트가 채 안 된다. 농업 생산이 1820년과 1920년 사이, 1950년과 1965년 사이, 1965년과 1975년 사이에 매번 두 배가 되었으며, 다음 10년 동안 또 다시 두 배가 될 것임에도 그렇다.[18] 1950년에는 농부 한 명이 소비자 15.5명을 부양했다.[19] 오늘날에는 140명당 한 명이 농업에 종사한다. 이는 소농들의 기여를 높이 평가하는 공동체들과 농부들 양쪽 모두에게 실망스러운 일이다. (미국 농부들은 전체 인구보다 자살률이 네 배가량 높다.)[20] 이제는 먹이 주기, 물 주기, 조명, 난방, 환기, 도축까지도, 모든 것이 다 자동화되었다. 공장식 시스템이 생산한 직업이란 사무직 관료(수적으로 매우 적다.)나 단순하고 위험하면서 보수는 적은 일자리들(이런 직업은 많다.)뿐이다. 공장식 축산업에는 농부가 없다.

어쩌면 그건 중요한 문제가 아닐지도 모른다. 시대가 바뀌었다. 자기 가축이자 우리 식량을 돌보는 노련한 농부의 이미지는 전화를 연결해 주는 전화교환원처럼 과거의 향수가 된 것일지도 모른다. 어쩌면 우리가 농부를 기계로 바꾼 대신 얻은 것이 그 희생을 정당화할지도 모른다.

일꾼들 중 한 명이 나에게 말했다. "아직 가시면 안 돼요." 그녀는 잠시 사라지더니 이내 얇은 분홍색 햄을 높이 쌓아 올린 종이 접시를 들고 돌아왔다. "샘플도 안 드리고 그냥 보내면 저희가 뭐가 되나요?"

마리오가 한 조각을 집어 자기 입에 넣었다.

나는 먹고 싶지 않았다. 지금은 아무것도 목에 넘어갈 것 같지 않았다. 도축장의 모습과 냄새에 식욕을 잃은 상태였다. 특히나 접시에 담긴 것은 정말 먹고 싶지 않았다. 그것은 얼마 전까지만 해도 대기용 우리 속에 있던 돼지의 것이었다. 먹어도 문제 될 것은 전혀 없을지도 모른다. 하지만 내 안 깊은 곳에서는, 이성적이든 비이성적이든, 미학적이든 윤리적이든, 이기적이든 동정적이든 뭔가가 단지 내 몸속에 고기가 들어오기를 원치 않았다. 나에게 그 고기는 먹어도 좋은 것이 아니었다.

그리고 아직은 내 안 깊은 곳의 뭔가는 그것을 먹고 싶어 했다.

마리오에게 그의 너그러움에 대한 감사의 뜻을 보이고 싶은 마음이 굴뚝같았다. 그가 힘들게 일해서 맛있는 음식을 만들어 냈다고 말해 주고 싶었다. 이렇게 말하고 싶었다. "우와, 진짜 맛있는데요!" 그리고 한 조각을 더 집어 먹는다. 그와 '음식을 나누고' 싶었다. 대화도, 악수도, 포옹조차도, 음식을 함께 먹는 것만큼 우정을 쌓는 데 강한 힘을 발휘하지는 못한다. 어쩌면 그것은 문화적인 것이다. 우리 조상들이 다 함께 벌였던 집단 축제로부터의 영향인지도 모른다.

어떤 관점에서 보자면 도축장은 그것으로 충분하다. 내 앞의 접시 위에는 옆방의 그 모든 피투성이 수단을 정당화해 주겠노라고 약속하는 목적이 있다. 잡아먹기 위해 동물을 키우는 사람들로부터 그런 말을 수도 없이 들었다. 그것이 등식을 만들 수 있는 유일한 방법이다. 음식의 맛이 어떻다든가, 어떤 작용을 한다든가 등으로 접시에 오르기까지 과정을 정당화할 수도 있고 그렇지 못할 수도 있다.

이번 경우에는 어떤 사람들에게는 정당화가 될 수 있다. 내 경우에는 정당화가 되지 않는다.

"저는 코셔입니다." 내가 말했다.

"코셔라고?" 마리오가 되물었다.

"그렇습니다. 저는 유대인이에요. 그러니깐 코셔지요."

마치 공기 자체가 이 새로운 사실을 찬찬히 살펴보기라도 하듯이 방이 침묵에 빠졌다.

"그런데 돼지고기에 대한 글을 쓰다니 재미있군요." 마리오가 말했다. 그가 내 말을 믿는지, 이해하고 공감해 주는지, 아니면 미심쩍어하거나 좀 모욕당한 기분을 느끼는지 나로서는 전혀 알 수가 없었다. 어쩌면 그는 내가 거짓말을 하는 줄 눈치 챘을지도 모르지만, 그는 이해하고 공감해 주었다. 충분히 그럴 수도 있을 것 같았다.

"재미있지요." 내가 그의 말을 따라했다.

하지만 재미없었다.

2

악몽들

파라다이스 로커 미트 사에서 도축되는 돼지들은 보통 미국에 몇 안 남은, 공장식 축산을 하지 않는 돼지 농장에서 온다. 이제 슈퍼마켓과 식당에서 팔리는 돼지고기는 모두 미국 돼지고기의 95퍼센트를 생산하는 공장식 축산 농장에서 나온다.[21] (이 책에서 밝히는 대로, 치포틀은 돼지고기의 상당 부분을 공장식 축산에서 나오지 않은 것으로 쓴다고 주장하는 유일한 미국 내 레스토랑 체인이다.)[22] 일부러 다른 대안을 찾지 않는 한 당신이 먹는 햄, 베이컨, 고기 조각이 공장식으로 사육된 것이라고 확신해도 좋다.

항생제를 주입당하고, 몸의 일부를 절단당하고, 옴짝달싹 못하게 갇혀서 어떤 자극도 다 박탈당한 채 공장식으로 사육되는 돼지의 삶과, 전통적인 농업 방식과 현대적인 혁신 중에서 최상의 것을 조합하여 잘 운영하는 농장에서 사육되는 돼지의 삶이 얼마나 차이가 나는지 놀라지 않을 수 없다. 전통적인 돼지 축산업을 보존하는 운동의 선두에 선 (그리고 니만 목장의 돼지 부문 책임자이자 국내 유일의 비공장식 축산 돼지고기 공급업자인) 폴 윌리스보다 더 나은 돼지 농부는 찾을 수 없을 것이다. 그리고 미국 최대의 돼지고기 도매업체이자 통조림업체인 스미스필드보다 더 사악해 보이는 회사도 상상할 수 없을 것이다.

먼저 지옥 같은 스미스필드 공장 실태 묘사로 시작하여 비공장식 축산업 내에서도 제일 훌륭한 농장이 제공하는, 상대적으로 목가적인 광경으로 마무리하는 것으로 이 장을 쓰고 싶은 유혹을 느꼈다. 하지만 그런 식으로 돼지 축산업을 서술한다면, 실제 상황은 정반대인데도 돼지고기 산업이 전반적으로 더 나은 동물 복지와 환경에 대해 책임 지는 방향으로 나아가고 있다는 인상을 줄 것이다. 과거의 농업 방식에 기반한 돼지 축산으로 '회귀'하는 일은 없다. 가족형 돼지 농장을 향한 '운동'이 있는 것은 사실이지만, 대개는 시장에서 마케팅하는 법을 익혀서 지위를 지킬 수 있게 된 연륜 있는 농부들로 이루어져 있다. 공장식 돼지 농장은 여전히 미국에서 확산일로에 있으며, 전 세계적으로는 훨씬 더 무서운 속도로 성장하고 있다.[23]

우리의 오래된 동정적 시도들

폴 윌리스가 다른 소농들 500여 명과 함께 니만 목장을 위해 돼지고기 생산을 맡고 있는, 아이오와 주 손톤에 있는 그의 농장 앞에 섰을 때, 나는 약간 당황했다. 폴은 자기를 만나려면 사무실로 오라고 했지만, 내 눈에 들어온 것은 쓰러질 듯한 붉은 벽돌집과 농장 건물 몇 채뿐이었다. 아직도 조용한 아침이었다. 흰색과 갈색이 섞인 야윈 농장 고양이가 다가왔다. 사무실로 보일 만한 것을 찾아 이리저리 배회하고 있는데, 폴이 짧게 친 회갈색 머리에 작은 모자를 쓰고 암청색 방수 작업복 차림으로 한 손에는 커피를 든 채 들판에서 걸어왔다. 부드러운 미소를 띠고 악수를 청한 다음 그는 나를 집 안으로 안내했다. 우리는 냉전 시대의 체코슬로바키아에서 밀수입해 오기라도 한 듯한 번쩍번쩍한 주방에 잠시 앉았다. 아직 커피가 남았는데도 폴은 기어이 커피를 새로 만들어야 한다고 우겼다. "이건 뽑은 지 좀 됐어요." 그가 이렇게 말하면서 방수 작업복을 벗자, 그 밑에 입은 가느다란 푸른색과 흰색 줄무늬의 또 다른 작업복이 드러났다.

"아마 이걸 기록하고 싶으시겠지요." 폴은 시작하기 전에 이렇게 말했다. 그날 하루 동안 내내 투명하게 공개하고 기꺼이 돕겠다는 자세와, 자기 이야기를 해 주고 그것을 퍼뜨리고 싶다는 열의를 분명히 드러냈다. 우리가 뚜렷한 의견 차를 보일 때조차도 그랬다.

폴이 말했다. "난 이 집에서 자랐다오. 여기에서 가족들이 모여 식사를 했지요. 특히 일요일에요. 조부모님, 고모들, 삼촌들, 사촌들까지 친척들이 다 모였어요. 달콤한 옥수수나 신선한 토마토처럼 제철 음식이 주를 이룬 식사를 마친 후에는, 아이들은 개울가나 숲 속으로 뛰어나가 지쳐 쓰러질 때까지 온종일 놀았지요. 놀다 보면 늘 하루가 짧기만 했다오. 내가 지금 일하는 방이 식당이었지요. 거기에 그 일요일 식사를 차렸어요. 나른 때에는 여기 부엌에서 먹었고요. 보통 남자들끼리 모여서 먹었는데, 특히 건초를 벤다든지, 돼지를 거세한다든지, 곡물 저장소 같은 것을 짓는다든지, 특별한 계획이 있을 때 그랬소. 손이 더 필요한 일이라면 뭐든지. 점심 식사를 기다렸지요. 아주 예외적인 경우에만 외식하러 시내에 나갔지요."

부엌 바깥에는 커다란 빈 방이 두 개 있었다. 폴의 사무실에는 나무 책상 한 개가 있었고, 그 위에는 이메일 창, 스프레드시트 창, 여러 파일이 어지럽게 펼쳐진 컴퓨터 스크린이 놓여 있었다. 벽에는 니만 목장 농부들과 인가된 도축 시설들의 위치를 표시한 지도가 핀으로 꽂혀 있었다. 커다란 창으로는 콩, 옥수수, 목장 등 고전적인 아이오와의 풍경이 펼쳐졌다.

폴이 말했다.

"먼저 간단하게 설명을 좀 해 드리지요. 내가 농장으로 돌아왔을 때, 지금 하는 것과 비슷한 목장 시스템으로 돼지를 기르기 시작했답니다. 내가 자랄 때 했던 식과 상당히 비슷했지요. 나는 어릴 때 허드렛일을 하면서 돼지를 돌보았답니다. 하지만 변화도 좀 있었어요. 특히 전기 설비에서요. 그 당시에는 사람의 노동력을 동원하는데 한계가 있었지요. 쇠스랑을 썼어요. 그러자니 농장일이 여간 고되지 않았지요.

자, 본론만 얘기하자면 나는 여기로 와서 이처럼 돼지를 쳤고, 그 일이 마음에 들었지요. 그리고 결국 우리는 규모를 키웠어요. 그래서 1년에 돼지 1000마리를 쳤답니다. 지금과 비슷한 규모지요. 이런 양돈 작업장이 자꾸자꾸 늘어났어요. 그 당시 노스캐롤라이나에서 머피 가족 농장들을 위협하기 시작했어요. 나도 두어 번 회의에 갔는데, 그들은 모두 이러는 겁니다. '이건 미래의 물결이에요. 규모를 더 키워야 해요!' 그래서 내가 이랬지요. '내가 지금 하는 것보다 여기가 더 나을 게 없는데요. 아무것도요. 동물들한테나, 농부한테나, 소비자한테나 더 나은 점이 없어요. 조금도 낫지가 않아요.' 하지만 그들은 이 바닥에서 살아남고 싶어 하는 많은 사람들한테 이것이 가야 할 길이라고 설득했지요. 아마 1980년대 후반쯤이었던 것 같소. 그래서 나는 '방목 돼지' 시장을 찾아 나섰지요. 실은 내가 그 용어를 만들어 냈답니다."

역사가 약간만 다른 식으로 흘러갔더라면, 폴은 구하기 쉬운 스미스필드의 돼지들보다 더 비싼 값을 기꺼이 지불하는 시장을 결코 찾아낼 수 없었을지도 모른다. 그의 이야기는 지난 25년 동안 농업을 포기한 50만여 명 돼지 농부들 이야기처럼 이 지점에서 끝날 수도 있었다.[24] 하지만 폴은 니만 목장의 설립자인 빌 니만을 만나면서 자신이 찾던 바로 그런 시장을 발견했고, 곧 니만 목장의 돼지고기 생산을 담당하게 되었다. 빌과 그의 회사 팀이 앤디(미시건), 저스틴(미네소타), 토드(네브라스카), 베티(사우스다코타), 찰스(위스콘신), 그리고 이제는 500명이 넘는 소규모 가족형 돼지 농장 농부들을 위한 시장을 찾아냈다. 니만 목장은 이 농부들에게 그들의 동물 값으로 그램당 시장 시세보다 5달러를 더 주고, 농부들은 목장주들에게 시장 시세와 관계없이 '최저 가격'을 보장해 준다. 오늘날에는 돼지 한 마리당 25~30달러를 더 받으며, 다른 농부들 대부분이 파산해 갈 때 이 농부들은 이 적지 않은 금액 덕분에 현상 유지를 할 수 있다.[25]

폴의 농장은 그의 영웅들 중 한 명으로, 본질상 농부이자 지식인인 웬델 베리*가 언급한 "자연의 운영 방식을 모방하려는 우리의 오래된 동정적 시도들"[26]의 인상적인 예가 될 것이다. 폴에게 이는 돼지를 돼지답게 대하는 것을 (대부분의 경우) 돼지고기 생산의 중심에 둔다는 의미이다. 폴에게는 다행스럽게도, 돼지를 돼지답게 대한다

* 1934~, 미국의 생태 사상가.

는 것에는 돼지들이 통통하게 살쪄 가는 모습을 지켜본다는 것, 즉 맛있어진다는 것도 포함되어 있다. (전통적인 농장들이 늘 맛 테스트에서는 공장식 축산업을 이긴다.) 여기에서는 정해진 '도축 무게'를 효율적으로 달성해 가는 과정에서 동물의 복지와 농부들의 이익이 일치하도록 돼지를 키우는 것이 농부들의 할 일이라고 여긴다. 아마도 농부의 이익과 동물의 이익이 완벽히게 공존할 수 있다고 보는 사람이 있다면 당신에게 뭔가를 팔려 할 것이다. (그리고 그것이 두부로 만든 것은 아니다.) '이상적 도축 무게'가 사실 돼지의 최대 행복을 뜻하는 것은 아니지만, 최상의 소규모 가족형 돼지 농장에서는 그것들 사이에 상당히 일치하는 점이 있다. 폴이 갓 태어난 새끼 돼지들을 마취제 없이 거세할 때(모든 수컷 돼지 새끼의 90퍼센트에게 한다.),[27] 그의 이익은 이제 막 거세한 어린 수퇘지들과 양립하지 않는 것처럼 보인다. 그러나 공장식 축산 농장에서 긴 시간 고통 받아야 하는 돼지들과는 비교할 것도 없고, 예를 들어 목장에서 마음껏 달릴 수 있도록 폴이 풀어 놓아 주어서 돼지들이 긴 시간 함께 나눌 수 있는 기쁨과 비교해 보면 고통의 시간은 상대적으로 짧다.

폴은 오랜 축산 전통 중에서도 최상의 것을 골라 그의 농장 경영에 필요한 요구 사항들이 돼지들의 요구와, 그들의 자연스러운 생체 리듬과 성장 패턴과 최대한 맞아떨어지도록 항상 노력한다.

폴이 돼지를 돼지답게 대하는 것을 중심에 놓고 농장을 경영하는 반면, 현대의 산업화된 축산업에서 돼지 농장 경영은 오로지 수익성만을 생각하는 것처럼 보인다. 문자 그대로 다른 도시, 다른 주, 심지어 다른 나라에 여러 층으로 지은 공장식 축산 건물로 이루어진 복합 농장을 만들려고 하는 것이다. 실행상 어떤 차이가 이러한 이데

올로기적 차이를 만들어 내는가? 가장 눈에 확 띄는 것, 돼지에 관해서 아무것도 모르는 사람의 눈에도 보이는 차이는 폴의 농장에서는 돼지들이 콘크리트와 널빤지가 아니라 땅과 접촉한다는 사실이다. 니만 목장의 돼지 치는 농부들 전체는 아니지만 많은 이들이 돼지들을 야외에 풀어 놓는다. 야외 활동을 제공하지 않는 농부들은 돼지를 '깔짚을 두툼하게 깐' 우리에서 키워야 한다. 이것도 돼지들이 '종 특유의 행동들'을 할 수 있게 해 준다. '종 특유의 행동들'이란 코로 땅바닥을 헤집거나, 놀거나, 보금자리를 만들거나, 밤에 온기를 찾아 건초 더미 속으로 깊이 들어가 같이 눕는(돼지들은 어울려 자기를 좋아한다.) 등 돼지를 돼지답게 만들어 주는 행동들을 말한다.

폴의 농장에는 8만 제곱미터 넓이의 목초지가 다섯 개 있는데, 돼지와 작물을 번갈아가며 친다. 그는 짐칸이 텅 빈 커다란 흰색 픽업트럭에 나를 태우고 한 바퀴 돌며 구경을 시켜 주었다. 그렇지 않아도 오밤중에 공장식 축산 농장을 다녀왔던 직후라서, 눈앞에 펼쳐진 야외를 마음껏 구경할 수 있다는 것이 놀라웠다. 들판을 수놓은 비닐하우스, 문 열고 나가면 바로 목장인 외양간들, 끝이 안 보이게 펼쳐진 옥수수와 콩 등. 그리고 멀리 간간이 공장식 축산 농장도 보였다.

돼지 축산업, 오늘날 돼지 복지의 중심에 있는 것은 번식용 암퇘지의 삶이다. 폴의 돼지 중 아직 새끼를 낳은 적이 없는 암퇘지와 새끼를 낳은 적이 있는 암퇘지는 니만 목장에서 사육되는 모든 암퇘지들처럼 무리 지어 살며 '안정적인 사회적 위계질서'를 만든다. (폴과, 30년에 걸쳐 농부 친화적인 동물 권리 옹호 실적을 쌓은 다이앤과 말린 할버슨 자매를 비롯한 여러 동물 복지 전문가들의 도움으로 개발된 인상적인 동물 복지 기준을 여기 인용한다.)

이런 안정적인 사회적 위계질서를 만들어 내고자 하는 규칙들 중에는 "동물 한 마리를 자리가 잡힌 사회 집단에 절대 넣어서는 안 된다."라는 가이드라인도 있다. 베이컨 포장 뒷면에 인쇄될 법한 동물 복지 계획은 아니지만, 돼지들에게는 엄청나게 중요한 문제이다. 이러한 규칙 뒤에 숨은 원칙은 간단하다. 돼지들은 제 구실을 하려면 자기들이 아는 다른 돼지들과 친교를 맺을 필요가 있다. 대부분의 부모들이 학기 중간에 아이를 학교에서 빼내어 낯선 환경에 넣는 일은 피하고 싶어 하듯이, 돼지를 잘 치려면 농부들은 할 수 있는 한 돼지들을 안정된 사회 집단에 그대로 두어야 한다.

폴 또한 수줍음 많은 돼지들은 공격적인 돼지들한테서 떨어져 있을 수 있도록 암퇘지들에게 넉넉한 공간을 준다. 가끔은 짚 가마니로 '피난처'를 만들어 주기도 한다. 다른 니만 목장 농부들처럼 그도 공장식 축산 농장에서 돼지들이 자기들끼리 물어뜯고 잡아먹는 것[28]을 막기 위해 보통 하는 대로 돼지들의 꼬리[29]나 이[30]를 자르지 않는다. 사회적 위계질서가 안정되어 있다면, 돼지들은 자기들끼리 다툼을 해결한다.

모든 니만 목장 돼지 농장에서는 새끼를 밴 암퇘지들을 각자의 사회 집단과 함께 사육해야 하며 야외 활동을 할 수 있게 해 주어야 한다. 이와는 대조적으로 미국 전역에서 새끼를 밴 돼지들의 대략 80퍼센트[31]는 스미스필드 소유의 120만 마리 돼지들[32]처럼 너무 좁아서 몸을 돌릴 수조차 없는, 쇠와 콘크리트로 된 우리에 한 마리씩 갇혀 지낸다. 니만 목장 돼지들이 농장을 떠날 때는, 수송과 도축 과정에서 꼭 지켜야 할 요구 조건들이 뒤따른다. 그렇다고 해서 니만 목장의 수송과 도축이 '구식'으로 이루어진다는 뜻은 아니다. 관리 면에서나 기술 면에서나 많은 개선이 이루어졌다. 돼지를 옮기는 사람과 트럭 운전기사에게 시행하는 인도적 대우 인증 프로그램, 도축 감사, 기록 보존 책임을 확실하게 하기 위한 문서 족적, 잘 훈련된 수의사들의 폭넓은 접근권, 무더위나 강추위에 수송하지 않기 위한 기상 예보, 미끄럼 방지 처리를 한 바닥, 기절시키기 등이 그것이다. 그러나 니만 목장의 그 어느 누구도 그들이 원하는 모든 변화를 요구할 위치에 있지 않다. 그런 힘은 아주 규모가 큰 회사들이나 가질 수 있는 것이다. 그래서 니만 목장 돼지들 상당수가 적합한 도축장까지 가기 위해 장거리를 이동해야 하듯이, 협상과 타협이 요구된다.

폴의 농장과 다른 니만 목장에서 발견한 그 밖에 또 인상적인 것들은 눈에 보이는 데보다 눈에 보이지 않는 데 더 많다. 그들은 항생제나 호르몬을 꼭 써야 할 의료적 상황이 아니라면 동물들에게 그런 약을 쓰지 않는다. 죽은 돼지들로 메울 구덩이나 컨테이너도 없다. 동물의 배설물로 이루어진 웅덩이 따위가 없으므로 악취도 나지 않는다. 적정 수의 동물들을 사육하기 때문에, 배설물은 땅으로 돌아가 돼지의 먹이가 될 곡물을 위한 거름으로 쓰일 수 있다. 고통도 있지만, 평온한 삶의 순간이 더 많고 돼지로서 순수한 기쁨을 누리는 순간들도 있다.

폴과 니만 목장의 다른 돼지 치는 농부들은 이 모든 일을 하는 데 (혹은 하지 않는 데) 그치지 않는다. 그들은 이러한 가이드라인에 따라 일을 해야 한다. 그들은 계약서에 사인을 한다. 진짜로 독립적인 회계 감사를 받으며, 심지어는 나 같은 사람들한테도 자기네 동물들을 꼼꼼히 살펴보게 해 준다. 가장 인도적인 농업 기준이라고 해 봤자 커져가는 대중의 관심에 편승하여 돈을 벌어 보려는 업계의 수작에 불과한 상황에서, 이것은 매우 중요하다. 소규모인 니만 목장이 아직까지는 가장 큰 곳이지만, 공장식 축산업에 약간 변화를 준 정도가 아닌 몇 안 되는 회사들을 가려내기란 쉬운 일이 아니다.[33]

폴의 농장을 떠날 준비를 할 때, 그가 웬델 베리의 이름을 꺼내면서, 슈퍼마켓에서 사는 것마다, 메뉴에서 주문하는 것마다 농업 정책, 다시 말해서 농부들과 농업 관련 산업과 폴 자신의 결정과 필연적으로 강하게 연결되어 있다고 말했다. 음식을 놓고 결정을 내릴 때마다, 폴은 베리의 말을 인용하여 "당신은 대리로 농사를 짓고 있습니다."라고 말했다.

『일상의 기술』에서 베리는 '대리 농사'의 개념을 위태롭게 하는 것을 다음과 같이 요약했다.

> 우리의 방법론들은 (중략) 점점 더 광업의 방법론을 닮아 가고 있다. (중략) 우리들 중 많은 이들이 이를 뚜렷하게 인식하고 있다. 아마 우리들 중 일부가 아직 미처 뚜렷하게 깨닫지 못한 것은, 개인으로서, 특히 개인 소비자로서 회사들의 행동에 우리가 어디까지 공모했느냐이다. (중략) 대부분의 사람들은 (중략) 회사들에 그들의 음식 전부를 생산하고 제공하도록 대리 자격을 주었다.[34]

이러한 생각은 우리에게 권한을 부여한다. 웨이터가 주문을 기다릴 때, 혹은 쇼핑 카트나 장바구니에 마음 내키는 대로 뭔가를 골라 담을 때 무엇을 선택하느냐에 따라 골리앗 같은 식품 산업 전체가 궁극적으로는 움직이고 결정된다.

우리는 폴의 집에서 그날 하루를 마무리했다. 닭들이 앞마당을 뛰어다니고, 한쪽 옆에는 수퇘지 우리가 있었다. 그가 나에게 말했다. "이 집을 처음 지은 사람은 북부 독일 출신의 증조부님 마리우스 플로이랍니다. 가족이 늘어나면서 건물들을 덧붙여 지었지요. 우리는 1978년부터 죽 여기에서 살았어요. 앤과 사라도 여기에서 자랐고요. 저 길 끝까지 스쿨버스를 타러 갔지요."

잠시 후 필리스(폴의 아내)가 공장식 축산 농장에서 길 아래쪽 이웃의 땅을 사서 곧 돼지 6000마리를 키울 시설을 지을 거라는 소식을 전했다. 그 공장식 축산 농장은 그와 필리스가 은퇴하면 살려는 집 바로 옆에 지어질 것이다. 폴이 중서부의 대초원으로 복구하기 위해 수십 년간을 바쳐 일해 온 땅을 굽어보는 언덕 위에 있는 작은 집이었다. 그와 필리스는 그 집을 '꿈의 농장'이라고 불렀다. 이제 그들의 꿈 바로 옆에 악몽이 어렴풋이 모습을 드러냈다. 고통 받는 병든 돼지들 수천 마리에 둘러싸여, 구역질 나는 지독한 악취 속에서 그들도 고통 받게 될 판이었다. 근처에 공장식 축산 농장이 있으면 땅의 가치도 형편없이 떨어지게 될 뿐 아니라 땅 자체가 못 쓰게 될 것이다. (공장식 축산업으로 인한 토지 오염으로 미국인들이 입는 손실은 260억 달러에 이른다.),[35] 냄새 탓에 생활하기가 힘들어지고 폴의 가족들의 건강도 위협받는 것은 차치하더라도, 공장식 축산업은 폴이 평생을 바쳐 일한 모든 것의 대척점에 서 있다.

폴이 말했다. "공장식 축산업에 찬성할 사람들은 그 주인들밖에 없어요." 필리스가 그의 생각을 이어서 말했다. "사람들은 그 농부들을 미워해요. 남들한테 미움 받는 직업을 가졌다는 게 어떤 기분이겠어요?"

그 주방에서 공장식 축산업의 성장에 관한 느린 드라마가 펼쳐지고 있었다. 그러나 폴에게서 구체화되고 있듯이, 그에 대한 저항 또한 틀림없이 펼쳐지고 있었다. (필리스 역시 아이오와의 공장식 돼지 농장들의 수와 그들의 힘을 감소시키기 위한 지역의 정치적 싸움에 활발히 참여해 왔다.) 그리고 물론 내가 쓰고 있는 이 글 역시 그 순간으로부터 솟아나온다. 이 이야기가 당신에게 어떤 의미를 갖는다면, 아이오와의 한 부엌에서 시작된 공장식 축산업의 성장에 관한 드라마는 아마도 그것을 끝장낼 저항을 낳는 데 일조할 것이다.

3

똥 덩어리

윌리스의 부엌에서 벌어진 장면은 여러 차례 반복되었다. 전 세계 곳곳에서 공동체들이 공장식 축산업, 무엇보다도 돼지 감금 시설의 오염과 악취로부터 스스로를 보호하기 위해 싸웠다.

미국에서 공장식 돼지 축산업에 맞서 성공을 거둔 법적 투쟁들은 그것들이 엄청난 오염의 잠재원이 된다는 데 초점을 맞추었다. (사람들이 축산업의 환경세에 대해 이야기할 때 주로 이를 거론하는 것이다.) 문제는 아주 간단하다. 어마어마한 양의 똥이다. 너무나 많은 똥을 너무나 아무렇게나 처리하는 통에 그것이 강과 호수, 바다로 섞여 들어가 야생 생물을 죽이고, 인간의 건강에 치명적일 정도로 공기, 물, 땅을 오염시킨다.

오늘날 전형적인 공장식 돼지 농장은 퇴비를 연간 3200톤 생산하며, 전형적인 육계 시설은 3000톤, 일반적인 비육장은 15만톤을 생산한다.[36] 공장식 축산업에 대한 회계 감사원(GAO)의 보고에 따르면, 개개 농장들이 "미국 도시 인구보다 더 많은 배설물 쓰레기를 만들어 낼 수 있다."[37] 미국의 농장 동물들은 인간보다 130배나 더 많은 배설물을 내놓는다.[38] 대략 초당 40톤의 똥을 싼다는 얘기다.[39] 이 똥이 오염시키는 힘은 도시 하수보다 160배나 더 크다.[40] 그런데도 농장 동물들을 위한 배설물 처리 기반 시설도 거의 없다. 당연히 화장실도 없지만, 하수관도 없고, 처리를 위해 배설물을 나르는 사람도 없고, 배설물에 관련된 연방 규제 가이드라인도 거의 없다. (GAO는 공장식 축산업에 대해 신뢰성 있는 자료를 모으는 연방 기구조차 없고, 전국적으로 허가된 공장식 축산업의 수조차 정확히 알지 못하기 때문에 그것들을 "효율적으로 규제할" 수도 없다고 보고한다.)[41] 그러면 똥에 무슨 일이 일어나고 있는 것일까? 미국의 주요 돼지고기 생산업체인 스미스필드에서 배출하는 똥의 운명에 초점을 맞추어 보겠다.

스미스필드 한 곳에서만도 매년 뉴욕, 로스앤젤레스, 시카고, 휴스턴, 피닉스, 필라델피아, 샌안토니오, 샌디에고, 달라스, 산호세, 디트로이트, 잭슨빌, 인디애나폴리스, 샌프란시스코, 콜럼버스, 오스틴, 포트워스, 멤피스의 인구를 다 합친 것보다 더 많은 수인 3100만 마리의 돼지를 잡는다.[42] 보수적인 미국 환경보호청 통계치를 보아도, 돼지 한 마리가 사람 한 명보다 두 배에서 네 배 더 많은 똥을 싼다.[43] 스미스필드의 경우를 보자면 미국 시민 한 명당 약 0.1톤의 똥이 돌아가는 셈이다.[44] 이는 단일 법적 실체로서 스미스필드가 적어도 캘리포니아 주와 텍사스 주의 인구 전체를 합친 것과 맞먹는 양

의 배설물을 생산해 내고 있다는 얘기이다.[45]

상상해 보라. 만약 현대 도시에 당연한 것으로 여기는 대규모의 배설물 처리 기반 시설이 없어서 캘리포니아와 텍사스의 모든 도시와 모든 마을의 모든 남자, 여자, 아이가 하루 동안 바깥에 파 놓은 거대한 웅덩이에 오줌을 누고 똥을 눈다고 생각해 보라. 이제 딱 하루만이 아니라, 1년 내내, 영원히 이런 식으로 계속한다고 상상해 보라. 이만한 양의 똥이 환경에 가져올 효과를 이해하려면, 그 속에 무엇이 들어 있는지 좀 알 필요가 있다. 제프 티에츠는 스미스필드에 관해 《롤링 스톤》에 쓴 아주 훌륭한 기사 「대장 돼지」에서, 공장식 축산 돼지의 똥에서 흔히 발견되는 성분의 목록을 작성했다. "암모니아, 메탄, 황화수소, 이산화탄소, 시안화물, 인, 질산염, 중금속이 있다. 게다가 배설물 쓰레기에서는 살모넬라균, 작은와포자충, 연쇄구균, 지아르디아충을 비롯하여 인간을 병들게 할 수 있는 미생물 병원균이 100가지도 넘게 자란다."[46] (그래서 전형적인 공장식 축산 부지에서 자란 아이들은 천식을 앓는 비율이 50퍼센트를 넘고, 공장식 축산 농장 근처에서 자란 아이들은 장차 천식에 걸릴 확률이 두 배나 높다.)[47] 그리고 이 모든 똥은 정확히 말하면 똥이 아니다. 공장식 축산 농장 건물의 널빤지 바닥에 퍼져 있는 것이라면 다 똥이다. 여기에는 사산한 새끼 돼지, 후산으로 배출된 것들, 죽은 새끼 돼지, 토사물, 피, 오줌, 항생물질 주사기, 깨진 살충제 병, 털, 고름, 돼지들의 신체 일부까지도 포함된다.[48]

돼지 축산업은 돼지의 배설물 속 독소를 흡수할 수 있다는 인상을 주려고 하지만,[49] 우리는 이것이 사실이 아님을 안다. 유출된 배설물은 수로로 흘러들고, 암모니아나 황화수소 같은 유독 가스는 대기 중으로 증발한다. 축구장 크기만 한 분뇨 구덩이가 흘러넘칠 지경이 되면, 스미스필드는 다른 업체들과 마찬가지로 들판에 액화시킨 배설물을 뿌린다. 아니면 그냥 공기 중에 바로 뿌릴 때도 있다. 미세한 배설물 안개를 뿜어내는 똥 분출 장치가 심각한 신경 장애를 일으킬 수도 있는 소용돌이 가스를 뿌린다. 이런 공장식 축산 농장 근처에 사는 이들은 멎지 않는 코피라든가 귀앓이, 만성 설사, 폐의 통증과 같은 문제로 고통을 호소한다. 시민들이 이러한 관행에 제약을 가하는 법을 간신히 통과시켜 봐도, 업계는 정부에 막강한 영향력을 행사하여 규제를 무력화시키거나 시행되지 않게 만들어 버린다.

2007년에 120억 달러 매출을 올렸으니, 스미스필드의 수익은 놀랄 만하다. 하지만 그들이 외부에 떠넘긴 비용, 즉 물론 똥으로 인한 오염과, 그 오염이 유발한 질병들과 오염 때문에 하락한 재산 가치(가장 분명한 것만 예로 들었을 때가 이렇다.)의 규모를 알면 얘기가 달라진다. 스미스필드가 이것과 그 밖의 부담을 대중에게 전가하지 않는다면, 파산하지 않고서는 지금처럼 저렴한 고기를 생산할 수 없을 것이다. 모든 공장식 축산업체의 경우와 같이, 스미스필드의 수익성과 '효율성'의 환상은 그들이 엄청나게 쓸어 담은 약탈품들로 지탱된다.

한 걸음 뒤로 물러서 보자. 똥 자체는 나쁠 게 없다. 똥은 오랫동안 농부의 친구 노릇을 해 왔다. 농부의 밭에 비료가 되어 동물들을 먹일 식량을 키우고, 동물의 고기는 사람들에게로 가고, 사람들의 똥이 다시 밭으로 돌아온다. 똥은 미국인들이 역사상 그 어떤 문화권보다도 더 많은 고기를 먹으면서 그에 대한 비용은 역사적으로 유례없이 적게 치르자고 마음먹었을 때에만 문제가 되었다. 그러한 꿈을 성취하기 위해 우리가 폴 윌리스의 꿈의 농장을 버리고 스미스필드와 계약을 맺은 결과, 농업은 농부들의 손을 떠나 자기들의 비용을 대중에게 떠넘기기 위해 전력을 다했던(그리고 다하는) 업체들 손에 좌우되는 상황이 되었다. 잘 잊어버리는(아니면 더 나쁘게도 협조적인) 소비자들 덕분에 스미스필드 같은 업체들은 말도 안 되게 좁은 곳에 동물들을 빽빽이 밀어 넣었다. 이렇게 해서 농부는 자기 땅에서 충분한 식량을 재배하지 못하고 수입할 수밖에 없게 되었다. 더 중요한 것은, 똥이 너무 많아서 농작물이 다 흡수할 수가 없다는 것이다. 약간 더 많은 정도가 아니라, 많아도 너무 많다. 한 예로, 노스캐롤라이나의 공장식 축산 농장 세 곳은 주 전체의 모든 농작물이 흡수할 수 있는 양보다 더 많은 질소(식물 비료의 중요한 성분)를 생산한다.[50]

그러니까 원래의 질문으로 되돌아가 보자. 엄청나게 위험한 이 엄청난 양의 똥은 어떻게 되는가?

모든 일이 계획대로 된다면, 액화시킨 배설물을 돼지 축사 옆에 붙은 거대한 '인공 못'에 들이붓는다. 이 유독한 인공 못들의 면적은 1만 1000제곱미터에 이르는 경우도 있다.[51] 라스베가스에서도 가장 큰 카지노와 맞먹는 면적이다. 깊이는 10미터까지 들어간다. 이러한 호수 크기의 임시 변소들을 만들어도 전혀 이상할 것이 없으며, 실제로 배설물을 다 담지 못하는데도 법적으로 전혀 문제가 없다. 이렇게 엄청난 분뇨 구덩이들 100여 개가 도축장 단 한 곳 주변에 퍼져 있기도 하다.[52] (공장식 돼지 농장은 도축장 주위에 밀집해 있는 경향이 있다.) 그중 하나에 빠지기라도 하는 날에는 살아남지 못한다. (돼지 축사들 중 한 곳에 들어갔을 때 정전이 된다면 몇 분 내에 질식사하게 되는 것과 마찬가지이다.) 티에츠는 이러한 인공 못 하나에 관한 잊기 힘든 이야기 하나를 들려준다.

> 미시건에서 일꾼 한 명이 인공 못을 보수하던 중 그만 냄새에 의식을 잃고 거기에 빠졌다. 열다섯 살 된 조카가 그를 구하려고 뛰어들었으나 빠져나오지 못했고, 일꾼의 사촌이 그 10대 소년을 구하기 위해 들어갔으나 역시 빠져나오지 못했다. 일꾼의 형이 그들을 구하려고 뛰어들었다가 나오지 못했고, 그다음에는 일꾼의 아버지가 뛰어들었다. 그들 모두 돼지 똥 속에서 죽었다.[54]

스미스필드 같은 업체로서는 비용 편익 분석에 따라 하는 일이다. 공장식 축산 시스템 전체를 포기하는 것이 이러한 황폐화를 궁극적으로 끝장낼 수 있는 길이겠지만, 그보다는 오염에 대해 벌금을 내는 편이 싸게 먹힌다.

드물게 스미스필드 같은 업체들을 법이 규제하기 시작한 경우, 그들은 규제를 피해 나갈 길을 찾아내곤 한다.[55] 스미스필드가 세계 최대의 도축 처리 공장을 블레이든 주에 건설하기 전 해에, 노스캐롤라이나 주의회는 공장식 돼지 축산업을 규제할 주의 권한을 사실상 철회했다. 스미스필드를 위해 편의를 봐 준 셈이다. 아마도 우연의 일치가 아니겠지만, 때를 딱 맞추어 이루어진 이 돼지 축산 공장들에 대한 규제 완화를 공동 제안했던 전직 주 상원의원 웬델 머피는 지금 스미스필드 이사회에 앉아 있으며, 그전에는 2000년 스미스필드가 사들인 돼지 축산 공장인 머피 가족 농장의 이사회 의장이자 최고 경영 책임자이기도 했다.

1995년 이러한 규제 완화가 있은 지 몇 년 후, 스미스필드는 노스캐롤라이나의 뉴리버 강에 인공 못의 7500만 리터가 넘는 배설물을 유출했다.[56] 이 유출 사건은 비슷한 사건들 중에서 최대 규모의 환경 재난으로 남아 있으며, 6년 전 있었던 엑손 발데즈 호 기름 유출 사고의 두 배 규모이다.[57] 이 유출 사고로 올림픽 규격 수영장 250개를 채울 만큼의 액체 배설물이 방출되었다.[58] 1997년 시에라 클럽이 「동물 공장들의 전과 기록」에서 보고한 바에 따르면, 스미스필드는 수질 오염 방지법을 7000번 위반한 죄로 유죄 선고를 받았다.[59] 대략 하루에 스무 개꼴이다. 미국 정부는 체서피크 만의 지류인 페이건 강에 불법적인 수준으로 폐기물을 투기한 죄와, 회사의 활동을 은폐하기 위해 기록을 위조하고 파기한 혐의로 회사를 기소했다. 한 번의 위반이야 실수일 수도 있다. 열 번까지도 그럴 수 있다 치자. 7000건은 계획적이다. 스미스필드는 1260만 달러의 벌금형에 처해졌다. 얼핏 듣기에는 공장식 축산업에 대한 승리 같다. 그 당시에 1260만 달러면 미국 역사상 최대 규모의 오염 벌금이었다.[60] 하지만 이제 열 시간마다 1260만 달러의 총수익을 올리는 회사에게는 새 발의 피에 불과하다.[61] 스미스필드의 전직 CEO 조셉 루터 3세는 2001년에 스톡옵션으로 1260만 달러를 받았다.[62]

음식을 먹는 대중의 반응은 어떠했는가? 대체로 우리는 오염이 거의 천문학적 규모에 이르면 약간 소란을 피운다. 그러면 스미스필드는 (아니면 아무 업체든) "이런." 하고 한마디한다. 우리는 그들의 사과를 받아들이고 계속해서 공장식 축산 동물을 먹는다. 스미스필드는 법적 조치에서 살아남은 정도가 아니라 번창했다. 페이건 강 유출 사건 당시, 스미스필드는 미국에서 7위 규모의 돼지고기 생산업체였다. 2년 후에는 가장 큰 업체가 되었으며, 업계에서의 지배력은 계속 커졌다. 오늘날 스미스필드는 너무나 규모가 커져서 미국 내에서 상업적으로 팔리는 돼지 네 마리 중 한 마리를 도축한다.[63] 우리가 현재 먹는 방식, 그리하여 우리가 스미스필드 같은 회사에게 매일같이 퍼주는 돈이 바로 그 상상할 수 있는 최악의 관행들에 대한 보답이다.

EPA가 낸 보수적 통계치에 따르면, 닭, 돼지, 소의 배설물은 이미 22개 주 5만 6000킬로미터의 강을 오염시켰다.[64] (참고 삼아 말하자면, 지구의 둘레가 대략 4만 킬로미터이다.) 수로에 공장식 축산 농장이 배출한 똥을 차단하지 못한 결과, 불과 3년 동안 물고기가 떼죽음한 사건이 200차례나 있었다.[65] 이렇게 기록으로 남은 폐사 사건에서만 1300만 마리 물고기가 문자 그대로 똥에 오염되어 죽었다. 이 죽은 물고기들을 죽 이어 놓으면, 시애틀에서 멕시코 국경선까지 태평양 해안 전체 길이와 맞먹을 것이다.[66]

공장식 축산 농장 근처에서 사는 사람들은 대개 가난하며, 업계에서는 있으나마나한 존재로 취급당한다. 그들이 들이마셔야 하는 분뇨 안개는 대개의 경우 사람을 죽이지는 않지만, 인후염, 두통, 기침, 콧물, 설사, 심지어는 비정상적으로 과도한 긴장, 우울, 분노, 피로 등 정신질환까지 포함한 증상들을 흔하게 발생시킨다.[67] 캘리포니아 주 상원 보고서에 따르면 "연구는 〔동물 배설물〕 인공 못들이 인체에 염증, 면역 저하, 신경 화학적 문제를 일으킬 수 있는 자극적인 유독 화학물질을 공기 중에 방출하고 있음을 보여 주었다."[68]

공장식 축산 농장 근처에 사는 것과, 공식 명칭은 MRSA(메티실린 내성 황색 포도상구균)인, 소위 살을 파먹는 박테리아에 감염되는 것의 연관 관계를 의심할 만한 충분한 근거가 몇 가지 있다.[69] MRSA는 '염증으로 붉어지고 만지면 통증을 일으키는, 컵 받침 크기의 병변'을 유발할 수 있으며, 2005년 에이즈보다 더 많은 미국인(1만 8000명)을 죽음으로 몰아넣었다. 농장에서 자랐다는 《뉴욕 타임스》 칼럼니스트인 니콜라스 크리스토프는 인디애나의 한 의사가 이 연관 관계에 대한 의혹을 공개하려고 준비하던 중 갑작스럽게 MRSA와 관련된 합병증으로 보이는 증상으로 사망했다고 보도했다. MRSA와 공장식 돼지 축산업의 연관 관계는 입증되지 않았지만, 크리스토프가 지적했듯이 "더 큰 문제는, 우리가 한 국가로서 저렴한 베이컨을 생산하지만 우리 모두의 건강을 위협하는 농업 모델로 옮겨 간 것이 아닌가 하는 것이다. 아직 결론지을 수는 없지만, 증거로 보아 답이 그렇다 쪽으로 기울고 있다."

주민들이 경험하는 건강 문제들은 다른 지역들로 더 미묘하게 파문을 일으키며 퍼져나가고 있다. 세계 최대의 보건 전문가들의 단체인 미국 공공 보건 협회는 이러한 경향에 크게 경각심을 느끼고, 동물 폐기물과 항생제 사용과 관련된 광범위한 질병들을 예로 들면서 공장식 축산업에 대한 일시 정지를 주장했다.[70] 퓨 위원회는 저명한 전문가들로 구성된 위원회로 2년에 걸친 연구를 수행한 뒤, 최근 한 발 더 나아가 동물 복지와 공공 보건 양쪽에 이익이 된다고 말하며 공통적으로 나타나는 여러 '집중적으로 가하는 비인간적인 관행들'을 완전히 단계적으로 폐지할 것을 주장했다.[71]

그러나 가장 중요한 실세들, 무엇을 먹고 무엇을 먹지 않을지 선택하는 사람들은 여전히 뒷짐을 지고 있다. 지금까지 우리는 국가적으로 어떤 일시 정지 조치도 요구한 적이 없고, 당연히 단계적 폐지도 요구한 적이 없다. 우리가 스미스필드와 그 비슷한 무리들을 너무나 부유하게 만들어 준 덕에, 그들은 자기들의 사업을 국외로 확장하는 데 수억 달러를 투자할 수 있었다. 그리고 그들은 실제로 확장을 했다. 스미스필드는 한때 미국에서만 사업을 했으나, 지금은 벨기에, 중국, 프랑스, 독일, 이탈리아, 멕시코, 폴란드, 포르투갈, 루마니아, 스페인, 네덜란드, 영국까지 전 세계로 퍼져 나갔다.[72] 스미스필드의 조셉 루터 3세의 주식은 최근에 1억 3800만 달러까지 올랐다.[73] 그의 성은 '루터'*로 발음된다.[74]

4

우리의 새로운 사디즘

환경 문제는 인간을 돌보는 임무를 맡은 의사들과 정부 기관들이 추적할 수 있지만, 항상 흔적이 남지는 않는 공장식 축산업의 동물들이 겪는 고통에 대해서는 어떻게 알아낼 수 있을까?

헌신적인 비영리 조직들이 비밀리에 진행한 조사들은[75] 그날그날 엉성하게 운영되는 공장식 축산업의 실태와 산업화된 도축장을 대중이 들여다볼 수 있는 의미 있는 창구 역할을 해 준다. 노스캐롤라이나의 한 산업화된 돼지 번식 시설에서 비밀 조사원이 촬영한 비디오테이프에는 몇몇 노동자들이 매일 동물을 구타하고, 새끼 밴 암

* 원래 이름은 Luter지만 여기에서는 약탈자라는 뜻의 looter로 발음한다.

돼지들을 렌치로 때리고, 쇠막대로 어미 돼지의 직장과 질을 깊숙이 쑤시는 장면이 나온다. 이런 행동으로 고기의 맛을 더 좋게 하거나 돼지들한테 도축될 준비를 시키는 것도 아니다. 그저 변태 짓일 뿐이다. 그 농장에서 촬영한 다른 비디오테이프에서는 노동자들이 아직도 의식이 있는 돼지들의 다리를 톱으로 잘라 내고 껍질을 벗긴다.[76] 미국 최대의 돼지고기 생산업체 중 한 곳에서 운영하는 또 다른 시설에서는 몇몇 직원들이 돼지를 집어 던지고, 때리고, 발로 차는 모습이 찍혔다.[77] 돼지들을 콘크리트 바닥에 내던지고 쇠막대와 망치로 때렸다. 또 1년에 걸친 조사를 통해 어떤 농장에서는 1만여 마리 돼지들을 조직적으로 학대한 사실이 발견되었다. 조사는 노동자들이 동물들의 몸에 담배를 비벼 끄고, 동물들을 갈퀴와 삽으로 구타하고, 목을 조르고, 분뇨 구덩이에 집어 던져 익사시킨 증거를 잡았다. 또한 노동자들은 돼지들의 귀와 입, 질과 항문에 전기 막대를 꽂았다. 조사는 관리자들이 이러한 학대 행위를 묵인하고 있으나, 관계 당국들은 기소를 거부했다고 결론지었다.[78] 기소하지 않는 것이 예외가 아니라 일반화된 관행이다. 요즘 시대가 유독 법 집행이 '느슨한' 것은 아니다. 회사들이 농장 동물을 학대한 죄로 붙잡힌다 해도 무거운 형벌을 예상할 수 있는 시대가 아예 한 번도 없었을 따름이다.

우리가 어떤 농장 동물 산업에 관심을 돌리건, 비슷한 문제들이 일어난다. 타이슨 식품은 KFC의 주요 공급 업체이다. 한 대규모 타이슨 시설을 조사한 결과,[79] 몇몇 노동자들이 (감독관으로부터 확실히 허가를 받고서) 멀쩡하게 의식이 있는 새들의 목을 정기적으로 뽑고, (새들을 운반하는 컨베이어 벨트 위를 포함하여) 산 채로 매달아 놓는 곳에 오줌을 누고, 새들의 목보다는 몸통을 자르는 싸구려 자동 도축

장비를 제대로 수리하지 않고 놔두었다.[80] KFC의 '올해의 우수 공급업체'인 필그림스 프라이드에서는 완전히 의식이 있는 닭들을 발로 차고, 짓밟고, 벽에 집어 던지고, 눈에 씹는담배를 뱉고, 문자 그대로 닭들이 똥을 질질 싸게 만들고, 부리를 잡아 뜯었다.[81] 그리고 타이슨과 필그림스 프라이드는 KFC에 닭을 공급하는 데 그치지 않았다. 내가 글을 쓰고 있던 시점에 그들은 한 해 50억 마리에 가까운 새들을 죽이면서 미국에서 가장 큰 닭고기 가공업체로 군림했다.[82]

노동자들이 자신들의 좌절감을 동물들에게 분출하는 데서 비롯되는 극단적인(하지만 꼭 드문 것은 아니다.) 학대에 대해 알기 위해 은밀히 행한 조사에 굳이 의존하지 않아도, 우리는 공장식 축산 동물들이 비참한 삶을 산다는 것을 안다.

새끼를 밴 암퇘지의 삶을 생각해 보자. 암퇘지의 놀라운 번식력이 지옥의 근원이 된다. 소는 한 번에 송아지 한 마리만을 낳는 반면, 현대의 공장식 축산 암퇘지는 새끼 돼지를 평균적으로 거의 아홉 마리씩 낳고, 젖먹이고, 기른다.[83] 해마다 이 숫자를 늘린 결과 아홉 마리까지 온 것이다. 암퇘지는 언제나 똑같이 최대한 많이 새끼를 배는데, 임신 기간이 암퇘지의 일생에서 거의 대부분을 차지한다. 예정일이 다가오면, 출산 시간을 농부에게 더 편리하게 맞추기 위해 출산을 유도하는 약물이 쓰이기도 한다.[84] 새끼 돼지의 젖을 뗀 다음에는 호르몬을 주사하여 암퇘지를 빨리 '주기'로 되돌림으로써 3주 만에 다시 인공적으로 수정할 준비를 마친다.[85]

암퇘지는 다섯 번 중 네 번은 너무 작아서 몸을 돌릴 수조차 없는 '임신용 우리' 속에 갇혀서 16주의 임신 기간을 보낸다.[86] 운동 부족 탓에 골밀도가 감소한다.[87] 잠자리 짚도 받지 못하고, 우리에 쓸

려서 고름이 찬 탓에 25센트 동전 크기로 시커멓게 변한 짓무른 상처들이 생기기도 한다. (네브래스카에서 이루어진 한 비밀 조사에서는 얼굴, 머리, 어깨, 등, 다리에 짓무른 상처들이 가득한, 새끼 밴 돼지들이 촬영되었다. 농장의 한 노동자가 이렇게 말했다. "다 상처가 있어요……. 상처 하나 없는 돼지는 여기에 없어요.")[88]

암퇘지에게 더 심각하지만 흔하게 일어나는 문제는 지루한 고립으로 고통 받고, 곧 태어날 새끼 돼지를 위해 준비하고 싶은 강한 욕구를 분출하지 못하는 것이다.[89] 자연에서 암퇘지는 새끼를 낳기 전에 재료를 구하러 돌아다니는 데 많은 시간을 쏟고 마침내 잔디와 잎, 짚으로 보금자리를 꾸민다.[90] 우리에 갇힌 암퇘지들은 몸무게가 지나치게 불어나는 것을 막고 나아가 사료 비용을 줄이기 위해 사료 공급을 제한받기 때문에 굶주리는 경우가 많다.[91] 또한 돼지들은 잠을 자고 변을 보는 데 분리된 공간을 쓰려는 타고난 성향이 있지만, 갇혀 있으므로 이는 완전히 무시된다. 새끼를 밴 돼지들은 산업화된 시스템 안에 있는 돼지들 대부분과 마찬가지로, 자기들의 배설물 위에 눕거나 그 속을 헤집고 걸어 다녀야 한다.[92] 업계는 동물들을 더 잘 통제하고 관리하는 데 도움이 된다는 주장으로 이러한 감금을 변명한다. 그러나 어떤 동물이든 움직일 수 없게 해 놓으면 불구이거나 병든 동물들을 가려내기가 거의 불가능해지기 때문에, 동물의 복지에 이로운 관행을 실행하기가 어려워진다.[93]

이 잔인성은 부인하기 어렵다. 공장식 축산 옹호자들이 이런 현실을 공개 토론으로 끌어낸 이상, 분노를 억누르기도 어렵다. 최근 플로리다, 애리조나, 캘리포니아 세 개 주가 국민 발의를 통해 임신용 우리를 차차 단계적으로 폐지할 것을 법제화했다. 콜로라도에서는 동물 애호 협회의 캠페인에 위협을 느낀 업계가 먼저 나서서 우리를 금지하는 법안을 기초 설립하고 지지하는 데 동의했다. 이것은 놀라우리만치 희망적인 신호이다. 이러한 관행이 만연한 주들이 아직도 많이 있지만, 임신용 우리와 벌이는 싸움은 승리할 것 같다. 이것은 의미 있는 승리다.

임신용 우리에 들어가는 대신 작은 무리를 지어 우리에서 사는 암퇘지들이 점점 늘어나고 있다. 암퇘지들은 폴 윌리스의 돼지들처럼 들판을 달리거나 햇살을 즐기지는 못하지만, 잠을 자거나 몸을 쭉 펼 공간은 확보했다. 온몸이 다 짓무르지도 않는다. 미친 듯이 우리 창살을 물어뜯지도 않는다. 이러한 변화가 공장식 시스템의 죄를 면해 주거나 이 시스템을 거꾸로 돌리지는 못하겠지만, 암퇘지들의 삶을 크게 개선시키고 있다.

임신 기간에 임신용 우리에 갇혀 있었건 조그만 우리 속에 있었건, 새끼를 낳을 때 암퇘지는 업계에서 분만용 틀이라고 부르는, 임신용 우리만큼 꽉 끼는 나무틀에 거의 항상 갇혀 있다.[94] 한 노동자는 "암퇘지들이 가지 않으려 하기 때문에 나무틀 안에 들여보내려면 〔임신한 돼지들을〕 흠씬 두들겨 패 주어야 한다."라고 말했다.[95] 다른 농장의 또 다른 직원은 암퇘지들을 피가 나도록 때리기 위해 일상적으로 막대기를 쓴다고 묘사했다. "어떤 암퇘지 녀석은 코가 얼마나 심하게 짓뭉개졌는지, 결국 굶어 죽고 말았답니다."[96]

공장식 돼지 축산업을 옹호하는 사람들은 암퇘지들이 가끔씩 우발적으로 제 새끼들을 짓밟을 수도 있기 때문에 분만용 나무틀이 필요하다고 주장한다. 산불의 위험을 줄이려면 미리 숲의 나무를 제거해야 한다는 식으로 이런 주장의 논리는 엇나가 있다. 분만용 나무틀은 임신용 우리와 마찬가지로 어미를 몸도 돌릴 수 없을 만큼 좁은 공간에 가두어 놓는다. 가끔은 바닥에 묶어 둘 때도 있다. 이런 관행이 어미 돼지가 제 새끼를 짓밟지 못하게 막아 주기는 한다. 이런 관행을 옹호하는 사람들은 윌리스네 농장 같은 곳에서는 그런 문제가 아예 처음부터 일어나지도 않는다는 사실을 외면한다. 놀랄 일도 아니지만, 농부들이 돼지를 사육할 때 어미 돼지가 어미 구실을 할 수 있게 해 준다면, 어미 돼지의 후각이 제 몸 아래 있는 액화된 제 배설물의 악취로 제 구실을 못하게 되지 않는다면, 금속 우리의 철컹거리는 소리에 어미 돼지의 청각이 약해지지 않는다면, 새끼가 어디에 있는지 찾아내어 다리를 움직여 천천히 누울 수 있는 공간이 있다면, 어미가 제 어린 것을 짓밟지 않도록 쉽게 피할 수 있을 것이다.[97]

물론 위험에 처해 있는 것은 어린 새끼만이 아니다. EU 과학 수의사회가 실시한 연구는, 나무틀 속에 들어가 있는 돼지들이 뼈가 약해지고, 다리 손상이 일어날 위험이 더 높고, 심장 혈관 문제가 생기고, 소변 때문에 감염이 일어나고, 근육량이 심각하게 감소하여 눕는 능력에 영향이 온다는 것을 발견했다.[98] 다른 연구들은 열등한 유전자와 운동 부족, 빈약한 영양 공급으로 인해 돼지들의 10~40퍼센트는 무릎이 휘고, 다리가 굽고, 안짱다리가 되는 등의 증상을 보여서 신체 구조상 건강치 못한 상태임을 보여 주었다.[99] 업계 정기 간행물인 《미국 돼지 축산 농부》는 보통 번식용 암퇘지의 7퍼센트가 감금과 과도한 번식에서 오는 스트레스로 일찍 죽는다고 보도했다.[100] 어떤 공장에서는 사망률이 15퍼센트를 넘어가기도 한다.[101] 많은 돼지들이 감금 때문에 미쳐서 우리 창살을 계속 물어뜯고,[102] 물병을 끊임없이 눌러 대거나, 오줌을 마신다.[103] 또 어떤 돼지들은 동물 과학자들이 '학습된 무기력'이라고 부르는 슬픔에 빠진 행동을 보여준다.[104]

그다음으로는 새끼들이 있다. 어미들의 고통을 정당화하는 구실이 되는 새끼들.

많은 새끼 돼지들이 기형을 안고 태어난다. 흔한 선천적 기형으로는 구개파열, 자웅동체, 뒤집힌 젖꼭지, 무항문증, 다리 탈구, 발작적인 떨림, 탈장 등의 경우가 있다.[105] 서혜 헤르니아는 하도 흔해서 거세할 때 외과적으로 교정하는 것이 보통이다.[106] 태어나서 몇 주 동안, 이러한 결함이 없는 새끼들조차도 줄기차게 몸에 퍼부어지는 상해를 견뎌 내야 한다. 생후 48시간 안에[107] 꼬리와, 다른 새끼들을 옆에서 깨물 때 쓰곤 하는 '바늘니'[108]를 고통을 줄여 줄 만한 조치 하나 없이 잘라 낸다. 돼지들이 병적으로 꼬리를 물어뜯는 일이 흔한데다 약한 돼지들이 힘센 돼지들을 피할 수가 없는 공장식 환경에서 어미의 젖꼭지를 놓고 다투다가 서로에게 상처 입히는 일을 최소화하기 위한 조치이다. 일반적으로 새끼 돼지의 환경은 따듯하고 (22~27도) 어둡게 유지되므로 돼지들은 감각이 더 둔해져서는, 좌절감에 빠져 서로 깨물거나, 서로의 배꼽, 꼬리, 귀를 물고 빠는 행동을 덜 하는 경향을 보인다.[109] 전통적인 방식으로는 폴 윌리스의 농장에서 하는 대로 동물들에게 공간을 더 많이 주고, 환경의 질을 높이고, 안정된 사회 집단을 만들게 함으로써 이러한 문제들을 피한다.

또한 공장식 축산 농장의 새끼 돼지들은 빨리 성장하고 어미는 과도하게 번식을 하기 때문에 어미의 젖이 시원찮은 경우가 많아서, 새끼 돼지들은 생후 첫 이틀 안에 철분을 주입받는다.[110] 열흘 안에 수컷들의 고환을 잘라 내는데, 역시 진통제 따위는 없다. 이때는 고기 맛을 바꾸는 것이 목적이다. 요즘 미국 소비자들은 거세한 동물의 고기 맛을 더 선호한다.[111] 또한 식별을 목적으로 돼지의 귀에서 5센트짜리 동전 크기만큼 살점을 도려내기도 한다. 농부들이 새끼 돼지들에게서 젖을 떼기 시작할 때쯤이면 새끼 돼지들의 9~15퍼센트는 죽어 있다.[112]

새끼 돼지들이 단단한 음식을 더 빨리 먹기 시작할수록, 시장에 출시할 몸무게(100~120킬로그램)에 더 빨리 도달한다.[113] 이 경우 '단단한 음식'에는 도축장에서 나온 부산물인 말라붙은 혈장도 종종 포함된다.[114] (이것을 먹으면 정말로 새끼 돼지들의 살이 오른다. 또한 이것은 위장관의 점막에 치명적인 손상을 입힌다.) 새끼 돼지들은 그냥 놔두면 대개 15주 정도에 젖을 떼지만,[115] 공장식 축산업에서는 보통 보름만에 젖을 떼는데, 이 기간이 생후 12일까지로 점점 더 빨라지고 있다.[116] 새끼 돼지들은 이렇게 어린 나이에는 단단한 음식을 제대로 소화시킬 수 없기 때문에, 설사를 예방하기 위해 추가로 약물이 투여된다.[117] 젖을 뗀 돼지들은 '생육실'이라고 하는 두꺼운 철망으로 된 우리에 집어넣어진다. 이 우리들은 차곡차곡 쌓아 두었기 때문에, 위층 우리에서 아래층 동물들 위로 배설물과 소변이 떨어져 내린다. 사육자들은 새끼 돼지들을 최종 목적지인 비좁은 축사로 옮길 때까지 되도록 오래 이런 우리 속에 가두어 둔다. 축사는 어떤 업계 잡지에서 말했듯이 "돼지를 좁은 곳에 잔뜩 밀어 넣어 놓아야 돈이 되기" 때문에 일부러 비좁게 만든다.[118] 움직일 공간도 없어서 동물들은 칼로리를 더 적게 소비하고, 덜 먹고도 살은 더 많이 찌게 된다.

어떤 종류의 공장에서든 획일성은 꼭 필요하다. 충분히 빨리 자라지 않는 새끼 돼지들, 즉 발육 부진의 돼지들은 밥만 축내는 것들이기 때문에 농장에서는 있을 자리가 없다. 이런 돼지들은 뒷다리를 잡아서 흔들다가 콘크리트 바닥에 머리부터 세게 내리친다. 이 흔한 관행을 '패대기치기'라고 한다. "하루에 120마리까지 패대기쳐 봤습니다."[119] 미주리 농장의 한 노동자가 하는 말이다.

> 우리는 그 돼지들을 흔들다가 내리친 다음 옆으로 던져 버립니다. 열 마리, 열두 마리, 열네 마리를 패대기친 다음, 그것들을 운반실로 가져가서 사체 운반용 트럭에 쌓아 놓습니다. 운반실에 가 보고 아직 살아 있는 것이 있으면 다시 패대기쳐야지요. 그 방에 들어가 보면 녀석들이 얼굴 옆으로 한쪽 눈알을 대롱대롱 매달고 있거나, 미친 듯이 피를 흘리거나, 턱이 으깨진 채로 내달리고 있곤 한답니다.

"그들은 그것을 '안락사'라고 하죠." 미주리 농장 노동자의 아내가 한 말이다.

동물들의 먹이에 항생제, 호르몬, 기타 약물들을 엄청나게 쏟아붓기 때문에 이런 조건에서도 돼지들은 도축될 때까지 대부분 살아 있다. 이러한 약들은 공장식 돼지 축산업에서 흔하디흔한 호흡기 문제와 싸우기 위해서 가장 필요하다. 감금 장소는 습하고, 면역 체계가 스트레스에 취약한 동물들은 빽빽이 모여 있으며, 쌓여 있는 똥오줌에서는 유독가스가 나오는 환경에서 이러한 문제들은 사실상 피할 수가 없다. 돼지들의 30~70퍼센트는 도축될 때까지 이런저런 호흡기 감염을 앓으며, 호흡기 질병으로 인한 사망률만 따져도 4~7퍼센트에 이른다.[120] 물론 이러한 끊임없는 병이 새로운 인플루엔자의 발달을 촉진한다. 그래서 모든 주의 돼지들 전체가 꽉꽉 들어찬 병든 동물들 사이에서 생겨난 새로운 치명적 바이러스에 100퍼센트 감염되는 경우도 종종 있다.[121] (물론 이러한 바이러스는 사람에게도 점차 옮겨가고 있다.)

공장식 축산업이라는 세계에서는 예상이 거꾸로 뒤집힌다. 수의사들은 최선의 건강을 위해 일하는 것이 아니라, 최적의 수익성을 위해 일한다. 약물은 병을 고치기 위해서가 아니라, 망가진 면역 체계의 대체물로 쓰인다. 농부들의 목표는 건강한 동물들을 키우는 것이 아니다.

5

수면 밑에 존재하는 우리의 사디즘(중심부의 방백)

내가 돼지 축산업을 배경으로 설명했던 동물 학대와 오염에 관한 이야기는 공장식 축산업 전체를 핵심적으로 대표한다. 공장식 축산업의 닭, 칠면조, 소들이 완전히 똑같은 식은 아니라 해도, 모두 근본적으로는 비슷하게 고통을 겪고 있다. 물고기들도 그렇다고 밝혀졌다. 우리는 물고기와 육상동물을 같은 식으로 생각하지 않는 경향이 있지만, 바다 동물들을 가두어 놓고 집중적으로 기르는 형태인 '양식업'은 본질적으로 공장식 수중 축산업이다.

연어 대부분을 포함하여 우리가 먹는 바다 동물들 중 상당수가 양식되어 우리에게 온다. 원래 양식은 야생 물고기 개체군의 감소에 대한 해결책으로 나왔다. 그러나 일부의 주장처럼 연어 양식은 자연산 연어에 대한 수요를 줄인 것이 아니라, 실제로는 자연산 연어에 대한 국제적 착취와 수요를 늘리는 역할을 했다.[122] 전 세계적으로 자연산 연어의 포획량은, 1988년에서 1997년까지 연어 양식이 폭발적으로 성장한 것과 똑같이 27퍼센트 늘어났다.[123]

양어장과 관련된 복지 문제들은 낯설지 않을 것이다. 업계 입문서인 『연어 양식 안내서』에서는 '양식 환경에서 일어나는 스트레스 핵심 요인' 여섯 가지를 나열한다.[124] '수질', '밀집도', '취급', '소란', '영양', '위계질서'가 그것이다. 이를 쉬운 말로 풀어 보자면, 연어에게 고통을 주는 여섯 가지 근본 원인이 된다. (1) 물이 너무 더러워서 연어가 숨 쉬기가 힘들다. (2) 너무 좁은 곳에 몰아넣어 서로 잡아먹기 시작한다. (3) 너무 거칠게 다루어서 하루만 지나면 스트레스를 받은 것이 뚜렷이 보인다. (4) 농장 일꾼들과 야생 동물들 때문에 소란스럽다. (5) 영양 부족으로 면역 체계가 약해진다. (6) 안정된 사회적 위계질서를 만들어 낼 수가 없어서 서로 잡아먹는 현상이 더 심해지는 결과가 온다. 이는 전형적인 문제들이다.[125] 안내서는 이런 문제들을 "양식업에서 절대 빠지지 않는 구성 요소들"이라고 부른다.[126]

연어와 다른 양식 어종들을 괴롭히는 주된 근원은 더러운 물에서 창궐하는 바다물이가 너무 많다는 것이다. 이 이는 개방성 창상을 만들고, 때로는 물고기의 얼굴을 뼈까지 파먹고 들어간다. 업계에서는 '죽음의 왕관'으로 알려질 만큼 흔한 현상이다.[127] 연어 양식장 한 곳에서만 자연 상태에서보다 3만 배나 더 많은 바다물이를 발생시킨다.[128]

이러한 조건에서 살아남은 물고기들(연어 산업에서 사망률 10~30퍼센트 정도는 흔하다.)[129]은 도살을 위해 수송할 동안 배설물을 줄이기 위해 7~10일 동안 굶긴 다음, 아가미를 베어 내고 수조에 던져 넣어 피를 흘리다 죽게 한다.[130] 물고기들은 의식이 있을 때 도살되는 경우도 많으며, 고통으로 경련을 일으키면서 죽어 간다. 기절을 시키는 경우도 있지만, 요즘 기절시키는 방법은 신뢰성이 떨어져서 어떤 동물들에게는 고통을 더해 줄 수도 있다.[131] 닭과 칠면조의 경우와 마찬가지로 물고기의 인도적 도살을 요구하는 법은 없다.

그렇다면 자연산 물고기를 잡는 것이 더 인도적인 대안일까? 물론 자연산 물고기들은 비좁고 더러운 어장 안에서 살지 않아도 되니까 잡히기 전까지는 더 나은 삶을 산다. 그것은 중요한 차이이다. 그러나 미국에서 가장 많이 먹는 바다 동물인 참치, 새우, 연어를 잡는 가장 흔한 방법을 생각해 보자. 주로 세 가지 방법을 쓰는데, 주낙 어업, 트롤망 어업, 후릿그물 어업이 있다. 주낙은 장대가 아니라, 부표에 매달려 물속으로 연결된 전화선처럼 보인다. 본선에는 일정 간격을 두고 더 작은 '지선'들이 묶여 있으며, 각 지선에는 낚싯바늘들이 촘촘히 걸려 있다. 이제 이렇게 낚싯바늘이 걸린 주낙이 하나만 있는 것이 아니라, 수십 개, 수백 개가 배 한 척에 차례대로 걸려 있는 모습을 그려 보라. GPS 위치 탐사 장치와 다른 전자 통신 장비가 부표에 부착되어 있어서, 어부들은 나중에 이를 회수할 수가 있다. 물론 주낙을 펼친 배가 한 척만이 아니고, 수십 척, 수백 척이 있으며, 최대 규모 선단의 경우는 수천 척에 이르기도 한다.

오늘날 주낙은 120킬로미터 길이에 달하는 경우도 있다.[132] 영국해협을 세 번 이상 건너는 길이다. 낚싯바늘이 대략 2700만 개가 매일 걸린다.[133] 그리고 주낙은 '목표 어종'만 잡는 것이 아니라, 145종의 다른 어종도 죽인다. 한 연구에서는 대충 450만 마리의 바다 동물들이 해마다 주낙 어업에서 덤으로 잡혀서 죽는데, 이 중에 대략 상어 330만 마리, 녹새치 100만 마리, 바다거북 6만 마리, 앨버트로스 7만 5천 마리, 돌고래와 고래 2만 마리가 포함되어 있다고 밝혔다.[134]

하지만 엄청난 혼획을 만들어 내는 데에는 주낙도 트롤망을 따르지 못한다. 현대 새우 트롤망 어선 중 가장 흔한 형태는 대략 25~30미터 너비로 그 일대를 싹 훑는 것이다.[135] 트롤망으로 몇 시간 동안이나 시속 4.5~6.5킬로미터로 바다 밑바닥을 쓸고 다녀서, 깔때기 모양의 그물 속에 새우(그리고 그 밖에 모든 것)를 쓸어 담는다.[136] 트롤망 어업은 대부분 새우를 잡기 위한 것이지만, 열대우림을 마구잡이로 개간하는 것 못지않은 행태다. 목표가 무엇이건, 트롤망 어선들은 보통 물고기, 상어, 가오리, 게, 오징어, 가리비 할 것 없이 다른 물고기들 100여 종[137]의 기타 어종들을 싹쓸이한다.[138] 사실상 다 죽는다.

바다 동물들을 '수확하는' 이런 초토화 방식에는 어딘가 상당히 불길한 데가 있다. 보통의 트롤망 조업은 혼획으로 잡은 바다 동물의 80~90퍼센트를 배 밖으로 던져 버린다.[139] 사로잡은 바다 동물의 98퍼센트 이상을 죽은 채로 다시 바다에 던져 넣는 가장 비효율적인 작업인 것이다.[140]

우리는 문자 그대로 해양 생태 전체(과학자들이 최근에 와서야 평가하는 법을 알아냈다.)의 다양성과 역동성을 감소시키고 있다.[141] 현대 어업 기술은 더 복잡한 척추동물을 부양하기 위해 생태계를 파괴하고, 그 결과 식물과 플랑크톤을 먹고 살아남을 수 있는 극소수 종만을 남겨두고 있다. 인간이 참치나 연어처럼 보통 먹이사슬 맨 꼭대기에 있는 육식동물을 제일 많이 먹어 치워 포식자들이 없어지기 때문에, 먹이사슬에서 한 단계 아래에 있는 종들이 잠시나마 불어난다. 그러면 우리는 사라진 그 종들은 잊어버리고 더 낮은 단계의 종으로 옮겨 간다.[142] 그러한 과정은 여러 세대에 걸쳐 이루어지기 때문에 변화가 눈에 잘 띄지 않는다. (조부모님이 어떤 물고기를 먹었는지 아는가?) 어획량 자체가 양적으로 감소하지 않았다는 사실도 현상 유지가 되고 있다고 착각하게 한다. 파괴 행위를 미리 계획하고 하는 사람은 아무도 없지만, 시장 경제는 불가피하게 불안정성을 가져온다. 정확히 말하자면 우리가 바다를 비우는 것이 아니다. 그보다는 콩 한 종류만 자라는 엄청나게 넓은 밭을 만들자고 수천 종이 사는 숲을 싹 베어 버리는 쪽에 가깝다.

트롤망 어업과 주낙 어업은 생태학적으로만 우려스러운 것이 아니다. 잔인하기까지 하다. 트롤망 어선에서는 다른 수백 가지 종들이 몇 시간 동안이나 함께 짓뭉개지고, 산호에 베이고, 바위에 패대기쳐진다. 그런 다음 물속에서 끌어 올려져서 고통스러운 감압을 겪는다. (감압 때문에 종종 물고기들의 눈이 튀어나오거나 내부 기관이 입으로 삐져나온다). 주낙에서도 동물들은 대개 천천히 죽음을 맞는다. 어떤 것들은 그저 그 자리에 매달려 있다가 줄에서 풀려날 때 비로소 죽는다. 어떤 것들은 입에 걸린 낚싯바늘이나 도망가려다가 난 상처 때문에 죽기도 한다. 어떤 것들은 포식자들의 공격을 피하지 못한다.

마지막으로 이야기할 어업 방식인 후릿그물은 미국에서 가장 인기 있는 해산물인 참치를 잡을 때 주로 쓰인다. 그물로 목표 어종의 주변에 벽을 둘러친다. 일단 물고기 떼를 둘러싸면, 마치 어부들이 거대한 지갑 끈을 당기듯이 그물 바닥을 당겨 조인다. 사로잡힌 목표 물고기와 옆에 있던 다른 생물들은 권양기로 끌어 올려져서 갑판에 부려진다. 그물 속에 뒤엉킨 물고기들은 그 과정에서 천천히 떨어지기도 한다. 하지만 이 바다 동물들 대부분은 배 위에서 죽는데, 그곳에서 의식이 있는 채로 천천히 질식하거나 아가미가 잘린다. 어떤 경우에는 물고기들을 얼음 속으로 집어 던지기도 하는데, 사실상 죽음이 연장되는 셈이다. 《응용 동물 행동 과학》에 실린 최근 연구에 따르면, 물고기들은 완전히 의식이 있는 채로 얼음 속에 던져 넣어진 후 길게는 14분에 걸쳐 천천히 고통스럽게 죽어 간다.[143] (자연산으로 잡힌 것이나 양식된 것이나 마찬가지로 겪는 일이다.)

이 모든 것이 우리가 먹는 것을 바꾸어야 할 만큼 중요한가? 우리가 사는 물고기와 물고기 제품들에 대해 더 현명한 결정을 내릴 수 있도록 라벨을 잘 붙이기만 하면 되지 않을까? 70센티미터 길이의 양식 연어가 욕조 한 개 크기와 맞먹는 곳에서 일생을 보내며[144] 그곳은 오염이 너무 심해서 물고기의 눈에서 피가 흘러나온다고 알려 주는 라벨을 사람들이 먹는 연어마다 붙인다면, 음식을 최대한 가려 먹는 잡식주의자들은 어떤 결론에 이를까? 라벨이 기생충의 폭발적 증가,[145] 질병의 증가, 유전자의 퇴화, 양식업의 결과로 항생제에 내성이 생긴 새로운 질병에 대해 알려 준다면 어떻게 될까?

하지만 굳이 라벨이 없어도 알 수 있는 것들이 있다. 소나 돼지들 중 적어도 몇 퍼센트는 신속하고 주의 깊게 도살된다고 현실적으로 예상할 수 있다 해도, 물고기들은 편안한 죽음을 맞지 못한다. 단 한 마리도. 당신의 접시 위에 올라 있는 물고기가 고통을 겪어야 했을지 궁금해할 필요가 전혀 없다.[146] 고통을 겪었다.

물고기, 돼지, 그 밖에 다른 어떤 식용동물에 관해 이야기를 하건, 세상에서 가장 중요한 것은 이러한 고통인가? 물론 아니다. 하지만 그것은 문제가 되지 않는다. 초밥, 베이컨, 치킨 너겟보다 더 중요한가? 그건 문제가 된다.

6

동물을 먹는다는 것

우리가 음식을 먹는 것이 그 이상의 의미가 있다는 점 때문에 음식에 관한 결정을 내리는 일이 복잡해진다. 고고학적 기록 끝까지 거슬러 올라가 보아도 식탁에서 나누는 친교는 언제나 사회적 유대관계를 만들어 냈다. 음식, 가족, 기억은 원시 시대부터 연결되었다. 우리는 음식을 먹는 동물 이상의 존재이다.

나의 가장 소중한 기억 속에는 제일 친한 친구들과 주말마다 저녁 식사로 함께했던 초밥, 뒷마당에 상을 차리고 겨자와 구운 양파를 넣어 먹었던, 아버지가 만든 칠면조 버거, 유월절에 할머니 댁에서 먹었던, 짭짤한 게필테 피시*의 맛이 있다. 그 음식들 없이는 기억이 똑같을 수가 없다. 그것이 중요하다.

초밥이나 통닭구이의 맛을 포기한다는 것은 즐거운 식사 경험을 포기하는 것을 넘어서는 손실이다. 먹는 것을 바꾸고 기억에서 맛이

* 송어, 잉어 따위에 계란, 양파 등을 섞어 수프로 끓인, 유대 전통 음식.

희미해지도록 놔둔다면 일종의 문화적 손실이라 할 망각이 발생한다. 하지만 이런 종류의 망각은 아마도 받아들일 가치가 있을 것이다. 계발하는 것보다도 훨씬 가치 있다. (망각도 계발될 수 있다.) 동물들과 동물들의 복지에 대한 나의 관심을 기억하기 위하여, 어떤 맛은 잃어버리고 그 맛들이 한때 나에게 가져다주었던 기억들에 대한 다른 단서를 찾아내야 할지도 모르겠다.

기억하기와 망각하기는 동일한 정신적 과정의 일부이다. 어떤 사건 중 한 가지 세부만 기록한다는 것은 또 다른 것은 기록하지 않는다는 의미이다. (영원히 쓰기를 계속하지 않는 한은.) 한 가지를 기억한다는 것은 또 다른 것을 기억에서 지운다는 뜻이다. (영원히 회상하기를 계속하지 않는 한은.) 폭력적 망각만 있는 것이 아니라 윤리적 망각도 있다. 우리가 지금까지 알아 온 모든 것을 다 지킬 수는 없다. 그러므로 문제는 잊었느냐 잊지 않았느냐가 아니라 무엇을, 혹은 누구를 잊었느냐이다. 우리 식단을 바꿀 것인가가 아니라, 어떻게 바꾸느냐이다.

요즈음 나는 친구와 채식주의자용 초밥을 먹고 인근의 이탈리아 식당에 가기 시작했다. 아버지가 구워 주셨던 칠면조 버거 대신, 내 아이들은 내가 뒷마당에서 굽는 채식주의자용 버거를 기억할 것이다. 지난 유월절에 게필테 피시는 식탁 한가운데에서 약간 밀려났지만, 그 음식을 놓고 할 이야기가 있었다. (나는 분명히 멈추지 않았다.) 약자들이 전혀 예상치 못했던 식으로 강자들을 제압한 이야기 중에서도 가장 웅장한 이야기인 탈애굽기와 함께, 약자와 강자에 관한 새로운 이야기들이 덧붙여졌다.

그 특별한 음식들을 특별한 때에 특별한 사람들과 함께 먹으면서,

우리는 신중하게 그 음식들을 다른 음식들과 따로 떼어 놓았다. 신중함을 한 겹 더 덧씌우자 풍요로워졌다. 나는 좋은 명분을 위해서라면 전통과 타협하는 데 대찬성이지만, 이런 상황에서 전통은 타협하기보다는 성취해야 하는 것이다.

내가 보기에는 공장식 축산 돼지고기를 먹거나 가족에게 그것을 먹이는 것은 명백히 잘못된 행동이다. 아무리 말하기 어렵더라도, 공장식 축산 돼지고기를 먹는 친구 옆에 입 다물고 앉아 있는 것도 잘못된 행동일지도 모른다. 돼지들은 분명히 다채로운 정신세계를 지니고 있으나, 공장식 축산으로 비참한 삶을 살아야 할 운명에 처해 있다는 사실을 부인할 수는 없다. 좀 너그러운 비유이기는 하지만, 벽장 속에 갇힌 개를 비유로 든다면 꽤 정확할 것이다. 환경 문제와 관련해서 공장식 축산 돼지고기를 먹는 데 반대하는 근거는 물 샐 틈 없이 완벽하고 철저하다.

비슷한 이유로, 나는 공장식으로 생산된 가금류나 해산물도 먹지 않는다. 그들의 눈을 들여다볼 때 돼지와 눈을 맞출 때만큼 연민의 정이 우러나지는 않지만, 마음의 눈으로는 그만큼이 보인다. 조사하면서 새와 물고기의 지성과 세련된 사회생활에 대해 알게 되었고, 그들이 겪는 불행의 강도가, 비교적 더 파악하기 쉬운 공장식 축산 돼지들의 불행에 비해 결코 못하지 않다는 사실을 깨달았다.

비육장에서 키운 쇠고기라고 더 참을 만한 것은 아니다. (그리고 도축 문제를 잠시 제쳐둔다면, 100퍼센트 목장에서 키운 돼지고기가 아마도 모든 고기들 중에서 그나마 제일 덜 괴로울 것이다. 다음 장을 보면 더 그럴 것이다.) 하지만 돼지나 닭을 키우는 공장식 축산업보다 덜 불쾌한 얘기를 하려면 가능한 한 적게 말하는 수밖에 없다.

나에게 문제는 바로 이것이다. 세계의 일부 지역과는 달리 우리는 다양한 종류의 다른 음식들을 쉽게 구할 수 있으므로 어느 모로 보나 우리 가족이 반드시 고기를 먹어야 할 필요는 없다. 이 점을 염두에 둔다면, 고기를 꼭 먹어야 할까? 나는 동물을 아주 즐겨 먹었던 사람으로서 이 문제에 대답하겠다. 채식주의 식단도 풍성하고 즐거울 수 있지만, 솔직히 많은 채식주의자들이 애써 우기듯이 고기가 포함된 식단만큼 풍성하다고 주장하지는 못 하겠다. (침팬지를 먹는 사람들은 서구식 식단을 보면서 큰 즐거움이 빠졌다고 슬퍼할 것이다.) 나는 초밥을 좋아하고, 프라이드치킨도 좋아하고, 질 좋은 스테이크도 좋아한다. 하지만 좋아한다 해도 한계가 있다.

공장식 축산업의 현실을 알게 된 이후로는, 전에 먹어 왔던 고기를 거부하는 것이 그리 어려운 결정이 아니었다. 거기에서 이득을 보는 사람들 말고는, 공장식 축산업을 누가 옹호할지도 상상이 잘 안 되었다.

하지만 폴 윌리스의 돼지 농장이나 프랭크 리스의 가금류 농장의 경우에는 문제가 복잡해진다. 나는 그들이 하는 일을 인정하며, 대안을 고려한다면 그들을 영웅이라 하지 않을 수 없다. 그들은 자기들이 키우는 동물을 잘 돌보아 주고, 어떻게 다루어야 할지 잘 알며, 자기들이 아는 대로 다룬다. 우리 소비자들이 땅의 수용 능력에 따라 돼지고기와 가금류에 대한 욕망을 억제할 수만 있다면, 그들의 축산에 반대할 만한 절대적인 생태적 논쟁거리는 없다.

어떤 종류든 동물을 먹는다면 고기 수요가 늘어남으로써 간접적으로라도 반드시 공장식 축산업을 돕는 결과가 된다는 것을 누구라도 알아차릴 수 있을 것이다. 이 문제는 사소하다고 할 수 없지만, 내가 폴 윌리스 농장의 돼지고기나 프랭크 리스 농장의 닭고기를 먹지 않으려 했던 것이 딱히 그 때문만은 아니다. 폴과 프랭크는 이제 내 친구가 되어서 이 글을 읽으리라는 것을 알기에, 여기에 쓰기 어려운 다른 이유가 있다.

폴은 할 수 있는 모든 일을 다 하고 있지만, 그의 돼지들은 여전히 거세를 당하고, 도축되기 위해 장거리를 이동한다. 윌리스도, 니만 목장과 함께 처음부터 그의 일을 도왔던 동물 복지 전문가 다이앤 할버슨을 만나기 전에는 돼지 꼬리를 잘랐다. 아무리 친절한 농부일지라도 가끔은 자기 동물들의 복지에 대해 미처 생각이 미치지 못하는 부분이 있다.

다음으로는 도축장이 있다. 프랭크는 수용할 수 있는 방식으로 자신의 칠면조들이 도축되도록 하는 문제에 대해 아주 솔직하게 터놓고 말한다. 그의 새에게 최적의 도축장은 아직도 미결 과제로 남아 있다. 돼지 도축장에 관한 한 파라다이스 로커 미트 사는 정말 천국 같은 곳이다. 육류 산업의 구조와 USDA 규제 때문에, 폴과 프랭크 둘 다 자기네 동물들을 완전히 뜻대로 통제할 수 없는 도축장에 보내지 않을 수 없다.

세상만사가 다 그렇듯이 어느 농장에나 흠이 있고, 우연에 좌우되며, 제대로 일이 진행되지 않을 때도 있다. 살다 보면 불완전한 곳이 한두 군데가 아니지만, 아무리 그렇다 해도 그냥 넘길 수 없는 것이 있다. 도대체 축산업과 도축이 얼마나 더 결함투성이라야 도를 넘었다고 할 것인가? 사람들마다 제각기 폴과 프랭크네 같은 농장들을 달리 볼 것이다. 내가 존경하는 사람들도 그럴 것이다. 하지만 나는,

지금으로선, 지금 우리 가족은, 고기가 무엇이며 무엇이 되었는가의 현실에 관심을 갖는 한 고기를 전적으로 포기하지 않을 수 없다.

물론 어떤 상황에서는 내가 고기를 먹게 되리라고 상상할 수도 있다. 개를 먹어야 할 상황조차 있을 수 있다. 하지만 아마도 그런 상황에 맞닥뜨릴 것 같지는 않다. 채식주의자가 된다는 것은 상황에 따라 유동적으로 변할 수 있는 틀이며, 나는 고기를 먹을지를 놓고 끊임없이 개인적 결단을 내려야 하는 상태에서 이미 벗어난 지 오래이다. (그 상태로 무한정 있을 수 있는 사람이 누가 있겠는가?)

이런 상황은 베를린 수족관에서 물고기 앞에 선 카프카의 모습을 연상시킨다. 고기를 먹지 않기로 결심한 후로, 새롭게 찾은 평화 속에서 그의 시선이 한 물고기에 가 닿는다. 카프카는 그 물고기가 자신의 보이지 않는 가족임을 깨달았다. 물론 자기와 대등한 존재로서가 아니라, 자신이 관심을 갖고 있는 또 다른 존재로서. 나는 파라다이스 로커 미트 사에서 비슷한 경험을 했다. 마리오의 도축실로 가는 길에, 죽음을 목전에 둔 돼지의 시선에 문득 놀랐다. (당신은 누군가의 눈에 마지막으로 비친 모습이 되어 본 적이 있는가?) 하지만 전적으로 수치스러운 기분만도 아니었다. 돼지는 내 망각을 담는 그릇이 아니었다. 그 동물은 내 관심을 담는 그릇이었다. 나는 그 점에서 위안을 느꼈고, 지금도 느낀다. 나의 위안이 그 돼지에게는 의미가 없다. 하지만 나에게는 의미가 있다. 그리고 어느 정도는 이것이 내가 동물을 먹는다는 것에 대해 생각하는 방식이다. 지금으로서는 먹히는 쪽이 아니라 먹는 쪽의 입장에 서서 그렇게 빤히 다 알면서 고의적으로 망각할 수는 없다.

그리고 눈에 보이는 가족도 있다. 조사가 끝났으니까, 농장 동물들의 눈을 들여다볼 기회는 이제 드물 것이다. 하지만 하루에도 몇 번씩, 내 삶의 많은 날들에, 아들의 눈을 들여다볼 것이다.

나는 고기를 먹지 않기로 결정을 내릴 수밖에 없었지만, 그 결정은 한계가 있으며, 개인적인 것이다. 그것은 다른 누구의 것도 아닌 내 삶의 맥락 속에서 이루어진 서약이다. 나의 논리 중 상당 부분은 산업화된 축산업이 지배적인 형태가 아니었던 60년쯤 전이라면 이해하기 어려웠을 것이다. 내가 다른 시대에 태어났더라면 다른 결론에 도달했을지도 모른다. 내가 고기를 먹지 않기로 굳게 결론지었다 해서 남들이 고기를 먹는 데 대해 반대한다거나, 복잡한 감정을 느낀다는 뜻은 아니다. '교훈을 주기' 위해서 아이를 때리는 것에 반대한다고 해서 부모의 엄격한 훈육을 반대한다는 뜻은 아니다. 내 아이를 이런 식으로 훈육하고 저런 식으로는 하지 않기로 결심했다 해서 그것이 반드시 다른 부모에게도 내 결정을 강요하겠다는 얘기는 아니다. 자기 자신과 가족을 위해 결정하는 것이 한 나라나 전 세계를 대신하여 결정한다는 것은 아니다.

이처럼 고기를 먹는 것에 관한 우리 모두의 개인적 성찰과 결정을 나누는 데 가치를 둔다 해도, 단지 개인적 결론에 도달하기 위해 이 책을 쓰지는 않았다. 농장 경영은 음식의 선택만이 아니라, 정치적 선택에 의해서도 영향을 받는다. 개인적으로 식단을 선택하는 것으로는 모자란다. 하지만 최상의 대안적 축산업에 대한 나의 관점과 결정을 어디까지 고수해야 할까? (폴과 프랭크의 제품을 먹지는 않겠지만, 그들의 축산을 지원하고픈 열의는 꾸준히 깊어졌다.) 다른 사람들한테서 내가 무엇을 기대하는 걸까? 고기를 먹는 문제에 이르면, 우리 모두는 서로에게 무엇을 기대해야 할까?

공장식 축산업을 그저 개인적으로 싫어하는 정도가 아닌 것은 분명하지만, 내가 어떤 결론을 내야 할지는 확실하지가 않다. 공장식 축산업이 동물들에게 잔인하며 생태적으로 비경제적이고 오염을 일으킨다는 이유로 모두가 계속해서 공장식 축산 제품을 보이콧해야 할까? 보이콧까지는 하지 않더라도, 공장식으로 생산되지 않은 식품을 우선하여 구매하는 식으로 그 시스템에서 슬쩍 물러나는 것으로 충분할까? 우리가 개인적으로 선택해서 구매할 것이 아니라, 법제화와 집단 정치 행동을 통해 문제를 해결해야 할까?

누군가와 정중하게 의견을 달리해야 할 지점은 어디이고, 더 중요한 가치를 위해 내 입장을 고수하며 남들에게도 내 편에 서 달라고 요청해야 할 지점은 어디일까? 어떤 경우에 이성적인 사람들이라도 합의한 사실을 놓고 의견을 달리할 수 있다는 것을 받아들여야 하며, 또 어떤 경우에 그 합의한 사실들로 행동을 취해야만 하는 것일까? 나는 고기를 먹는 것이 항상 모든 이들에게 잘못된 행동이라든가, 육류 산업이 현재 상태는 유감스러울지라도 가망이 없다고 주장한 적은 없다. 고기를 먹는 것에 대해 어떤 입장이 도덕적으로 올바른 행동의 기본이 된다고 주장할 수 있을까?

실행

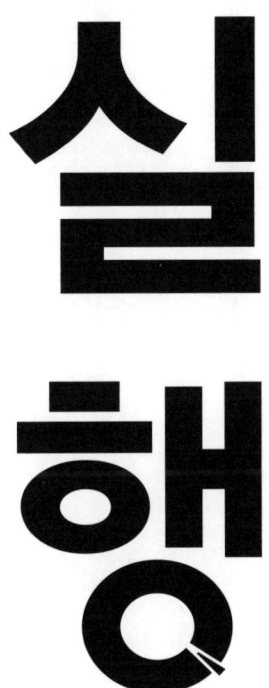

미국에서 고기를 얻기 위해 잡는 동물 중
1퍼센트 이하만이 가족농에서 나온다.

1

빌과 니콜렛

목적지까지 가는 길에는 아무런 표시도 없었고, 도움이 될 만한 도로 표지판은 주민들이 거의 뽑아 버렸다. "볼리나스에는 갈 일이 없어요."[2] 그 마을에 대해 그리 반응이 좋지 않았던 《뉴욕 타임스》의 기사에서 한 주민이 이렇게 말했다. "해변은 더럽지, 소방서는 최악이지, 주민들은 쌀쌀맞은 데다 서로 못 잡아먹어서 안달이라고요."

정확한 얘기는 아니다. 샌프란시스코에서 해변을 따라 50킬로미터 정도만 차를 몰고 가면 그야말로 꿈같은 풍경이 펼쳐진다. 광활하게 펼쳐진 풍광과 숨겨진 자연의 만이 번갈아 나타나는 것이다. 일단 볼리나스에 닿자(인구 2500명), 왜 내가 브루클린을(인구 250만 명) 살기 좋은 곳이라 여겼는지 알 수가 없었다. 볼리나스에 우연히 들러 본 적이 있는 사람들이 왜 남들에게는 볼리나스의 존재가 알려지지 않기를 바라는지 충분히 이해할 만했다.

그 점을 생각하면 빌 니만이 나를 기꺼이 자기 집으로 데려간 이유의 절반은 참으로 놀라웠다. 나머지 절반은 그의 직업인 소 치는 일과 관련이 있었다.

조지보다 몸집이 더 크면서 더 조용한 그레이트 데인이 제일 먼저 나를 맞이해 주었고, 그 뒤로 빌과 그의 아내 니콜렛이 나왔다. 의례적인 포옹과 농담이 오간 후, 그들은 나를 언덕배기에 산중 수도원처럼 자리 잡은 수수한 집으로 안내했다. 밝은색 꽃 사이와 물기 촉촉한 밭 가운데 이끼 낀 바위들이 검은 땅에서 삐죽이 솟아나와 있었다. 색이 눈에 확 띄는 현관은 거실로 바로 통했다. 이 집에서 제일 큰 방이지만, 그리 크지는 않았다. 묵직한 검은색 소파(오락용이 아니라 휴식용 소파) 맞은편에 놓인 돌 벽난로가 방의 분위기를 압도했다. 책장에는 책들이 쌓여 있었는데, 음식과 농업에 관한 책이 몇 권 섞여 있지만 대부분은 그런 종류가 아니었다. 우리는 아직도 아침밥 냄새가 다 가시지 않은 작은 주방의 나무 식탁에 둘러앉았다.

빌이 설명했다. "우리 아버지는 러시아 이민자였습니다. 저는 미니애폴리스에서 집안의 잡화점을 운영하면서 자랐지요. 그렇게 음식과 인연을 맺었답니다. 온 가족이 다 거기에서 일했어요. 그게 없었더라면, 제 삶이 어떤 것이 되었을지 짐작도 못 했을 겁니다." 그 말뜻은 이러하다. 1세대 미국인이자 유대인 도시 소년이 어떻게 전 세계에서 가장 중요한 목장주들 중 한 사람이 되었는가? 좋은 질문이다. 그 질문에 대한 좋은 답도 있다.

"그 당시 모든 이들의 삶에 가장 큰 동기를 부여한 것은 베트남 전쟁이었답니다. 저는 대체 복무를 선택하여 연방에서 선포한 빈곤 지역에서 가르치는 일을 했지요. 그러면서 처음으로 전원 생활을 접하게 되었고, 거기에 아주 푹 빠져 버렸지요. 제 첫 아내와 귀농 생활을 시작했답니다." (니만의 첫 번째 아내인 에이미는 목장에서 일어난 사고로 죽었다.) "땅을 좀 얻었지요. 1만 3000평이었습니다. 염소와 닭, 말을 길렀어요. 우리는 찢어지게 가난했어요. 아내가 큰 목장들 중 한 군데에서 가정교사 일을 해서, 실수로 너무 어리게 태어난 암소 몇 마리를 얻었답니다." 이 '실수'가 결국 니만 목장의 기초가 되었다. (오늘날 니만 목장의 연간 수입은 1억 달러에 이른다. 이 수치는 계속 불어나고 있다.)

내가 그들을 찾아갔을 때, 빌보다 니콜렛이 자기들의 개인 목장을 돌보는 데 더 많은 시간을 쏟고 있었다. 빌은 회사에 소속된 수백 명의 소규모 가족농 농부들이 생산한 쇠고기와 돼지고기의 판매처를 확보하느라고 바빴다. 이스트코스트의 변호사 분위기를 풍기는(그리고 실제로 그런 변호사인) 니콜렛은 자기네 땅에 있는 암소, 소, 황소, 송아지 한 마리 한 마리를 다 알았고, 그들이 무엇을 원하는지를 미리 알고 들어줄 수 있었다. 그녀는 그곳과 전혀 어울리지 않아 보이면서도 완전히 잘 맞아 보였다. 덥수룩한 턱수염에 피부가 거칠어서 영화사 배역부에서 나온 듯한 인상의 빌은 지금은 대체로 마케팅을 담당했다.

그들은 딱 보기에도 어울리는 한 쌍처럼 보이지는 않는다. 빌은 야성적이고 본능적인 사람인 듯한 인상을 풍겼다. 그는 비행기 추락 사고에서 살아남은 사람들이 모인 섬에서 모두의 존경을 얻고 마지못해 지도자가 되는 그런 유형의 인물이다. 니콜렛은 도시 사람이다. 다변이지만 조심성 있으며, 활력이 넘치고 걱정이 많다. 빌은 따듯하지만 엄격하다. 그는 남의 말을 들을 때가 제일 편안해 보인다. 니콜렛은 말을 할 때 더 편안해 보이니까 다행한 일이다.

그녀가 설명했다. "빌과 처음 만나기 시작했을 때에는 거짓으로 둘러댔답니다. 난 그게 사업상 만남이라고 생각했다니까요."

"사실 당신은 나한테 채식주의자인 것을 들킬까 봐 두려워했던 거지."

"흠, 두렵지는 않았어. 하지만 그때 저는 벌써 몇 년 동안이나 축산 농부들과 함께 일을 해 왔고, 육류 산업에서는 채식주의자들을 테러리스트로 생각한다는 것도 알았거든요. 이 나라의 농촌 지역에서 동물을 식용으로 키우는 사람들을 만나는데, 당신이 고기를 먹지 않는다는 것을 그들이 알게 된다 쳐 봐요. 그러면 그 사람들은 뻣뻣하게 굳어 버려요. 자기들을 가혹하게 평가할까 봐 두려워하고, 심지어 당신을 위험 인물로 취급할 수도 있어요. 당신이 사실을 알게 될까 봐 두렵지는 않았지만, 당신이 방어 자세를 취하는 것도 원치 않았어."

"우리가 처음으로 함께 앉아서 식사를 했을 때……."

"내가 프리마베라 파스타를 주문했더니, 빌이 이러더라고요. '아, 채식주의자이신가요?' 그렇다고 대답했지요. 그러자 빌이 내가 깜짝 놀랄 말을 했답니다."

2

나는 채식주의자 목장주입니다

"볼리나스 목장으로 옮긴 지 6개월쯤 지났을 때, 빌에게 말했지요. '난 여기에서 살기 싫어요. 이 목장이 어떤 식으로 돌아가는지 진짜로 알고 싶고, 내가 운영을 할 수 있었으면 좋겠어요.' 그래서 실제로 일을 하는 데 깊이 관여를 하게 되었답니다. 처음에는 축산 농장에서 산다는 사실이 점점 더 불편하게 느껴질까 봐 좀 걱정을 했지요. 하지만 실제 상황은 정반대였어요. 여기에서 시간을 보낼수록, 우리 동물들과 함께하는 시간도 더 많아졌고, 동물들이 얼마나 잘 지내는지도 볼 수 있었어요. 그러면서 이 일이 정말로 훌륭한 일이라는 사실을 깨달았지요.

저는 목장주의 책임이 단지 동물들에게 고통이나 학대로부터 벗어나게 해 주는 것뿐이라고는 보지 않아요. 우리 동물들에게 가장 높은 생활수준을 보장해 주어야 한다고 믿어요. 우리가 먹을 것을 얻기 위해 그들의 생명을 빼앗으니까, 동물들은 삶의 기본적 즐거움을 누릴 자격이 있다고 생각해요. 드러누워 햇볕을 쬔다든가, 짝짓기를 한다든가, 제 새끼를 기르는 것 등이지요. 그들이 기쁨을 경험해야 마땅하다고 믿어요. 그리고 우리 동물들은 그러고 있어요! '인도적' 고기 생산에 대한 기준 대부분의 문제는 오로지 동물들이 고통을 겪지 않게 하는 데에만 주안점을 두고 있다는 것이지요. 제가 보기에는 그건 말할 필요조차 없어야 해요. 어느 농장에서도 동물에게 불필요한 고통을 주는 일이 있어서는 안 돼요. 하지만 생명을 빼앗을 목적으로 동물을 키울 요량이면, 그보다 훨씬 더 큰 책임이 따르는 거예요!

이건 새로운 생각도, 저만의 철학도 아니에요. 축산 농업의 역사를 통틀어, 농부들은 대부분 동물을 잘 다루어야 할 무거운 의무를 느꼈어요. 오늘날의 문제는 농업 방식이 이제 소위 '동물 과학' 분야에서 나온 산업화된 방법들로 대치되고 있다는 것이지요. 아니면 벌써 대치되었는지도 모르겠어요. 전통적으로 농부가 자기 농장 동물 한 마리 한 마리와 맺었던 친밀한 관계는 비개인화된 대규모 시스템 때문에 사라져 버렸어요. 돼지 축산 공장이나 동물 수천, 수만 마리를 수용하는 산업화된 농장에서는 동물 한 마리 한 마리를 안다는 것이 말 그대로 불가능한 일이지요. 대신 공장 운영자들은 하수 오물과 자동화에 관련된 문제들과 씨름하고 있어요. 동물들은 거의 부차적 문제로 밀려나 버렸어요. 자기 동물들에 대한 목장주의 책임을 대놓고 부인하지는 않는다 해도 잊혀지고 말았지요.

제가 보았듯이, 동물들은 인간과 계약을, 일종의 교환 관계를 맺어 왔어요. 축산업이 마땅히 가야 할 길로 간다면, 인간들은 동물들에게 그들이 야생에서 바랄 수 있는 것보다 더 나은 삶과, 더 나은 죽음까지도 제공해 줄 수가 있어요. 그건 아주 의미 있는 일이에요. 제가 여기에서 실수로 문을 열어 둔 적이 한두 번이 아니랍니다. 그런데 단 한 마리도 이곳을 떠난 적이 없어요. 동물들은 여기에 있으면 무리가 다 안전하고, 정말 좋은 목초지와 물, 예비 건초가 있고, 돌발 사고가 발생하는 일이 적기 때문에 가지 않는 거예요. 그리고 여기에는 친구들도 있거든요. 어느 정도는 그들도 여기 머무는 쪽을 선택한 것이지요. 물론 그것이 완벽하게 자발적 계약은 아니에요. 그들이 태어나고 싶어서 태어난 것은 아니지요. 하지만 그건 우리도 다 마찬가지예요.

건강한 음식을 위해 동물을 키우는 것, 즉 동물에게 기쁨이 있는 삶과, 고통으로부터 벗어난 자유를 제공하는 것이 고귀한 일이라고 믿어요. 동물들은 어떤 목적을 위해 목숨을 빼앗겨요. 저는 우리 모두가 바라는 것이 결국은 행복한 삶과 편안한 죽음, 바로 그거라고 생각해요.

인간들이 자연의 일부라는 생각 또한 여기에서는 중요해요. 저는 항상 자연의 시스템에서 모델을 찾았어요. 자연은 참으로 경제적이에요. 동물이 사냥을 당하지 않는다 해도, 죽으면 곧바로 소비되어요. 자연에서 동물들은 포식자에 의해서건 썩은 고기를 먹는 동물에 의해서건, 변함없이 다른 동물들에게 잡아먹혀요. 보통 소가 초

식만 하는 동물인 줄 알지만, 우리 소들이 몇 년 동안 두어 차례는 사슴 뼈를 씹는 모습을 본 적도 있답니다. 몇 년 전 미국 지질조사 연구에서는 사슴들이 지상에서 사는 새들의 둥지에서 알을 먹는 것을 발견했지요. 연구원들은 충격을 받았답니다! 자연은 우리가 생각하는 것보다 훨씬 더 유동적이에요. 하지만 확실한 것은 동물들이 다른 동물을 먹는 것은 정상적이고 자연스러운 일이라는 거예요. 우리 인간도 자연의 일부이니까, 인간이 동물들을 먹는 것 또한 지극히 자연스러운 일이지요.

그렇다고 해서 우리가 동물을 꼭 먹어야 한다는 뜻은 아니에요. 저는 개인적 이유로 동물을 먹지 않기로 선택할 수 있다고 생각해요. 제 경우에는 제가 항상 동물들과 느꼈던 특별한 관계 때문이에요. 고기를 먹기가 좀 괴로울 것 같아요. 그냥 뭔가 불편한 기분이 들 거예요. 저한테는 공장식 축산업이 고기를 생산하기 때문에 잘못된 것이 아니라, 모든 동물들한테서 행복이란 행복은 남김없이 다 빼앗아 가 버리기 때문에 나빠요. 다른 식으로 말하자면, 제가 뭔가 훔친다면, 그것이 원래 나쁜 일이기 때문에 양심에 찔릴 거예요. 고기가 본질적으로 잘못된 것은 아니에요. 제가 고기를 먹는다면, 제 반응은 아마도 후회 정도일 거예요.

예전에는 채식주의자가 되면 농장 동물들이 받는 대우를 바꾸려고 애쓰는 데 시간을 들이지 않아도 될 줄 알았어요. 육식을 그만두면 그것으로 제 할 몫은 다 하는 거라고 생각했지요. 지금 와서 보면 어리석은 생각이었어요. 우리 모두가 식량 생산을 공장식 농업에 의존하는 사회에서 사는 만큼, 육류 산업은 모두에게 영향을 미치고 있어요. 채식주의자가 된다 해서 우리나라에서 동물을 사육하는 방식에 대한 책임으로부터 자유로워지지는 않아요. 육류의 총 소비량이 국내에서나 전 세계적으로나 늘어만 가는 요즘 같은 시대에는 더더욱 그렇지요.

제 친구나 지인들 중에는 채식주의자가 많은데, 그들 중에는 PETA나 팜 생크추어리와 관련이 있는 사람들도 있어요. 그들 중 많은 이들이 결국 인류가 육식을 중단함으로써 공장식 축산업 문제를 해결할 거라고 생각해요. 저는 그 의견에 동의하지 않아요. 적어도 우리가 살아 있는 동안에는 그렇게 안 될 거예요. 만약 그게 가능하게 되더라도, 지금부터 몇 세대나 더 지나야 할 거예요. 그러니까 그때까지는 공장식 축산업으로 인한 극심한 고통을 다루기 위해 뭔가 일어나야만 해요. 대안을 내고 지지할 필요가 있어요.

다행히도 희미하게나마 미래를 위한 희망의 빛이 보여요. 더 양식 있는 농업 방식으로의 회귀가 진행 중이랍니다. 집단 의지가 나타나고 있어요. 정치적 의지이면서, 또한 소비자들, 소매업자들, 식당들의 의지이기도 하지요. 여러 가지 요구들이 나오고 있어요. 이러한 요구들 중 한 가지는 동물들의 더 나은 처우예요. 우리는 동물에게 테스트를 하지 않은 샴푸를 찾으면서 동시에 (하루에도 몇 번이나) 동물에게 가혹한 학대를 가하는 시스템에서 생산된 고기를 구입하는 아이러니에 눈을 떠 가고 있어요.

연료, 농업용 화학약품, 곡물 비용이 모두 올라가면서 경제적인 면에서도 변화가 일어나고 있어요. 수십 년간 공장식 축산을 장려해 왔던 농장 보조금은 점차 지지를 받지 못하고 있어요. 최근의 금융 위기를 생각하면 더욱 그렇지요. 상황이 재편되고 있는 거예요.

어쨌거나 전 세계가 지금 생산하는 만큼 동물들을 생산할 필요가 없어요. 공장식 축산은 더 많은 식량을 생산할 필요에서, 그러니까 '굶주림을 면하기 위해서' 시작되었거나 발전한 것이 아니에요. 농업 관련 회사들에게 이익이 되는 식으로 생산한 것뿐이에요. 공장식 축산은 오로지 돈을 위한 것이에요. 바로 그 때문에 공장식 축산 시스템이 실패하고 있고, 장기적으로는 먹히지 않을 거예요. 공장식 축산은 사람들을 먹이는 것이 주된 관심사가 아닌 식품 산업이 만들어 냈어요. 미국 축산업에서 절대적으로 많은 부분을 손아귀에 쥔 회사들이 수익을 위해 그 일을 한다는 것을 정말로 의심할 사람이 누가 있겠어요? 대부분 산업에서 그건 충분히 훌륭한 원동력이 되지요. 하지만 그 상품이 바로 동물이라면, 공장은 대지 그 자체예요. 제품들은 몸으로 소비되는 것이기에, 거기에 따르는 위험도 다르고, 생각하는 방식도 같을 수는 없어요.

예를 들어, 사람들을 먹이고 싶다면 동물들이 신체적으로 번식을 할 수 없게 개발한다는 것은 말이 안 돼요. 하지만 주된 관심사가 돈을 버는 것이라면 말이 되지요. 빌과 나는 이제 우리 목장에 칠면조도 좀 키우고 있어요. 오래된 토종이에요. 20세기 초에 키우던 것과 똑같은 품종이지요. 요즘 칠면조들은 자연적으로 짝을 짓거나 제 새끼를 기를 수 없는 것은 물론이고 제대로 걷지도 못하기 때문에, 새끼를 낳을 수 있는 종을 찾다 보니 그렇게까지 멀리 거슬러 올라가야 했던 거예요. 사람들을 먹이는 것은 부차적 관심사일 뿐이고, 동물 그 자체에 대해서는 손톱만큼도 관심이 없는 시스템 안에서는 결국 그렇게 되는 거예요. 사람들에게 장기적으로 지속 가능한 방식으로 식량을 제공하는 데 관심이 있다면 공장식 축산은 절대 만들어 내서는 안 될 시스템이에요.

아이러니한 것은 공장식 축산이 대중에게 이롭지 않은데도 그들은 우리가 자기들을 지지할 뿐 아니라, 심지어 자기네 실책에 대한 대가까지 지불해 줄 거라고 믿는다는 것이지요. 그들은 폐기물 처리 비용을 떠맡은 다음 그것을 자기들이 일하는 환경과 공동체에 전가하지요. 그들은 인위적으로 가격을 낮추어요. 금전 등록기에는 오랜 세월에 걸쳐 모두가 지불해야 할 비용은 나타나지 않아요.

이제 해야 할 일은 목초지를 기반으로 하는 동물 사육으로 돌아가는 거예요. 이건 그림의 떡이 아니에요. 역사적으로 선례가 있어요. 20세기 중반 공장식 축산이 일어나기 전까지는 미국에서 축산업은 목초와 뗄 수 없는 관계였지, 곡물이나 화학물질, 기계 따위와는 별 관련이 없었어요. 목초지에서 키운 동물들은 더 나은 삶을 누리고, 환경적으로도 더 지속 가능성이 높아요. 또 경제적 이유를 따져 보아도 목초를 먹이는 것이 점점 더 합리적인 방법이 되어 가고 있어요. 치솟는 옥수수 가격은 우리의 식습관을 바꾸어 놓을 거예요. 자연이 소에게 의도했던 대로 목초를 더 많이 먹이게 될 거예요. 공장식 축산업이 집적된 배설물 문제를 대중에게 떠넘기는 대신 스스로 다루지 않을 수 없게 되었으니까, 그것 또한 목초에 기반한 사육을 경제적으로 더 매력 있게 만드는 요소가 될 거예요. 그것이 미래예요. 진정으로 지속 가능하면서 인도적인 사육요."

그녀는 더 잘 안다

"니콜렛의 생각을 기록한 것을 저에게도 들려주셔서 감사합니다. 저는 PETA에서 일하고, 그녀는 육류 생산업자이지만, 저는 그녀를 공장식 축산과의 싸움에서 동료로 생각하고, 그녀는 제 친구입니다. 저는 동물을 잘 다루는 것이 얼마나 중요한지, 그리고 공장식 축산이 고기 가격을 어떻게 인위적으로 낮추었는지 그녀가 한 이야기에 전부 다 동의합니다. 물론 누군가 고기를 먹겠다면, 목초를 먹고, 목초지에서 자란 동물만을 먹어야 한다는 데에도 동의합니다. 특히 소는 더 그렇지요. 하지만 그런 식으로 해 봐야 문제를 근본적으로 해결하지는 못합니다. 도대체 왜 고기를 먹는 겁니까?

첫째로, 환경과 식량 위기를 생각해 보세요. 고기를 먹는 것은 많은 음식을 쓰레기통에 버리는 것과 윤리적으로 아무런 차이도 없습니다. 우리가 먹는 동물들이 먹은 음식 중 아주 소량만이 고기의 칼로리로 전환되거든요. 동물의 고기 1칼로리를 생산해 내려면 6~26칼로리를 동물에게 먹여야 합니다.[3] 미국에서 우리가 재배하는 것의 절대량이 동물의 먹이가 됩니다. 그 땅과 식량을 인간들을 먹이거나 황야를 보존하는 데 쓸 수 있는데 말입니다. 똑같은 일이 전 세계적으로 벌어지면서 가공할 만한 결과를 낳고 있어요.

UN 식량 특사는 10억 명에 가까운 사람들이 굶주리는 마당에 수억 톤의 곡물과 옥수수를 에탄올에 쏟아 붓는 것은 '인류에 대한 범죄'라고 말했어요.[4] 그렇다면 비참한 가난 속에서 살아가는 14억 인구를 충분히 먹이고도 남을[5] 7억 5600만 톤의 곡물과 옥수수[6]를 해마다 사용하는 축산업은 범죄가 아니란 말입니까? 그 7억 5600만 톤에는 전 세계 콩 생산량 2억 2500만 톤 중 98퍼센트를 농장 동물을 먹이는 데 사용한다는 사실은 포함되어 있지도 않아요.[7] 니만 목장에서 나온 고기만을 먹는다 하더라도, 엄청난 비효율성을 지지하고

전 세계에서 가장 가난한 이들에게는 당치도 않게 식량 가격을 올리는 겁니다. 환경세나 동물 복지까지 따지지 않아도, 제일 먼저 고기를 그만 먹어야겠다는 생각이 든 것은 바로 이 비효율성 때문이었어요.

어떤 목장 주인들은 식량은 재배할 수 없지만 소는 키울 수 있는 극한의 거주 환경이 존재하며, 곡물이 자라지 않을 때에도 소는 영양분을 생산할 수 있다고 지적합니다. 하지만 이러한 주장들은 개발도상국에나 적용되는 거예요. 이 문제에 관한 최고의 과학자인 P. K. 파차우리는 기후 변동에 관한 정부 간 패널을 운영해요. 기후 연구로 노벨 평화상을 수상한 그는 채식주의가 선진국의 모든 사람들이 순전히 환경상 이유에서 취해야 할 식단이라고 주장하지요.[8]

물론 내가 PETA에 있는 이유는 동물의 권리를 보호하기 위해서입니다. 기초 과학 또한 다른 동물들이 우리와 전혀 다를 바 없이 살과 피, 뼈로 이루어져 있음을 알려 주지요. 캐나다의 한 돼지 치는 농부는 여자들 수십 명을 살해해서 평소 도살한 돼지를 매달아 두던 갈고리에 매달았어요. 그가 재판에 회부되었을 때, 그 여자들 중 일부를 사람들에게 돼지고기로 속여 먹였다는 사실이 밝혀지면서 모두에게 엄청난 충격과 공포를 안겼지요. 소비자들은 돼지고기와 인간의 살점을 구별할 수가 없었어요. 당연히 할 수 없지요. 인간과 돼지(닭, 소 등도)의 해부 구조 사이의 차이는 유사성에 비하면 미미한 수준입니다. 시체는 시체고, 살은 살이에요.

다른 동물들도 우리와 똑같이 다섯 가지 감각이 있어요. 동물들이 진화 과정에서 우리와 똑같은 식으로 행동에서, 심리에서, 감정에서 욕구들을 갖게 되었다는 사실이 점점 더 밝혀지고 있습니다. 다른 동물들도 인간과 마찬가지로 쾌락과 공포, 행복과 불행을 느낍니다.[9] 동물들이 우리가 느끼는 감정들 중 많은 것을 똑같이 느낀다는 것은 이제는 잘 알려진 사실이 되었어요.[10] 니콜렛도 적극 동의하듯이, 동물들의 복잡한 감정과 행동들을 '본능'이라 치부해 버린다면 어리석은 짓이에요. 이러한 유사성이 내포하는 분명한 도덕적 암시들을 무시하기란 요즘 같은 세상에서는 일도 아니지요. 그게 편하고, 당연할 뿐 아니라, 흔한 일이니까요. 잘못된 일이기도 하지요. 하지만 무엇이 옳고 그른지를 아는 것으로는 충분하지 않아요. 행동은 또 다른 문제이고, 더 중요하지요. 도덕적으로 이해하는 것만으로는 절반에 그치는 겁니다.

자기 동물들에 대한 니콜렛의 사랑이 고귀합니까? 그 사랑 때문에 동물들을 개별적 존재로 보고 해를 입히지 않으려 한다면 그렇습니다. 하지만 그로 인해 낙인을 찍는 데 공모하고, 새끼들을 어미와 떼어 놓고, 동물들의 목을 벨 때 저는 이해하기 힘듭니다. 그 이유는 바로 이런 겁니다. 육식에 대한 그녀의 주장을 개와 고양이 사육에 적용해 보세요. 아니면 인간한테요. 우리들 대부분은 동정심을 잃어버렸어요. 사실 그녀의 주장은 노예제를 폐지하지 않고서 노예들을 더 잘 대해 주자고 주장하는 노예 주인들의 주장과 섬뜩하리만치 닮은 데가 있어요. 어떤 사람을 노예제로 몰아넣고 니콜렛이 농장 동물에 대해 말할 때 쓰는 표현처럼 '행복한 삶과 편안한 죽음'을 제공해 줄 수 있다 칩시다. 노예로 학대하는 것보다는 그게 더 낫다고 해야 할까요? 그야 물론 그렇지요. 하지만 그런 것을 원하는 사람은 아무도 없어요.

아니면 이런 생각을 실험해 봅시다. 진통제 없이 동물들을 거세할까요? 동물들에게 낙인을 찍을까요? 동물들의 목을 벨까요? 이런 관습들을 한 번 보세요. (「당신의 고기를 만나 보세요」라는 동영상을 인터넷에서 쉽게 찾을 수 있습니다. 거기에서부터 시작하는 게 좋을 겁니다.) 사람들은 대부분 그런 짓을 하지 않으려 할 겁니다. 우리 대부분은 보는 것조차도 내키지 않을 거예요. 그러면 나 대신 남들이 그런 일을 하도록 돈을 주면 괜찮을까요? 동물들에게 계약에 따라 잔혹 행위를 하고, 계약으로 죽이고, 그게 다 무엇을 위해서입니까? 아무에게도 필요하지 않는 제품, 바로 고기 때문이지요.

고기를 먹는 것이 '자연스러울지' 모르고, 대다수 사람들은 별 문제 없다고 여길지도 모르지요. 물론 사람들은 아주 오랫동안 고기를 죽 먹어 왔어요. 하지만 이런 것은 도덕적 주장이 아닙니다. 사실 인간 사회의 온전성과 도덕적 진보는 '자연스러운' 것이 분명히 우월하다는 것을 보여 줍니다. 그리고 남부 사람들 대다수가 노예제를 지지했다고 해서 그것이 도덕적이라는 얘기는 절대 아닙니다. 아무리 정글의 법칙이 고기를 먹는 사람들이 자신의 행위를 마음 편히 받아들일 수 있게 해 준다 해도, 그건 도덕적 기준이 아니에요.

노벨상 수상자인 아이작 싱어*는 나치 치하 폴란드에서 도망친 후 종의 편견을 '가장 극단적인 인종차별주의'에 비교했어요. 싱어는 동물들이 핍박받는 존재들 중에서도 가장 취약하다는 점에서, 동물의 권리를 주장하는 것은 사회 정의 옹호 중에서도 가장 순수한 형태라고 주장했지요. 그는 동물 학대가 '힘이 곧 정의'라는 도덕 패러다임의 전형이라고 보았어요.[11] 우리는 단지 우리가 그렇게 할 능력

* 1904~1991, 이디시어로 작품을 쓰는 미국 작가.

이 있다는 이유 때문에 덧없는 인간의 이익과 동물들의 가장 기본적이고 중요한 이익을 맞바꾸고 있는 겁니다. 물론 인간이라는 동물은 다른 모든 동물과는 다르지요. 인간은 유일무이한 존재이지만, 그렇다고 해서 동물의 고통이 상관없는 문제가 되지는 않아요. 생각해 보세요. 닭에 대한 과학적 자료들을 잘 알아서 닭들의 고통이 별 문제가 되지 않는다는 판단을 내렸기 때문에 닭을 먹는 겁니까, 아니면 닭고기 맛이 좋아서 먹습니까?

대개 윤리적인 의사 결정은 피할 수 없는 것과 이해관계의 심각한 충돌 사이에서 선택하는 것을 의미하지요. 이 경우에 상충하는 이해관계란 바로 이겁니다. 미각의 쾌락을 위한 인간의 욕망과, 목을 잘리지 않을 동물의 이해관계예요. 니콜렛이 당신한테 동물들에게 '행복한 삶과 편안한 죽음'을 준다고 말했을 겁니다. 하지만 그들이 동물들에게 주는 삶은 우리가 우리 개와 고양이에게 주는 것에 비할 수 없어요. (그들이 동물들에게 스미스필드보다는 더 나은 삶과 죽음을 줄지 몰라도, 과연 그게 좋을까요?) 그리고 어찌 되었건 빌과 니콜렛의 농장에 있는 동물들 중에서 번식용이 아닌 것들은 인간의 나이로 따지면 오래 살아 보았자 열두 살에는 죽어야 하는데, 그게 다 뭐냐고요?

니콜렛과 나는 우리가 무엇을 먹을지 선택하는 것이 다른 이들에게 중요한 영향을 미친다는 데 의견을 같이합니다. 당신이 채식주의자라면 일단 그것으로 채식주의자 한 명이 되는 거지요. 다른 한 사람에게 영향을 미친다면, 채식주의자로 살면서 기여하는 바를 두 배로 늘린 겁니다. 물론 더 많은 사람들에게 영향을 미칠 수도 있지요. 무엇을 먹기로 선택하든, 먹는 것이 지니는 공적인 면은 매우 중요합니다.

어떤 고기가 되었건 (학대를 덜 하는 생산업자한테서 나온 고기일지라도) 입에 대겠다는 결정을 내린다면, 당신이 아는 다른 사람들도 당신이 아니었더라면 먹지 않았을 공장식 축산 고기를 먹게 될 겁니다. 내 친구들인, 에릭 슐로서, 마이클 폴란처럼 '윤리적 고기'를 책임지는 선도자들이, 심지어는 니만 목장 농부들조차도 정기적으로 자기네 호주머니에서 돈을 꺼내 공장식 축산업계에 보내 주고 있다고 하면 그들은 뭐라고 말할까요?[12] 내가 보기에는 그러니까 '윤리적 육식'이란 실패한 아이디어란 말입니다. 가장 뛰어난 변호인이라도 전업으로 그 일을 하지는 않아요. 저는 지금까지 에릭과 마이클의 주장에 감동했다는 사람들을 수도 없이 만나 봤습니다만, 그들 중 니만 목장식 고기만 먹는다는 사람은 한 명도 없습니다. 채식주의자가 되든가 아니면 적어도 조금은 공장식 축산 동물들을 계속 먹고 있습니다.

고기를 먹는 것이 윤리적일 수 있다는 말은 사람들이 대부분 무엇이든 자기가 하고 싶은 대로 하고도 윤리에 어긋난다는 말은 듣고 싶어 하지 않기 때문에 '괜찮고' '받아들일 수 있다'고 여겨지고 있어요. 니콜렛과 같은 채식주의자가 고기를 먹는 이들에게 고기가 상징하는 진정한 도덕적 도전을 망각하게 해 줄 핑계거리를 제공할 때는 당연히 인기가 하늘을 찌르지요. 하지만 오늘날의 사회 보수파들은 여성의 권리, 시민권, 어린이의 권리 등과 같은 이슈에 대해서 과거에는 '극단주의자'들이었어요. (노예제도에 관한 기준을 누가 옹호했겠습니까?) 어째서 동물을 먹는 문제에 이르면 다른 동물들이 우리와 다른 점보다는 닮은 점이 더 많다는 과학적으로 명백하고 반박할 수 없는 사실을 지적하는 것조차 갑자기 문젯거리가 되는 것일까요? 동물들은 리처드 도킨스*가 말했듯이 우리의 '사촌'들입니다. '당신은 시체를 먹고 있어요.'라고 말하는 것조차도, 틀린 데가 한 군데도 없는 말인데도 과장한다는 소리를 듣지요. 아니, 그건 그냥 사실이에요.

사실 동물들에게 3도 화상을 입히고, 동물들을 거세하거나 목을 베도록 돈을 주어서는 안 된다고 말한대서 심하다거나 받아들이지 못할 것은 하나도 없어요. 현실을 봅시다. 그 고기 조각은 불에 태워지고, 수족을 잘리고, 잘해야 인간이 느끼는 몇 분의 쾌락을 위해 죽은 동물한테서 나온 것이에요. 쾌락이 수단을 정당화할 수 있을까요?"

그는 더 잘 안다

"저는 이유가 뭐가 됐든지 간에, 고기를 먹지 않기로 한 사람들의 관점을 존중합니다. 사실 그녀가 첫 데이트에서 저한테 채식주의자라고 말했을 때 니콜렛한테도 그렇게 말했어요. 제가 이렇게 말했지요. '훌륭하군요. 당신 의견을 존중해요.'"

어른이 된 후로 저는 대부분의 삶을 공장식 축산의 대안을 건설하는 데 보냈고, 니만 목장에서 일하면서 제 생각이 더욱 확고해졌습니다. 저는 20세기 후반에 들어서야 나온 현대의 많은 산업화된 고기 생산 방식이 동물의 사육과 도축에서 오랜 세월 지켜져 온 기

* 1941~, 영국의 동물 행동학자, 진화 생물학자.

본 가치에 위배된다는 데 진심으로 동의합니다. 많은 전통 문화에는 동물들이 널리 존중받을 자격이 있고, 생명을 빼앗을 때에도 반드시 공경하는 자세로 해야 한다는 인식이 있었습니다. 이러한 인식 덕분에 유대교, 이슬람교, 인디언 문화, 전 세계 다른 문화권에서는 식용으로 쓰는 동물들을 어떻게 다루고 도축해야 하는가에 관해 특정한 고대 전통 의례와 관습들이 있습니다. 불행하게도 산업화된 시스템은 동물 한 마리 한 마리가 저마다 행복한 삶을 누릴 자격이 있고 항상 존중을 받아야 한다는 관념을 버렸습니다. 바로 그 때문에 제가 오늘날 산업화된 동물 생산에서 일어나는 많은 문제에 소리 내어 반대하는 것입니다.

제가 전통적이고 자연스러운 방식을 써서 식용동물을 사육하는 데 왜 보람을 느끼는지 이유를 말씀드리겠습니다. 몇 달 전에 얘기했다시피, 저는 구멍가게로 니만 식료품점을 시작한 러시아 출신 유대인 이민자의 아들로 미니애폴리스에서 자랐습니다. 그 가게는 서비스를 무엇보다도 최우선으로 삼는 그런 곳이었지요. 고객들의 이름을 다 알았고, 전화로 주문을 받아 고객의 문 앞까지 배달해 주기도 했습니다. 어린 시절 저도 그런 배달을 많이 했습니다. 저 또한 아버지와 함께 농산물 직판장에 가고, 선반에 물건을 쌓고, 식료품을 자루에 넣는 등 이런저런 잡일들을 했어요. 제 어머니도 가게에서 일하셨는데, 요리 솜씨가 좋으셔서 우리 가게에서 공급하는 식재료로 처음부터 모든 것을 다 만들어 내셨지요. 음식은 항상 그 어느 것에도 비할 수 없이 소중한 것으로 취급되었어요. 당연히 여겨서도 안 되고, 낭비해서도 안 되었지요. 우리 몸을 움직일 연료에 불과한 것으로 여기지도 않았어요. 집 안에 음식을 모으고, 준비하고, 먹는 일은 시간과 관심, 의식을 필요로 했답니다.

20대 시절, 저는 볼리나스로 가서 땅을 좀 샀습니다. 전처와 저는 채마밭을 만들기 위해 넓은 땅을 갈았어요. 과일나무를 심고, 염소, 닭, 돼지도 직접 쳤답니다. 태어나서 처음으로 제가 먹는 음식 대부분을 직접 일해서 생산한 겁니다. 얼마나 기뻤는지 모른답니다.

고기를 먹는다는 것의 무게를 직접 마주한 것도 바로 그때였습니다. 우리는 말 그대로 우리 동물들과 더불어 살았고, 동물들 한 마리 한 마리를 다 알았지요. 그래서 그들의 생명을 빼앗는다는 것은 아주 현실적이면서 하기 쉽지 않은 일이었어요. 처음으로 돼지를 잡은 다음 밤을 꼬박 샜던 기억이 아직도 생생합니다. 제가 과연 옳은 일을 한 건지 고민했어요. 하지만 그다음 주에 가족과 친구들과 함께 그 돼지에서 얻은 고기를 먹으면서, 그 돼지가 우리에게 맛있고, 건강에 좋으며, 영양가 높은 음식을 제공한다는 중요한 목적을 위해서 죽었음을 깨달았답니다. 제가 항상 제 동물들에게 행복하고 자연스러운 삶과 공포나 고통 없는 죽음을 제공해 주려고 노력하는 한, 식량을 위해 동물을 키우는 일을 도덕적으로 받아들일 수 있다는 결론을 내렸지요.

물론 대부분의 사람들이 (유제품이나 계란을 포함해서) 동물 식품을 얻으려면 동물을 죽여야 한다는 불쾌한 사실을 꼭 대면할 필요는 없어요. 그들은 이런 현실로부터 멀찍이 떨어져서 고기며 생선, 치즈를 음식점과 슈퍼마켓에서 사지요. 그런 것들은 이미 요리가 되거나 토막 난 상태로 사람들 앞에 나오니까, 그 음식들이 나온 동물들에 대해서 거의, 혹은 전혀 생각하지 않아도 되지요. 그게 문제입니다. 그 때문에 농업 관련 산업이 가축과 가금류 사육을 대중의 눈을 피해 비위생적이고 비인도적인 시스템으로 옮겨 갈 수 있었던 것이지요. 산업화된 낙농업 농장, 계란이나 돼지고기의 생산 공장 내부를 들여다본 사람은 거의 없습니다. 대다수 소비자들은 그런 곳에서 무슨 일이 벌어지는지 꿈에도 모릅니다. 대다수 사람들이 거기에서 벌어지는 일을 알면 경악을 금치 못할 거라고 확신합니다.

과거에 미국인들은 식량이 생산되는 방식과 장소와 밀접한 관련을 맺었어요. 이렇게 가까운 관계를 맺고 잘 알았기에 식량 생산이 우리 시민들의 가치와 맞아떨어지는 식으로 이루어진다고 확신할 수 있었지요. 하지만 농장의 산업화는 이러한 연결 고리를 끊어 버렸고, 우리를 이런 관계가 다 끊어진 현대로 밀어 넣었어요. 최근의 식량 생산 시스템, 특히 동물들이 감금 시설에서 사육당하는 시스템은 미국인들 대부분의 기본 윤리에 위배됩니다. 사람들은 동물 사육을 도덕적으로 인정할 수 있다 해도, 모든 동물이 편안한 삶과 인도적 죽음을 누려야 한다고 믿지요. 이것이 항상 미국적 가치 체계의 일부를 이루어 왔어요. 아이젠하워 대통령은 1958년 인도적 도축 행위법에 서명하면서, 그 법에 관하여 자신이 받은 편지로 미루어 보건대 미국인들이 인도적 도축에 관심이 있다고 다들 생각할 것이라고 말했지요.

동시에 대다수 미국인들과 다른 나라 사람들은 항상 고기를 먹는 것이 도덕적으로 문제가 없다고 믿어 왔어요. 이것은 문화적이면서 자연스러운 현상입니다. 고기와 유제품을 먹는 가정에서 양육된 사람들이 같은 패턴을 취한다는 점에서 문화적이지요. 노예제도는 맞지 않는 비유입니다. 노예제도는 어떤 지역에서, 어떤 시대에는 널리 퍼졌지만, 고기나 생선, 유제품을 전 세계적으로 인간 사회에서 항상 먹어 온 것처럼 모든 가정에서 지속되었던 보편적이고 일상적인 관습은 결코 아닙니다.

제가 고기를 먹는 것이 자연스럽다고 말하는 것은, 많은 동물들이 자연 상태에서 다른 동물의 살을 먹기 때문입니다. 물론 여기에는 150만 년 전에 고기를 먹기 시작했던 인간과 인류 이전의 조상들도 포함됩니다. 전 세계 대부분 지역과, 동물과 인류의 역사 대부분 시기를 통틀어 보아도 고기를 먹는 것이 단순히 쾌락의 문제였던 적은 한 번도 없었습니다. 그건 생존을 위한 기본 원칙이었지요.

고기를 먹는 것은 보편적인 자연 현상이고, 게다가 저에게는 고기의 영양분 또한 고기를 먹는 것이 타당성이 있다는 강력한 지표가 됩니다. 어떤 이들은 강간이나 유아 살해와 같은 행동들을 야생에서 찾아볼 수 있기 때문에, 무엇이 도덕적으로 받아들일 수 있는지 결정하기 위해 자연의 시스템을 보는 것은 잘못이라는 주장을 펴기도 합니다. 하지만 이러한 주장은 일탈 행동을 지적하기 때문에 말이 되지 않습니다. 이러한 일들은 동물 집단에서 당연한 일로 일어나지 않습니다. 무엇이 정상이고 받아들일 만한지를 결정하기 위해 일탈 행동을 본다는 것은 어리석은 짓일 것입니다. 하지만 자연 생태계의 규범은 경제, 질서, 안정성에 대한 끝없는 지혜를 담고 있습니다. 고기를 먹는 것은 자연의 규범입니다. (그리고 줄곧 그래 왔습니다.)

하지만 자연의 규범과 관계없이, 고기가 본래 자원을 낭비하기 때문에 우리 인간이 고기를 먹지 말아야 한다는 주장은 어떨까요? 이 주장 또한 결점이 있습니다. 그 수치들은 동물이 가축이 밀집된 감금 시설에서 사육되고 곡물과 비료를 준 밭에서 나온 콩을 먹는다는 가정에서 나온 것입니다. 이런 자료들은 풀을 먹는 소, 염소, 양,

사슴과 같이 목장에서만 자라는 목초를 먹는 동물들에게는 적용되지 않습니다.

식량 생산에서 에너지 사용량을 조사한 최고의 과학자는 오랫동안 코넬 대학의 데이비드 피멘텔이었습니다. 피멘텔은 채식주의 옹호자가 아닙니다. 그는 심지어 '손에 넣을 수 있는 어떤 자료를 보아도 인간은 잡식동물이라는 것을 알 수 있다.'라고까지 말합니다.[13] 그는 세계 식량 생산에서 가축의 중요한 역할에 대한 글을 자주 씁니다. 예를 들어, 그의 독창적인 저서 『식량, 에너지, 사회』에서 그는 가축이 '인간을 위해 식량을 제공하는 데 (중략) 중요한 역할을 한다.'라고 말했습니다. 그는 계속하여 다음과 같이 상세히 설명합니다. '첫째, 가축은 극한의 거주 환경에서 자라는 마초를 인간에게 적합한 식량으로 효과적으로 전환시킨다. 둘째, 가축 무리는 축적된 식량 자원의 역할을 한다. 셋째, 소는 강우량이 적거나 흉작이 든 해에는 곡물과 맞바꿀 수 있다.'[14]

더구나 동물 사육이 본래 환경에 나쁘다는 주장은 국내와 전 세계의 식량 생산을 총체적 관점에서 이해하지 못한 것입니다. 곡물을 심으려고 밭을 갈고 씨를 뿌리는 것은 본래 환경에 해롭습니다.[15] 사실 많은 생태계는 풀을 먹는 동물들을 핵심 구성 요소로 하여 수만 년에 걸쳐 진화해 왔습니다. 초식동물들은 그런 초원과 목초지를 본래 상태로 유지할 수 있는, 환경적으로 가장 안전한 수단입니다.

웬델 베리가 그의 저작에서 감동적으로 서술했듯이, 환경적으로 가장 건전한 농장은 식물과 동물을 함께 키우는 농장입니다. 그런 농장에서는 자연의 생태계를 본따 동물군과 식물군의 지속적이고 복잡한 상호작용이 이루어집니다. 유기농 과일과 채소를 기르는 많은 농부들은 (아마도 대부분) 가축과 가금류의 대소변을 비료로 씁니다.

모든 식량 생산이 어느 정도까지는 환경을 바꾸지 않으면 이루어지지 않는 것이 현실입니다. 지속 가능한 농업의 목표는 그러한 환경 파괴를 최소화하는 것입니다. 목초지를 기반으로 한 농업은 물과 대기 오염, 부식, 야생 생물에 대한 영향을 최소화하면서 환경 파괴가 가장 적은 방향으로 식량을 생산하는 방식입니다. 또한 동물들이 잘 자랄 수 있게 해 줍니다. 이러한 농업 시스템을 육성하는 것이 제 필생의 과업입니다. 저는 여기에 자부심을 느낍니다."

3

우리는 더 잘 알까?

PETA의 브루스 프리드리히(앞부분에서 니콜렛 다음에 나온 목소리)가 한쪽에서, 그리고 니만 목장 사람들은 다른 한쪽에서, 현재 우리의 축산업 시스템에 대해 목소리를 내는 단체들의 지배적인 두 반응을 대변한다. 또한 그들의 두 가지 비전은 두 가지 전략이다. 브루스는 동물의 권리를 주장한다. 빌과 니콜렛은 동물의 복지를 주장한다.

어떤 면에서 보자면 두 입장은 일치하는 것 같다. 둘 다 더 적은 폭력을 요구한다. (동물 권리 옹호자들이 동물들은 우리가 맘대로 쓰라고 세상에 있는 것이 아니다라고 주장할 때, 그들은 우리가 가하는 피해를 최소화할 것을 요구하고 있다.) 이런 관점에서는 입장들 간의 더 중요한 차이, 즉 우리로 하여금 어느 한쪽을 선택하게 만드는 동기의 핵심은 어떤 생활 방식이 실제로 이런 더 적은 폭력을 가져오느냐이다.

내가 조사 과정에서 만나 본 동물 권리 옹호자들은 농장 동물이 여러 세대에 걸쳐 프랭크, 폴, 빌, 니콜렛 같은 좋은 목자들의 손으로 키워진다는 시나리오를 비판하는 데 (이에 반대하는 캠페인을 벌이는 것은 말할 것도 없고) 주저하지 않는다. 이러한 시나리오, 즉 철저하게 인도적인 축산업이라는 아이디어는 동물 권리의 이름으로 일하는 대다수 사람들에게 못마땅하다기보다는 비현실적으로 낭만적인 것으로 비쳐진다. 그들은 이를 믿지 않는다. 동물 권리 옹호자들의 관점에서 보면, 동물 복지 옹호자들의 입장은 어린아이들한테서 기본 법적 권리를 빼앗고 죽도록 일하게 만드는 대가로 엄청난 금전적 유인책을 제공하고, 어린이 노동으로 만든 상품을 쓰는 데 어떤 사회적 금기도 두지 않으면서, 어쨌거나 '아동의 복지'를 옹호하는 이빨 빠진 법이 아이들이 좋은 대우를 받도록 해 줄 것이라 믿자고 제안하는 것이나 마찬가지이다. 이러한 비유는 어린이들이 동물과 도덕적으로 같은 수준에 있다는 것이 아니라, 둘 다 취약하며 다른 이들이 개입하지 않는다면 거의 무한정 착취당할 수 있다는 점을 지적하려는 것이다.

물론 '고기를 믿으며' 공장식 축산업 없이도 계속 고기를 먹을 수 있기를 바라는 사람들은 채식주의 옹호자들이 비현실적이라고 생각한다. 물론 작은 (혹은 크더라도) 집단은 채식주의를 하고 싶어 할지 몰라도, 대다수 사람들은 고기를 원한다. 전에도 쭉 그랬고, 앞으로도 늘 그럴 것이다. 그것으로 끝이다. 채식주의자들은 잘해야 친절할 뿐 비현실적이다. 나쁘게 말하자면 망상에 사로잡힌 감상주의자들이다.

틀림없이 이것은 우리가 사는 세상과 우리 식탁에 올라야 할 식품에 대해 다른 결론이지만, 이러한 차이들이 얼마나 많은 차이를 만들어 내는 것일까? 동물 복지의 가장 좋은 전통에 뿌리를 둔 올바른 농장 시스템에 대한 아이디어와, 동물 권리에 대한 윤리에 뿌리를 둔 채식주의 농장 시스템의 아이디어는 둘 다 살아 있는 것에 본래 내재하는 폭력을 감소시키기 위한(절대 근절하지는 못 한다.) 전략이다. 그것들은 양쪽 다 해야 한다고 동의하는 일을 행하는 서로 다른 방법을 보여 준다. 인간의 본성에 대한 다른 직관을 반영하지만, 둘 다 동정심과 신중함에 호소한다.

두 가지 제안 모두 인간의 신념이 꽤 의미심장하게 도약할 것을 요구하며, 둘 다 우리에게 개인으로서, 그리고 하나의 사회로서 적지 않은 것을 기대한다. 둘 다 결단을 내리고 이를 고수하는 데에서 더 나아갈 것을 요구한다. 두 가지 전략 모두 목표를 성취하고자 한다면 우리가 식단을 바꾸는 것 이상의 일을 할 필요가 있다고 제안한다. 우리는 다른 사람들한테도 함께 동참하자고 요구해야 한다. 그리고 이 두 가지 입장 사이의 차이도 중요하지만 두 입장이 공유하는 기본 입장에 비교하면 이 차이는 사소하다. 그 정도 차이는 공장식 축산을 변호하는 입장과의 거리에 비교하면 대수롭지 않다.

채식주의자가 되기로 개인적 결정을 내린 지 오랜 시간이 지난 후에도, 내가 다른 결정을 어느 정도까지 진정으로 존중할 수 있을지는 여전히 불확실했다. 다른 전략들은 다 틀렸을까?

4

잘못되었다는 표현까지는 쓰지 못하겠어요

나는 빌, 니콜렛과 함께 바닷가 절벽 쪽으로 난 구불구불한 목장 길을 산책했다. 우리 발밑으로 깎아 지른 듯한 암석층에 파도가 부서졌다. 한 번에 한 마리씩, 풀을 뜯는 소들이 시야에 들어왔다. 초록빛 바다를 배경으로 검게 보이는 소들이 고개를 숙이고 얼굴을 잔디 덤불에 박았다. 그 소들이 적어도 풀을 뜯는 동안에는 참으로 행복한 시간을 보내고 있다는 점에는 토를 달 수 없을 것이다.

"그러면 당신이 개인적으로 아는 동물을 먹는 건 어떤가요?" 내가 물었다.

빌 애완동물을 먹는 것하고는 달라요. 적어도 차별을 둘 수는 있답니다. 아마 어느 정도는 수가 충분하기 때문일 겁니다. 자기 동물이 더 이상 애완동물이 아니게 되는 계기가 있어요……. 하지만 제가 그들을 먹지 않는다 해도 다루는 방식에는 변화가 없을 겁니다.

정말로? 자기 개한테도 낙인을 찍을 수 있나?

"낙인을 찍는 것처럼, 몸에 상처를 입히는 것은 어때요?"

빌 그렇게 하는 이유는 일부는 비싼 동물이라서 그렇습니다. 오늘날에는 낡은 것일 수도 있고 그렇지 않을 수도 있지만, 체계적인 이유가 있어요. 동물을 팔기 위해서는 낙인을 찍고 검사를 해야 합니다. 그렇게 하면 도둑질도 막을 수 있지요. 투자한 것을 보호해 주는 겁니다. 망막 스캔이라든가, 칩을 넣는 등 현재 더 나은 방법들이 연구 중에 있어요. 우리는 뜨겁게 달군 쇠로 낙인을 찍습니다. 냉동 낙인도 시험해 보았지만, 둘 다 동물에게 고통스럽기는 마찬가지예요. 더 나은 시스템을 찾을 때까지는 달군 쇠로 낙인을 찍을 수밖에 없을 것 같습니다.

니콜렛 우리도 낙인 찍는 일이 마음 편치는 않답니다. 오랫동안 그 문제를 놓고 의논했지요……. 소 도둑질이 진짜 문제예요.

나는 콜로라도 주립 대학의 국제적으로 존경받는 동물 복지 전문가인 버니 롤린에게 도난을 막기 위해 여전히 낙인을 찍을 필요가 있다는 빌의 주장을 어떻게 생각하는지 물어보았다.

소들이 요즘 어떻게 도난당하는지 말씀드리지요. 트럭에 소를 싣고 그 자리에서 도살한답니다. 낙인을 찍었다고 무슨 차이가 있겠습니까? 낙인 찍는 일은 문화적인 겁니다. 이러한 낙인이 오랫동안 집안마다 있었기 때문에, 목장 주인들은 이를 포기하고 싶어 하지 않는답니다. 그들도 낙인이 고통스러운 줄은 알지만, 아버지와 할아버지들이 해 왔던 대로 하는 거예요. 내가 아는 목장주 한 사람은 참 좋은 사람인데, 자기 아이들이 추수감사절에도 집에 오지 않고 크리스마스 때에도 안 오지만 낙인 찍으러는 온다는군요.[16]

니만 목장은 많은 전선에서 최근의 패러다임을 확장해 가고 있다.

지금 당장 대체할 수 있는 모델을 만들고 싶다면, 아마도 그것이 누구나 할 수 있는 최선이 될 것이다. 하지만 지금 당장 할 수 있는 것이란 달리 말하자면 거쳐 가야 할 길이라는 뜻이다. 낙인 찍기는 꼭 필요하거나 실용적이거나 또는 어떤 취향 때문에 하는 것이 아니라 비합리적인 습관, 불필요한 폭력, 전통에 굽히고 들어가는 타협의 영역에 있다.

쇠고기 산업은 지금까지도 여전히 육류 산업에서 윤리적으로 가장 인상적인 부분이다. 그래서 여기에서는 진실이 그렇게 추악하지 않으면 좋겠지만 그렇지가 못하다. 니만 목장이 따르는 복지 규약을 승인한 동물 복지 연구소는 가축의 뿔 자르기(뜨겁게 달군 쇠나 부식제로 돋아나려는 뿔을 제거하는 것)와 거세를 허용한다. 이보다 심각한 문제라고 확신할 수는 없지만 복지의 관점에서 더 나쁜 것은, 니만 목장의 소들이 모두 비육장에서 최후의 몇 달을 보낸다는 문제이다. 니만 목장의 비육장은 산업화된 비육장과 똑같지는 않지만(규모가 더 작고, 약물을 쓰지 않고, 더 잘 먹이고, 관리를 더 잘 해 주고, 각 동물의 복지에 더 많은 관심을 기울이기 때문이다.), 빌과 니콜렛은 여전히 소에게 몇 달 동안이나 소화 시스템과 잘 맞지 않는 음식을 먹인다. 그렇다, 니만은 산업 기준보다 더 부드러운 곡물 혼합물을 먹인다. 하지만 동물의 가장 기본적인 '종 특유의' 행동은 여전히 취향의 선호에 밀려 무시된다.

빌 지금 나에게 중요한 것은 사람들이 먹는 방식과 이 동물들이 먹는 방식을 우리가 바꿀 수 있을 것 같은 기분이 든다는 겁니다. 같은 생각을 가진 사람들이 힘을 모아 함께 노력할 겁니다. 제 삶을 평가할 때 최종적으로 도달하고 싶은 목표가 있다면, 돌이켜보며 "우리가 모델을 만들어 냈고, 다들 우리를 따라할 수 있게 되었어."라고 말할 수 있었으면 좋겠습니다. 그들이 시장에서는 우리를 짓뭉갤지라도, 최소한 우리가 그런 변화를 가져오기는 한 것이니까요.

이것이 빌의 목표이고, 그는 여기에 자기 인생을 걸었다. 그러면 니콜렛은?

내가 이런 질문을 던졌다. "당신은 왜 고기를 먹지 않습니까? 오후 내내 그 생각이 제 머리를 떠나지 않았어요. 당신은 고기를 먹는 것이 본질적으로 아무런 문제도 없다고 계속 주장하지만, 당신한테는 잘못된 것이 틀림없어요. 다른 사람들에 대해서가 아니라, 당신에 대해서 질문하는 겁니다."

니콜렛 저에게 선택할 권리가 있다고 생각해요. 제 양심에 걸고 그것을 원하지 않아요. 하지만 그건 동물과 제 개인적인 관계 때문이에요. 그 때문에 마음이 좀 괴롭기는 해요. 마음이 불편해진다고 할까요.

"무엇 때문에 그런 기분이 드는지 설명해 주실 수 있나요?"

니콜렛 고기를 꼭 먹어야 할 필요가 없다는 것을 알기 때문일 거예요. 하지만 그것이 조금도 잘못이라고는 생각지 않아요. 그러니까 잘못되었다는 표현까지는 쓰지 못하겠어요.

빌 아주 민감한 축산 농부들이 그렇지 않을까 싶은데, 제가 경험한 바로는 도축을 하는 바로 그 순간에 운명과 지배를 이해하게 됩니다. 제가 동물을 죽음으로 이끌었기 때문이지요. 동물은 살아 있습니다. 문이 위로 올라가고 동물이 그 안으로 들어가면 그것으로 끝이라는 것을 압니다. 동물들이 도축장 앞에 줄을 서 있는 바로 그 순간이 저에게는 가장 괴로운 순간이지요. 어떻게 설명해야 할지 잘 모르겠습니다. 그건 삶과 죽음의 결합이에요. 바로 그 순간 깨닫는 것이지요. "신이시여, 제가 정말로 지배권을 행사하여 이 살아 있는 굉장한 피조물을 상품으로, 식량으로 바꾸기를 원하는 것입니까?"

"그러면 그 문제를 어떻게 해결하십니까?"

빌 흠, 일단 심호흡을 합니다. 아무리 여러 번 해도 쉬워지지는 않아요. 사람들은 더 쉬워질 거라고 생각합니다만.

심호흡을 한다? 잠시 동안 그 말이 완벽하게 이성적인 반응으로 들렸다. 낭만적으로 들렸다. 순간 목장 일이 더 정직하게 느껴졌다. 그것은 삶과 죽음, 지배와 운명의 힘겨운 문제들을 대면하는 것이다.

아니면 심호흡이 정말로 그저 체념의 한숨, 나중에 생각해 보겠다는 내키지 않는 약속일까? 심호흡은 맞대면일까 아니면 얄팍한 회피일까? 숨을 내쉬는 것은 또 어떤가? 전 세계의 오염을 다 들이마시기에는 그것으로는 충분치 않다. 응답하지 않는 것이 응답이다. 우리는 우리가 하지 않은 일에 대해서도 똑같이 책임이 있다. 동물

도축의 경우에는 허공에 손을 내던지는 행동이 곧 칼자루를 감아쥐는 것이나 마찬가지이다.

5

심호흡을 하다

사실상 모든 소들이 똑같은 종말을 맞는다. 도축실로 가는 최후의 여행이 바로 그것이다. 고기를 얻기 위해 사육된 소들은 겨우 청년기에 죽음을 맞는다. 초기의 미국 목장주들은 소를 4~5년 정도 키웠지만, 요즈음 소들은 12~14개월이면 도축된다.[17] 우리가 이 여행의 최종 결과물과 이보다 더 친숙할 수는 없겠지만(그것은 우리들의 집에, 입속에, 우리 아이들의 입속에도 있다…….), 우리들 대다수에게 그 여행 자체는 아무런 느낌도 없고, 눈에 보이지도 않는다.

소들은 일련의 각기 다른 스트레스로 그 여행을 경험하는 것 같다.[18] 과학자들이 밝혀낸 바에 의하면, 사람들이 이리저리 다룰 때, 운송될 때, 도축당할 때 소들은 각각 다른 호르몬 스트레스 반응을 보인다고 한다. 도축실이 최적의 상태로 운영된다면, 맨 처음 다루어지는 과정에서 받은, 호르몬 등급으로 표시되는 '스트레스'는 사실 운송 과정이나 도축에서 받는 것보다 더 클 수도 있다.[19]

날카로운 고통은 상당히 인식하기 쉽다 해도, 무엇을 동물의 행복한 삶으로 간주할지는 전체 무리든, 동물 한 마리씩이든, 문제의 그 종을 알기 전에는 명쾌하지 않다. 도축은 현대의 도시 생활에 가장 추악한 것일 수도 있지만, 소의 눈으로 본다면, 소들의 집단 속에서 살다가 낯설고, 시끄럽고, 고통을 가하는 직립 생물들과 상호교류하는 것이 잘 제어된 죽음의 순간보다도 더 무시무시할 수도 있다.

빌의 소 떼들 속을 이리저리 거닐다 보니, 왜 그런지 서서히 감이 잡히기 시작했다. 내가 풀을 뜯는 소들과 상당히 거리를 두고 떨어져 있는 한, 소들은 내가 거기 있는지조차 의식하지 못하는 듯했다. 하지만 실은 그렇지가 않다. 소들의 시야는 거의 360도에 달하며, 경계심을 늦추지 않고 주변을 살핀다. 소들은 자기들 주변에 다른 동물들이 있다는 것을 알고, 지도자를 고르고, 무리를 방어할 것이다.[20] 내가 동물 한 마리에게 팔이 닿을 정도 거리까지만 다가가도, 마치 내가 어떤 보이지 않는 경계선을 넘기라도 한 듯이 소가 잽싸게 몸을 피했다. 일반적으로 소들은 잡아먹히는 종 특유의 도주 본능이 강하다. 밧줄로 묶고, 고함을 지르고, 꼬리를 비틀고, 전기봉으로 충격을 주고, 때리는 등 흔히 소들을 다룰 때 많이 쓰는 방식은 소들을 공포에 질리게 한다.[21]

하여간 이럭저럭 소들을 트럭이나 기차에 모은다. 일단 차에 오르면, 소들은 48시간에 달하는 여행을 해야 하고, 그동안 물도 음식도 공급받지 못한다. 결과적으로, 사실상 모든 소들이 살이 빠지고 상당수가 탈수 증상을 보인다.[22] 소들은 종종 혹독한 더위나 추위에 노출된다. 많은 동물들이 그런 조건 때문에 죽거나 너무 쇠약해져서 인간이 먹기에는 부적합한 상태로 도축장에 도착한다.

나는 대규모 도축 시설 내부에 근처에도 들어갈 수가 없었다. 업계 외부에 있는 사람이 산업화된 소 도축을 볼 수 있는 유일한 방법은 몰래 숨어 들어가는 것뿐이지만, 그렇게 하려면 반년 이상 계획을 세우고 진행해야 할 뿐 아니라, 생명을 위협받을 수도 있다. 그래서 내가 여기에서 제공할, 도축에 대한 설명은 직접 목격한 사람들의 설명과 업계에서 내놓은 통계에서 나온 것이다. 가능한 한 도축실 노동자들이 그들이 쓰는 말로 현실을 말하도록 할 생각이다.

마이클 폴란은 베스트셀러가 된 그의 책 『잡식동물의 딜레마』에서 공장식으로 사육된 육우 534번의 일생을 추적한다. 그는 그 소를 직접 구매했다. 폴란은 소 사육에 대해서는 풍부하고 완벽한 설명을 제공하지만, 도축의 윤리는 추상적인 거리에서 안전하게 논하면서 도축에 대한 진지한 조사에 부족함을 드러낸다. 이는 혜안과 통찰을 보여 주는 그의 여행이 근본적으로는 실패했음을 보여 준다.

폴란은 이렇게 말한다. "도축은 그의(534번의) 삶에서 내가 목격하는 것은 고사하고, 심지어 대략의 날짜만을 제외하고는 아무것도 알 수 없었던 사건이었다. 딱히 그 사실이 놀랍지는 않았다. 육류 산업계는 사람들이 도축실에서 무슨 일이 일어나는지 알면 알수록 고기를 덜 먹게 되리라는 것을 안다."[23] 옳은 말이다.

하지만 폴란은 계속해서 다음과 같이 말한다. "도축이 꼭 비인도적이어서가 아니라, 우리들 대부분은 우리 식탁에 정확히 어떤 고기가 오르는지, 또는 고기를 올리기 위해 무엇이 필요한지를 굳이 떠올리고 싶어 하지 않기 때문이다."[24] 이 말은 절반의 진실과 회피 사이쯤에 있다는 인상을 준다. 폴란이 설명했듯이 "산업화된 고기를 먹으려면 아예 모르거나, 혹은 잊어버리는 거의 영웅적 행동이 필요하다."[25] 그러한 영웅주의는 동물의 죽음이라는 단순한 사실보다 훨씬 더 많은 것을 잊어야만 하기 때문에 필요하다. 그 동물이 죽었다는 사실 정도가 아니라, 어떻게 죽었는지를 잊어버려야만 한다.

많은 저자들이 공장식 축산 문제를 대중의 눈앞으로 가져왔다는 점에서 칭찬받을 만하지만, 그런 이들조차 우리가 가하는 진정한 공포에 대해서는 부인해 버리는 경우가 많이 있다. B. R. 마이어스는 『잡식동물의 딜레마』에 대한 도발적이고 명석한 리뷰에서 이같이 널리 퍼져 있는 지적 습관에 대해 다음과 같이 설명한다.

> 요즘 이런 수법이 유행이다. 한 사람이 이성적 방식으로 논쟁을 벌여서 상대방을 코너로 몰아넣는다. 그러더니 갑자기 논쟁을 그만두고 마치 논리가 딸려서가 아니라 그런 것은 초월해 버렸다는 태도로 가 버린다. 믿음과 이성의 부조화는 큰 수수께끼로 남겨 놓고, 더 좁은 마음과 값싼 확신 위에 어떤 것이든 겸허히 놓고 살아가겠다는 자세이다.[26]

이 게임에는 다른 규칙이 하나 더 있다. 실은, 잔인한 학대와 환경 파괴를 계속하든가, 아니면 동물 먹기를 그만두든가 둘 중 하나를 선택해야 한다는 사실을 절대, 죽어도 강조해서는 안 된다는 것이다.

왜 쇠고기 산업이 고기라면 사족을 못 쓰는 사람조차도 도축 시설 근처에 오지 못하게 하는지 이유를 대기란 어렵지 않다. 소들이 거의 다 빨리 죽는 도축장에서조차, 단 하루라도 수많은 동물들(수십, 수백 마리?)이 가장 무시무시한 종말을 맞지 않고 지나가는 날은 없을 것이다. 우리들 대부분이 지키는 윤리(동물들에게 행복한 삶과 편안한 죽음을 제공하고, 쓰레기를 적게 만드는 것.)를 따르는 육류 산업은 환상이 아니지만, 그것은 우리가 현재 즐기는 막대한 양의 값싼 고기를 줄 수는 없다.

전형적 도축 시설에서, 소들은 통로를 통해 기절 시설로 들어간다. 이것은 보통 커다란 원통형 받침대로, 소가 거기로 고개를 삐죽이 내밀게 되어 있다. '기절시키는 일꾼'이 소의 눈 사이에 커다란 압축 공기총을 누른다. 쇠로 된 볼트가 소의 두개골에 발사되었다가 다시 총 속으로 빨려 들어가서 대개 소는 의식을 잃거나 죽는다. 가끔은 동물이 볼트를 맞아도 잠깐 정신이 멍해지는 정도에 그치는 때도 있는데, 이렇게 되면 여전히 의식이 있거나 나중에 '처리 공정' 때 정신을 차린다. 기절용 압축 공기총의 효율성은 제조와 관리, 그리고 사용 기술에 따라 다르다. 호스에 조금이라도 새는 곳이 있거나 다시 충분한 압력이 모이기 전에 총을 발사할 경우에는 힘이 약해져서 볼트가 발사되어도 동물이 맞기는 했지만 여전히 고통스럽게 의식이 살아 있는 상태가 될 수 있다.

또한 일부 공장 관리자들은 동물들이 '너무 완전히 죽은' 상태가 되면 심장이 뛰지 않아 피가 충분히 제 속도로 돌지 못한다고 믿기 때문에 충격의 효과를 줄이기도 한다. (기본 효율을 위해 피가 빠르게 흘러나오게 하는 것이 공장으로서는 '중요하다.' 고기 속에 피가 남아 있으면 박테리아의 성장을 촉진하고 저장 수명을 줄이기 때문이다.) 결과적으로, 일부 공장에서는 고의적으로 효과가 덜한 기절 방법을 택한다. 이 부작용으로 더 많은 동물들이 여러 차례 타격을 받아야 하고, 의식이 그대로 있거나 처리 공정 중에 깨어난다.[27]

농담거리로 삼을 만한 것도 없고, 외면할 방법도 없다. 말한 그대로이다. 동물들은 의식이 있는 채로 피를 흘리고, 껍질이 벗겨지고, 절단된다. 이런 일이 항상 일어난다. 업계와 정부도 이를 안다. 살아 있는 동물을 피 흘리게 하나, 껍질을 벗기거나, 절단했다고 거론된 많은 공장들이 자기들의 행동은 업계에서 흔한 일이라고 변명하면서 왜 자기들한테만 그러느냐고 되물었다.[28]

1996년 템플 그랜딘이 업계 전반에 감사를 실시했을 때, 그녀의 조사로 많은 도축장에서 단 한 번의 타격으로 소들을 기절시키지 못하는 일이 빈번하다는 것이 드러났다.[29] 인도적 도축을 강제할 책임이 있는 연방 기구인 USDA가 이 조사에 보인 반응은, 실행을 강제하는 조치를 취하는 것이 아니라, 인도적 도축 위반의 수를 추적하는 일을 그만두는 쪽으로 정책을 바꾸고 감독관들의 순환 업무 목록에서 인도적 도축에 대한 언급을 줄이는 것이었다.[30] 상황은 그 이후로 개선되었다. 그랜딘은 이를 패스트푸드 회사들이 요구한 감사(이 회사들은 동물 권리 보호 단체의 표적이 된 후로 이를 요구했다.) 덕이라고 했지만, 상황은 여전히 좋지 않다.[31] 그랜딘의 가장 최근 평가서는, 발표된 감사에서 나온 조사에 낙관적으로 의존하는데도, 여전히 소 도축장 네 곳 중 한 곳은 동물을 첫 번째 타격으로 제대로 의식을 잃게 만들지 못한다는 것을 보여 주었다.[32] 더 소규모 시설에 대해서는 사실 쓸 만한 통계 자체가 없다. 전문가들은 이러한 도축장들이 훨씬 더 열악할 수 있다는 점에 동의한다. 완벽한 곳은 하나도 없다.

도축실로 들어가는 줄 끝에 서 있는 소들은 무슨 일이 닥칠지 아는 것 같아 보이지 않지만, 첫 번째 타격에서 살아남는다면, 자기들이 살아남기 위해 싸우고 있다는 것을 절절히 깨달을 것이다. 한 노동자의 말을 들어 보자. "소들은 고개를 허공에 쳐들고 숨을 곳을 찾아 주위를 휘휘 둘러봅니다. 전에 벌써 이것으로 맞은 적이 있으니, 또다시 맞지 않으려는 거지요."[33]

과거 100년 동안 800퍼센트나 증가한 라인 속도에,[34] 악몽 같은 조건 아래에서 일하는 미숙련 노동자들이 더해지면 실수를 피할 수 없다. (도축장 노동자들의 부상율은 연간 27퍼센트나 되며, 그 어떤 직업보다도 수치가 높다. 한 번 근무에 소 2050마리를 죽이면서 임금은 적게 받는다.)[35]

템플 그랜딘은 평범한 사람들이라도 쉬지 않고 소를 잡는 비인간적 일을 하다 보면 사디스트가 될 수 있다고 주장했다.[36] 그녀는 이것이야말로 경영진이 막아야 할 지속적 문제라고 말한다. 동물들한테 아예 타격을 주지 않는 때도 있다. 어떤 공장에서 노동자들(동물운동가들이 아니다.)이 비밀리에 찍은 비디오가 《워싱턴 포스트》에 넘겨졌다. 테이프에서는 의식이 있는 동물들이 처리 공정 라인으로 실려 가는 모습, 전기봉을 수송아지의 입에 처넣는 모습이 나왔다. 《워싱턴 포스트》에 따르면 "스무 명이 넘는 노동자들은 테이프에 나온 위법 행위가 흔한 일이며, 감독관들도 이를 다 안다고 주장한 진술서에 서명했다."[37] 한 진술서에서는 노동자가 이렇게 설명했다. "수천 마리 소들이 산 채로 도축 과정에 들어가는 모습을 보았습니다. (중략) 소들이 라인으로 내려가는 데 7분이 걸리는데, 여전히 살아 있습니다. 저는 소들이 여전히 살아 있는 동안 사이드 풀러에 있었습니다. 거기에서 목 아래로 가죽을 다 벗깁니다."[38] 노동자들이 불평이라도 한마디했다가는 해고되는 일도 다반사이다.

집에 돌아와서도 기분이 좋지 않았습니다. (중략) 아래층으로 내려가서 잠자리에 들었습니다. 아이들한테 고함을 질렀습니다. 한번은 정말로 충격을 받은 적이 있었는데, 〔제 아내도〕 그 일을 압니다. 세 살짜리 암소가 도축실 통로로 걸어 들어왔어요. 그 암소는 송아지를 배었는데, 송아지가 반쯤 몸 밖으로 나온 상태였지요. 저는 그 암소가 곧 죽을 것을 아니까, 송아지를 끌어내려고 했지요. 아, 그랬더니 상사가 화를 내며 펄펄 뛰는 거예요. (중략) 이런 송아지를 '슬렁크'*라고 불러요. 암 연구에 피를 이용하지요. 그러니까 그 송아지가 필요했던 거예요. 보통 어떤 식으로 하느냐 하면, 소의 내장을 내장 제거용 작업대 위에 놓고, 노동자들이 자궁을 열어서 이런 송아지들을 꺼내요. 소를 눈앞에 매달아 놓고 송아지가 안에서 밖으로 나오려고 발버둥치는 모습을 보는 것쯤은 아무것도 아니라니까요. (중략) 상사는 그 송아지를 원했지만, 저는 그 소를 임시 가축 수용장으로 되돌려 보냈습니다. (중략) [불평을 했지요.] 십장이랑 검사관, 도축실 감독관한테. 쇠고기 담당부서 감독관한테까지요. 하루는 그 일을 놓고 카페테리아에서 긴 대화를 나누었어요. 저는 정말로 화가 났습니다. 그들은 손놓고 있을 테니, 언젠가는 제가 나서서 그 벽을 부수어 버릴지도 몰라요. (중략) 기절 시설 근처에서 [USDA] 수의사는 한 번도 본 적이 없습니다. 아무도 거기로 돌아가고 싶어 하지 않아요. 저는 전직 해병대원입니다. 피와 내장 따위에는 눈도 꿈쩍하지 않아요. 문제는 비인도적 대우지요. 단지 그 때문입니다.[39]

대략 12초 만에 타격을 받고 의식을 잃거나, 반쯤 의식이 있거나, 완전히 의식이 있거나, 아니면 죽은 소는 라인을 이동하여 '소를 사슬에 매다는 일꾼'에게로 가는데, 그는 뒷다리 한쪽에 체인을 매달아서 동물을 허공으로 들어 올린다.[40]

이제 한쪽 발로 매달린 동물은 자동으로 '칼로 찌르는 일꾼'에게로 옮겨진다. 그는 소 목의 경동맥과 경정맥을 끊는다. 소는 다시 자

* slunk, 조산으로 달이 차지 못한 새끼.

동으로 '피 흘리는 레일'로 옮겨져서 몇 분 동안 피가 흘러나오게 방치된다. 소의 피는 대략 20리터쯤 되기 때문에 시간이 좀 걸린다.[41] 동물의 뇌에 피 공급이 중단되면 죽지만, 즉시 숨이 끊어지는 것은 아니다. (그래서 동물들의 의식이 없어야 한다는 것이다.) 동물이 살짝 의식이 있거나 제대로 혈관을 끊지 않은 경우에는 피가 잘 흘러나오지 않아서 의식이 더 오래 지속된다. "소들은 정말로 미친 듯이 눈을 깜박이고 목을 이쪽저쪽으로 뻗으며 주위를 둘러봅니다."[42] 한 라인 노동자의 말이다.

소는 이제 시체가 되어 있어야 한다. 소는 라인을 따라 '머리 가죽 벗기는 일꾼'에게로 옮겨지고, 그의 역할은 이름 그대로이다. 소의 머리에서 껍질을 벗겨 내는 것이다. 이 단계에서도 여전히 의식이 있는 소의 비율은 낮지만, 전혀 없지는 않다. 어떤 공장에서는 주기적으로 일어나는 문제이다. 그런 일이 하도 많아서 이런 동물들을 다루는 방법에 대한 비공식적 기준이 있을 정도이다. 이런 관행에 익숙한 한 노동자의 설명은 이렇다. "머리 가죽 벗기는 사람이 머리를 잘라 낼 때에도 여전히 소가 의식이 있어서 거칠게 발차기를 해대는 때가 자주 있습니다. 그런 일이 일어나거나, 소가 거기 왔을 때 벌써 발차기를 하고 있다면, 그 사람들은 뒷머리에 칼을 찔러 넣어 척수를 끊습니다."[43]

이러한 관행은 밝혀진 대로, 동물들을 움직이지 못하게 해도 무감각 상태로 만들지는 못한다. 아무도 제대로 조사를 해 보지 못했기 때문에, 얼마나 많은 동물들에게 이런 일이 일어나는지 정확히 모른다. 다만 현재의 도축 시스템에서는 불가피한 부작용이며, 앞으로도 계속되리라는 것만 알 뿐이다.

머리 가죽 벗기는 일꾼 다음에 사체(또는 소)는 '다리 자르는 일꾼'에게로 간다. 그는 동물의 다리 아랫부분을 잘라낸다. 한 라인 노동자는 이렇게 말한다. "정신을 차린 소들에 대해 말하자면, 그 소들은 마치 벽을 기어 올라가려고 하는 것처럼 보입니다. (중략) 다리 자르는 일꾼한테로 오면, 그들은 누군가 거기에서 소를 다시 때려 눕혀 줄 때까지 기다릴 생각이 없습니다. 그러니까 그냥 큰 가위로 다리 아랫부분을 잘라 버리지요. 그렇게 하면 소들은 아무 데로나 발을 차 대면서 미쳐 날뜁니다."[44]

그다음으로 소의 가죽을 완전히 벗기고, 내장을 꺼내고, 반으로 절단하는데, 여기까지 오면 드디어 흔히 보는 쇠고기의 이미지가 된다. 섬뜩한 정적 속에서 냉동고에 매달린 모습으로.

6

제안들

미국 동물 보호 조직의 그리 오래 되지 않은 역사에서, 수적으로는 적지만 잘 조직된 채식주의 옹호자들은, 관심을 갖고 고기를 먹자는 입장을 옹호하는 쪽과 반목을 빚었다. 공장식 축산과 산업화된 도축이 확산되면서 변화가 일어났다. 채식주의를 지지하는 PETA 같은 비영리 단체와, 채식주의도 좋지만 복지를 최우선으로 내세우는 미국 동물 애호 협회(HSUS) 같은 단체 사이에서 드러낸, 한때는 커 보였던 차이가 좁혀진 것이다.

내가 조사 중 만난 모든 목장주들 중에서 프랭크 리스는 특별한 입장을 취했다. 내가 특별하다고 말하는 것은 두 가지 이유에서이다. 첫 번째로, 그는 내가 만난 농부들 중에서 자기 목장에서 잔인한 행위를 전혀 하지 않는 유일한 농부이다. 그는 폴처럼 동물들을 거세하지도 않고, 빌처럼 낙인을 찍지도 않는다. 다른 농부들이 "살아남으려면 그렇게 할 수밖에 없습니다."라든가 "소비자들이 원하는걸요."라고 말하는 부분에서도, 프랭크는 큰 위험을 감수하고(그의 농장이 완전히 실패한다면 그는 집을 잃는다.) 자기 고객들에게 다르게 먹을 것을 부탁했다. (그의 새들은 더 오래 요리를 해야 하거나, 요리를 해도 제 맛이 나지 않는다. 또한 풍미가 강해서 수프나 다른 여러 가지 음식에 많이 쓰기 힘들다. 그래서 그는 요리법을 제공하고, 더 오래된 요리 방식을 고객들에게 다시 가르치기 위해 고객들을 위한 요리를 준비하기까지 한다.) 프랭크처럼 일하려면 어마어마한 동정심과 어마어마한 인내심이 필요하다. 그 작업의 가치는 도덕적일 뿐 아니라, 신세대 육식 옹호자들이 진정한 복지를 요구하므로 경제성도 있다.

프랭크는 또한 내가 아는 농부들 중에서 '토종' 가금류의 유전자를 보존하는 데 성공한 몇 안 되는 농부들 중 한 명이다. (그는 USDA로부터 '토종' 가금류를 인증받은 최초이자 유일한 목장주이다.) 바람직한 칠면조와 닭 농장의 출현을 막는 가장 큰 요소는 사육자들에게 새끼 새들을 공급하려면 공장식 부화장에 의존하는 수밖에 없다는 점이다. 그 외에는 다른 부화장이 없기 때문이다. 따라서 그가 전통 유전자를 보존한 것은 엄청나게 중요하다. 사실 이렇게 상업적으로 이용할 수 있는 새들 중 단 한 마리도 번식 능력이 없으며, 새들을 조작하는 과정에서 유전자에 심각한 건강 문제가 생겨났다. (우리가 먹는 닭들은 칠면조들처럼 갈 데까지 간 동물들이다. 처음부터 번식을 할 수 있을 만큼 오래 살게 되어 있지 않다.) 보통의 농부는 자기 소유의 부화장을 운영할 수 없기 때문에, 유전자를 조작하는 집중화된 산업이 농부들과 동물들을 공장식 시스템 속에 가둔다. 프랭크 외에도 거의 모든 다른 소규모 가금류 농장 농부들, 즉 토종 유전자에 돈을 내고 새들의 복지에 신경을 쓰면서 사육하는 소수의 훌륭한 농부들조차도, 해마다 공장식 부화장에서 택배로 보내오는 새들을 키워야 한다.[45] 누구나 상상할 수 있듯이 택배로 병아리를 보내는 것 자체도 복지상 심각한 문제를 제기하지만, 이보다 훨씬 더 심각한 복지 문제는 그 부모와 조부모 새들이 키워진 환경이다.[46] 번식용 새의 복지가 최악의 공장식 농장만큼 나쁠지도 모를 이러한 부화장에 의존한다는 것이, 그 점만 제외하면 나무랄 데 없이 훌륭할 많은 소규모 생산자들의 아킬레스건이다. 이런 이유로 프랭크는 그가 보유한, 토종 가금류 유전자와 번식 기술 덕분에 다른 누구도 할 수 없는, 공장식 가금류 축산의 대안을 만들어 낼 잠재력을 지녔다.

하지만 프랭크는 전통 농업 기술의 살아 있는 지식으로 농장을 운영하는 많은 농부들처럼, 다른 이들의 도움 없이는 자신의 잠재력을 현실화할 수 없을 것이다. 성실성, 기술, 유전자만으로는 성공적 농장을 만들어 낼 수 없다. 내가 맨 처음 그를 만났을 때, 그의 칠면조(지금은 닭도 키우고 있다.)에 대한 수요는 감당 못할 정도였다. 도축하기 6개월 전부터 매진된 상태였다. 그의 가장 충성스러운 고객들은 블루칼라가 많았지만, 그의 새들은 댄 바버와 마리오 바탈리에서부터 마사 스튜어트에 이르기까지 요리사들과 미식가들의 찬사를 받았다. 그럼에도 프랭크의 사업은 적자였고, 다른 일로 목장을 유지하고 있었다.

프랭크는 자기 소유의 부화장이 있지만, 그래도 다른 서비스, 특히 잘 운영되는 도축장을 이용해야 한다. 지역 부화장은 말할 것도 없고 도축장, 무게 측정소, 곡물 창고, 그 밖에 농부들에게 필요한 다른 서비스들이 많다는 것이 농업 기반 목축의 성장에 엄청난 장애물이 된다. 소비자들이 이런 농부들이 기른 동물들을 구매하지 않기 때문이 아니다. 이제는 다 파괴된 농촌 기반 시설을 개혁하지 않고서는 농부들이 이런 동물을 생산할 수가 없기 때문이다.

이 책을 반쯤 썼을 때, 가금류에 대해 물어보고 싶은 것이 있을 때면 주기적으로 그랬듯이 (또한 가금류 업계에 있는 다른 많은 사람들이 그러듯이) 프랭크에게 전화를 했다. 그런데 평소 듣던, 상냥하고 언제나 인내심을 잃지 않는 그 낙천적인 목소리가 아니었다. 당황하여 어쩔 줄 모르는 목소리였다. 그가 가까스로 찾아낸, (이상적이지는 않지만 그래도) 수용할 만한 기준에 따라 그의 새들을 도축할 100년도 넘은 도축장 한 곳이 어느 회사에 매각되어 폐쇄되었다는 것이다. 이것은 단지 불편하게 되었다는 정도의 문제가 아니었다. 추수감사절 이전에 그의 새들을 잡아 줄 수 있는 공장은 그 지역에 말 그대로 단 한 곳도 남지 않은 것이다. 프랭크는 엄청난 경제적 손실을 겪을 위기에 처했다. 게다가 그를 더 두렵게 한 것은, USDA 승인을 받은 공장이 아닌 곳에서 자기 새들을 전부 잡아야 할지도 모른다는 생각이었다. 이것은 새들을 팔 수 없어 말 그대로 썩혀야 한다는 의미였다.

도축장이 문을 닫는 일은 드물지 않았다. 미국에서 소규모 가금류 농장을 지탱해 주었던 기본적인 기반 시설은 거의 완전히 무너졌다. 이것은 경쟁자들이 접근할 수 없는 자원에 접근함으로써 이익을 추구하는, 사업체의 정상적 활동으로 인한 결과이다. 확실히 여기에는 많은 돈이 걸려 있다. 수십억 달러 돈이 몇 안 되는 거대 기업들 손에 들어가든가, 수만 명 소농들에게 돌아가든가 둘 중 하나이다. 하지만 프랭크와 같은 농부들이 파산할지, 아니면 소농들이 공장식 축산이 향유하는 99퍼센트 시장 점유율을 야금야금 먹어 들어갈지는 돈으로만 따질 수 없는 문제이다. 우리 앞 세대들이 피땀 흘려 일구었던 윤리적 유산의 미래가 걸려 있다. '미국인 농부', '미국의 전원적 가치'의 이름으로 이루어지는 모든 것이 걸려 있다. 이러한 이상에 호소하는 것은 엄청난 영향력을 지닌다. 농업에 배당된 정부 자금 수십억 달러, 미국의 풍경과 공기와 물을 결정짓는 국가의 농업 정책, 기아에서 기후 변화까지 국제적 이슈에 영향을 미치는 대외 정책들이 우리 농부들과, 그들이 쫓는 가치를 명분 삼아 우리의 민주주의에서 실행에 옮겨진다. 이러한 사업체들은 단지 업계의 (양심적일 수 있는) 거물이 아니다. 그들은 보통 수익성을 극대화할 법적 의무를 지는 거대 법인들이다. 판매와 공적 이미지를 위하여, 그들은 진짜 프랭크 리스의 씨를 말리려고 애쓰면서도 자기들이 프랭크 리스라는 신화를 퍼뜨린다.

대안은 소농과 그의 친구들, 즉 지속 가능성과 복지를 옹호하는 자들이 이 유산을 손에 넣는 것이다. 실제로 농업에 종사하는 사람은 거의 없어질 테지만, 웬델 베리가 말했듯이, 우리는 모두 대리로 농사를 지을 것이다.[47] 누구에게 대리를 맡길 것인가? 이전 시나리오에서는 막대한 개인적 이익을 위해 움직이는 기계 같은 농산업 관료 체제에 제한적으로 통제력을 행사하는 소수에게 막대한 도덕적, 재정적 힘을 내준다. 나중 시나리오에서는 우리의 대리권을 진짜 농부들뿐만 아니라, 회사의 순이익보다는 시민의 이익을 중심에 두고 살아온 수천 명의 전문가들에게 맡긴다. 우리의 다양한 가치를 반영한 식량 시스템을 향해 새로운 길을 계획하는, 지속 가능한 농업과 농장 동물의 권리를 옹호하는 조직 팜 포워드의 설립자인 아론 그로스 박사 같은 인물들 말이다.

공장식 축산은 사람들을 그들이 먹는 음식으로부터 멀리 떼어놓고, 농부들을 제거하고 회사의 명령에 따라 농업을 지배함으로써 성공을 거두었다. 그러나 프랭크 같은 농부들과 미국 가축 품종 보존 협회[48]와 같은 오랜 동맹들이, 학생, 과학자, 학자, 부모, 예술가, 종교 지도자, 변호사, 요리사, 실업가, 농부들로 이루어진 선택적 육식주의자들과 채식주의자 활동가들의 네트워크에 열성적으로 이어진 팜 포워드 같은 더 젊은 단체들과 함께한다면 어떻게 될까? 프랭크가 도축 시설을 확보하느라 시간을 허비할 것이 아니라, 이런 새로운 동맹들의 도움으로 현대 기술과 전통 농업 방식 중에서 최상의 것을 이용하여 더 인도적이고 지속 가능하며, 민주적인 농업 시스템을 재창조하는 데 점점 더 많은 에너지를 쏟을 수 있다면 어떨까?

나는 도축장을 짓는 채식주의자입니다

"채식주의자가 된 지도 이제 반평생을 넘어갑니다. 제가 채식을 하는 것은 지속 가능성과 노동문제 등 다른 많은 문제들은 물론이고 제 건강과 공공의 건강 때문이었지만, 제 관심의 중심에 있는 것은 동물들입니다. 저를 잘 아는 사람들이 제가 도축장을 지을 계획을 세운다고 하면 놀라는 것도 바로 그 때문입니다.

저는 여러 가지 정황상 채식 식단을 옹호해 왔고, 아예 안 먹는 것이 이상적이지만 되도록 동물 제품을 적게 먹는 것이 일부라도 문제를 해결할 수 있는 강력한 방법이라고 여전히 말할 것입니다. 하지만 어떤 행동을 먼저 취해야 할지에 대해서는 생각이 바뀌었고, 스스로에 대한 생각도 바뀌었지요. 한때는 채식주의자가 되는 것이 최첨단의 대항문화 성명이라고 생각한 적도 있었지요. 지금은 저를 채식주의로 이끄는 가치가 다른 어디에서보다도 뒷마당에 일구는 제 가족의 작은 텃밭에서 나온다고 분명히 말할 수 있습니다.

당신이 공장식 축산에 대해서 알고, 동물 사육에 관한 전통 윤리 비슷한 것을 조금이라도 이어받았다면, 동물 산업이 어떤 꼴이 되었는지 볼 때 내면 깊은 곳에서 뭔가 움찔하는 느낌이 들 겁니다. 저는 무슨 거룩한 농업 윤리에 대해 얘기하는 것이 아닙니다. 거세와 낙인을 용인하고, 송아지를 죽이고, 아마도 동물 입장에서는 먹을 것을 갖다 주는 사람 정도로 생각한 이가 어느 맑은 날 자신을 끌고가 목을 베는 것과 관련한 목장 윤리에 대해 말하는 것입니다. 전통 방식에도 폭력적인 부분이 많이 있습니다. 하지만 또한 동정심도 있지요. 아마도 필요하다면 쉽게 잊어버릴 수도 있는 것입니다. 좋은 동물 농장의 공식은 고개를 돌렸습니다. 동물 복지 문제를 제기하면, 돌봄에 대해서보다는 농부들에게서 날아오는 조건반사적 반응을 듣기 쉽습니다. '동물을 미워해서 이 바닥에 들어온 사람은 아무도 없어요.' 이상한 말이지요. 말하지 않음으로써 뭔가를 말하는 식이라고 할까요. 물론 거기에는 이 사람들이 동물을 좋아했기에, 동물을 돌보고 보호해 주는 것이 좋았기에 가축 치는 농부가 되고 싶었다는 의미가 담겨 있지요. 이 말에 모순이 없다는 것은 아닙니다만, 그 안에는 진실이 있어요. 또한 사과하지 않으면서 사과의 의미를 담은 말이기도 하지요. 어쨌거나 왜 그들이 동물을 미워하지 않는다는 말을 굳이 할 필요가 있겠습니까?

슬프게도, 오늘날 축산업에 종사하는 사람들은 갈수록 전통적인 전원적 가치를 잃어 가는 것 같아요. 오히려 도시에 기반을 둔, 동물 권리 보호 조직에 있는 사람들이 그들이 알건 모르건, 엄격하게 전통적인 관점에서 이웃에 대한 존중이라든가 솔직함, 돌봄의 책임, 그리고 그들의 손에 맡겨진 생물들에 대한 당연한 존중과 같은 전원적 가치를 훨씬 더 잘 대변합니다. 세상이 하도 많이 바뀌어서, 이제 더는 똑같은 가치가 똑같은 선택을 가져오지는 않아요.

저는 더 지속 가능한 목초지를 기반으로 하는 소 목장에 많은 희망을 걸었고, 남아 있는 소규모 가족형 돼지 농장에서 새로운 활력을 보았습니다. 하지만 가금류 산업에 이르러서는 모든 희망을 다 접었지요. 프랭크 리스를 만나고 그의 믿을 수 없이 놀라운 농장을 방문하기 전까지는 말입니다. 유전학에서 공장식 가금류 농장에 적절한 대안을 개발해 낼 수 있는 이들은 프랭크와 그가 자기 새들을 좀 나누어 준 몇 안 되는 농부들뿐입니다. 필요한 것은 바로 그것입니다.

프랭크와 그가 직면한 장벽에 대해 이야기를 나누다 보니, 상당한 액수의 현금이 들어오지 않고서는 쉽게 해결되지 않을 대여섯 가지 문제로 그가 좌절한다는 것을 알 수 있었습니다. 또 하나 분명한 사실은 그의 제품에 대한 수요가 상당한 정도가 아니라 어마어마하다는 것이었습니다. 기업가의 꿈이지요. 프랭크는 수요를 충족시킬 능력이 없는 탓에 평생 동안 키워 온 새들 수보다 더 많이 들어오는 주문을 주기적으로 거부하고 있었습니다. 제가 찾아낸 조직 팜 포워드는 그가 사업 계획을 짤 수 있도록 도움을 주었습니다. 몇 달 후 저는 우리 관리자와 함께 프랭크의 거실에서 첫 번째 투자자가 될지도 모를 사람을 만났습니다.

그때 우리는 가장 빨리 결과를 낼 수 있는 방식으로 기자, 학자, 미식가, 정치가 등 프랭크를 지지하는 많은 숭배자들의 상당한 영향력을 모으고 조화시키는 작업에 착수했답니다. 확장 계획은 잘 되어 갔어요. 프랭크는 토종닭 여러 품종에 칠면조 떼를 추가했지요. 그에게 필요한 새 건물 중 첫 번째가 공사 중이었고, 그는 대규모 계약을 따내려고 메이저 소매업자와 협상을 하고 있었어요. 바로 그때 그가 이용하던 도축장이 팔려서 문을 닫았답니다.

사실 예상했던 일이었습니다. 하지만 프랭크의 사육자들, 그러니까 그가 부화시킨 새들을 키우고 있어서 한 해 수입 대부분을 날릴 처지가 된 농부들은 겁에 질렸어요. 프랭크는 유일한 장기 해결책은 자기 소유의 도축장을 짓는 것뿐이라는 결정을 내렸습니다. 운송할 때 새들이 받는 스트레스를 없앨 수 있도록 농장 바로 옆에 둘 수 있는 이동식 도축장이라면 이상적이겠지요. 물론 그가 옳았습니다. 그래서 우리는 이 일을 해낼 기술적인 부분과 이 일의 경제적인 면을 생각하기 시작했어요. 저에게는 새로운 영역이었습니다. 물론 지적으로도 그렇지만, 감정적으로도요. 저는 그 일을 하려면 동물을 죽이는 것에 대한 저항감을 고치기 위해 주기적으로 스스로를 설득해야 할 거라고 생각했습니다. 하지만 저를 불편하게 만든 것이 있었다면, 실은 제 마음을 편치 않게 만드는 것이 하나도 없었다는 겁니다. 왜 이 일을 조금도 불편하게 느끼지 않는지, 계속 궁금했어요.

제 외할아버지는 계속 농사를 짓고 싶어 하셨지요. 다른 많은 사람들처럼 억지로 시골을 떠나셨지만, 우리 어머니는 농장에서 자라셨어요. 어머니는 미드웨스트의 소읍에서 사시면서 학급이 마흔 개나 있는 고등학교를 나오셨지요. 한동안 할아버지는 돼지를 치셨답니다. 돼지들을 거세하신 것은 물론이고, 오늘날 공장식 돼지 농장으로 발전한 감금 시설까지도 사용하셨지요. 하지만 할아버지에게 돼지들은 동물이었어요. 돼지가 병이라도 나면 할아버지는 병든 녀석한테 특별히 관심과 주의를 쏟으셨어요. 계산기를 꺼내어 돼지를 쇠약하게 만드는 것이 더 수지가 맞을지를 따져 보는 일 따위는 하지 않으셨지요. 할아버지에게 그런 생각을 하는 것은 기독교인으로서 할 짓이 아니고, 비겁하고 상스러운 짓이었어요.

계산기에 대하여 돌봄이 거둔 그 작은 승리에 대해서만 알면, 오늘날 제가 왜 채식주의자가 되었는지 이해할 수 있을 겁니다. 그리고 왜 제가 도축장 짓는 일을 돕게 되었는지도요. 이건 모순이나 아이러니가 아닙니다. 개인적으로 고기, 계란, 유제품을 먹지 않겠다고 결심하게 했던 것과 똑같은 충동에 이끌려, 다른 사람들에게 모범이 될 프랭크의 도축장을 건설하는 일을 돕는 데 시간을 들이는 것입니다. 그들을 이길 수 없다면, 한편이 되시렵니까? 아니지요. 문제는 그들이 누구인지 제대로 밝히는 것입니다."

7

나의 내기

축산업에 관해 배우느라 3년 가까운 세월을 보낸 후, 내 결심은 두 가지 방향으로 굳어졌다. 나는 확고한 채식주의자가 되었지만, 그전에는 다양한 식단을 섭렵했다. 지금은 바뀔 거라고는 생각지 않는다. 나는 손톱만큼도 공장식 축산과 얽히고 싶지 않을 뿐이다. 그러려면 나로서는 고기를 먹지 않는 것이 가장 현실적인 방법이다.

하지만 다른 방향에서 보면, 동물들에게 행복한 삶(자기 개나 고양이한테 줄 수 있는 수준의 생활)과 편안한 죽음(고통 받는 이와, 살아날 가망이 없는 반려 동물들에게 주는 수준의 편안한 죽음)을 주는 지속 가능한 농장의 비전에도 마음이 움직였다. 폴, 빌, 니콜렛, 그리고 누구보다도 프랭크는 좋은 사람들일 뿐 아니라, 찾아보기 힘든 사람들이다. 그들은 농무부 장관을 뽑을 때 대통령이 자문을 구하는 사람들 중에 끼어야 마땅하다. 우리가 뽑은 관리들이 그들의 농장을 만들어 내려고 노력하고, 우리 경제가 그 농장을 지원하려고 했으면 좋겠다.

육류 산업은 이 두 가지 입장을 취하는 사람들을 과격한 의제를 숨긴 비타협적 채식주의자들로 색칠하려고 애썼다. 하지만 목장주들도 채식주의자가 될 수 있고, 채식주의자가 도축장을 지을 수도 있고, 나는 최상의 축산업을 지지하는 채식주의자가 될 수 있다.

나는 프랭크의 농장이 제대로 운영되리라는 확신을 얻었지만, 그의 모범을 따르는 다른 농장들이 지속해야 하는 매일의 운영에 대해서는 어떻게 확신할 수 있을까? 내가 어떻게 확신해야 할까? 선택적 육식주의자의 전략은 채식주의와는 달리 '순진'한 것일까?

우리가 마음대로 할 수 있는 존재에 대한 책임을 인정하는 동시에 오로지 그들을 죽이기 위해서 키운다는 것이 쉬운 일일까? 말린 할버슨은 축산 농부의 기묘한 입장을 설득력 있게 설명했다.

> 농부와 농장 동물의 윤리적 관계는 독특하다. 농부는 음식을 위해 결국은 도살되거나, 아니면 평생 번식을 한 다음 죽어야 할 운명으로 뽑힌 살아 있는 동물을 키워야 한다. 감정적으로 애착을 가져서도 안 되고, 거꾸로 살아 있는 동안 괜찮은 삶을 누릴 동물의 요구에 냉소적이 되어서도 안 된다. 농부는 동물을 단순한 상품으로 보지 않으면서도 어느 정도는 동물을 상품으로 키워야 한다.[49]

농부에게 이런 것을 요구하는 것이 이치에 닿을까? 산업화 시대에 동정심을 철저히 부인하지 않는다면, 고기는 어쩔 수 없이 거부해야 할 것이고 방해물일 뿐인가? 현대의 농업을 살펴보면 회의주의에 빠질 이유가 충분하지만, 내일의 농장이 어떤 모습일지는 아무도 모른다.

하지만 우리가 오늘 고기를 먹는다면, 더 잔인하게 키워진 동물(닭, 칠면조, 생선, 돼지고기.)이냐, 덜 잔인하게 키워진 동물(쇠고기)이냐 중에서 선택해야 한다는 것만큼은 확실하다. 왜 우리들 중 그토록 많은 이들이 이 사이에서 선택을 해야 한다고 생각할까? 가장 덜 끔찍한 것을 선택하게 하는 이러한 공리주의적 계산을 요점에서 벗어나게 만들어 주는 것은 무엇일까? 어느 순간에야 오늘날에는 이의 없이 받아들여지는 이 불합리한 선택들이 이것은 받아들일 수 없는 것인가라는 굵게 그은 단순한 선에 자리를 내주게 될까?

우리가 뭘 먹을지 결정하기 전에 요리에 대한 취향이 얼마나 파괴적이어야 할까? 비참한 삶을 살다가 무시무시한 방법으로 죽음을 맞는 수십억 마리 동물들의 고통에 한몫한다 해도 아무렇지도 않다면, 그럼 대체 뭐가 대수라는 것인가? 지구가 대면한 가장 심각한 위기(지구온난화)를 거드는 사람 중 하나가 되는 것만으로 충분치 않다면, 어쩌겠다는 것인가? 이 양심의 문제를 치워 버리고 싶은 유혹을 느낀다면, 그래서 지금은 말고라고 말한다면, 그럼 언제라야 하는가?

우리는 우리 문화가 소수자들을 사회의 이류 구성원으로 떨어뜨리고, 여자들을 남자들의 지배 밑에 두었던 것과 똑같은 이유로 공장식 축산업이 농업을 대체하도록 놔두었다. 우리는 우리가 하고 싶고, 할 수 있는 식으로 동물들을 다룬다. (더 이상 누가 이 사실을 정말로 부인하려 할까?) 동의의 신화는 아마도 바로 고기에 관한 이야기일 것이다. 우리가 현실적이라면, 이 이야기가 그럴듯한지 따져 보지 않을 수 없었다.

그렇지 않다. 더는 아니다. 그런 것은 동물을 먹는 데 관심이 없는 사람이라면 아무도 만족시키지 못할 것이다. 결국 공장식 축산은 사람들을 먹이기 위한 것이 아니다. 돈을 벌자는 것이다. 근본적인 법적, 경제적 변화를 막을 때, 그 외에는 달리 이유가 없다. 먹기 위해 동물을 죽이는 것이 옳건 옳지 않건, 우리는 오늘날의 지배적 시스템에서는 (적어도) 종종 끔찍한 고통을 가하지 않고서는 동물들을 죽일 수가 없다는 것을 안다. 그 누구보다도 선량한 농부인 프랭크조차도 자기 동물들을 도축장으로 보낼 때 동물들에게 사과하는 것은 바로 그 때문이다. 그는 공정한 거래를 하기보다는 타협했다.

최근에 니만 목장에서 딱히 재미있다고는 할 수 없는 일이 벌어졌다. 이 책이 인쇄에 들어가기 바로 직전에 빌이 자신의 이름을 딴 회사에서 쫓겨났다. 그의 말에 따르면, 이사회가 자기를 내쫓았다는 것이다. 이유는 이사회가 그가 실권을 쥔 동안 허용받은 것보다 수익성이 더 높으면서 덜 윤리적인 식으로 일하기 원했기 때문이라는 것이다. 문자 그대로 미국에서 가장 인상적인 국내 육류 제공 업체인 이 회사조차도 매각된 것 같다. 나는 선택적 육식주의자들에게도 실행에 옮길 수 있는 전략이 있다는 가장 좋은 증거이기 때문에 니만 목장 이야기를 이 책에 포함시켰다. 나, 그리고 우리는 니만 목장의 몰락에서 무엇을 얻어 낼 것인가?

당분간 니만 목장은 동물들(소보다는 돼지)의 삶을 확실하게 개선한다고 말할 수 있는 국내 유일의 브랜드로 남아 있을 것이다. 하지만 이 사람들에게 돈을 보내 주면 기분이 얼마나 좋아질까? 축산업이 농담이 되었다면, 아마도 이것은 뼈 있는 농담일 것이다. 빌 니만조차도 더는 니만 목장의 쇠고기를 먹지 않겠다고 하는 판이다.

나는 채식주의 식단에 내기를 걸었다. 그러면서도 더 인도적인 축산업에 승부를 건 프랭크 같은 사람들을 존중하며, 그들의 농업을 지지한다. 이것은 결국 복잡한 입장은 아니다. 채식주의의 주장에 포장을 씌운 것도 아니다. 이것은 채식주의에 대한 주장이지만, 또 한편으로는 뭔가 다른, 더 현명한 축산업과 더 올바른 잡식을 위한 주장이다.

우리가 폭력 없이 살기로 선택한다면, 이는 곧 수확이냐 도살이냐, 축산이냐 전쟁이냐 중 어느 쪽을 중심으로 식사를 할지 선택하는 것이다. 우리는 도살을 선택했다. 전쟁을 선택했다. 이것이 동물을 먹는 것에 관한 우리 이야기의 가장 진실한 판본이다.

새로운 이야기를 말할 수 있을까?

어디에서 끝날까?

1

어린 시절 마지막 추수감사절

어린 시절 내내 우리는 삼촌 댁에서 추수감사절을 맞이했다. 우리 엄마의 동생인 삼촌은 우리 외가 사람들 중 맨 처음으로 대서양 이쪽 편에서 태어난 사람이었다. 반면 외숙모의 가계는 메이플라워호까지 거슬러 올라간다. 그 믿기 어려운 두 역사의 만남은 추수감사절이라는 단어에 그토록 특별하고 기억할 만하며 미국적이라는 말이 지닌 가장 좋은 의미를 부여하는 데 적지 않은 역할을 했다.

우리는 보통 2시쯤 도착했다. 사촌들은 앞마당의 경사진 비탈에서 축구를 했다. 그러다가 내 동생이 다치고서야 다락방으로 몰려 올라가 여러 가지 비디오게임 기계로 축구를 하고 놀았다. 두 층 아래에서는 매버릭이 건조실 창문에서 침을 질질 흘렸고, 우리 아버지는 정치와 콜레스테롤 이야기를 했고, 디트로이트 라이언*은 아무도 보지 않는 텔레비전에서 혼자 열을 올리고 있었다. 할머니는 가족들에게 둘러싸여 죽은 친척들의 언어로 생각했다.

높이와 너비가 약간씩 다르지만 탁자 넷을 나란히 붙여서 어울리는 식탁보를 씌웠고 그 주위에 모양이 제각각인 의자가 스무 개 남짓을 놓았다. 이런 모양새가 완벽하다고 속을 사람은 아무도 없겠지만, 실은 그랬다. 외숙모가 접시마다 튀긴 옥수수를 한 무더기씩 놓았다. 식사 중에 그 옥수수를 우리가 감사해야 할 것의 상징으로 식

* 프로리그 미식축구팀.

탁으로 나를 것이었다. 요리들이 쉬지 않고 나왔다. 어떤 것들은 시계방향으로 가고, 어떤 것은 반대로 가고, 어떤 것은 식탁을 따라 지그재그로 놓였다. 고구마 캐서롤, 집에서 만든 롤빵, 아몬드와 요리한 깍지콩, 크랜베리 수프, 얌, 버터 같은 으깬 감자, 영 어울리지 않는 할머니의 쿠겔,* 오이와 올리브, 양념에 재운 버섯이 담긴 쟁반, 작년에 꺼내 썼던 그 오븐에서 요리한, 만화에 나올 법한 큰 칠면조 따위였다. 우리는 이야기를 하고 또 했다. 오리올 팀과 레드스킨 팀**에 대해, 이웃에 일어난 변화에 대해, 우리가 해낸 것에 대해, 남들의 고민에 대해(우리의 고민은 건드리지 않았다.) 수다를 떠는 내내 할머니는 혹시 제대로 먹지 않는 애가 있는지 손자들 사이를 돌아다니셨다.

추수감사절은 전체 명절을 다 총망라하는 명절이다. 마틴 루서 킹 데이에서 식목일, 크리스마스, 밸런타인데이까지, 그 모든 날들이 어떤 식으로든 감사하자는 날이다. 하지만 추수감사절은 어떤 특정한 대상에 감사해야 한다고 딱 정해진 것이 없다. 청교도들을 기리는 것이 아니라, 청교도들이 기렸던 것을 기린다. (19세기 말까지 청교도들은 이 명절의 특징으로 거론되지도 않았다.) 추수감사절은 미국적 명절이지만, 거기에 딱히 미국적이라고 할 만한 요소는 하나도 없다. 미국을 기리는 것이 아니라, 미국의 이상을 기린다. 추수감사절은 그런 개방성 때문에 감사를 표현하고 싶은 사람 누구나 즐기는 명절이 되었고, 이 개방성은 미국을 가능하게 만들었던 범죄들 너머, 명절의 어깨 위로 솟아올라 온 상업화와 키치, 징고이즘 너머를 가리킨다.

* 파이와 비슷한 유대식 푸딩.

** 프로리그 야구팀과 프로리그 미식축구팀.

다른 식탁들도 추수감사절 식탁과 비슷하기를 누구나 바란다. 물론 우리 대부분은 매일같이 하루 종일 요리를 할 수는 없고(할 생각도 없을 것이다.), 이런 음식들을 규칙적으로 먹어 치운다면 당연히 건강에도 좋지 않을 것이다. 우리 중에서 정말로 하루걸러 하루꼴로 대가족을 만나고 싶어 하는 사람이 몇 명이나 되겠는가?. (혼자 먹는 것 못지않게 힘들지도 모른다.) 하지만 모든 식사가 이렇게 정성껏 준비된다고 상상해 보면 기분이 좋아진다. 우리가 해마다 먹는 수천 번의 식사 중에서, 추수감사절 저녁 식사야말로 우리가 제대로 차리려고 가장 열심히 애쓰는 식사이다. 거기에는 식사의 재료, 음식을 준비하는 노력, 상차림, 먹는 행위가 우리 안에 있는 최고의 것을 표현하는, 그런 좋은 식사가 되기를 바라는 소망이 담겨 있다. 그 어떤 다른 식사보다도 잘 생각하고 잘 먹는 것과 관련이 깊다.

그리고 다른 어떤 식사보다도, 추수감사절의 칠면조는 동물을 먹는 것의 모순을 구체화한다. 우리가 살아 있는 칠면조에게 하는 짓은 인간이 전 세계 역사상 그 어느 동물에게 했던 짓 못지않게 나쁘다. 하지만 우리가 칠면조의 죽은 몸으로 하는 일은 그토록 강력하고 훌륭하고 올바르다고 느낄 수 있다. 추수감사절 칠면조는 기억하려는 본능과 망각하려는 본능이 서로 겨루는 육체이다.

이 마지막 글을 추수감사절 며칠 전에 쓰고 있다. 나는 지금 뉴욕에 살고, 적어도 할머니 표현을 빌자면 DC에는 거의 코빼기도 비치지 않는다. 젊었던 이들도 이제 더는 젊지 않다. 옥수수를 식탁으로 나르던 이들 중 몇은 죽고 없다. 그리고 새로운 가족들이 있다. (나는 이제 우리다.) 생일 파티 때 했던 의자 뺏기 놀이가 마치 이 모든 끝남과 시작을 위한 준비였던 것처럼.

올해는 우리 집에서 명절을 맞는 첫 번째 해가 될 것이며, 내가 음식을 준비하는 첫 번째 해이자, 내 아들이 우리들이 먹는 음식을 먹을 나이가 되어 처음으로 맞는 추수감사절 식사일 것이다. 만약 이 책 전체를 단 하나의 질문으로 옮길 수 있다면, 안이하고 편파적인 질문이거나 그릇된 믿음에서 나온 질문이 아니라 동물을 먹고 먹지 않고의 문제를 잘 포착하는 질문이라면, 바로 이런 질문이 될 것이다. 추수감사절에 칠면조 요리를 내야 할까?

2

칠면조들이 추수감사절과 무슨 관계가 있을까?

추수감사절 식탁에 칠면조를 내놓는 것이 어떤 의미를 더해 주는 것일까? 맛이 좋아서라고 할지도 모르지만, 맛은 이유가 못 된다. 대다수 사람들은 1년 내내 칠면조를 별로 먹지 않는다. (연간 칠면조 소비량의 18퍼센트가 추수감사절에 소비된다.) 우리가 양껏 먹을 때 즐거움을 느끼기는 하지만, 추수감사절은 배 터지게 먹는 날이 아니다. 그 반대이다.

어쩌면 칠면조는 의식에 근본적인 것이기 때문에 필요한지도 모르겠다. 그것이 우리가 추수감사절을 축하하는 방식이니. 왜 그런가? 청교도들이 첫 번째 추수감사절에 칠면조를 먹었을지도 모르니까? 안 먹었을 가능성이 더 크다. 청교도들한테 옥수수, 사과, 감자, 크랜베리가 없었다는 것은 잘 알려진 사실이다. 플리머스에서 이뤄진 전설적인 추수감사절에 관한 단 둘 뿐인 기록에는 사슴 고기와 들새만 나온다.[1] 청교도들이 야생 칠면조를 먹었으리라고 상상해 볼 수도 있겠지만, 칠면조는 19세기에 이르러서야 비로소 의식에 포함되었다.[2] 역사가들은 추수감사절이 영미 역사가들이 유명하게 만든 1621년의 플리머스 축하 잔치보다도 훨씬 더 오래되었다는 것을 발견했다. 플리머스가 생기기 반세기 전, 초기의 미국 정착민들이 지금은 플로리다가 된 곳에서 티무쿠아 인디언들과 함께 추수감사절을 축하했다.[3] 정착자들이 개신교도가 아니라 가톨릭교도였으며, 영어가 아니라 스페인어를 썼다는 유력한 증거이다. 그들은 콩 수프로 식사를 했다.[4]

하지만 청교도들이 추수감사절을 만들었고 칠면조를 먹었다고 가정해 보자. 청교도들이 지금 우리 같으면 하고 싶지 않을 많은 일을 했다는 명백한 사실을 잠시 제쳐 두고(그리고 우리는 그들이 하고 싶어 하지 않았을 많은 일들을 하고 싶어 한다.), 우리가 먹는 칠면조는 두부로 만든 채식주의자용 칠면조 고기만큼이나 청교도들이 먹었을 칠면조와 공통점이 없다. 우리의 추수감사절 식탁 한가운데에는 도축장으로 끌고 가기 위해 상자에 넣을 때까지 신선한 공기를 단 한 번도 마셔 본 적이 없거나, 하늘을 본 적이 없는 동물이 놓인다. 우리 포크 끝에 교미로 번식을 할 수 없었던 동물이 꽂혀 있다. 우리 배 속에 항생제가 배 속에 든 동물이 들어간다. 우리의 새들은 유전자 자체가 전혀 다르다. 청교도들이 미래를 내다볼 능력이 있었다면, 그들은 우리 식탁의 칠면조들을 어떻게 생각했을까? 과장하지 않고, 그들은 그게 칠면조인 줄 알아볼 것 같지도 않다.

칠면조가 없다면 어떻게 될까? 새 대신 그냥 고구마 캐서롤, 집에서 만든 롤, 아몬드를 넣은 깍지콩, 크랜베리 수프, 얌, 버터 같은 으깬 감자, 호박과 호두 파이를 놓으면 전통이 무너지거나 손상될까? 티무쿠아족의 콩 수프를 더해도 좋겠다. 이런 모습을 상상하기란 그리 어렵지 않다. 사랑하는 이들이 식탁에 둘러앉은 모습을 보라. 소리가 들리고 냄새가 풍겨 온다. 칠면조는 없다. 명절이 망쳐질까? 추수감사절이 더 이상 추수감사절이 아닐까?

아니면 추수감사절의 의미가 더욱 깊어질까? 칠면조를 먹지 않기로 한 선택이 우리가 얼마나 감사하는지 축하하는 더 적극적인 방식이 될까? 그 자리에서 오갈 대화를 상상해 보라. 이것이 우리 집안에서 이런 식으로 명절을 맞는 이유랍니다. 이런 대화가 실망을 안겨 줄까 아니면 감동을 자아낼까? 가치가 덜 전해질까, 더 전해질까? 특정 동물을 먹지 못한 허기로 기쁨이 줄어들까? 당신이 죽은 후, "우리가 왜 이것을 먹지 않을까?"라는 질문이 자취를 감추고 더 분명한 질문 "왜 그들이 먹었을까?"가 등장하는 가족들의 추수감사절을 상상해 보라. 미래 세대의 시선을 상상했을 때 우리는 카프카가 썼던 그 의미에서 수치로 기억될까?

공장식 축산업을 가능케 했던 비밀이 풀렸다. 예를 들어, 이 책을 쓰면서 보낸 3년간 가축이 그 어떤 것보다도 더 크게 지구온난화에 영향을 미치는 요인이라는 첫 번째 자료[5]를 보았다. 또 처음으로 주요 연구 기관(퓨 위원회)이 지배적으로 존재하는 여러 가지 형태의 고밀도 감금 사육 관행을 완전히 폐지하도록 권고한 것을 보았다.[6] 처음으로 주(콜로라도)에서 일반적인 공장식 축산 관행(거세와 비육틀)을 법으로 금지하는 것을 보았다.[7] 처음으로 슈퍼마켓 체인(홀 푸드)이 동물 복지 라벨을 부착하는 체계적이고 광범위한 프로그램을 받아들이는 것을 보았다.[8] 처음으로 주요 국내 신문(《뉴욕 타임스》)이 "축산업이 동물 학대로 바뀌었"고 "거름은 (중략) 유독성 폐기물로 바뀌었다"라고 주장하며 전반적으로 공장식 축산에 반대하는 논설을 실은 것을 보았다.[9]

실리어 스틸이 병아리 떼를 가두어 키웠을 때, 그녀는 자기가 한 행동이 어떤 결과를 낳을지 예측할 수 없었다. 찰스 밴트리스는 1946년 깃털이 붉은 코니시종과 뉴햄프셔종을 교배하여 오늘날 공장식 축산업에서 키우는 산란계의 조상 격인 '내일의 닭'을 생산했을 때, 자신이 어떤 일에 기여했는지 알지 못했을 것이다.

우리는 무지를 변명 삼을 수 없다. 그것은 무관심일 뿐이다. 오늘날 세대는 더 많은 것을 안다. 우리는 공장식 축산업에 대한 비판이 대중의 양심 속으로 파고든 시대에 사는 기회와 부담을 다 안았다. 우리는 동물을 먹는다는 것이 어떤 것인지 진실을 알았을 때 어떻게 하셨나요라는 질문을 받게 될 사람들이다.

3

동물을 먹는다는 것의 진실

2000년 템플 그래딘이 도축장 상태의 개선을 보고한 이후로, 노동자들이 장대를 야구방망이처럼 휘둘러 칠면조 새끼들을 때리고, 닭들이 '튀어 오르는' 것을 보려고 발로 짓밟고, 쇠 파이프로 절름발이 돼지들을 때리고, 고의로 완전히 의식이 있는 소들을 토막 낸 중

거가 제시되었다.[10] 이러한 잔학 행위를 아는 동물 권리 보호 조직들이 촬영한 비밀 비디오에만 의존할 필요는 없다. 그것들이 양도 방대하고 충분하기는 하지만 말이다. 노동자들의 증언만으로도 잔인성의 백과사전이라 할 책 몇 권을 쓸 수 있을 정도이다.

게일 아이스니츠는 그녀의 책 『도축장』에서 이러한 백과사전을 쓰다시피했다. 10년에 걸친 조사 끝에 나온 이 책은 다 합치면 도축장에서 일한 경험이 200만 시간이 넘는 노동자들과 진행한 인터뷰로 채워져 있다. 이 주제에 대해 이만큼 포괄적인 조사 보도는 없다.

> 한번은 압축 공기총이 온종일 고장 나서, 칼로 아직도 서 있는 소의 목 뒤를 찔러 열어 헤쳤습니다. 소는 그대로 쓰러져서 푸들푸들 떨더군요. 그들은 소의 엉덩이를 찔러서 움직이게 했습니다. 꼬리를 끊었지요. 소들을 죽도록 때렸어요. (중략) 소들은 혀를 쭉 빼물고 울부짖었습니다.[11]

> 이 얘기는 참 하기 힘들군요. 스트레스와 압박감이 너무나 심해요. 진짜로 비열하게 들리겠지만, 저는 〔전기〕 봉으로 소들의 눈을 찌른 적도 있습니다. 그리고 그 자리에 방치해 두었어요.[12]

> 핏물 구덩이에서 나는 피 냄새를 맡으면 사람이 홱 돌아 버려요. 진짜 그렇다니까요. 저 돼지가 나를 걷어찬다면, 나는 그 이상으로 갚아 주겠다는 자세가 되지요. 어차피 그 돼지를 죽일 테지만, 그것으로는 성에 차지 않아요. 고통을 주어야 해요. (중략) 아주 심한 짓을 하는 거지요. 숨통에 구멍을 뚫어서 제 피로 익사하게 만들어요. 코를 반으로 쪼개 놓기도 하고요. 살아 있는 돼지가 구덩이 주위를 내달리곤 하지요. 돼지가 나를

쳐다보기만 해도 화가 치밀어 올라서 칼을 집어 돼지의 눈을 도려내요. 그래도 돼지는 그냥 그 자리에 앉아 있어요. 소리만 지를 따름이지요. 한 번은 꽤 날카로운 칼로 돼지의 코끝을 베어 낸 적도 있었답니다. 딱 볼로냐소시지 조각 같더라고요. 돼지는 잠깐 동안 미쳐 날뛰었어요. 그러다가 곧 멍하니 넋 놓고 앉아 있더군요. 그래서 소금물을 그 녀석 코에다가 부었지요. 그랬더니 그 돼지가 진짜로 미친 듯이 코를 여기저기 마구 쑤셔 박더군요. 여전히 제 손에는 소금이 쥐어져 있었어요. 저는 고무장갑을 끼고 있었는데, 돼지의 항문에 소금을 쑤셔 넣었지요. 그 불쌍한 돼지는 똥을 싸야 할지 장님이 되어야 할지도 몰랐어요. (중략) 그런 짓을 하는 사람이 저만이 아니었습니다. 제가 같이 일했던 녀석 중 하나는 진짜로 돼지를 몰아서 끓는 물탱크에 넣었어요. 운전사, 소를 매다는 일꾼, 잡역부, 가릴 것 없이 다들 돼지에게 납 파이프를 썼어요. 모두 아는 사실이에요.[13]

이러한 진술은 아이스니츠가 인터뷰에서 알아낸 것들 중에서 대표적인 것이다. 묘사된 사건들을 업계에서 시인하지는 않았지만, 어쩌다 있는 일로 치부해서는 안 된다.

비밀 조사들은 농장 노동자들이 인권 감시단이 '체계적 인권 위반'이라고 부르는 상태에서 지속적으로 노동하며[14] 좌절감을 동물들에게 풀거나, 어떤 대가를 치르더라도 딴생각 말고 무조건 도축 라인을 계속 돌아가게 하라는 관리자의 요구에 그냥 굴복해 버린다는 사실을 보여 주었다. 분명히 말 그대로 가학적인 노동자도 있다. 그러나 나는 그런 사람은 아직 만나 보지 못했다. 내가 만나 본 수십 명 노동자들은 견디기 힘든 상황에서도 최선을 다하는 선량하고 똑똑

하며 정직한 사람들이었다. 책임은 동물과 '인간 자본' 모두를 기계 다루듯 취급하는 육류 산업의 사고방식에 있다. 한 노동자는 이를 다음과 같이 표현했다.

> 제일 나쁜 것, 육체적 위험보다도 더 나쁜 것은 정신적 부담입니다. 얼마 동안이라도 도축장에서 일하다 보면, 뭔가를 죽이면서도 거기에 신경 쓰지 않는 태도가 몸에 뱁니다. 자기와 함께 피 구덩이 속을 걸어 다니는 돼지의 눈을 들여다보면서 이렇게 생각할지도 모르지요. 아이고, 정말이지 나쁘게 보이는 동물은 아닌데. 어쩌면 귀여워해 주고 싶을지도 모릅니다. 도축장에 온 돼지들은 다가와서 강아지처럼 저한테 코를 비벼 댔어요. 2분 후에 그 돼지들을 죽였습니다. 파이프로 때려 죽였어요. (중략) 위층에서 돼지 내장 빼는 일을 할 때는 생산 라인에서 일하던 태도를 버릴 수 있었고 사람들을 먹이는 산업을 돕는 일을 했죠. 하지만 도축장에서 저는 사람들을 먹이고 있지 않았어요. 그것들을 죽이고 있었지요.[15]

양식이 있는 사람이라면 못 본 척 넘어갈 수 없을 이러한 만행이 얼마나 흔하게 이루어져야 할까? 식용동물들 1000마리 중 한 마리는 위에 묘사된 것과 같은 고통을 받았다는 사실을 안다면, 그래도 계속 고기를 먹을 수 있을까? 100마리 중 한 마리라면? 열 마리 중 한 마리라면? 『잡식동물의 딜레마』에서 결말을 향해 가며, 마이클 폴란은 다음과 같이 썼다. "어느 정도는 채식주의자의 명쾌한 도덕에 질시를 느끼는 부분도 있다는 것을 인정해야겠다. (중략) 하지만 또 한편으로는 채식주의자를 동정하기도 한다. 순수에 대한 꿈은 딱 그런 것이다. 그들은 보통 현실을 거부하는 태도를 보이며, 이러한 태도는 때로는 오만으로 나타날 수도 있다."[16] 감정에 이끌려 오만한 독불장군이 될 수도 있다는 그의 말은 옳다. 하지만 순수의 꿈을 좇아 행동하려고 노력하는 사람이 정말로 동정받아야 할 사람일까? 이 경우에는 누가 현실을 부인하는 것인가?

템플 그랜딘이 처음으로 도축장에서 벌어지는 학대의 규모를 계량화하기 시작했을 때, 그녀는 미국에서 사전 예고로 방문하여 조사한 공장들 중 32퍼센트에서 "규칙적으로 벌어지는 고의적 잔혹 행위"를 목격했다고 보고했다.[17] 너무 충격적 통계여서 세 번이나 다시 읽어야 했다. 감사관에게 목격된, 규칙적으로 벌어지는 고의적 잔혹 행위, 그것도 도축장에 최악의 문제들은 치워 놓을 시간을 준 예고 감사에서 목격되었다는 것이다. 목격되지 않은 잔혹 행위들은 어떨까? 그리고 훨씬 더 흔할 것이 뻔할 사고는 또 어떨까?

그랜딘은 더 많은 육류 소매업자들이 공급 업자들에게 도축장 감사를 요구하기 때문에 상황이 개선되었다고 강조했지만, 얼마나 개선되었을까? 미국 계육 협회에서 가장 최근 실시한 닭 도축장 감사를 재검토하면서, 그랜딘은 도축장들 중 26퍼센트는 너무나 심한 학대 때문에 감사에 떨어져야 했다는 사실을 발견했다.[18] (업계 측에서는 감사 결과를 아무런 이의 없이 받아들였다. 심지어 살아 있는 새들을 집어 던지고, 쓰레기통에 처박고, 산 채로 끓는 물에 넣어도 모든 공장이 감사에 통과했던 것이다.)[19] 그랜딘이 가장 최근에 한 쇠고기 공장 조사에 따르면, 도축장들 중 25퍼센트는 과도한 학대 행위 때문에 자동으로 감사에서 떨어졌다.[20] ('지각이 있는 동물을 레일에 매다는 것'은 자동적으로 감사에 떨어지는 것을 불가피하게 만드는 동물 학대의 전형적인 한 예로 들 수 있다.) 최근 조사에서 그랜딘은 한 노동자가 완전히 의식이 있는 소를 토막 내는 것을 목격했다.[21] 소들은 정신이 깬 채로 '피 흘리는 레일'에 매달려 있었고,[22] 노동자들은 "전기봉으로 소의 항문 부위를 쿡쿡 찔렀다."[23] 그랜딘이 보지 않았을 때는 어땠을까? 감사에 첫 번째로 문을 열지 않은 대다수 공장들은 또 어떨까?

농부들은 자기 일과 직접적이고 인간적인 관계를 잃어버렸다. 농부들은 갈수록 동물들을 소유하지 못하고, 자기들 식대로 방법을 결정할 수가 없고, 자기들의 지혜를 적용하도록 허락받지 못한다. 그들은 속도가 빠른 산업식 도축에 대한 대안이 없다. 공장식 모델은 농부들을 그들의 노동(땅을 파헤치고, 도끼로 자르고, 톱질하고, 막대기를 꽂고, 가지 치고, 자르는 노동.)으로부터 멀어지게 했을 뿐 아니라, 농부들이 생산하는 것(구역질 나는 건강에 나쁜 음식)과 생산물이 팔리는 방식(익명으로 값싸게)에서도 떼어 놓았다. 인간 존재는 도축장의 공장식 조건 아래에서는 인간일 수가 없다. (훨씬 덜 인도적으로 변한다.) 지금 세상에서 이보다 더 완벽한 소외현상을 겪을 수 있는 일터는 없다. 동물이 어떤 경험을 하는지를 고려하지 않는다면.

4

미국의 식탁

우리 중 대부분이 선택할 수 있는 윤리적 식단의 수에 자만해서는 안 된다. 미국에서 생산되는 비공장식 닭고기로는 스태튼아일랜드 인구도 다 먹일 수가 없고, 비공장식 돼지고기로는 전국은 고사하고 뉴욕의 수요도 다 맞추지 못한다.[24] 윤리적 고기는 현실이 아니라 약속어음이다. 어떤 윤리적 고기 옹호자든 진지하게 생각한다면 채식주의 음식을 많이 먹는 쪽으로 가게 될 것이다.

상당히 많은 사람들이 가능하다면 그런 시스템 밖에서 고기를 사면서도 여전히 공장식 축산업을 지지하고픈 유혹을 떨치지 못하는 것 같다. 그것도 괜찮다. 하지만 도덕적 상상력을 최대한 펼쳐 본다면, 미래를 낙관하기 힘들다. 공장식 축산업에 돈을 갖다 주려는 계획은 어떤 것이 되었든지 공장식 축산업을 끝장내지 못할 것이다. 버스를 안 타면 불편할 때 버스를 이용했다면, 몽고메리 버스 보이콧이 효과를 거두었겠는가? 노동자들이 파업하기 힘들어지면 곧바로 일에 복귀하겠다고 선언한다면 그 파업이 효과가 있겠는가? 공장식 축산 고기도 사면서 대안적 방식으로 생산된 고기를 사도 좋다고 부추기는 말을 누가 이 책에서 발견했다면, 그건 이 책에 없는 말을 찾아낸 것이다.

공장식 축산을 끝장내는 일을 조금이라도 진지하게 생각한다면, 우리가 할 수 있는 최소한의 일은 최악의 학대자들에게 돈이 흘러가지 못하게 막는 것이다. 어떤 이들에게는 공장식 축산 제품을 피하는 결정이 쉬울지도 모른다. 또 어떤 사람들에게는 힘든 결정일 수도 있다. 힘겨운 결단으로 느끼는 이들(나 역시 이 집단에 포함되었을 수도 있다.)에게 던질 궁극적인 질문은 불편을 감수할 만한 가치가 있느냐이다. 우리는 적어도 이러한 결정이 삼림 파괴를 막고, 지구온난화를 억제하고, 오염을 줄이고, 석유 비축량을 아끼고, 미국 전원에 가하는 부담을 줄이고, 인권 학대를 감소시키고, 공공 보건을 향상시키고, 세계 역사상 가장 체계화된 동물 학대를 근절하는 데 일조할 수 있다는 것을 안다. 하지만 그 못지않게 중요한 것을 우리가 빠뜨렸을 수도 있다. 이러한 결정이 우리를 어떻게 변화시킬까?

공장식 축산 시스템에서 벗어남으로써 시작되는 직접적이고 구체적인 변화는 제쳐 놓고, 이렇게 신중하게 먹겠다는 결정은 그 자체로도 엄청난 잠재력을 지니는 힘이 될 것이다. 가장 근본적인 소비 행위를 바꾸겠다는 도덕적 상상력과 현실적 의지를 지닌다면, 식탁에 앉을 때 하루에 세 번씩 우리의 동정심과 이성을 발동시킨다면, 우리가 어떤 세상을 만들어 낼까? 도축장의 존재와 싸움터를 연관 지은 톨스토이의 주장은 유명하다. 좋다, 우리가 고기를 먹는다고 전쟁을 벌이는 것은 아니고, 경우에 따라서는 해야 할 전쟁도 있다. 히틀러가 채식주의자였다는 사실까지 굳이 들먹이지 않아도 말이다.[25] 하지만 동정심은 쓰면 쓸수록 더 강해지는 근육과 같다. 반복적으로 잔인성보다 친절함을 선택하는 훈련을 하다 보면 우리에게 변화가 일어날 것이다.

닭고기 패티와 채식주의 버거 중에서 무엇을 주문하느냐가 심각하게 중요한 결정이라고 한다면 철딱서니 없는 소리로 들릴지도 모르겠다. 그러면 다시 말해 보건대, 1950년대에는 식당이나 버스에서 어디에 앉느냐가 인종 문제를 근절하는 시작이 될 수 있다고 했다면, 당연히 말도 안 되는 소리로 들렸을 것이다. 1970년대 초, 세사르 차베스의 노동자 권리 운동 이전에 포도를 먹지 않는 것이 농장 노동자들을 노예나 다름없는 상태에서 구해 주기 위한 시작이 될 수 있다고 했다면, 똑같이 정신 나간 소리로 들렸을 것이다. 뜬구름 잡는 말처럼 들릴지 몰라도, 잘 들여다본다면, 매일의 선택이 세상을 만들어 나간다는 사실을 부인하기 어렵다. 미국의 초기 정착민들이 보스턴에서 티 파티를 열기로 결정했을 때, 한 국가를 만들어 낼 만큼 강력한 힘이 분출되었다. 무엇을 먹을지 (그리고 무엇을 배 밖으로 내던질지) 결정하는 것은 다른 모든 것을 형성하는 생산과 소비에 대한 근본적 행동이다. 채식이냐 육식이냐, 공장식 축산이냐 가족농이냐를 선택하는 것만으로 세상을 바꿀 수는 없지만, 우리들, 우리 아이들, 우리의 지역 공동체, 그리고 우리나라에 편의보다 양심을 선택하도록 가르쳐 줌으로써 세상을 바꿀 수 있다. 우리가 가치에 따라 살거나 혹은 가치를 저버릴 가장 큰 기회들 중 하나는 우리가 접시에 어떤 음식을 놓을 것인가에 달려 있다. 우리는 개인으로서뿐만 아니라 국가로서 우리의 가치에 따라 살거나 혹은 가치를 저버리는 것이다.

우리에게는 싸구려 제품을 찾는 것보다 더 위대한 유산이 있다. 마틴 루서 킹 주니어는 "안전하지도, 정치적이지도, 대중적이지도 않은 입장을 취해야 하는" 시대에 대해 열정적으로 썼다.[26] 때로 우리는 "자신의 양심이 그것이 옳다고 말해 주기" 때문에 결정을 내려야만 한다. 킹의 이 유명한 말과 차베스의 농장 노동자 조합의 노력 또한 우리의 유산이다. 이러한 사회 정의 운동들이 공장식 축산업의 상황과는 무관하다고 말하고 싶을지도 모른다. 킹과 차베스는 고통 받는 인류에 대한 관심에서 나선 것이지, 고통 받는 닭이나 지구 온난화 때문에 나선 것은 아니라고. 충분히 수긍할 만한 얘기다. 여기에서 이런 예들을 들먹이며 비교하는 데 당연히 적당히 얼버무릴 사람도 있을 것이고, 심지어는 발칵 화를 낼 사람도 있을 것이다. 하지만 세사르 차베스와 킹의 아내 코레타 스콧 킹이 채식주의자였고, 킹의 아들 덱스터도 채식주의자였다는 사실은 짚고 넘어가도 좋을 것이다. 차베스와 킹이 공장식 축산에 반대 의견을 낼 리가 없다고 앞질러 가정한다면, 그들의 유산, 다시 말해서 미국의 유산을 너무 좁게 해석하는 것이다.

5

세계의 식탁

다음번에 식탁에 앉을 때, 다른 사람들 아홉 명이 당신과 같은 식탁에 둘러앉고, 당신들이 지구의 모든 사람들을 대표한다고 상상해 보라. 국가별로 묶는다면, 같은 식탁에 앉은 이들 중 두 명은 중국인, 두 명은 인도인이며, 5분의 1이 동북아시아, 남아시아, 중앙아시아의 다른 모든 나라들을 대표한다. 6분의 1은 동남아시아와 오세아니아를 대표한다. 7분의 1은 사하라 사막 이남 아프리카를 대표하며, 여덟 번째 사람은 아프리카 나머지 지역과 중동을 대표한다. 아홉 번째는 유럽을 대표한다. 남아메리카, 중앙아메리카, 북아메리카를 대표하는 하나 남은 자리가 여러분의 자리이다.

모국어로 자리 배정을 한다면, 중국어 사용자에게만 대표가 생길 것이다. 영어와 스페인어는 사용자들을 합쳐야 한 자리를 차지할 것이다.

종교로 묶는다면 세 명이 기독교인, 두 명이 이슬람교도, 세 명은 전통적인 중국 종교인 불교나 힌두교가 된다.[27] 나머지 두 명은 다른 종교 전통에 속하거나 무교로 분류된다. (내가 속한 유대교 공동체는 중국 인구 통계의 오차 범위보다도 작아서, 의자에 엉덩이 반쪽 걸치기도 힘들다.)

영양분 섭취량으로 자리를 나눈다면, 한 명은 굶주리고 두 명은 비만이다.[28] 채식주의에 가까운 식단에 반 자리 이상이 돌아가지만, 그 수는 점점 줄어들고 있다.[29] 보다 엄격한 채식주의자들과 완전 채식주의자들이 식탁에 한 자리를 차지하지만, 이나마도 가까스로 차지한 것이다.[30] 계란, 닭고기, 돼지고기에 손을 뻗으면 두 번에 한 번 이상은 공장식 축산으로 생산된 것이다.[31] 이러한 현재 경향이 20년만 더 계속된다면, 쇠고기와 양고기도 그렇게 될 것이다.[32]

미국은 자리를 인구별로 나눈다면 한 자리를 차지하기 좀 힘들지만, 얼마나 많은 음식을 먹어 치우는가로 나눈다면 두 자리에서 세 자리 사이이다. 지금 우리 미국인들만큼 먹는 것을 좋아하는 사람은 아무도 없다. 우리가 식단을 바꾼다면, 전 세계가 바뀐다.

지금까지 우리의 음식 선택이 지구의 생태와 동물들의 삶에 어떻게 영향을 주는가에 주로 논의를 한정 지었지만, 마음만 먹으면 책 전체를 공공 보건, 노동자들의 권리, 파괴되어 가는 전원 공동체, 또는 전 지구적 빈곤에 관한 이야기로 만들 수도 있다. 이 모든 것이 공장식 축산에 깊이 영향을 받는다. 공장식 축산이 물론 세계 모든 문제의 원인은 아니지만, 그중 얼마나 많은 문제가 거기에서 서로 만나는지 놀랄 만하다. 또한 여러분이나 나 같은 사람들이 공장식 축산업에 실제로 영향을 미칠 수 있다는 사실도 똑같이 놀라우면서 전혀 참말 같지 않게 들린다. 하지만 전 세계 공장식 축산의 관행에 미치는 미국 소비자들의 영향력을 진지하게 의심할 만한 사람은 아무도 없다.

어느새 나는 모든 사람이 차이를 만들어 낼 수 있다는 기묘한 관념을 제시하는 데까지 위험스러우리만치 근접하고 있다. 물론 현실은 더 복잡하다. '홀로 먹는 사람'이라면, 당신의 결정은 그 자체로, 저절로 산업을 바꿀 만한 일은 아무것도 하지 못한다. 하지만 음식을 남몰래 구하여 벽장 속에서 먹지 않는 한, 당신은 혼자 먹는 것이 아니다. 우리는 아들과 딸로서, 가족으로서, 공동체로서, 세대로서, 국가로서, 그리고 날이 갈수록 하나의 지구로서 먹는다. 원치 않더라도 어떻게든 영향을 퍼뜨리면서 먹는다.

오랫동안 채식주의자로 살아왔던 사람이라면 누구든지 이 단순한 식단 선택이 당신 주변 다른 사람들의 식단 결정에 미치는 영향은 가히 놀라울 정도라고 말해 줄 것이다. 미국의 식당을 대표하는 기구인 미국 음식점 협회는 미국의 모든 식당에 적어도 한 가지 채식주의 요리를 내도록 권고했다. 어째서인가? 답은 간단하다. 여론조사 결과를 보니 식당 운영자들 중 3분의 1 이상이 채식주의 음식의 수요 증가를 인정했다고 나왔던 것이다.[33] 업계 최고의 요식업 정기 간행물인 《미국 음식점 뉴스》는 식당들에 권고한다. "채식주의 또는 완전 채식주의 요리를 포함시켜라. 채식주의 요리는 값이 더 싼 것은 둘째 치고 (중략) 그 식당을 거부할 이유를 줄여 준다. 보통 무리 중에 채식주의자가 있으면, 그것으로 어디에서 식사할지가 결정된다."[34]

거액의 광고비가 단지 영화에서 사람들이 우유를 마시거나 쇠고기를 먹는 모습을 보여 주기 위해 퍼부어지며, 그 이상의 돈이 내 손에 든 탄산음료가 코카콜라인지 펩시인지 (아마도 먼 거리에서도) 구별할 수 있게 해 주기 위해서 사용된다. 미국 음식점 협회나 다국적 기업들이 단지 우리가 주변 사람들에게 미치는 영향력에 대해 만족감을 느끼게 해 주려고 이러한 권고를 하거나 상품 배치에 수백만 달러를 쓰지는 않는다. 그들은 단지 먹는 것이 사회적 행위라는 사실을 인식할 따름이다.

우리는 포크를 들 때 어떤 입장을 취하는 셈이다. 우리는 이런저런 식으로 농장 동물들, 농장 노동자들, 국내 경제, 세계 시장과 관계를 맺는다. 결정을 내리지 않고 그냥 '남들 먹는 대로' 먹는 것이 가장 쉬운 결정이지만, 이런 결정은 점점 더 많은 문제를 낳는다. 틀림없이 예전 같으면 결정하지 않고 남들 먹는 대로 먹는 것이 나쁘지 않은 생각이었을 것이다. 하지만 오늘날 남들 먹는 대로 먹는 것은 낙타 등 위에 지푸라기 한 개를 더 얹는 짓이다. 우리가 얹은 지푸라기로 등이 부러지지는 않을지 몰라도, 그 행동은 반복될 것이다. 우리가 매일매일 이렇게 살고, 우리 자식들도 매일 이런 식으로 살고, 우리 자식들의 자식들도…….

우리 모두가 먹는 세계 식탁의 자리 배치와 상차림은 변화한다. 우리 식탁의 중국인 두 명은 10~20년 전에 비해 접시에 네 배나 많은 고기를 놓고 있다.[35] 음식 더미는 계속 더 높아져만 간다. 반면에 식탁의 다른 두 명은 깨끗한 마실 물도 없어서 중국 사람들을 쳐다만 보고 있다. 오늘날 축산 제품들이 중국인들의 식단에서 차지하는 비중은 아직도 16퍼센트밖에 되지 않지만, 중국 물 소비량의 50퍼센트 이상을 농장 동물들이 먹는다.[36] 중국의 물 부족이 이미 전 세계적 관심사가 되는 시기에 그렇다. 우리 식탁에서 먹을 것을 찾느라 애를 써야 하는 필사적인 사람들은 전 세계가 미국식 육류 식습관을 향해 행진해 감으로써 그들이 생명을 부지하는 기본 곡물량이 훨씬 더 줄어들리라는 걱정을 당연히 더 할 것이다. 더 많은 고기는 곡물 수요와 곡물을 놓고 싸우는 손이 더 많아지리라는 것을 의미한다. 2050년경이면 전 세계 가축이 40억 명분의 식량을 소비할 것이다.[37] 지금 경향으로 보면 우리 식탁의 배고픈 사람 한 명이 두 명이 되는 것은 시간 문제일 것이다. (27만 명 이상이 매일 굶주린다.)[38] 비만이 차지하는 자리 또한 늘어날 것이기 때문에,[39] 거의 틀림없이 이런 일이 일어날 것이다. 가까운 장래에 전 세계 식탁의 자리 대부분이 비만인 사람 아니면 영양결핍에 시달리는 사람들로 채워지리라는 것이 불 보듯 뻔하다.

하지만 꼭 이런 식으로 되리라는 법은 없다. 미래가 얼마나 나쁠 수 있는지 아는 것은 더 나은 미래를 가정할 수 있는 가장 좋은 이유가 된다.

이성적으로, 공장식 축산은 물론 말할 것도 없이 여러 가지 면에서 나쁘다. 내가 읽은 자료와 대화들 중 그 어디에서도 공장식 축산에 대한 설득력 있는 변명을 아직 발견하지 못했다. 하지만 음식은 이성적이지 않다. 음식은 문화이고, 습관이며, 정체성이다. 어떤 이들에게 비이성은 일종의 체념을 가져온다. 음식 선택은 패션이나 라이프 스타일의 선호에 비교된다. 그런 것들이 우리가 어떻게 살아야 하는가에 대한 판단에 답을 주지는 않는다. 나는 음식이 파생시키는 거의 무한정한 의미, 음식이 지닌 복잡다단함 때문에 먹는 문제, 특히 동물을 먹는 문제가 놀라우리만치 불쾌하기 짝이 없는 문제가 된다는 사실에 동의한다. 내가 이야기를 나누어 본 활동가들은 사람들이 생각하는 바는 분명하면서도 음식 선택은 다른 방향으로 하는 데 끝없이 당황하고 좌절했다. 나 역시 공감하는 바이지만, 한편으로 가장 큰 희망은 바로 이 음식이 지닌 비이성성에 있지 않을까 싶다.

음식은 결코 식단을 어떻게 하면 물을 최소한으로 쓸까 아니면 고통을 최소한으로 유발할까를 따지는 계산이 아니다. 아마도 실제로 우리가 거짓을 바꾸도록 자극할 수 있는 가장 큰 희망이 거기에 있을지도 모른다. 공장식 축산은 어느 정도 욕망을 위해 양심을 누르게 한다. 하지만 달리 보면, 공장식 축산을 거부할 수 있는 능력이 바로 우리가 가장 원하는 것이 될 수도 있다.

공장식 축산의 붕괴는 내가 느꼈듯이 단순히 무지의 문제가 아니다. 활동가들이 종종 말하듯이 "사람들이 사실을 모르기 때문에" 일어나는 문제도 아니다. 분명히 그것도 한 가지 원인이기는 하다. 사실이야말로 꼭 필요한 출발점이기 때문에 이 책을 많은 사실들로 채웠다. 그리고 매일의 음식 선택으로 우리가 창조해 내는 유산에 대해서 과학적으로 아는 것 또한 대단히 중요하기 때문에 그것도 실었다. 내가 말하려는 것은 이성에 이끌려서는 안 된다는 것이 아니라, 인간이라는 것, 인간적으로 행동한다는 것은 이성을 발휘하는 것 이상이라는 사실이다. 공장식 축산에 반응하려면 정보를 넘어서, 욕망과 이성, 사실과 신화, 심지어는 인간과 동물 사이 대립 너머에 존재하는 것을 볼 줄 아는 능력이 필요하다.

공장식 축산은 비합리적 경제성 때문에 언젠가는 종말에 이를 것이다. 공장식 축산은 근본적으로 지속 불가능하다. 지구는 개가 벼룩을 털어 내듯 결국은 공장식 축산을 털어 낼 것이다. 유일한 문제는 우리도 함께 털려 나가게 될 것인가이다.

동물을 먹는다는 것에 대해서, 특히 대중 앞에서 생각한다는 것은 전 세계에 예기치 않은 힘을 내뿜는다. 이렇게 강한 힘을 품은 문제는 흔치 않다. 한쪽 시각에서 보자면, 고기는 그저 우리가 먹는 것일 뿐이고, 좀 더 중요하다 하더라도, 종이 냅킨이나 SUV 소비나 다를 바 없는 문제이다. 추수감사절에 냅킨을 바꾸려 한다면, 이런저런 냅킨 제조 회사들의 부도덕성에 대해 아무리 허풍스럽게 일장 연설을 늘어놓는다 해도 남을 움직이기는 힘들 것이다. 하지만 채식주의 문제를 추수감사절에 한 번 제기해 보라. 힘도 들이지 않고 강한 의견들을, 적어도 강한 의견들을 끌어낼 수 있을 것이다. 동물을 먹는 문제는 우리의 자아에 대한 감각, 즉 우리의 기억, 욕망, 가치와 깊이 공명하는 현을 건드린다. 그러한 공명은 잠재적으로 논쟁적이며, 잠재적으로 위협적이고, 잠재적으로 고무적이지만, 언제나 의미로 가득하다. 음식은 중요하고 동물도 중요하고 동물을 먹는다는 것은 훨씬 더 중요하다. 동물을 먹는 문제는 부정확한 표현일지도 모르지만, 우리가 "인간이 된다."라고 일컫는 이상에 도달한다는 것이 무엇을 뜻하는지를 우리 직관을 통해 궁극적으로 인도하는 문제이다.

6

그의 어린 시절 첫 번째 추수감사절

추수감사절에 무엇에 대하여 감사를 바칠까? 어린 시절에 내가 맨 처음으로 식탁으로 옮겼던 옥수수는 나의 건강과 우리 가족의 건강에 감사하는 마음의 상징이었다. 어린아이치고는 기묘한 선택이었다.

어쩌면 어떤 가족 나무도 드리우지 않은 그늘 속에서 생겨난 감정이거나, 할머니의 주문 같은 "건강해져야 한다."에 대한 응답이었을지도 모른다. 그 말씀은 어쩔 수 없이 "넌 건강하지 않구나, 건강해져야지."라는 비난처럼 들렸다. 이유가 무엇이건 간에, 어린아이 때조차도 나는 건강을 뭔가 믿을 수 없는 것으로 생각했다. (생존자들의 자식들과 손자들이 그토록 많이 의사가 되는 것은 단지 보수와 명예 때문만은 아니었다.) 다음 옥수수는 나의 행복을 상징했다. 다음 것은 내가 사랑하는 사람들, 나를 둘러싼 가족들은 물론이고 내 친구들을 상징했다. 건강, 행복, 사랑하는 사람들, 그것이 오늘날 나의 첫 옥수수 세 개가 될 것이다. 그러나 내가 감사를 드리는 것은 더 이상 나 자신의 건강과 행복, 사랑하는 사람들이 아니다. 내 아들이 자라서 의식에 참여할 때는 달라질지도 모른다. 하지만 지금은 아들을 위해, 아들을 통해서, 아들을 대신하여 감사를 드린다.

추수감사절이 어떻게 가장 진실한 감사의 마음을 표현하는 수단이 될 수 있을까? 어떤 의식과 상징들이 건강, 행복, 사랑하는 사람들에 대해 감사할 수 있게 해 줄까?

우리는 함께 축하한다. 그저 모이는 것으로 끝나지 않고, 먹는다. 항상 그랬던 것은 아니다. 연방 정부는 처음에는 추수감사절을 단식하는 날로 홍보하려고 생각했다. 수십 년 동안 종종 그런 일이 목격되었다. 내가 추수감사절의 수호성인 정도로 여기는 벤저민 프랭클린에 따르면 "감사하는 마음에는 잔치를 벌이는 것이 더 어울린다."라고 제안한 인물은 한 "소박한 양식을 지닌 농부"였다.[40] 프랭클린 본인의 대역이 아니었을까 의심이 드는 그 농부의 목소리가 지금 국가의 신념이 되었다.

역사적으로 우리의 먹을거리를 생산하고 먹었기 때문에 우리는 유럽 열강에 종속되지 않고 미국인이 될 수 있었다. 다른 식민지들이 살아남기 위해 막대한 수입품을 필요로 했던 반면, 초기의 미국 이민자들은 원주민들의 도움 덕분에 거의 자급자족할 수 있었다.[41] 식량은 자유의 상징이라기보다는 자유의 첫째가는 필요조건이다. 우리는 그 사실을 인정하기 위해 추수감사절에 미국의 토산물을 먹는다. 많은 면에서 추수감사절은 윤리적 소비자 보호 운동에 대한 미국적 이상의 시작이다. 추수감사절 식사는 양심적 소비에 대한 미국의 기본 협정이다.

그러나 우리가 성찬을 벌이는 음식은 어떤가? 우리가 소비하는 것은 이치에 맞는가?

우리 추수감사절 식탁까지 오는 칠면조 4500만 마리, 이 무시할 수 없는 수의 칠면조들은 거의 모두가 건강하지 못하고, 불행하며, 이것은 지나치게 소극적인 표현일지 모르지만, 사랑받지 못했다. 사람들이 추수감사절 식탁에 칠면조의 자리에 대해 저마다 결론은 달리 내린다 해도, 적어도 그 세 가지 사실에는 모두들 동의할 수 있다.

오늘날 칠면조들은 '고기, 톱밥, 가죽 무두질의 부산물'이 포함된 완전히 부자연스러운 음식으로 키운 자연스러운 식충 동물이다.[42] 널리 입증되었지만, 다른 것까지 언급하면 아마 믿지 못할 것이다. 칠면조들은 질병에 취약하다는 점을 고려하면 아마도 공장식 축산 모델에 가장 부적합한 동물일 것이다. 그래서 칠면조들은 다른 어떤 농장 동물보다도 더 많은 항생제를 먹는다. 이로 인해 항생제 내성이 생긴다. 이 꼭 필요한 약들이 인간에게는 효과가 떨어지게 된다. 완벽하게 직접적인 방식으로, 우리 식탁의 칠면조들은 인간의 병을 치료하기 더 힘들게 한다.

무엇이 잔인하고 무엇이 친절한 행동인지, 무엇이 환경상 파괴적이고 무엇이 지속 가능한지를 알아내는 것이 꼭 소비자의 책임이어야 할 필요는 없다. 잔인하고 파괴적인 음식 제품은 불법이 되어야 한다. 납 페인트를 쓴 어린이 장난감이나 염화불화탄소 화합물, 즉 프레온가스를 쓴 에어로솔이나 분류되지 않은 부작용이 있는 약물을 살 수 있는 선택권 따위는 필요 없다. 공장식으로 사육된 동물을 살 수 있는 선택권도 필요 없다.

우리가 아무리 헛갈리거나 무시한다 해도, 공장식 축산이 비인도적이라는 사실은 안다. 우리가 좌지우지할 힘이 있는 살아 있는 것들을 위해 우리가 만들어 내는 삶에 대단히 중요한 것이 있다는 사실도 안다. 공장식 축산에 대한 우리의 반응은 궁극적으로는 힘없는 존재들, 우리와 가장 관계가 먼 것들, 목소리 없는 존재들에게 우리가 어떻게 반응하는가에 대한 일종의 테스트이다. 우리가 어떤 식으로 행동하도록 강요하는 사람이 아무도 없을 때 어떻게 행동하는가에 대한 테스트이다. 일관성 있는 태도가 아니라, 문제에 관여할 것 자체가 요구된다.

역사가들은 에이브러햄 링컨이 스프링필드에서 워싱턴으로 돌아가던 중에 곤경에 빠진 작은 새 몇 마리를 보고 일행을 멈추어 그 새를 도와주게 했다는 이야기를 전한다. 다른 사람들이 비난하자 그는 이렇게 대꾸했다. "내가 그 불쌍한 것들을 땅 위에 버려두고 제 어미한테 돌려보내 주지 않았다면, 오늘 밤 잠을 이루지 못했을 겁니다."[43] 그는 새들의 도덕적 가치나 그 자체로, 또는 생태계나 신에게 가치가 있다는 주장을 하지는 않았다. (그렇게 할 수 있었을지도 모르는데 말이다.) 대신 그는 고통 받는 새들이 일단 눈에 띄자, 자신에게 그저 도덕적 짐이 지워졌다고 보았다. 그냥 지나쳐 버린다면 그는 자신일 수가 없다. 링컨의 성격에는 앞뒤가 안 맞는 점이 매우 많았고, 물론 그는 새들을 도와주기보다는 새들을 먹은 적이 훨씬 더 많았다. 그러나 같은 생물의 고통을 보면, 그는 응답을 했다.

세계의 식탁에 가족과 앉아 있건, 내 양심과 함께 앉아 있건, 나에게 공장식 축산은 그저 불합리해 보이는 정도가 아니다. 공장식 축산을 받아들인다는 것이 비인간적으로 느껴진다. 공장식 축산을 받아들인다면, 즉 내 가족에게 공장식 축산으로 생산된 음식을 먹이고, 내 돈으로 공장식 축산을 지탱한다면, 나는 덜 자신다워지고, 덜 우리 할머니 손자다워지고, 덜 아버지다워질 것이다.

"중요한 게 아무것도 없다면, 지켜야 할 것도 없는 법이란다."라는 할머니의 말씀도 바로 이런 의미이다.

주석

이야기하기

1　다음 자료를 바탕으로 추정한 결과이다. 프랑수아 쿠플랑 · 제임스 듀크, 『북아메리카 식용 식물 백과사전』(커네티컷: 키츠 출판사, 1998); 미래를 위한 식물 협회, 「더 건강한 세상을 위한 식용 약제 식물과 유용한 식물」, http://www.pfaf.org/reaflets/edible_uses.php.

2　가장 최신 자료를 근거로 직접 계산한 결과이다. 농장 동물들 중 다른 어떤 종류보다도 육계의 수가 훨씬 더 많으며, 사실상 전부 다 공장식으로 키워진다. 다음은 각 산업별 공장식 축산 비율이다.

육계: 99.94%(2007년 개체 수 조사 기록과 EPA 규정 참조)

산란계: 96.57%(2007년 개체 수 조사 기록과 EPA 규정 참조)

칠면조: 97.43%(2007년 개체 수 조사 기록과 EPA 규정 참조)

돼지: 95.41%(2007년 개체 수 조사 기록과 EPA 규정 참조)

육우: 78.2%(2008년 NASS 보고서 참조)

젖소: 60.16%(2007년 개체수 조사 기록과 EPA 규정 참조)

전부 아니면 전무 또는 그 밖의 무엇

1　243~244쪽 참조.

2　미국 애완동물 용품 제조업 협회(APPMA)(2007~2008), S. C. 존슨, 「사진 — 전국 경연 대회에서 미국인들이 애완동물에 대한 애정을 선언하다」, http://www.reuters.com/article/pressRelease/idUS127052+15Apr-2009+PRN2009415에서 재인용.

3　키스 비비언 토머스, 『인간과 자연 세계 — 근대적 감수성의 역사』(뉴욕: 판테온 북스, 1983), 119쪽.

4　「미국의 애완동물」, http://www.petsinamerica.org/thefutureofpets.htm. 미국의 애완동물 프로젝트는 사우스캐롤라이나 대학 매키식 박문관에서 열리는 미국의 애완동물 전시회와 '연계하여 실시'된다.

5 토머스, 위의 글.

6 "저에게 가장 끔찍한 악몽은 아이들이 저한테 와서 '아빠, 저 채식주의자예요.'라고 하는 것입니다. 그러면 저는 아이들을 울타리 위에 앉혀 놓고 감전사시킬 겁니다." 빅토리아 케네디, 「자라는 아이들을 위한 고든 램지의 충격적인 요리법」, 《데일리 미러》(2007년 4월 25일).

7 "조사에 따르면 여기에서 개고기는 훌륭한 식품입니다." 「미조람의 진미, 개고기」, 《힌두》(2004년 12월 20일).

8 "4세기경 고구려 분묘의 벽화에는 양과 함께 돼지를 도살하는 장면이 묘사되어 있다." 롤프 포츠, 「인간이 개를 물다」, http://www.salon.com/wlust/feature/1998/10/28feature.html.

9 위의 글.

10 칼빈 W. 슈바베, 『입에 올리기 힘든 요리법』(샬로츠빌: 버지니아대학 출판부, 1979), 168쪽.

11 헤르난 코르테스, 앤서니 팩덴 옮김, 『멕시코에서 온 편지』(뉴헤이븐: 예일대 출판부, 1986), 103, 398쪽.

12 S. 펄론 · M. G. 에니그, 「내장과 기름 — 아메리카 원주민들의 식단」(웨스턴 A. 프라이스 재단, 2000), http://www.westonaprice.org/traditional_diets/native_americans.html.

13 슈바베, 앞의 책, 168, 176쪽.

14 제임스 쿡, 그렌펠 프라이스 엮음, 『제임스 쿡 선장의 태평양 탐험 — 그의 일지에서 발췌(1768~1779)』(뉴욕 주 미네올라: 도버 사, 1971), 291쪽.

15 글로벌 액션 네트워크, 「필리핀의 개들 — 간략한 보고서」(2005), http://www.gan.ca/campaigns/philippines+dogs/factsheets.en.html; 「개고기 섭취에 대한 종교적 역사」(2007), http://www.dogmeattrade.com/facts.html.

16 케빈 스태퍼드, 『개의 복지』(뉴욕: 스프링어, 2007), 14쪽.

17 세넌 버레이, 「나이지리아에서는 개를 요리해 먹는 것이 인기가 있다」, BBC 뉴스 (2007년 3월 6일).

18 슈바베, 앞의 책, 168쪽.

19 위의 책, 173쪽.

20 미국 동물 애호 협회, 「애완동물 개체 수 과잉 문제 평가서」, http://www.hsus.

org/pets/issues_affecting_our_pets/pet_overpopulation_and_ownership_statistics/hsus_pet_overpopulation_estimates.html.

21 미국 동물 보호 협회, 「동물 보호소 안락사」(2009), http://www.americanhumane.org/about-us/newsroom/fact-sheets/animal-shelter-euthanasia.html.

22 「민족 고유의 요리법: 아시아와 태평양 섬의 요리법: 필리핀 요리법: 개고기 스튜(결혼식 요리)」, http://www.recipesource.com/ethnic/asia/filipino/00/rec0001.html.

23 http://www.fishbase.org에서 전 지구상에 27만 6500개 보통명사로 알려진 3만 1200종의 목록을 제시한다.

24 "거의 모든 여성 응답자들(99%)은 애완동물에게 자주 말을 건다고 대답했고(남성은 95%였다.) 놀랍게도 여성들의 93%는 애완동물들이 자기들과 의사소통을 한다고 생각한다.(남성은 87%였다.)" 비즈니스 와이어, 「남자의 가장 좋은 친구, 실은 여자의 가장 좋은 친구 — 조사에 따르면 여자들은 자기들의 파트너보다 애완동물을 더 가깝게 느낀다」, http://findarticles.com/p/articles/mi_m0EIN/is_2005_March_30/ai_n13489499/.

25 "치어들은 산호초에서 나는 딱딱 소리와 쉿쉿 소리를 따라 산호초를 찾아낸다. 예를 들자면 딱총새우들이 내는 '베이컨을 굽는' 듯한 소리를 20킬로미터 밖에서도 알아들을 수 있다." 스태프, 「산호초 소리에 반응하는 물고기들」, 《뉴 사이언티스트》(2005년 4월 16일).

26 로버트 모건, 『세계의 해양 어류』(뉴욕: 피트먼, 1955), 106쪽, 리처드 엘리스, 『텅 빈 바다』(워싱턴 DC, 아일랜드 출판사, 2004), 14쪽에서 재인용.

27 J. P. 조지, 『연승 조업』(로마: UN 식량 농업 기구, 1993), 79쪽.

28 엘리스, 앞의 책, 14, 222쪽.

29 UN 식량 농업 기구 · 가축, 환경, 개발 계획, 「가축의 긴 그림자 — 환경 문제와 선택」(2006), 21쪽, ftp://ftp.fao.org/docrep/fao/010/a0701e/a0701e00.pdf.

30 해양의 건강을 측정하기란 쉽지 않지만, 해양 영양 지수(MTI)라는 강력한 새로운 통계를 통해 과학자들은 간략하게나마 해양 생명의 상태를 살펴볼 수 있게 되었다. 바다에 있는 모든 생명체에게 1부터 5까지, 먹이사슬에서 자기 자리를 표시하는 특정 '영양 등급'을 할당한다고 상상해 보라. 식물이 해양 먹이 그물의 기저를 이루고 있으므로 1번은 식물에게 할당된다. 플랑크톤으로 알려진 작은 동물처럼 식물을 먹는 생물이 영양 등급 2에 해당된다. 플랑크톤을 먹는 생명체가 영양 등급 3이 되는 식이다. 최

상위 등급의 포식자에게는 영양 등급 5가 할당될 것이다. 만약 우리가 대양의 모든 생명체를 다 세어서 각각에게 숫자를 매길 수 있다면, 대양의 평균 영양 등급을 산정할 수 있을 것이다. 그것은 전체적으로 해양 생명 대부분을 훑어보는 셈이 된다. 이런 엄청난 계산을 통해 바로 MTI가 평가하려는 바가 나온다. MTI가 높을수록 먹이사슬이 더 길고 다양하며 바다가 더 활력이 넘친다는 의미이다. 예를 들어 바다에 식물밖에 없다면 바다는 MTI 1이 될 것이다. 식물과 플랑크톤만 있다면 MTI는 1과 2의 중간쯤 될 것이다. 바다에 더 다양한 생명체들로 이루어진 더 긴 먹이그물이 있다면, 그에 따라 MTI도 높아질 것이다. MTI에 옳고 그름은 없지만, MTI가 지속적으로 떨어진다는 것은 나쁜 소식이 확실하다. 물고기를 먹는 사람들에게도 나쁜 소식이고 물고기들한테도 나쁜 소식이다. MTI는 1950년대 이후로 꾸준히 떨어지고 있는데, 산업화된 어업 기술이 일반화된 무렵이다. 대니얼 폴리 · 제이 매클린, 『완벽한 대양에서』(워싱턴 DC: 아일랜드 출판사, 2003), 45~53쪽.

31 가축 부문은 온실 가스의 단일 원인 중 가장 큰 원인이다. UN 식량 농업 기구, 앞의 글, 112, 267쪽; 퓨 자선 재단 · 존스 홉킨스 블룸버그 공공 보건 대학 · 산업화된 동물 생산에 대한 퓨 위원회, 「식탁에 고기를 놓는다는 것 — 미국 내 산업화된 농장에서의 동물 생산」(2008), http://www.ncifap.org/.

32 "판매액 1420억에 더하여, 포장, 운송, 제조, 판매에서 얻을 수 있는 일자리를 포함하여 이 산업의 경제적 파급효과로 창출되는 상품과 서비스는 수백만 달러의 가치가 있다." 미국 식육 협회, 「미국 식육 산업 훑어보기 — 우리의 경제를 먹여 살리는 것」(2009), http://www.meatami.com/ht/d/sp/i/47465/pid/47465/#feedingoureconomy.

33 R. A. 마이어스 · B. 웜, 「멸종, 생존, 또는 대형 포식 어류의 회복」, 《런던 왕립학회 시리즈 B 중 철학 회보 — 생물학》(영국 학술원, 2005), 13~20쪽, http://www.ncbi.nlm.nih.gov/pmc/articles/PMC1636106/.

34 보리스 웜 외, 「해양 생태계 서비스에서의 생물학적 다양성 상실의 영향」, 《사이언스》(2006년 11월 31일).

35 D 폴리 외, 「세계 어업의 국제적 경향들 — 해양 생태계와 식량 안정성에 미치는 영향」(영국 학술원, 2005), http://www.ncbi.nlm.nih.gov/pmc/articles/PMC1636108/.

36 FAO 통계에 따르면(http://faostat.fao.org/site/569/DesktopDefault.aspx?PageID=569#ancor에서 확인 가능.), 해마다 사육되는 농장 동물 약 600억 마리 중에서 500억 마리 이상이 육계이며, 공장식으로 키워지는 것이 거의 확실하다. 이는 전 세계적으로

사육되는 공장식 축산 동물들의 수에 대한 추정치를 제공한다.

37 첫 번째 장 「이야기하기」의 2번 각주 참조.

38 스티븐 슬론, 『해양 파산』(길포드: 라이언 사, 2003), 75쪽.

39 R. L. 루이슨 외, 「위협받는 종에 대한 어업의 영향을 계량화하기 — 붉은바다거북과 장수거북의 원양 연승 어업의 영향」, 《생태학 서신 7》 3호(2004), 225쪽.

40 "이 2차 낚싯줄에 고리를 달고 오징어나 물고기, 혹은 찾아냈다면 신선한 돌고래 고기로 미끼를 단다." 해양 보호 목자 협회, 「연승 어업이란 무엇인가」, http://www.seashepherd.org/sharks/longlining.html.

41 엘리스, 앞의 책, 19쪽.

42 J. A. 코슬로 · T. 코슬로, 『침묵의 심해 — 심해의 발견, 생태학과 보존』(시카고: 시카고 대학 출판부, 2007), 131, 198쪽.

43 위의 책, 199쪽.

44 슬론, 앞의 글.

45 벤야민, 데리다, 카프카에 대한 논의는 종교학 교수이며 비판적 이론가인 아론 그로스와 토론을 하며 도움을 받았다.

46 막스 브로드, 『프란츠 카프카』(뉴욕: 스초켄, 1947), 74쪽.

47 자크 데리다, 데이비드 윌리스 옮김, 마리루이스 말레 엮음, 『그러므로 나인 동물』(뉴욕: 포드햄 대학 출판부, 2008), 28, 29쪽.

48 엘리스, 앞의 책, 78쪽.

49 위의 책, 77~79쪽.

50 http://www.britannica.com/EBchecked/topic/664988/sea-horse(2009); 환경 정의 재단 자선 신탁, 『바다를 낭비하다 — 새우 트롤망 어업이 전 세계적으로 생태학적 온전성과 식량 안전성을 어떻게 위협하는가』(런던: 환경 정의 재단, 2003), 18쪽; 리처드 더튼, 「보네르 섬의 유명한 해마는 어떤 스쿠버 다이빙 여행에서든 성배가 된다」, http://bonaireunderwater.info/imgpages/bonaire_seahorse.html. 해마에 대한 여러 가지 사실들은 브리태니커 백과사전 온라인판의 해마 항목에서 옮겨 왔다.

51 환경 정의 재단 자선 신탁, 위의 글.

52 대서양 참치 보존을 위한 국제 협의회, 「격주년 보고서 2004~2005」 1권 2부(2005). http://www.iccat.int/en/pubs_biennial.htm.

53 환경 정의 재단 자선 신탁, 앞의 책, 19쪽.

단어 / 의미

1 80쪽 참조.

2 티모시 잉골드, 『동물이란 무엇인가?』(보스턴: 언윈 하이먼, 1988), 1쪽. 동물 세계가 다른 문화권에서 개념화되는 서로 다른 방식들에 대한 놀라운 예는 남아메리카 아라웨테족에 대한 에두아르도 바탈라 비베이로스 데 카스트로의 주목할 만한 민족학 연구에서 찾을 수 있다. "인간과 동물 간 차이는 명확하지 않다. (중략) 나는 아라웨테족의 우주관에서 '자연'의 위치를 간단하게 특징짓는 방식을 찾을 수가 없었다. (중략) '동물'을 분류하지도 않는다. '물고기'나 '새' 같은 포괄적인 단어도 거의 없고, 서식지, 식습관, 인간에 대한 반응, 샤머니즘과의 관계, 음식 금기에 따라 동물들의 종을 구분해 가리키는 환유어들만 많다.('도 피'는 '식용', '테미나 니'는 '애완동물로 삼을 만한 것'이라는 뜻이다.) 동물을 구분 짓는 개념 차이는 본질적으로 인간이나 (중략) 영혼처럼 (중략) 존재를 가리키는 다른 범주에 적용되는 것과 동일하다." 에두아르도 비베이로스 데 카스트로, 캐서린 V. 하워드 옮김, 『적의 관점에서 — 아마존 강 유역 사회의 인류와 신성』(시카고: 시카고 대학 출판부, 1992), 71쪽.

3 인문학의 최근 학제 간 연구는 우리가 동물과 상호작용하는 것이, 현기증이 나도록 다양한 방식으로 우리가 우리 자신을 어떻게 이해하는지를 반영하거나 혹은 형성한다는 사실을 입증했다. 아이들에게 개 이야기를 들려주는 것에 대한 연구와 동물 복지에 대한 공적 지원은 아론 그로스와 앤 밸럴리가 엮은 『동물 타자들과 인간의 상상력』(뉴욕: 콜럼비아 대학 출판부, 근간)에서 그 상호작용의 예로 제시된다.

4 '의인화 거부'라는 단어는 프랜스 드 왈의 저서에서 따왔다. 프랜스 드 왈, 『의인화 거부』(뉴욕: 베이직 북스, 2001), 63, 69쪽.

5 E. 체나미 스파다, 「무정형, 만유기계론, 의인화」, R. W. 미첼 외 엮음, 『의인화, 일화, 동물들』(올버니: 서니, 1997), 37~49쪽.

6 미국 계란 생산업자 협회는 암탉을 한 마리당 최소 432제곱센티미터 크기의 닭장에 넣을 것을 권고한다. 미국 동물 애호 협회는 이 최소 기준이 일반적으로 통용되는 것이라고 보고한다. 미국 계란 생산업자 협회, 「산란계에 대한 미국 계란 생산업자 협회의 목축 가이드라인」(2008); 미국 동물 보호 협회, 「방목형 계란 생산 대 배터리식 닭장 계란 생산」(2009).

7 로저 풀버스, 「동물 애호가의 나라 — 애완동물로서 혹은 접시 위에 놓이는 고기로서」, 《재패니스 타임스》(2006년 8월 20일).

8 이 공간의 넓이는 650~930제곱센티미터이다. 미국과 유럽 육계업자들한테는 실제로 그렇다. 인도에서는(그리고 다른 곳에서도) 닭을 닭장에 넣어 두는 경우가 많다. 랠프 A. 언스트, 「캘리포니아에서의 닭고기 생산」(캘리포니아 대학 협동 지도소, 1995), http://www.animalscience.ucdavis.edu/avian/pfs20.htm; D. L. 커닝햄, 「조지아의 육계 생산 시스템 — 비용과 수익 분석」(2004년 7월), http://www.thepoultrysite.com/articles/234/broiler-productionsystems-in-georgia.

9 미국 계란 위원회, 「계란 생산의 역사」(2007), http://www.incredibleegg.org/egg_facts_history2.html.

10 프랭크 고디, 「육계」, 『미국 가금류의 역사(1823~1973)』(미국 가금류 역사 협회, 1974), 392쪽; 마이크 도너휴, 오스카 오커스트 행크 외 엮음, 「축산 회사들이 육계 산업의 효율성에 어떻게 보탬이 되었는가」(2009년 2월), http://www.thepoultrysite.com/articles/1317/how-breeding-companies-help-improve-broiler-industry-efficiency.

11 좋은 목자 가금류 농장의 프랭크 리스가 2009년 7월 답변해 주었다.

12 "하루 25그램에서 하루 100그램으로" 증가했다고 한다. T. G. 놀스 외, 「육계의 다리 장애 — 확산, 위험 요소와 예방」(2008), http://www.plosone.org/article/info:doi/10.1371/journal.pone.0001545.

13 M. C. 애플비 외, 『가금류의 행동과 복지』(월링포드: CABI 출판사, 2004), 184쪽.

14 위의 글.

15 진 바우어, 『동물 보호소』 (뉴욕: 터치스톤, 2008), 150쪽.

16 G. C. 페리 엮음, 『산란계 암탉의 복지』, 가금류 과학 심포지엄 시리즈 27권(웰링포드: CABI 출판사, 2004), 386쪽.

17 환경 정의 재단 자선 신탁, 『바다를 낭비하다 — 새우 트롤망 어업이 전 세계적으로 생태학적 온전성과 식량 안정성을 어떻게 위협하는가』(런던: 환경 정의 재단, 2003), 12쪽.

18 위의 글.

19 위의 글.

20 대서양 참치 보존을 위한 국제 협의회, 「부수 어획종」(2007년 3월), http://www.iccat.int/en/bycatchspp.htm.

21 대서양 참치 보존을 위한 국제 협의회, 「격주년 보고서 2004~2005」 1권 2부

(2005), 206쪽, http://www.iccat.int/en/pubs_biennial.htm.
22 네바다 CFE 574장 「동물에 대한 잔혹 행위의 예방과 처벌」. http://leg.state.nv.us/NRS/NRS-574.html#NRS574Sec200 참조.
23 D. J. 울프선 · M. 설리번, 「닭장의 여우」, C. R. 선스타인 · M. 누스바움 엮음, 『동물의 권리 — 최근 논쟁과 새로운 방향』(옥스퍼드: 옥스퍼드 대학 출판부, 2005), 213쪽.
24 D. 핸슨 · V. 브리지스, 「다우너 소와 38개 주에서 수의사를 찾은 소들을 대상으로 한 TSE와 부합하는 진행성 혹은 비진행성 신경학적 징후를 보이는 소들에 대한 조사 설명」, 《소 수의사》 33권 2호(1999), 179~187쪽.
25 "다양한 식단에 따른 온실가스 배출의 차이는 보통의 세단 한 대를 소유하는 것과 일반적인 운전을 기준으로 했을 때 SUV를 소유하는 것 정도의 차이가 있다." G. 에셀 · P. A. 마틴, 「식단, 에너지, 지구온난화」, 《지구의 상호 작용》 10권 9호(2006), 1~17쪽.
26 UN 식량 농업 기구 · 가축, 환경, 개발 계획, 「가축의 긴 그림자 — 환경 문제와 선택」(2006), 21, 112, 267쪽, ftp://ftp.fao.org/docrep/fao/010/a0701e/a0701e00.pdf.
27 퓨 자선 재단 · 존스 홉킨스 블룸버그 공공 보건 대학 · 산업화된 동물 생산에 대한 퓨 위원회, 「식탁에 고기를 놓는다는 것 — 미국 내 산업화된 농장에서의 동물 생산」(2008), 27쪽, http://www.ncifap.org/.
28 사실 UN에서 제시한 이 수치는 살아 있는 가축을 수송할 때 생기는 온실 가스는 포함시키지 않아서 실제보다 낮다고 한다. UN 식량 농업 기구, 앞의 글 21, 112쪽.
29 기후 변동에 관한 정부 간 패널에서 과학자들은 운송 수단에서 발생하는 온실 가스가 전체에서 13.1퍼센트를 차지한다고 한다. 18퍼센트는 13.1퍼센트보다 38퍼센트가 더 큰 수치이다. H. H. 로그너 · D. 조우 · R. 브래들리 P. · 그라베, O. · 에덴호퍼 · B. 헤어 · L. 쿠이즈퍼스 · M. 야마구치, B. 메츠 · O. R. 데이비슨 · P. R. 보시, R. 데이브 · L. A. 메이어 엮음, 『기후 변동 2007 — 완화, 기후 변동에 관한 정부 간 패널 4차 평가 보고서에 대한 작업 그룹 3의 기여』(뉴욕: 케임브리지 대학 출판부).
30 UN 식량 농업 기구, 앞의 글, 21쪽,
31 AFP, 「채식주의자가 되면 당신의 탄소 발자국 지수를 크게 줄일 수 있다 — 연구」(2008년 8월 26일), http://afp.google.com/article/ALeqM5gb6B3_ItBZn0mNPPt8J5nxjgtllw.

32 UN 식량 농업 기구, 앞의 글, 391쪽.

33 위의 글; FAO 어업과 수산 양식부, 「세계 어업과 수산 양식 현황 2008」, http://www.fao.org/fishery/sofia/en.

34 P. 스미스 · D. 마티노 · Z. 카이 · D. 그워리 · H. 잰즌 · P. 쿠마 · B. 맥칼 · S. 오글 · F. 오마라 · C. 라이스 · B. 스콜스 · O. 시로텐코, 「농업」, 『기후 변화 2007 — 완화』.

35 마이클 야콥센 외, 「더 푸른 식단을 위한 여섯 가지 논쟁」(공익을 위한 과학 센터, 2006), http://www.cspinet.org/EatingGreen/.

36 퓨 자선 재단 외, 앞의 글.

37 더그 구리언셔먼, 「CAFO 공개 — 갇혀 있는 동물들에게 먹이를 주는 방식의 드러나지 않은 비용」(우려하는 과학자 연맹, 2008), http://www.ucsusa.org/food_and_agriculture/science_and_impacts/impacts_industrial_agriculture/cafos-uncovered.html; 마거릿 멜론, 「잔뜩 먹이기 — 가축에 대한 항생제 남용 평가」(우려하는 과학자 연맹, 2001), http://www.ucsusa.org/publications/#Food_and_Environment.

38 사라 J. 세르 · 사잘 스타핏, 「식량과 토지 이용을 통해 기후 변동 완화하기」(월드워치 연구소, 2009), https://www.worldwatch.org/node/6128; 크리스토퍼 플라빈 외, 「2008년 세계 현황」(월드워치 연구소, 2008), https://www.worldwatch.org/node/5561#toc.

39 USDA 식품 안전 검사국, 「고기와 가금류 라벨 용어」(2006년 8월 24일), http://www.fsis.usda.gov/FactSheets/Meat_&_Poultry_Labeling_Terms/index.asp.

40 《공보 73》 198호(2008년 10월 10일). GPO 접속을 통한 온라인 공보(wais.access.gpo.gov). http://www.fsis.usda.gov/OPPDE/rdad/FRPubs/2008-0026.htm 참조.

41 특정 USDA 라벨이 무엇을 뜻하는지에 대한 명료한 리뷰를 보려면 다음을 참조. 미국 동물 애호 협회, 「계란 포장 상자의 라벨과 동물 복지의 관련성에 대한 짧은 안내」(2009년 3월), http://www.hsus.org/farm/resources/pubs/animal_welfare_claims_on_egg_cartons.html.

42 "소비자들에게 '신선하다'는 뜻은 모든 가금류와 고기 조각이 영하 3도 이하였던 적이 한 번도 없다는 것이다." USDA 식품 안전 검사국, 「가금류의 라벨이 신선하다고 알려 준다」, www.fsis.usda.gov/PDF/Poultry_Label_Says_Fresh.pdf.

43 비둘기들에 대한 연구는 옥스퍼드 대학에서 수행했으며 다음 책에서 논의되었다. 조너선 밸컴, 『유쾌한 왕국 — 동물과 기분 좋은 상태의 본질』(뉴욕: 맥밀런, 2007),

53쪽.

44 라이얼 왓슨, 『모든 돼지』(워싱턴: 스미소니언 북스, 2004), 177쪽.

45 돼지들은 턱을 우물거리거나, 이를 딱딱 부딪치거나, 그르릉거리거나, 고함을 치거나, 끽끽거리거나, 으르렁거리거나, 킁킁거려서 의사소통을 한다. 가장 높이 평가받는 생태학자인 마크 베코프에 따르면, 돼지들은 신체 언어를 사용하여 함께 놀자는 뜻을 서로 전한다. "이러한 표시는 통통 뛰거나 머리를 꼬는 식으로 나타난다." 마크 베코프, 『동물의 감정 생활』(노바토: 뉴월드 도서관, 2008), 97쪽; 미국 동물 애호 협회, 「돼지에 관하여」, http://www.hsus.org/farm/resources/animals/pigs/pigs.html?print=t.

46 우리 또한 어미 돼지가 새끼 돼지들에게 젖을 먹일 때가 되면 꿀꿀거리고, 새끼 돼지들 쪽에서도 어미와 떨어져 있을 때 특별한 방식으로 어미를 부른다는 것을 안다. 피터크리스천 쉰 외, 「집에서 키우는 돼지들(미니 돼지)이 새끼를 돌볼 때 꿀꿀거리는 소리에 나타나는 공통적인 특징과 개별적인 차이 — 다양한 매개 변수 분석」, 《행동》 136권 1호(1999년 1월), 49~66쪽.

47 템플 그랜딘은 돼지들이 장난감을 좋아할 뿐 아니라, '장난감에 대한 분명한 취향'도 있다는 것을 보여 준다. 템플 그랜딘, 「우리의 돼지들에게 다양한 환경 제공하기」(가축 보존 협회, 1988), http://www.grandin.com/references/LCIhand.html. 돼지와 다른 동물들의 놀이에 관한 더 많은 논의를 보려면 베코프의 앞의 글을 참조.

48 멧돼지들 또한 자신과 관계없더라도 곤경에 빠져 울부짖는 돼지들을 도우러 달려간다는 것이 입증되었다. 베코프, 앞의 책, 28쪽.

49 리사 더친, 「돼지가 개보다 영리할까?」(2006년 5월 8일), http://www.rps.psu.edu/probing/pigs.html.

50 위의 글.

51 K. N. 랄랜드 외, 「물고기에 관해 배우기 — 3초 기억력에서 문화까지」, 《어류와 어업》 4권 3호(2003), 199~202쪽.

52 이것은 ISI 지식 웹 서치와 350개 이상의 초록 리뷰를 근거로 대략 추정한 수치이다.

53 "많은 물고기들이 새들이 그러듯 새끼를 키우기 위해 집을 짓는다. 또 어떤 물고기들은 영구적인 피신처와 좋아하는 은신처가 있다. 그러나 끊임없이 먹을 것을 찾아 이동해야 하는 처지라면 어떻게 하겠는가? 양놀래기는 매일 밤마다 해저에서 돌멩이

를 모아 새 집을 짓는다. 집 짓기가 끝나면 양놀래기는 그곳에 들어앉아 잠을 자고 다음 날 아침 집을 버린다." 컬럼 브라운, 「예쁜 얼굴만은 아니다」, 《뉴 사이언티스트》 2451호(2004), 42쪽.

54 예를 들어, 대다수 망둥이 종은 일부일처제 관계다. M. 월 · J. 헐러, 「산호와 관련이 있는 물고기에게서 나타나는 정착 이후 행동 패턴과 귀소 본능」, 《행동 생태학》(2009), http://beheco.oxfordjournals.org/cgi/content/full/arn118/DC1.

55 랄랜드 외, 앞의 글에서 다음을 재인용. M. 밀린스키 외, 「되갚아 주기 — 큰가시고기(가스테로스테우스 아쿨레아투스), 동료 파트너 '신뢰하기'」, 《행동 생태학》 1권(1990), 7~11쪽; M. 밀린스키 외, 「큰가시고기는 반복적으로 상호적 협동을 하는가?」, 《행동 생태학과 사회 생물학》 27권(1990), 17~21쪽; L. A. 더갓킨, 『동물 간 협동』(뉴욕: 옥스퍼드 대학 출판부, 1997).

56 "위의 설명대로 조개껍데기를 깨기 위해 모루를 사용하는 것은 분명히 근본적인 도구 사용이다. 그러나 그것이 도구 사용의 제한적인 정의, 동물이 목표를 달성하기 위해 직접적으로 도구를 사용해야만 한다는 것을 지지해 주지는 않는다.(벡, 1980) 엄격한 정의에 더 근접한 예는 남아메리카 시클리드의 경우로 기록되어 있는 것처럼 방해가 있을 때 알을 안전하게 옮기기 위해 해조 잎을 이용하는 경우이다.(팀 · 킨레이사이드, 1975; 킨레이사이드 · 프린스, 1976) 메기(호플로스테르늄 소라카텀) 또한 알을 해조 잎에 딱 붙여서 이 '유모차'로 알을 거품 둥지로 옮긴다.(암브러스트, 1958)" R. 브샤리 외, 「어류의 인지 능력 — 영장류의 시야」, 《동물 인지》 5권 1호(2001), 1~13쪽.

57 P. K. 맥그리거, 「영역 시스템에서 신호 보내기 — 개별적 신원 확인, 거리 측정, 엿듣기」, 《런던 왕립학회 시리즈 B 중 철학 회보 — 생물학》 340권(1993), 237~244쪽; 브샤리 외, 위의 글; S. W. 그리피스, 「어류들의 동종에 대한 습득된 인식」, 《어류와 어업》 4권(2003), 256~268쪽, 랄랜드 외, 앞의 글에서 재인용.

58 "물고기들은 생쥐 정도의 지능이 있다. (중략) 세인트 앤드루스 대학의 마이크 웹스터 박사는 물고기들이 위험에 처하면 높은 수준의 지능을 보여 준다는 사실을 발견했다. (중략) 웹스터 박사는 연준모치들이 포식자에게 잡아먹히지 않고 어떻게 공유하는 지식을 기술적으로 이용하여 탈출하는가를 보여 주는 일련의 실험을 수행했다. 그는 플라스틱 칸막이로 무리에서 분리한 물고기 한 마리가 위협이 없을 때 독자적으로 결정을 내린다는 것을 발견했다. 그러나 무리 지어 있는 웅덩이에 포식자

가 있을 때 물고기는 다른 물고기들을 관찰하여 어떻게 행동을 취할지 단서를 얻었다. 그는 이렇게 말한다. '이 실험은 포식자의 위협이 증가할수록 연준모치들이 식량을 찾는 결정에 대한 근거를 찾는 데 사회적 학습에 점점 더 많이 의존한다는 확실한 증거를 제공합니다.'" 사라 크냅턴, 「과학자들이 어류가 포유동물 못지않게 영리하다는 사실을 발견하다」(2008년 8월 29일), http://www.telegraph.co.uk/earth/main.jhtml?view=DETAILS&grid=&xml=/earth/2008/08/29/scifish129.xml.

59 랄랜드 외, 앞의 글에서 다음을 재인용. 맥그리거, 앞의 글; 브샤리 외, 앞의 글; 그리피스, 앞의 글.

60 랄랜드 외, 위의 글에서 다음을 재인용. 브샤리 외, 위의 글; R. 브샤리 · M. 워스, 「더 깨끗한 물고기 라브로이데스 디미아투스가 촉각 자극으로 산호초의 물고기들을 조종하다」, 《런던 왕립학회 시리즈 B 중 철학 회보 — 생물학》 268권(2001), 1495~1501쪽.

61 "2001년에 《동물 인지》 4권 109쪽에 오스트레일리아 민물 거피의 장기 기억을 논하는 논문을 발표했다. 물고기들은 긴 어류 탱크에 접근하여 그물에 난 구멍의 위치를 찾아내는 훈련을 받았다. 11개월쯤 지난 후 물고기들은 다시 테스트를 받았고, 그사이 기구를 보지 못했는데도 탈출하는 능력이 감소하지 않았다. 야생에서 불과 2~3년밖에 살지 못한 물고기의 경우도 나쁘지 않은 결과를 보여 주었다." 브라운, 앞의 글.

62 랄랜드 외, 앞의 글.

63 위의 글.

64 레슬리 J. 로저스, 『그들의 마음』(볼더: 웨스트뷰 출판사, 1997), 124~129쪽; 발콤베, 『유쾌한 왕국』, 31, 33~34쪽.

65 로저스, 위의 글.

66 로저스, 『닭의 뇌와 행동 발달』(옥스퍼드:CABI, 1996), 217쪽. 과학 문헌의 최근 리뷰들이 그녀의 주장을 뒷받침해 준다. 저명한 생태학자 피터 말러는 최근 비인간 영장류와 새들의 사회적 인지 능력에 관한 기존 연구를 검토했다. 그의 검토는 로저스의 관찰을 확인해 주었으며 그는 과학 문헌이 조류와 영장류의 마음 사이에서 차이보다는 유사성을 더 많이 보여 준다고 주장하게 되었다. 발콤베, 앞의 책, 52쪽.

67 로저스, 『그들의 마음』, 74쪽.

68 어떤 연구에서는 부상을 입은 새들이 진통제 성분이 든 음식을 찾아내는 법을 배운다고 한다.(그리고 그런 것들을 더 좋아한다) 다시 말해서 닭들은 병이 나게 할 수

도 있는 화학물질이 든 푸른색 먹이를 피하도록 배운다. 화학물질이 제거된 후에도 어미 닭들은 병아리들에게 푸른색 먹이를 피하라고 가르친다. 통증이 누그러지거나 병이 나는 효과가 새들에게 즉각 나타나지는 않기 때문에, 먹이가 핵심 변수라고 결정하려면 새들은 어느 정도 인상적인 분석을 할 필요가 있었다. 베코프, 앞의 책, 46쪽.

69 수탉들은 먹이를 찾으면 자기가 구애하는 암탉에게 먹이를 찾았다고 알리는 소리를 외치기도 한다. 대부분의 경우 암탉이 달려온다. 그러나 어떤 수탉들은 먹이가 없는데도 부르고, 그래도 암탉은 (수탉 부근을 보지 못할 만큼 먼 거리에 있다면) 달려온다. 로저스, 『그들의 마음』, 38쪽; 발콤베, 앞의 책, 51쪽.

70 예를 들어, 닭들이 레버를 부리로 쫀다면 보상으로 적은 먹이밖에 얻지 못하지만 22초를 기다릴 경우 더 큰 보상을 받게 한다면, 닭들은 주어진 시간의 90퍼센트는 기다리도록 학습한다. (나머지 10퍼센트는 참지 못하는 쪽이거나 그냥 적은 양이라도 당장 얻는 쪽으로 시간을 보내기를 더 좋아하는 것 같다.) 발콤베, 앞의 책, 223쪽.

71 위의 책, 52쪽.

72 "KFC는 매년 닭 8억 5000만 마리를 구매한다.(회사가 확인해 주지 않은 숫자다.)" 대니얼 즈워들링, 「살인 장면」, 《미식가》(2007년 6월).

73 "KFC 임원들은 꿈쩍도 하지 않는다. 그들은 이미 '닭의 복지와 인도적 처우에 헌신하고 있다.'라고 주장한다." 위의 글.

74 「KFC가 닭 공급업자들의 추문에 응답하다」(2004년 7월 23일), http://www.foodproductiondaily.com/Supply-Chain/KFC-responds-to-chickensupplier-scandal; 「비밀 조사」, http://www.kentuckyfriedcruelty.com/u-pilgrimspride.asp.

75 KFC의 동물 복지 프로그램은 http://www.kfc.com/about/animalwelfare.asp를 참조.

76 앤드류 마틴, 「PETA가 깃털을 곤두세우다 — 고객들을 노리고 시각적으로 생생한 항의를 했지만 KFC가 공급업자들의 도축장 규정을 바꾸도록 밀어붙이지는 못하다」, 《시카고 트리뷴》(2005년 8월 6일).

77 헤더 무어, 「비위생적이고 비인도적이다 — KFC는 누구에게도 옳지 않은 일을 하고 있다」, 《아메리칸 크로니클》(2006년 7월 19일)

78 PETA 조사원들이 PETA 보고서를 통해 제공한 증거이다. "나흘 동안 PETA 조사원들은 도축하기 위해 새들을 나르는 컨베이어 벨트를 포함하여 산 채로 닭을 매달아 놓는 곳에 일꾼들이 소변을 보는 것을 목격했다." 「새를 고문하는 타이슨 노동자들,

도축 라인에 소변을 보다」, http://getactive.peta.org/campaign/tortured_by_tyson.

79 KFC의 자문 위원회. http://www.kfc.com/about/animalwelfare_council.asp.

80 유대 정통파 블로그 FailedMessiah.com이 어그리프로세서의 복잡한 전설에 대해 광범위한 정보를 제공했다.

81 랍비 페리 파파엘 랭크(랍비 총회 의장)가 2008년 12월 8일에 보수파 랍비들에게 보낸 편지.

82 아론 그로스, 「코셔가 코셔가 아닐 때」, 《티쿤》 20권 2호(2005), 55쪽.

83 위의 글.

84 「이슈—유기농」, http://www.sustainabletable.org/issues/organic/; 「간략 보고서—유기농 라벨 붙이기와 마케팅 정보」, http://www.ams.usda.gov/AMSv1.0/getfile?dDocName=STELDEV3004446&acct=nopgeninfo.

85 "저는 과거 30년간 일해 오면서 보아 온 것보다 1999년 한 해 동안 더 많은 변화를 보았습니다." 에이미 가버 · 제임스 피터, 「최근 애완동물 프로젝트—산업 기관들이 동물이 살아 있을 때와 동물을 도축할 때 조건을 개선하기 위한 규약을 만들어 내려 하다」, 《미국 음식점 뉴스》(2003년 9월 22일).

86 스티브 코퍼러드가 2009년 1월 12일에 언급한 내용. 미국 동물 애호 협회와 PETA의 농장 동물 복지 캠페인에 관해 논문을 쓴 하버드 대학교 학생 루이스 발라드와 전화 인터뷰를 하며 들었다.

87 데이비드 W. 무어, 「동물 복지에 대한 대중의 냉담—농장 동물의 처우를 개선하는 엄격한 법률은 지지하지만 제품 테스트와 의학적 연구 금지에는 반대한다」(2003년 5월 21일), http://www.gallup.com/poll/8461/public-lukewarm-animal-rights.aspx.

88 제이슨 L. 러스크 외, 「농장 동물 복지에 대한 소비자 취향—전국 전화 조사 결과」(오클라호마 주립 대학 농경제학과, 2007), 2, 23, 24쪽, asp.okstate.edu/baileynorwood/AW2/InitialReporttoAFB.pdf.

89 무어, 앞의 글.

90 울프선 · 설리번, 앞의 글, 206쪽. 이 글은 애완동물들뿐만 아니라 사냥한 동물들, 관찰당하는 새들, 교육적인 목적을 위해 해부당하는 동물들, 그리고 동물원, 연구소, 경주장, 싸우는 링, 서커스의 동물들을 모두 대상으로 삼았다. 저자들은 농장 동물을 98퍼센트까지로 제시했지만 이는 양식 물고기들은 계산에 포함시키지 않은 자료이다. 양식되는 물고기의 수를 넣는다면, 비율을 99퍼센트까지 올려도 무방하다.

숨기 / 찾기

이 장에 등장하는 인물의 성격과 어떤 사건의 시간, 장소, 구성원들은 변형되었다.

1 65쪽 참조.

2 캘리포니아(혹은 대다수 어디에서나)의 전형적인 공장식 칠면조 축산업의 표본을 보여 주는 숫자들이다. 존 C. 보리스, 「가금류에 대한 간략 보고서 16c번 — 캘리포니아의 칠면조 생산」(1997년 9월), http://animalscience.ucdavis.edu/Avian/pfsl6C.htm.

3 이 독백은 이 책을 위해서 진행했던 여러 공장식 축산 농장 농부들과 했던 인터뷰에서 따왔다.

4 닭 생산 과정에서 폐사율은 보통 주당 1퍼센트로, 육계가 살아 있는 동안의 폐사율은 보통 5퍼센트가 된다. 이는 같은 나이의 산란계 폐사율의 일곱 배로, 이렇게 엄청난 수가 죽는 것은 대개 성장률이 지나치게 빠른 탓이다. 세계 농업 신탁, 「EU에서 육계의 복지」(2005), http://www.ciwf.org.uk/includes/documents/cm_docs/2008/w/welfare_of_broilers_in_the_eu_2005.pdf.

5 패스트푸드 회사, 특히 맥도날드를 염두에 두고 '설계된' 특정 종의 닭을 가리키는 속어이다. 에릭 슐로서, 『패스트푸드의 제국』(뉴욕: 하퍼 페레니얼, 2005), 140쪽.

6 제프리 무세이프 메이슨, 『달을 향해 노래하는 돼지』(뉴욕: 빈티지, 2005), 65쪽.

7 "그대의 아이들을 암탉처럼 모으고 싶었느니라." 신 구제역 성경 「마태복음」 23장 27절.

8 제임스 서펠, 『동물을 벗 삼아』(케임브리지: 케임브리지 대학 출판부, 2008), 5쪽.

9 오래전부터 학자들은 고대 동굴 벽화가 온통 동물들의 이미지라는 사실을 관찰해 왔다. 예를 들어, "동굴 예술은 본질적으로 동물 예술이다. 그림, 조각, 판화 중 어느 것이 되었건, 거대한 부조이건 대단히 정교한 투사이건, 거의 항상 동물의 세계에서 영감을 얻었다." 아네트 레이밍엠퍼러, 『라스코 — 회화와 조각』(볼티모어: 펭귄 북스, 1959), 208쪽.

10 마이클 폴란, 『잡식동물의 딜레마』(뉴욕: 펭귄, 2007), 320쪽.

11 제이컵 밀그롬, 「레위기」 1~16장, 앵커 성경 시리즈(뉴욕: 더블데이, 1991).

12 조나단 Z. 스미스, 『종교를 상상하기 — 바빌론에서 존스타운까지』, 유대교 역사에 대한 시카고 연구(시카고: 시카고 대학 출판부, 1988), 59쪽.

13 솔 리베르만, 『유대 팔레스타인의 그리스인 — 유대 팔레스타인의 헬레니즘』(뉴욕: 미국 유대 신학 대학원, 1994), 159~160쪽.

14 엘레인 스케리, 『미와 정당함에 대하여』(프린스턴: 프린스턴 대학 출판부, 2001), 18쪽.

15 동물과 농부의 이익이 겹치는 부분이 존재하는 옛 윤리가 공장식 축산업의 부상과 함께 사라졌다는 것은 동물 복지 전문가이자 철학 교수인 버나드 롤린 박사의 철학적 연구의 기본 전제이다. 내가 이러한 의견을 갖게 된 것은 그 덕분이다.

16 D. D. 스털 · M. J. 브로드웨이, 『도축장 블루스 — 북아메리카의 육류와 가금류 산업』(벨몬트: 와스워스 출판사, 2003), 34쪽.

17 위의 책, 70~71쪽.

18 제러미 리프킨, 『육식의 종말』(뉴욕: 플럼, 1993), 120쪽.

19 스털 · 브로드웨이, 앞의 책, 33쪽; 리프킨, 위의 책, 87~88쪽.

20 R. 피로그 외, 「식량, 연료, 고속도로 — 식량 수송 거리, 연료 사용, 온실가스 방출에 관한 아이오와의 관점」(지속 가능한 농업을 위한 레오폴드 센터, 2001), http://www.leopold.iastate.edu/pubs/staff/ppp/index.htm.

21 스털 · 브로드웨이, 앞의 책, 34쪽.

22 슐로서, 앞의 책, 173쪽; 스티브 브저클리, 「큰 새의 시대가 도래하다 — 3킬로그램짜리 닭이 가공 처리와 산업을 바꾸고 있다」, 《육류와 가금류 가공업자들을 위한 비즈니스 저널》(2008년 1월 1일).

23 인권 감시단, 『피, 땀, 공포 — 미국 육류와 가금류 공장 노동자들의 권리』(뉴욕: 인권 감시단, 2004), 33~38쪽.

24 스털 · 브로드웨이, 앞의 책, 38쪽; 스티프 스트라이플러, 『닭 — 미국이 가장 좋아하는 음식의 위험한 변모』(뉴헤이븐: 예일대 출판부, 2007), 34쪽.

25 닭 사료에 비타민 A와 D를 추가하면 닭들을 제대로 성장시키면서 뼈는 자라지 못하도록 가둬 두어도 살아남게 할 수 있었다. 짐 메이슨, 『동물 공장』(뉴욕: 스리 리버스 출판사, 1990), 2쪽.

26 스털 · 브로드웨이, 앞의 글.

27 「실리어 스틸과 육계 산업」, http://www.sussexcountyde.gov/about/history/events.cfm?action=broiler.

28 W. O. 윌슨, 「축사」, 오스카 오거스트 한케 외 엮음, 『미국 가금류 역사 1823~1973』(매디슨: 미국 가금류 역사 협회, 1974), 218쪽.

29 스트라이플러, 앞의 글.

30 리네트 M. 워드, 「서섹스 주 델라웨어의 지속 가능한 가금류 산업을 위한 환경 정책」(델라웨어 대학 환경과 에너지 정책 박사 논문, 2003), 4, 15쪽.

31 P. A. 해밀턴 외, 「델마바 반도의 수질 평가」, http://pubs.er.usgs.gov/usgspubs/ofr/ofr9340. 이에 대한 자세한 논의는 다음을 참조. 피터 S. 굿먼, 「고약한 부산물 — 유거수와 오염」, 《워싱턴 포스트》(1999년 8월 1일).

32 메이슨, 앞의 글.

33 폴란, 앞의 책, 52~54쪽.

34 메이슨, 앞의 글.

35 위의 글.

36 조지 E., 「짐」. 콜먼, 「지난 50년에 대한 한 남자의 회상」, 『육계 산업』(1976), 56쪽.

37 메이슨, 앞의 글.

38 P. 스미스 · C. 대니얼, 『닭에 관한 책』(보스턴: 리틀 브라운, 1975), 270~272쪽.

39 윌리엄 보이드, 「고기 만들기 — 과학, 기술, 미국 가금류 생산」, 《기술과 문화》 42권(2001년 10월), 636~637쪽, 스트라이플러, 앞의 책, 46쪽에서 재인용.

40 폴 아호, 「조류의 성공」(2002년 2월), http://www.wattnet.com/Archives/Docs/202wp30.pdf?CFID=28327&CFTOKEN=64015918.

41 자크 데리다, 데이비드 윌리스 옮김, 마리루이스 말레 엮음, 『그러므로 나인 동물』(뉴욕: 포드햄 대학 출판부, 2008), 25~26쪽.

42 산업 잡지 인용문 모음은 공장식 축산업에 대한 고전이 된 책 짐 메이슨의 『동물 공장』에 정리되어 있다. 인용문 출처는 다음과 같다. 《농부와 목축업자》(1962년 1월 30일); J. 번스, 「메이플우드 농장에서 달력에 따라 돼지 키우기」, 《돼지 농장 경영》(1976년 9월); 「미래의 농장 동물들」, 《농업 연구》(USDA, 1989).

43 스콧 더크스 엮음, 『1달러의 가치 1860~1999』 (레이크빌: 그레이 하우스 출판사, 1999), 280쪽. 미국 노동 통계국 자료, 평균 물가 자료, 우유와 신선 식품과 강화 식품의 갤런당 미국 도시 평균 가격 참조.

44 첫 장 「이야기하기」의 2번 각주 참조.

영향 / 말 없음

1 노암 모의 USDA 통계를 기반으로 계산했다.

2 마이클 그리거, 「홍콩 1997」, http://birdflubook.com/a.php?id=15.

3 사망자를 2000만 명으로 적게 잡아도 1918년의 전염병은 역사상 가장 치명적인 전염병이다. Y. 겐턴, 「역사적인 유행 인플루엔자에 대한 소개」, 《유럽 전염병학 저널》 10권(1994), 451~453쪽. 사망자 통계에 따르면, 기간 안에서는 2차 세계대전이 1918년 전염병보다 더 많은 사망자를 냈다고 할 수 있겠지만, 전쟁은 6년간 계속된 반면 1918년 전염병은 2년 만에 끝났다.

4 J. M. 배리, 「대량 살상 바이러스들」, 《포춘》 150권 9호(2004), 74~46쪽.

5 NPAS 존슨 · J. 뮐러, 「통계 업데이트 — 1918~1920년 '스페인' 유행 독감의 전 세계 사망률」, 《의약품의 역사 회보》 76권(2002), 105~115쪽.

6 A. W. 크로스비, 『전염병과 평화, 1918』(웨스트포드: 그린우드 출판사, 1976), 205쪽.

7 J. S. 응구옌반탐 · A. W. 햄프슨, 「유행성 인플루엔자의 전염병학과 임상적 영향」, 《백신》 21권(2003), 1762~1768, 1765쪽.

8 L. 가렛, 「다음 전염병? 가능성 있는 촉발 요인들」, 《포린 어페어》 84권 4호(2005).

9 크로스비, 앞의 책, 60쪽.

10 핏 베이비스, 『악마의 독감』(뉴욕: 헨리 홀트, 2000), 86쪽.

11 세계 보건 기구, 「세계는 '피할 수 없는' 유행 독감에 준비되어 있지 않다」, 《세계 보건 기구 회보》(2004).

12 " M. S. 스몰린스키 외, 『건강을 위협하는 미생물 — 유행성 인플루엔자의 위협』(워싱턴: 국립 아카데미 출판부, 2005), 138쪽.

13 유행병이 인구에 어떤 영향을 미칠지 예측하기는 특히나 어려운데, 전문적 지식이 여러 과학 분야에 걸쳐 펴져 있고(그중에서도 병리학, 전염병학, 사회학, 수의학.) 병원균, (지리 정보 시스템이나 원격 감지 데이터, 분자 점염병학과 같은) 새로운 기술적 도구들, 전 세계적인 보건 기구들의 정책 결정(즉, 세계 지도자들의 변덕.) 사이의 복잡한 상호작용을 예측해야 하기 때문이다. 스위스 제네바에서 2004년 5월 3일부터 5월 5일까지 발표한 「동물원성 질병 출현에 관한 WHO, FAO, OIC 공동 자문 보고서 — 네덜란드 보건 협의회와 협력하여」 중 7쪽 참고.

14 세계 보건 기구, 「인플루엔자 전염병에 관해 알아야 할 열 가지」(2005), http://www.who.int/csr/disease/influenza/pandemic10things/en/.

15 위의 글.

16 J. K. 토벤버거 외, 「1918년 인플루엔자 바이러스 폴리메라아제 유전자의 특징」, 《네이처》 437권 889호(2005); R. B. 벨시, 「전염병 인플루엔자의 기원—1918년 바이러스의 교훈」, 《뉴잉글랜드 의학 저널》 353권 21호(2005), 2209~2211쪽.

17 "토벤버거와 라이드의 차후 연구에서 눈길이 가는 사실이 드러났다. 1918년 유행성 독감은 1957년과 1968년의 질병들과 같은 환경에서 발생한 것이 아니었다. 그 바이러스들에는 새에게서 직접 옮겨 와서 인간에게 적용되는 핵심 유전자와 연결되는 표면 단백질이 있었다. 이와는 달리 1918년 바이러스에 있는 표면 유전자는 바로 포유류에게 맞았다. 첫 번째 것은 아마도 원래 새로부터 나왔을 것으로 보이지만, 돼지든 인간이든 포유동물에게 적응하여 사는 데 오랜 세월이 걸렸다." 매들린 드렉슬러, 『비밀 첩보원』(뉴욕: 펭귄, 2003), 189쪽.

18 위의 책, 173쪽.

19 위의 책, 170~171쪽.

20 위의 책, 171쪽.

21 위의 글.

22 조셉 라두, 『최근 직업병과 환경 의학』(뉴욕: 맥그로 힐 전문서, 2006), 263~264쪽; R. A. M. 푸처, 「검은머리갈매기에서 얻어 낸 새로운 인플루엔자 A 바이러스 헤마글루티닌 아형(H16)의 특징」, 《바이러스학 저널》 79권 5호(2005), 2814~2822쪽; 드렉슬러, 앞의 책, 171쪽.

23 드렉슬러, 위의 글.

24 위의 책, 172쪽.

25 데이비드 S. 굿셀, 「혈구 응집소」, http://www.rcsb.org/pdb/static.do?p=education_discussion/molecule_of_the_month/pdb76_1.html.

26 테렌스 오키프 · 그레이 소튼, 「축사 확장 계획」(미국 월트 가금류 산업, 2006), 30쪽.

27 위의 글.

28 미국 계육 협회, 「산업에 관하여—동물 복지, 닭들의 신체적 복지」(2007), http://www.nationalchickencouncil.com/aboutIndustry/detail.cfm?id=11.

29 S. 보어스마, 「육계의 빠른 성장률 관리」, 《세계 가금류》 17권 8호(2001), 20쪽.

30 기형과 질병 유발에 대한 세계 가금류 과학 협회의 지역 보고서 결론은 다음과 같다. "〔관행적인 생산 시스템에서 육계들의 고질적인 다리 문제를〕 일으키는 주된 원

인 중 하나는 높은 성장률이다." G. S. 산토트라 외,「육계의 다리 문제 모니터링 — 덴마크의 판매용 육계 생산 조사」,《세계 가금류 과학 저널》57권(2001).

31 「급사 — 서문」,『머크 수의학 매뉴얼』(화이트하우스 스테이션: 머크, 2008), http://www.merckvetmanual.com/mvm/index.jsp?cfile=htm/bc/202500.htm.

32 M. H. 맥스웰 · G. W. 로버트슨,「1996년 세계 육계 복수 조사」,《국제 가금류》(1997년 4월), http://www1.agric.gov.ab.ca/$department/deptdocs.nsf/all/pou3546?opendocument.

33 산토트라 외, 위의 글.

34 T. G. 놀스 외,「육계의 다리 장애 — 확산, 위험 요소와 예방」, http://www.plosone.org/article/info:doi/10.1371/journal.pone.0001545; S. C. 케스틴 외,「육계의 다리 약화 확산과 유전자형과의 관계」,《수의학 기록》131권(1992), 190~194쪽.

35 《수의학 기록》에 발표된 연구에서 재인용. 최근 미국 동물 애호 협회 백서는 다음과 같이 결론짓는다. "조사 결과 (걷는 데 어려움이 있는) 새들이 통증을 느끼고 있다는 사실이 뚜렷이 드러난다." 미국 동물 애호 협회,「미국 동물 애호 협회 보고서 — 닭고기 산업에서의 동물 복지」, 2쪽, http://www.hsus.org/web-files/PDF/farm/welfare_broiler.pdf.

36 I. 던컨,「가금류의 복지 문제」, G. J. 벤슨 · B. E. 롤린 엮음,『농장 동물의 복지 — 도전과 해결책』(에임스: 블랙웰 출판사, 2004), 310쪽; 크리스틴 우드사이드,『1에이커에서 살기 — 자립적인 삶을 위한 실용 가이드』(길포드: 라이언스 출판사, 2003), 234쪽.

37 I. 던컨,「육계의 복지 문제」(농장 동물 복지 협의회 · 캘리포니아 데이비스 대학, 2001), http://www.upc-online.org/fall2001/well-being_conference_review.html.

38 「공장식 축산 닭의 일생을 따라가는 39일 블로그」, http://www.chickenout.tv/39-day-blog.html; G. T. 타블러 · I. L. 베리 · A. M. 멘덴홀,「판매용 육계 생산과 관련된 사망률 패턴」,《조류 자문》6권 1호(2004년 봄호), 1~3쪽.

39 짐 메이슨,『동물 공장』(뉴욕: 스리 리버스 출판사, 1990), 29쪽.

40 식품 안전 검사국,「전국 영계 미생물 기준치 자료 수집 프로그램」, http://www.fsis.usda.gov/Science/Baseline_Data/index.asp; 니콜라스 폭스,「안전한 음식? 아직은 아니다」,《뉴욕 타임스》(1997년 1월 30일); K. L. 코툴라 · Y. 판디야,「끓는 물에 넣기 전 육계의 박테리아 오염」,《식품 보호 저널》58권 12호(1995), 1326~1329쪽.

41 C. 차오 외, 「워싱턴 D. C. 지역산 소매용 닭고기, 칠면조 고기, 돼지고기, 쇠고기에서 나타난 캄필로박터균, 대장균, 살모넬라균 혈청형의 확산」, 《응용 환경 미생물학》 67권 12호(2001년 12월), 5431~5436쪽; R. B. 케고드 외, 「파고 대도시 지역 소매 아웃렛 매장 육류 제품의 캄필로박터균, 살모넬라균, 대장균」, 《식품 안전 저널》 28권 1호(2008), 111~125쪽.

42 S. 러셀 외, 「살모넬라균에 대한 무분별한 원칙이 문제를 일으키다」(2009), http://www.wattpoultry.com/PoultryUSA/Article.aspx?id=30786.

43 코툴라 · 판디야, 앞의 글.

44 「더러운 새들 — 최고급 닭고기에도 위험한 박테리아들이 우글거리다」, 《소비자 보고서》(2007년 1월), www.usapeec.org/p_documents/newsandinfo_050612111938.pdf.

45 메리언 버로스, 「닭의 박테리아 관련하여 건강에 대한 우려가 높아지다」, 《뉴욕 타임스》(1997년 10월 20일). 다음을 참조하라. 앨런 R. 샘스, 『가금류 고기 처리 공정』(플로렌스: CRC 출판, 2001), 143쪽; 코툴라 · 판디야, 앞의 글; 차오 외, 앞의 글; J. C. 버즈비 외, 「박테리아 식품 매개 질환 — 의료 비용과 생산성 손실」, 《농업 경제 보고서》 AER 741호(1996년 8월), 3쪽.

46 G. C. 미드, 『가금류 산업에서의 식품 안전 조절』(플로렌스: CRC 출판사, 2005), 322쪽; 샘스, 앞의 책, 143, 150쪽.

47 「이 닭을 사겠는가? 닭고기 포장에 담긴 물에 1.70달러를 지불할 수도 있다」(2008년 6월), http://www.consumerreports.org/cro/food/news/2008/06/poultry-companiesadding-broth-to-products/overview/enhanced-poultry-ov.htm?resultPageIndex=1&resultIndex=8&searchTerm=chicken.

48 위의 글.

49 인권 감시단, 『피, 땀, 공포 — 미국 육류 공장과 가금류 공장에서의 노동자 권리』(뉴욕: 인권 감시단, 2004), 108쪽.

50 위의 책, 78~101쪽.

51 위의 책, 2쪽.

52 T. G. 노웰스, 「노예의 취급과 운송」, 《세계 가금류 과학 저널》 50권(1994), 60~61쪽.

53 새들이 움직일 수 없게 된 후 무감각한 상태인지 의식이 없는 상태인지에 대해서

는 논란이 약간 있다. 적어도 상당한 비율의 닭들이 움직일 수 없지만 의식은 있다. 동류의 검토 자료에서 나온 신중하고도 주의 깊은 조사 내용을 보려면 다음을 참조하라. S. 실즈 · M. 라즈, 「미국 동물 애호 협회 보고서 — 도축 과정에서의 새의 복지」(2008년 10월 3일), http://www.hsus.org/farm/resources/research/welfare/welfare_of_birds_at_slaughter.html#038.

54 게일 A. 아이스니츠, 『도축장 — 미국 육류 산업에서 벌어지는 탐욕, 무지, 비인도적 대우에 관한 충격적인 이야기』(암허스트: 프로메테우스 북스, 2006), 166쪽. 다음도 참조하라. E. W. 크레이그 · D. L. 플레처, 「처리 공정과 제품 — 육계 가슴살 사후 경직도와 육질에 대한 고압 전류와 저압 전류의 충격 시스템 비교」, 《가금류 과학》 76권 8호(1997), 1178~1179쪽.

55 대니얼 즈위들링, 「살인 장면」, 《미식가》(2007년 6월), 96쪽.

56 정보 자유법에 따르면 1993년 70억 마리 새가 도축될 때 300만 마리 닭들이 산 채로 끓는 물에 넣어진다. 오늘날 90억 마리가 도축된다는 사실을 감안한다면, 적어도 3805만 마리가 오늘날 산 채로 끓는 물에 넣어진다고 가정할 수 있다. 미국 가금류 복지 협회, 「가금류 도축 — 입법화의 필요성」, www.upc-online.org/slaughter/slaughter3web.pdf.

57 K. A. 릴제브젤크 외, 「초기 처리 과정에서 가금류 사체들에 가해지는 끓는 물 탱크의 물과 거품으로 인한 살모넬라균 오염」(가금류 과학 협회 회의, 2009), http://www.ars.usda.gov/research/publications/publications.htm?SEQ_NO_115=238456. 더 많은 논의를 보려면 아이스니츠의 위의 글 참조.

58 캐롤라인 스미스 드왈, 「닭으로 장난 치기 — 가금류 산업의 부적절한 법규로 인하여 인간이 치러야 할 비용」(공익을 위한 과학 센터, 1996), http://www.cspinet.org/reports/polt.html.

59 위의 글.

60 "USDA는 가금류 검사를 미생물 테스트에 초점을 맞추어 바꾸고 싶어 한다. 비판자들은 이러한 조치가 심각한 공공 보건상의 위험을 초래할 수 있다고 말한다." 모이라 허브스트, 「가금류 검사에서 쇠고기」, 《비즈니스 위크》(2008년 2월 6일); 의회 청구인들에게 보내는 보고서 「식품 안전 — 육류와 가금류에 필요한 위험 기반 검사와 미생물 모니터링」(1994년 5월), http://fedbbs.access.gpo.gov/library/gao_rpts/rc94110.txt.

61 스콧 브론스타인, 「저널 컨스티튜션 특별 보고서—닭, 얼마나 안전한가?」 1부, 《애틀랜타 저널 컨스티튜션》(1991년 5월 26일).

62 R. 베하 · M, 크레이머, 「악취 풍기는 것」, 《타임》(1994년 19월 17일).

63 드왈, 앞의 글. 다음도 참조하라. 아이스니츠, 앞의 책, 168쪽.

64 러셀 외, 앞의 글.

65 베하 · 크레이머, 앞의 글.

66 위의 글.

67 위의 글.

68 식품 안전 검사국, 「육류와 가금류에 포함되는 물에 대한 USDA 규정」(2001년 4월), http://www.fsis.usda.gov/oa/background/waterretention.htm. 다음도 참조하라. 베하 · 크레이머, 앞의 글.

69 「육류와 가금류 제품에 포함된 물—가금류 냉각 필요 조건」, 《공보》 66권 6호(2001년 1월 9일), http://www.fsis.usda.gov/OPPDE/rdad/FRPubs/97-054F.html.

70 위의 글.

71 L. L. 영 · D. P. 스미스, 「가공 처리와 절삭 공정에서 물과 공기로 냉각한 닭의 수분 보유」, 《가금류 과학》 83권 1호(2004), 119~122쪽; 식품 안전 검사국, 「육류와 가금류의 물」(2007년 8월 6일), http://www.fsis.usda.gov/Factsheets/Water_in_Meats/index.asp; 「9번—동물과 동물 제품」(미국 정부 문서 간행소, 2003), http://frwebgate.access.gpo.gov/cgi-bin/get-cfr.cgi?TITLE=9&PART=424&SECTION=21&TYPE=TEXT&YEAR=2003.

72 베하 · 크레이머, 앞의 글.

73 이 수치는 가장 최근 FAO 통계에 나오는 연간 식용으로 도축되는 닭들의 수를 기초로 한 것이다. http://faostat.fao.org/site/569/DesktopDefault.aspx?PageID=569#ancor 참조.

74 W. 보이드 · M. 와츠, 「적기의 농공업—닭고기 산업과 전후 미국 자본주의」, D. 굿맨 · M. 와츠 엮음, 『식량의 세계화—농업 문제와 전 지구적 재편』(런던: 루틀리지, 1997), 192~193쪽.

75 국립 농업 통계청 통계 위원회, 「가금류 도축—2008년 연간 요약」(2009년 2월), http://usda.mannlib.cornell.edu/usda/current/PoulSlauSu/PoulSlauSu-02-25-2009.pdf.

76 더글러스 하퍼, 「온라인 어원 사전」(2001년 11월), http://www.etymonline.com/index.php?search=influenzA&searchmode=none.

77 FAO에 따르면, 세계 12억 마리 돼지들의 절반(통계는 http://faostat.fao.org/site/569/DesktopDefault.aspx?PageID=569#ancor에서 확인 가능.)이 감금 상태에 있다. FAO, 「가축 정책 브리핑 01 —'가축 혁명'에 대한 대응」, ftp://ftp.fao.org/docrep/fao/010/a0260e/a0260e00.pdf.

78 동물원성 질병은 범아메리카 보건 기구에 따르면 "'척추동물에게서 인간으로 전염 가능한' 모든 질병과 감염"으로 정의된다. 세계 보건 기구, 「인수 공통 전염병과 수의학 공공 보건(VPH)」, http://www.who.int/zoonoses/en/.

79 버즈비 외, 앞의 글.

80 가디너 해리스, 「보고서에 따르면 가금류가 전염병 발생의 첫째가는 원인이다」, 《뉴욕 타임스》(2009년 6월 11일).

81 「더러운 새들 — 최고급 닭고기조차도 위험한 박테리아들이 우글거린다」, 21쪽.

82 질병 통제 센터, 「식품 매개 질병 발생에 대한 기초 푸드넷 자료 — 선별한 사이트, 미국, 2001」, 《MMWR》 51권 15호(2002년 4월 19일), 325~329쪽.

83 동물 약품 연합에서 제시한, 업계에서 제공한 수치이다. 《뉴욕 타임스》에서는 이 단체를 "서른한 가지 수의학 약품 제조업체들을 대표하는 워싱턴의 상업 단체"라고 설명한다. 데니스 그래디, 「과학자들은 농장에서 항생제가 더 많이 사용된다고 본다」, 《뉴욕 타임스》(2001년 1월 8일).

84 우려하는 과학자 연맹, 「가축에 대한 항생제 남용 평가」(2004년 4월 7일), http://www.ucsusa.org/food_and_agriculture/science_and_impacts/impacts_industrial_agriculture/hogging-it-estimates-of.html.

85 위의 글.

86 메리언 버로스, 「가금류 산업이 항생제 사용을 조용히 줄이다」, 《뉴욕 타임스》(2002년 2월 10일).

87 K. 스미스 외, 「미네소타에서의 퀴놀론계 내성 캄필로박터 제주니 감염 1992~1998」, 《뉴잉글랜드 의학 저널》 340권 20호(1999), 1525쪽.

88 미국 동물 애호 협회, 「미국 동물 애호 협회 보고서 — 축산업에서의 비치료적 항생제 사용이 인간 건강에 미치는 영향」, http://www.hsus.org/web-files/PDF/farm/HSUS-Human-Health-Report-on-Antibiotics-in-Animal-Agriculture.pdf.

89 FMI 백그라운더 · 식품 마케팅 협회, 「가축과 가금류에 대한 낮은 수준의 항생제 사용」, http://www.fmi.org/docs/media/bg/antibiotics.pdf.

90 미국 동물 애호 협회, 앞의 글. 미국 질병 통제 센터 자료의 초기 해석에 관한 이 기사도 참조하라. 「미국에서의 감염」, 《뉴잉글랜드 의학 저널》 338권(1998), 1333~1338쪽.

91 A. D. 앤더슨 외, 「미국에서 식용 동물에 대한 항생제 사용이 공중 보건에 미치는 결과」, 《미생물 약 내성》 9권 4호(2003).

92 위의 글.

93 세계 보건 기구 · UN 식량 농업 기구 · 세계 동물 보건 기구, 「동물원성 질병 출현에 관한 WHO, FAO, OIE 공동 회단 보고서 — 네덜란드 보건 협의회와 공조하여」(2004), whqlibdoc.who.int/hq/2004/WHO_CDS_CPE_ZFK_2004.9.pdf.

94 위의 글.

95 위의 글.

96 「감염성 동물 질병의 전 지구적 위험」, 《국립 과학 기술 자문 회의 소식지》 28호(2005), 6쪽.

97 마이클 그리거, 『조류 독감』(헌던: 랜턴 북스, 2006), 183~213쪽.

98 「감염성 동물 질병의 전 지구적 위험」, 6쪽.

99 V. 트리포노프 외, 「인간에게 감염되는 최근의 돼지 인플루엔자 A(H1N1) 바이러스의 기원」, 《유로서베일런스》 14권 17호(2009). 다음도 참조하라. 드보라 맥켄지, 「돼지 독감, 예측 가능한 유행병인가?」, 《뉴 사이언티스트》 2706권(2009년 4월 29일).

100 질병 통제 예방 센터, 「주요 사망 원인」, http://www.cdc.gov/nchs/FASTATS/lcod.htm.

101 미국 영양학회, 「미국 영양학회 — 우리는 누구인가, 우리는 무엇을 하는가」(2009), http://www.eatright.org/cps/rde/xchg/ada/hs.xsl/home_404_ENU_HTML.htm.

102 「채식주의 식단」, 《미국 영양학회》 109권 7호(2009년 7월), 1266~1282쪽.

103 위의 글.

104 위의 글.

105 책임 있는 의학을 위한 의사 협회, 「단백질 신화」, http://www.pcrm.org/health/veginfo/vsk/protein_myth.html. 덧붙여 어느 스포츠 영양 전문가의 말을 인용한다. "과도한 단백질은 정상적인 생리 기능에 해로울 수 있으므로 피해야 합니다. 그러므로

건강은 (중략) 이와 같습니다. 지나친 피로 누적과 그로 인한 단백질 배출은 소변에서의 칼슘 손실 증가로 나타납니다. 이미 낮은 골밀도 때문에 뼈 관련 질병(즉, 골다공증)에 걸리기 쉬운 여성들은 단백질이 너무 높은 식단을 섭취함으로써 뼈 건강을 돌보려 합니다. 어떤 고단백 식단 또한 관상동맥 질병의 위험을 증가시킬 수 있습니다. (중략) 따라서 과도한 단백질 섭취는 일반적으로 신장 기능 부전과 관련이 있습니다." J. R. 버닝 · S. N. 스틴, 『스포츠와 운동을 위한 영양』 2판(서드버리: 존스 앤드 바틀렛, 2005), 55쪽.

106 질병 통제 예방 센터, 「LCWK9. 사망, 전체 사망률, 열다섯 가지 최고 사망 원인에 대한 사망률 — 미국과 각 주, 2006」, http://www.cdc.gov/nchs/data/dvs/LCWK9_2006.pdf.

107 「채식주의 식단」.

108 질병 통제 예방 센터, 앞의 글.

109 낙농 관리 협회, 「우리에 관하여」(2009), http://www.dairycheckoff.com/DairyCheckoff/AboutUs/About-Us; 미국 유제품 협회, 「우리에 관하여」(2009), http://www.nationaldairycouncil.org/nationaldairycouncil/aboutus.

110 예를 들어 미국 유제품 협회는 아프리카계 미국인들을 대상으로 유제품 판촉 활동을 광범위하게 진행했는데, 이들 중 70퍼센트는 유당 불내증이다. 「음식물 섭취 가이드라인의 편견에 대한 PCRM의 도전에 지원이 늘다」, 《PCRM 매거진》(1999).

111 P. 임페라토 · G. 미첼, 『수용할 수 있는 위험』(뉴욕: 바이킹, 1985), 65쪽; 존 로빈스, 『새로운 미국을 위한 식단』(티버론: HJ 크레이머 출판, 1998), 237~238쪽.

112 미국 영양학회의 시초에 대해서는 다음을 참고하라. 국립 보건 정보 센터, 「미국 영양학회」(2007년 2월 7일), http://www.healthfinder.gov/orgs/hr1846.htm. USDA의 업무에 대해서는 다음을 참조하라. 매리언 네슬, 『식품 정치학 — 식품 산업이 영양과 보건에 어떤 영향을 미치는가』(버클리: 캘리포니아 대학 출판부, 2007), 33, 34쪽.

113 매리언 네슬 엮음, 「영양과 보건의 의무감에 대한 보고서 1988」(미국 공공 보건 사무국, 1988).

114 네슬, 『식품 정치학』, 361쪽.

115 위의 책, 13쪽.

116 매리언 네슬, 『무엇을 먹을 것인가』, (뉴욕: 노스포인트 프레스, 2007), 73쪽.

117 위의 책, 74쪽.

118 "식품업체들로부터 압력을 받기 때문에 정부 관료들과 영양 전문가들이 '덜 먹어라.'라는 메시지를 미사여구로 위장한 식단 가이드라인을 내놓게 되었다. 그것들의 진짜 의미는 주의 깊게 읽고, 해석하고, 분석해야만 알아낼 수 있다." 네슬, 『식품 정치학』, 67쪽.

119 에릭 마커스, 『육류 시장 — 동물, 윤리, 돈』(쿠퍼티노: 브리오 프레스, 2005), 100쪽.

120 위의 글.

121 이코토믹 리서치 서비스 · USDA, 「가금류 공급과 수요의 최근 경향」, 『인도의 가금류 부문 — 발전과 전망/WRS-04-03』, http://www.ers.usda.gov/publications/WRS0403/WRS0403c.pdf.

122 USDA, 미국 인구 조사국, FAO의 통계를 기초로 한 계산이다. 이와 관련하여 도움을 준 노암 모어에게 감사를 전한다.

천국의 조각들 / 똥 덩어리들

1 47쪽 참조.

2 게일 A. 아이스니츠, 『도축장 — 미국 육류 산업에서 벌어지는 탐욕, 무지, 비인도적 대우에 관한 충격적인 이야기』(암허스트: 프로메테우스 북스, 2006), 189쪽.

3 위의 책, 196쪽.

4 미국 육류 협회의 기준에 따르면, 동물이 의식을 잃게 만드는 작업에서 첫 번째 시도의 성공률이 80퍼센트인 것은 성공률이 낮은 것으로 간주된다. 마리오는 즉흥적으로 이 숫자를 내놓았지만, 어떻게 이를 산출했는지는 설명하지 않았다. 예를 들면 그의 성공률이 템플 그랜딘이 개발한 표준 절차를 사용하여 측정되었다면 이보다 훨씬 더 높을 가능성이 농후하다.

5 L. R. 워커, 『교란된 땅의 생태계』(뉴욕: 엘스비어 사이언스, 1999), 442쪽.

6 미시건 대학 동물학 박물관, 「멧돼지과—수퇘지와 돼지」(2008), http://animaldiversity.ummz.umich.edu/site/accounts/information/Suidae.html.

7 USDA, 「돼지 2006, 1부 — 미국에서의 돼지 보건과 관리 관행 참조 문헌」(2007년 10월), http://www.aphis.usda.gov/vs/ceah/ncahs/nahms/swine/swine2006/Swine2006_PartI.pdf.

8 마돈나 벤저민, 「돼지 수송과 취급 — 스트레스와 피로해진 돼지」, 《돼지 생산에서의 발전》 16권(2005), http://www.afac.ab.ca/careinfo/transport/articles/05benjamin.pdf; E. A. 페이저 외, 「돼지의 행동과 복지에서 기름기 없이 성장하도록 선택한 결과」(퍼듀 대학, 2000), www.ansc.purdue.edu/swine/swineday/sday00/1.pdf; 템플 그랜딘, 「가축 취급 문제 해결하기」, 《수의학》(1994년 10월), 989~998쪽.

9 스티브 W. 마티네즈 · 켈리 제링, 「돼지고기 품질과 시장 기구의 역할/AER-835」(2004년 11월), http://www.ers.usda.gov/Publications/aer835/aer835c.pdf.

10 너대니얼 존슨, 「현대의 돼지 제조」, 《하퍼스 매거진》(2006년 5월).

11 마티네즈 · 제링, 앞의 책. 돼지고기의 15퍼센트가 PSE의 영향을 보인다는 미국 육류 과학 협회의 통계는 이 15퍼센트 중 상당수는 사실 그저 색깔이 옅고, 부드럽거나 물기가 많은 살이라고 암시하는 이후 연구에 의해 반박당했다. 추정치는 돼지고기 중 3퍼센트만이 세 가지 부정적인 특징을 모두 지닌다는 것을 보여 준다. 미국 육류 과학 협회, 「59회 상호 육류 회담 회의록」(2006년 6월 18~2006년 6월 21일), 35쪽, http://www.meatscience.org/Pubs/rmcarchv/2006/presentations/2006_Proceedings.pdf.

12 템플 그랜딘, 「수송과 도축 중 돼지들의 복지」(콜로라도 주립 대학 · 동물 과학부).

13 돼지들이 이송 중 실제로 심장마비를 일으키기도 하는 반면, 산업에서 "피로한 돼지 증후군"이라고 부르는 사례는 훨씬 더 빈번히 일어난다. 이는 업계에서 "눈에 띄는 상처나 트라우마, 질병이 없는데도 걷지 못하고, 걷지 않으려 하는" 돼지들에게 쓰는 용어이다. 벤저민, 앞의 글.

14 펀 셴, 「지독한 악취를 유발하는 메릴랜드 돼지 농장」, 《워싱턴 포스트》(1999년 5월 23일); 로널드 L. 플레인, 「미국 돼지 산업의 최근 경향」, 미국 육류 수출 협회 회담(1997년 9월 24일).

15 「미국 농업의 통계상 하이라이트 1995~1996」, 《USDA-NASS》 9권, http://www.nass.usda.gov/Publications/Statistical_Highlights/index.asp; 「미국 농업의 통계상 하이라이트 2002~2003」, 《USDA-NASS》 35권, http://www.nass.usda.gov/Publications/Statistical_Highlights/2003/contentl.htm.

16 미국 농부 연합 회장 릴랜드 스웬슨이 법사 위원회에 앞서 한 증언(2000년 9월 12일).

17 C. 디미트리 외, 「미국 농업과 농장 정책의 20세기 변화」(2005년 6월), http://

www.ers.usda.gov/publications/eib3/eib3.htm.

18 매튜 스컬리, 『지배 — 인간의 권력, 동물의 고통, 자비에 대한 요청』(뉴욕: 성 마틴스 그리핀, 2003), 29쪽.

19 USDA · 주 연구 교육 현장 협력 지원국, 「우리들에 관하여」(2009년 6월 9일), http://www.csrees.usda.gov/qlinks/extension.html.

20 P. 건더슨 외, 「북중부 다섯 개 주의 농장 거주자 혹은 일꾼들의 자살 역학, 1980」, 《미국 예방 의학 저널》 9권(1993년 5월), 26~32쪽.

21 첫 장 「이야기하기」의 2번 각주 참조.

22 다이앤 할버슨, 「치포틀 멕시칸 그릴 식당이 대량 생산 시장에 인도적 기준을 들이대다」, 《동물 복지 협의회 계간지》(2003년 봄호).

23 대니얼 나이렌버그, 「더 행복한 식사 — 전 지구적 육류 산업에 대해 다시 생각하기」, 《월드워치 보고서》 171호(2005년 8월), 38쪽, http://www.worldwatch.org/node/819; 대니얼 나이렌버그, 「발전하는 세계의 공장식 축산업, 비판적인 견지에서 이는 전혀 진보가 아니다」(2003년 5월), http://www.worldwatch.org/epublish/1/v16n3.

24 존슨, 앞의 글.

25 니만 목장 돼지고기 부문 책임자 폴 윌리스에게서 개별적으로 들은 대답(2009년 7월 27일).

26 웬델 베리, 「지역 경제의 아이디어」, 《오리온》(2001년 겨울).

27 수컷 새끼 돼지 중 90퍼센트는 거세를 당한다. 「식용 동물에 대한 약품의 사용 — 이점과 위험」(국립 과학 아카데미, 1999).

28 업체들 자신도 공격에 관해 문제가 많이 일어난다는 것을 인정한다. 예를 들어 미국 돈육 생산자 협회와 미국 돈육 협회는 다음과 같이 보고했다. "돼지들이 서로 바짝 붙어서 지내게 되기 때문에, 종종 같은 우리 안에 있는 돼지들의 꼬리를 깨물거나 씹으려 할 수도 있다. 일단 꼬리에서 피가 흐르면 깨무는 행동이 더 심해질 수 있고, 때로는 희생자가 된 돼지를 잡아먹는 사태까지 벌어질 수 있다." 미국 돈육 협회와 협력하여 미국 돈육 생산자 협회에서 출간한 『돼지 사육 안내서』(1996). 다음도 참조하라. 미국 돈육 협회와 협력하여 미국 돈육 생산자 협회에서 출간한 『돼지 사육 안내서』(2003), 9~10쪽; 「새끼 돼지들의 잔혹 행위(서로 잡아먹기)」, http://www.thepigsite.com/pighealth/article/260/savaging-of-piglets-cannibalism; J. 맥

글런 · W. G. 폰드, 『돼지 생산』(플로렌스: 델마 센게이지 러닝, 2002), 301~304쪽; J. J. 맥글런 외, 「성장하는 돼지들 사이에서 서로 잡아먹기 — 행동, 수행, 면역 기능에 꼬리 절단과 거주 시스템이 미치는 효과」, http://www.depts.ttu.edu/liru_afs/PDF/CANNIBALISMINGROWINGPIGS.pdf; K. W. F. 제리코 · T. L. 처치, 「돼지들의 서로 잡아먹기」, 《캐나다 수의학 저널》 13권 7호(1972년 7월).

29 공장식으로 사육되는 돼지들의 80퍼센트는 꼬리를 잘린다. 「식용 동물에 대한 약품의 사용 — 이점과 위험」.

30 알렌 하퍼, 「새끼 돼지 처리 공정과 돼지 복지」(2009년 5월), http://pubs.ext.vt.edu/news/livestock/2009/05/aps-20090513.html; 티모시 블랙웰, 「생산 관행과 복지 — 돼지」, G. J. 벤슨 · B. E. 롤링 엮음, 『농장 동물의 복지』, (에임스: 블랙웰 출판사, 2004), 251쪽.

31 USDA, 「돼지 2006, 1부 — 미국에서의 돼지 보건과 관리 관행 참조 문헌」.

32 RSPCA, 「농장 동물 복지 개선 — 미국」(2007), http://www.wspa-usa.org/download/44_improvements_in_farm_animal_welfare.pdf.

33 공장식으로 사육하지 않은 동물 제품을 찾아내는 법에 대한 상세한 정보를 찾으려면 FarmForward.com을 참고하라.

34 웬델 베리, 노먼 위즈바 엮음, 『일상의 기술』(버클리: 카운터포인트, 2003), 250쪽.

35 우려하는 과학자 연맹, 「발각된 CAFO — 제한된 동물 먹이 공급 작업의 말해지지 않는 비용」(2008), http://www.ucsusa.org/food_and_agriculture/science_and_impacts/impacts_industrial_agriculture/cafos-uncovered.html.

36 USDA, 「비료와 에너지를 위한 거름 이용 — 의회 보고서」(2009년 6월), http://www.ers.usda.gov/Publications/AP/AP037/.

37 미국 회계 감사국, 「CAFO — EPA는 오염원으로부터 공기와 수질을 보호하기 위해 더 많은 정보와 확실하게 정의된 전략이 필요하다」(2008), http://www.gao.gov/new.items/d08944.pdf.

38 산업형 농장 동물 생산에 관한 퓨 위원회, 「환경」, http://www.ncifap.org/issues/environment/.

39 USDA는 상원의원 톰 하킨(D-IA)이 요청한 미국 상원 농업 · 영양 · 임업 위원회의 보고서를 인용한다. 이 보고서에서는 미국의 가축이 연간 13억 7000만 톤의 대변을 배출한다고 추산한다. 이를 연간 초 단위로 나누면 초당 39톤에 해당한다. 위의 글.

40 이것은 미네소타 대학 농업 기술자인 존 P. 채스테인이 1991년 일리노이 환경 보호 단체의 자료에 근거하여 계산한 것이다. 『엔지니어링 노트』(1995년 겨울), http://www.bbe.umn.edu/extens/ennotes/enwin95/manure.html.

41 미국 회계 감사국, 앞의 글.

42 「스미스필드 2008년 연간 보고서」, 15쪽, http://investors.smithfieldfoods.com/common/download/download.cfm?companyid=SFD&fileid=215496&filekey=CE5E396C-CF17-47B0-BAC6-BBEFDDC51975&filename=2008AR.pdf/.

43 미국 환경 보호 단체, 「동물 배설물 처리 문제」(2009년 5월 22일), http://www.epa.gov/oig/reports/1997/hogchpl.htm.

44 USDA의 2004년 통계를 인용한 데이비드 피멘틀의 연구에 따르면, 돼지 한 마리당 연간 1230킬로그램의 배설물을 내놓는다. 그러므로 스미스필드의 돼지 2100만 마리는 2008년에 줄잡아 3억 8000만 톤의 배설물을 배출했다. 미국 인구를 2억 9900만으로 추산한다면, 미국인 한 명당 배출하는 똥은 0.1톤이 된다. D. 피멘틀 외, 「미국 식량 시스템에서 에너지 투입량 줄이기」, 《인간 생태학》 36권 4호(2008), 459~471쪽.

45 2008년 미국 인구 조사와 미국 환경 보호 단체의 「동물 배설물 처리 문제」에 기반한 계산이다.

46 제프 티에츠, 「대장 돼지」, 《롤링 스톤》(2008년 7월 8일).

47 프랜시스 시크, 「CAFO가 유독성 폐기물 부산물을 상자에 담다」(2009년 3월 23일), http://www.ottumwa.com/archivesearch/local_story_082235355.html.

48 제프 티에츠, 앞의 글.

49 제니퍼 리, 「대규모 돼지 농장 인근 주민들이 더러운 공기가 건강을 위협한다고 말하다」, 《뉴욕 타임스》(2003년 5월 11일); 제프 티에츠, 위의 글.

50 제프 티에츠, 위의 글.

51 위의 글. 카지노와 비교한 것은 내가 든 예이다. 룩소와 베네치아 카지노는 1만 1000제곱미터의 넓이를 자랑한다.

52 위의 글.

53 시크, 「CAFO는 유독성 폐기물 부산물이 든 상자들이다」.

54 티에츠, 앞의 글.

55 세계 경제 노스캐롤라이나, 「개관」(2007년 8월 23일), http://www.soc.duke.edu/NC_GlobalEconomy/hog/overview.shtml; 롭 스코필드, 「코퍼레이션 러닝 아목」

(2008년 4월 26일), http://www.ncpolicywatch.com/cms/2008/04/26/a-corporation-running-amok/.

56 미국 환경 보호 단체, 앞의 글.

57 위의 글.

58 http://www.evostc.state.ak.us/facts/qanda.com; 위의 글.

59 시에라 클럽, 「동물 공장들의 전과 기록」(2002년 8월 14일), http://www.midwestadvocates.org/archive/dvorakbeef/rapsheet.pdf; 엘렌 나카시마, 「법정이 스미스필드에 1260만 달러의 벌금을 물리다」, 《워싱턴 포스트》(1997년 8월 9일).

60 시에라 클럽, 위의 글.

61 2009년 매출액 125억에 기반한 결과이다. 「스미스필드 식품 4분기와 1년 결과 보고서」, 《PR 뉴스와이어》(2009년 6월 16일), http://investors.smithfieldfoods.com/releasedetail.cfm?ReleaseID=389871.

62 http://www.compensationresources.com/press-room/ceo-s-fat-checks-belie-troubled-times.php.

63 티에츠, 앞의 글.

64 강뿐만 아니라 공장식 축산업들은 열일곱 개 주에서 지하수를 오염시켰다. 시에라 클럽, 「깨끗한 물과 공장식 축산업」(2009년 8월 19일), http://www.sierraclub.org/factoryfarms/.

65 메리트 프레이 외, 「유출과 살해—배설물 오염과 미국의 가축 비육장」, 시에라 클럽, 「깨끗한 물, 그곳에서 악취가 난다」, http://www.sierraclub.org/cleanwater/that_stinks에서 재인용.

66 물고기들은 대략 15센티미터 길이라고 가정한다.

67 「미국 동물 애호 협회 보고서—산업화된 축산업이 전원 공동체에 미치는 영향」, http://www.hsus.org/web-files/PDF/farm/hsus-the-impact-of-industrialized-animal-agriculture-on-rural-communities.pdf.

68 캘리포니아 주 상원, 「캘리포니아의 동물 관리 시설」(2004년 11월), http://sor.govoffice3.com/vertical/Sites/%7B3BDD1595-792B-4D20-8D44-626EF05648C7%7D/uploads/%7BD51DlD55-lBlF-4268-80CC-C636EE939A06%7D.PDF.

69 니콜라스 키르시토프, 「우리의 돼지, 우리의 음식, 우리의 건강」, 《뉴욕 타임스》(2009년 3월 11일), http://www.nytimes.com/2009/03/12/opinion/12kristof.html?_

r=3&adxnnl=1&adxnnlx=1250701592-DDwvJ/Oilp86iJ6xqYVYLQ.

70 미국 공공 보건 협회, 「정책 데이터베이스—새로운 CAFO 시설에 대한 예방적 모라토리엄」(2003년 11월 18일), www.apha.org/advocacy/policy/policysearch/default.htm?id=1243.

71 퓨 자선 재단 · 존스 홉킨스 블룸버그 공공 보건 대학 · 산업화된 동물 생산에 대한 퓨 위원회, 「식탁에 고기를 놓는다는 것—미국 내 산업화된 농장에서의 동물 생산」(2008), 84쪽, http://www.ncifap.org/_images/PCIFAP Final Release PCIFAP.pdf.

72 D. 카바잘 · S. 캐슬, 「미국 돼지 산업 대기업이 동유럽을 바꾸어 놓고 있다」, 《뉴욕 타임스》(2009년 5월 5일).

73 「조셉 루터 3세」, http://www.forbes.com/lists/2006/12/UQDU.html.

74 개인적인 전화 메시지였다. 그는 나에게 메시지를 남긴 후로 다시는 전화를 하지 않았고 연락도 끊었다.

75 현재 진행 중이며 발표되지 않은 독립적인 복지 감사에서 얻은 정보를 제한 없이 공개하는 데 동의한 공장식 농장이나 산업화된 도축장은 전국에서 단 한 군데도 알지 못한다.

76 이 자료는 PETA 조사원들이 수집했다. 다음을 참조하라. 「벨크로스 농장 조사」, http://www.goveg.com/belcross.asp.

77 이 자료는 PETA 조사원들이 수집했다. 다음을 참조하라. 「시보드 농장 조사」, http://www.goveg.com/belcross.asp.

78 인도주의 농장 연합, 「법무상이 로즈버드 돼지 공장 운영자들을 기소하라는 요청을 받다」, http://hfa.org/campaigns/rosebud.html.

79 이 자료는 PETA 조사원들이 수집했다. 다음을 참조하라. 「도축 라인에서 새를 고문하고 소변을 보는 타이슨 노동자들」, http://getactive.peta.org/campaign/tortured_by_tyson.

80 이 자료는 PETA 조사원들이 수집했다. 다음을 참조하라. 「KFC 공급업체에게 고문당하는 수천 마리의 닭들」, http://www.kentuckyfriedcruelty.com/u-pilgrimspride.asp.

81 필그림스 프라이드는 파산했다. 이는 승리가 아니다. 이것이 의미하는 바는 다른 대규모 농장들이 필그림스 프라이드의 자산을 사들였으므로 경쟁은 줄고 힘은 한곳으로 더욱 집중되었다는 것이다. 마이클 J. 데 라 메르세드, 「파산 보호에 대한 대규모 가

금류 생산업체 파일」, 《뉴욕 타임스》(2008년 12월 1일).

82 미국 계육 협회, 「상위 육계 생산 회사들 — 2008년 중반」, http://www.nationalchickencouncil.com/statistics/stat_detail.cfm?id=31.

83 F. 할로웰 · D. 리, 「이유기 전 사망률을 줄이기 위한 관리 비법」, 《노스캐롤리아나 협동 연구 교육원의 돼지 뉴스》 25권 1호(2002년 2월).

84 블랙웰, 앞의 책, 249쪽; 스와인레프로넷 스태프, 「돼지 생산 백서 — 분만 유도」, http://www.livestocktrail.uiuc.edu/swinerepronet/paperDisplay.cfm?ContentID=6264.

85 마를레네 할버슨, 「우리는 대규모 생산 돼지에 대해 얼마를 지불해야 하는가」(2000년 7월), http://www.iatp.org/hogreport/indextoc.html.

86 USDA, 「돼지 2006, 1부 — 미국에서의 돼지 보건과 관리 관행 참조 문헌」.

87 G. R. 스펜서, 「인간 질병의 동물 모델 — 임신과 골다공증, 동물 모델 — 돼지 유미관의 골다공증」, 《미국 병리학 저널》 95권(1979), 277~280쪽; J. N. 마첸트 · D. M. 브룸, 「근육량과 골밀도에 건조한 돼지우리 상태가 미치는 영향」, 《동물 과학》 62권(1996), 105~113쪽, 블랙웰, 앞의 책, 242쪽에서 재인용.

88 「네브라스카 돼지 농장의 잔혹한 처우」, http://www.goveg.com/nebraskapigfarm.asp.

89 블랙웰, 앞의 책, 242쪽.

90 위의 책, 247쪽.

91 텍사스 기술 대학 돼지 산업 연구소, 「암퇘지의 주거 환경」, http://www.depts.ttu.edu/porkindustryinstitute/SowHousing_files/sow_housing.htm; 짐 메이슨, 『동물 공장』(뉴욕: 스리 리버스 출판사, 1990), 10쪽.

92 D. C. 코츠 · M. W. 폭스, 『올드 맥도날드의 공장식 농장 — 전통적 농장의 신화와 오늘날 기업식 농업에서 동물의 고통에 관한 충격적인 진실』(런던: 컨티넘 국제 출판그룹, 1989), 37쪽.

93 블랙웰, 앞의 책, 242쪽.

94 분만하는 암퇘지의 약 90퍼센트 정도는 임신용 우리에 갇혀 있다. USDA, 앞의 글.

95 아이스니츠, 앞의 책, 219쪽.

96 위의 글.

97 공장식 시스템의 암퇘지들이 가족 농장에 있는 암퇘지들보다 제 새끼를 짓밟는

경향이 훨씬 더 높은 이유에 관한 이 분석은 복지 전문가 다이앤과 말린 할버슨에게서 얻었다.

98 「집중 사육되는 돼지들의 복지」,《과학 수의학 위원회 보고서》(1997년 9월 30일), http://ec.europa.eu/food/fs/sc/oldcomm4/out17_en.pdf.

99 신디 우드, 「돼지의 발과 다리 건강을 무시해서는 안 된다」,《버지니아 협동 연구 교육원》(2001년 6월).

100 켄 스탈더, 「암퇘지 무리의 중도 탈락율에 대한 이해」,《미국 돼지 축산 농부》(2001년 1월 15일)

101 키스 윌슨, 「암퇘지의 사망률이 전문가들을 좌절에 빠뜨리다」,《미국 돼지 축산 농부》(2001년 6월 15일); 할버슨, 앞의 글.

102 A. J. 자넬라 · O. 듀란, 「싣고 운송하는 과정에서의 돼지 복지 — 북아메리카의 관점」, 돼지고기 품질에 관한 국제 회의(2000년 11월 16일).

103 블랙웰, 앞의 책, 253쪽.

104 할버슨, 앞의 글.

105 「선천적 결함」(2009), http://www.pigprogress.net/health-diseases/c/congenital-defects-17.html; B. 리스치코프스키 외, 「식량과 농업을 위한 세계 동물 유전학 자원의 상태」(FAO, 2007), 402쪽, http://www.fao.org/docrep/010/a1250e/a1250e00.htm; 「질병에 관한 간단한 안내」, http://www.thepigsite.com/diseaseinfo.

106 블랙웰, 앞의 책, 251쪽.

107 24~32번 각주 참조.

108 "새끼 돼지들은 여덟 개의 다 자란 '바늘니', 유치와 세 번째 앞니를 지니고 태어난다. 동물들은 이 이를 이용하여 젖통을 놓고 싸울 때 같은 배 새끼들의 얼굴을 옆으로 깨문다." D. M. 위어리 · D. 프레이저, 「젖 빠는 돼지들의 이 부분 절단 — 갓 낳은 새끼들의 경쟁과 안면 부상에 미치는 효과」,《응용 동물 행동 과학》65권(1999), 22쪽.

109 제임스 서펠, 『동물들과 함께』(케임브리지: 케임브리지 대학 출판부, 2008), 9쪽.

110 블랙웰, 앞의 책, 251쪽.

111 J. L. 수 · G. D. 다이얼, 「육류용으로 온전한 수컷 돼지 키우기 — 탐지와 예방」(미국 돼지 수의사 협회, 1997), http://www.aasp.org/shap/issues/v5n4/v5n4p151.html.

112 할로웰 · 리, 앞의 글.

113 미국 환경 보호국, 「돼지고기 용어 사전」(2007년 9월 11일), http://www.epa.gov/oecaagct/ag101/porkglossary.html.

114 K. J. 터쳇 외, 「젖을 뗀 새끼 돼지의 분무 건조 혈장과 지질 다당류 노출의 효과 — 젖을 떼는 돼지들의 면역 축에 미치는 효과」, 《동물 과학 저널》 80권(2002), 494~501쪽.

115 P. 젠슨, 「방목한 돼지들의 모성 행동 관찰」, 《응용 동물 행동 과학》 16권(1968), 131~142쪽.

116 블랙웰, 앞의 책, 250~251쪽.

117 L. Y. 유 · S. Y. 키아오, 「젖 뗀 후 첫 2주간 새끼 돼지들의 행동과 장 발달에 결정형 아미노산을 보충한 저단백 식단이 미치는 효과」, 《가축 과학》 115권(2008), 144~152쪽; J. P. 랄레스 외, 「새끼 돼지에서 나타나는 장의 기능과 기능 부전 — 생리학」, 《동물 연구》 53권(2004), 301~316쪽.

118 「너무 많이 몰아넣은 돼지 — 제대로 관리하지 않는다면」, 《미국 돼지 사육 농부》(1993년 11월 15일), 마이클 그리거, 「돼지 독감과 공장식 농장 — 재난으로 가는 제일 빠른 길」(2009년 5월 4일), http://advocacy.britannica.com/blog/advocacy/2009/05/swine-flu-and-factory-farms-fast-track-to-disaster/에서 재인용.

119 아이스니츠, 앞의 책, 220쪽.

120 L. K. 클라크, 「돼지 호흡기 질환」, 《돼지 수의사》, 섹션 B, P6, P7, 할버슨, 앞의 글에서 재인용.

121 R. J. 웨비 외, 「미국에서 돼지 H3N2 인플루엔자 바이러스의 진화」, 《바이러스학 저널》 74권(2000), 8243~8251쪽.

122 R. L. 네일러 외, 「세계 어류 공급에 양식업이 미치는 영향」, 《생태학 이슈》 8호(2001년 겨울호), 1018쪽.

123 위의 글.

124 S. M. 스테드 · L. 레어드, 『연어 양식 안내서』(뉴욕: 스프링어, 2002), 374~375쪽.

125 필립 림버리, 「너무 깊은 곳에 — 수산 양식업은 긴급한 복지 개혁이 필요하다」(2002), 1쪽, http://www.iwf.org.uk/includes/documents/cm_docs/2008/i/in_too_deep_summary_2001.pdf.

126 스테드 · L. 레어드, 앞의 책, 375쪽.

127 「어류 농장 — 물속의 공장들」, http://www.fi shinghurts.com/fi shFarms1.asp.

128 앨버타 대학,「자연산 연어에 양식장의 바다물이가 창궐하다」, BBC 뉴스(2005년 3월 29일).

129 림버리, 앞의 글, 1쪽.

130 이것은 연어를 잡을 때 추천하는 방법이다. 다음을 참조하라. 스테드 · L. 레어드, 앞의 책, 188쪽.

131 의식이 있는 물고기의 아가미를 자르면 물고기가 고통스러울 뿐 아니라 이것은 완전히 의식이 있는 동물에게는 하기 어려운 방법이다. 이 때문에 어떤 작업을 할 때는 물고기의 아가미를 자르기 전에 의식을 잃게(아니면 적어도 움직이지 못하게) 한다. 연어에게는 두 가지 방법이 널리 쓰인다. 연어의 머리를 치는 방법과 이산화탄소 마취 방법이다. 연어를 때려서 의식을 잃게 하는 방법은 "쳐서 기절시키기"라고 한다. 『연어 양식 안내서』에 따르면, 물고기의 머리를 제대로 치려면 "몸부림치는 물고기에게 깨끗하게 타격을 가할 수 있는 상당한 수준의 기술과 숙련도"를 요구한다. 잘못 때리면 물고기에게 고통만 유발하고 의식은 잃게 하지 못한다. 이런 방법이 부정확하다는 사실로 말미암아 상당수 동물들이 아가미가 잘릴 동안 의식이 있는 상태가 되리라는 것을 확실히 알 수 있다. 기절시키는 가장 흔한 다른 방법은 마취제로 이산화탄소를 쓰는 것이다. 물고기를 이산화탄소를 가득 채운 탱크에 넣어 이송하면 수분 내에 의식을 잃는다. 이산화탄소로 기절시키는 데에서 복지와 관련해 문제가 되는 부분은 옮길 때 물고기가 스트레스를 받는다는 것과 모든 물고기가 다 완전히 의식을 잃지는 않을 수도 있다는 것이다. 스테드 · L. 레어드, 앞의 책, 374~375쪽.

132 AIDA, 「주낙 혼획」(2007), http://www.aida-americas.org/aida.php?page=turtles.bycatch_longline.

133 앞의 글.

134 「태평양 약탈」, 바다거북 복원 프로젝트(2004), http://www.seaturtles.org/downloads/Pillaging.5.fi nal.pdf.

135 환경 정의 재단,「바다를 낭비하기 — 새우 트롤망 어업은 전 세계적으로 생태적 온전성과 식량 안전을 어떻게 위협하는가」(2003), 8쪽.

136 위의 글.

137 환경 정의 재단, 앞의 책, 11쪽.

138 위의 책, 14쪽.

139 위의 책, 12쪽.

140 위의 글.

141 둘째 장 「전부 아니면 전무 또는 그 밖의 무엇」의 30번 각주를 참조.

142 대니얼 폴리 외, 「해양 먹이그물의 어업」, 《사이언스》 279권(1998), 860쪽.

143 P. J. 애실리, 「어류 복지 — 수산 양식업에서의 최근 이슈」, 《응용 동물 행동 과학》 200권 104호(2007),199~235, 210쪽.

144 림버리, 앞의 글.

145 케네스 R. 와이스, 「어류 양식장이 바다의 비육장이 되다」, 《로스앤젤레스 타임스》(2002년 12월 9일).

146 물고기나 다른 바다 동물들이 고통을 경험하기나 하는지 어떻게 확신할 수 있느냐고 묻는 이들도 있을 것이다. 적어도 물고기들은 느낀다고 가정할 만한 근거가 충분히 있다. 비교 해부학에 따르면 물고기들에게는 의식적인 지각에서 중요한 역할을 하는 것으로 보이는 해부학적, 신경학적 기관들이 다수 있다. 가장 적절한 근거는, 물고기들은 풍부한 외상 수용기와 통증 신호를 뇌에 전달하는 것으로 보이는 감각 수용기들을 가지고 있다는 것이다.(수를 셀 수도 있다.) 또한 물고기들이 인간의 신경체계에서 통증을 억제하는 데 이용하는 엔케팔린과 엔돌핀과 같은 천연 오피오이드를 생성한다는 것도 알려져 있다.

또한 물고기들은 '동통 반응'을 보여 준다. 이는 할아버지가 나를 낚시에 처음으로 데려가 주었던 어릴 때부터 확실해 보였다. 오락 삼아 낚시를 하는, 내가 아는 사람들도 물고기가 고통을 느낀다는 것을 부인하지 않는다. 데이비드 포스터 월러스가 장엄한 에세이 「바닷가재를 생각하다」에서 바닷가재의 고통에 대해 명상하면서 썼듯이, "동물 학대와 먹는 것에 관한 모든 문제는 복잡할 뿐 아니라 불편하다. 어쨌거나 나에게는 불편하다. 다양한 음식을 즐기지만 잔인해지거나 무정해지고 싶지는 않은 모든 이들에게도 그렇다. 내가 말할 수 있는 범위 내에서 이 갈등을 다룰 수 있는 주된 방법은 불쾌한 일에 대해서 일체 생각하지 않는 것이었다." 나중에 그는 생각하지 않으려 하는 불쾌한 일을 다음과 같이 설명했다. "바닷가재가 아무리 의식이 없다 해도, 끓는 물에 넣으면 퍼뜩 제정신으로 돌아온다. 용기에 담긴 바닷가재를 김이 오르는 솥 쪽으로 기울이면, 때로는 용기 옆면에 달라붙거나 지붕 끝에서 떨어지지 않으려 하는 사람처럼 솥의 가장자리를 발톱으로 움켜쥐기도 한다. 더 나쁜 것은 바닷가재가 완전히 잠겼을 때이다. 솥뚜껑을 닫는다 해도 보통은 바닷가재가 뚜껑을 미느라고 뚜껑이 덜거덕거리는 소리가 들린다." 월러스에게, 나에게 이는 육체적인 고통일 뿐 아니라 정신적인 고통이다. 바닷가재는 고통 속에서 몸부림치고 있을 뿐 아니라, 뜨거운 물에 닿기 전에 필사적으로 싸운다. 바닷가재는 탈출하려 애쓴다. 이러한 미친 듯한 행동을 공포에서 나온 것이 아니라고는 할 수 없다. 바닷가재들은 물고기와 달리 척추동물이 아니다. 그러므로 그들이 고통을 얼마나 경험할 수 있는가, 더 정확히 말하자면 인간에게서 발견되는 것과 본질적으로 유사한 형태의 고통을 경험하는가에 대한 과학적인 조사는 물고기에 대한 조사보다 더 복잡하다. (그러나 밝혀진 대로 과학적 지식은, 바닷가재가 끓는 물에서 나오려고 기를 쓸 때 우리들 대다수가 동정심과 함께 느끼는, 바닷가재의 고통에 대한 직관적인 느낌을 신뢰해도 좋다는 근거를 많이 밝혀내고 있다. 월러스는 이러한 과학을 감탄스럽게 검토한다.) 물고기들은 우리가 그렇듯 고통을 경험하는 해부학적 기관을 가지고 있고 고통에 반응을 보여 주는 척추동물이기 때문에, 물고기들이 느끼는 고통은 훨씬 더 강하며 의심할 여지가 적다. 크리스토퍼 폴 챈드루 · 스테파니 유 · 리차드 데이비드 모키아, 「물고기들의 의식과 고통에 대한 최근 관점에서의 평가」, 《어류와 어업》 5권(2004), 281~295쪽; 린 U. 스네던 · 빅토리아 A. 브레이스웨이트 · 마이클 J. 젠틀, 「물고기에게 외상 수용기가 있는가?」, 『보고서 — 생물학』 270권 1520호(2003년 6월 7일), 1115~1121쪽; 데이비드 포스터 월러스, 「바닷가재를 생각하다」, 『바닷가재를 생각하다』(뉴욕: 리틀 브라운, 2005), 248쪽.

실행

1 24쪽 참조.

2 패트리샤 리 브라운, 「볼리나스 저널 — 볼리나스에 오신 것을 환영합니다, 계속 가세요」, 《뉴욕 타임스》(2000년 7월 9일).

3 미국 정부와 학계 자료에 기반한 브루스 프레드리히의 계산.

4 그랜트 페럿, 「바이오 연료가 인류에 저지르는 범죄」, BBC 뉴스(2008년 10월 27일).

5 세계 은행, 「새로운 자료는 하루 1.25달러 이하로 14억 명이 산다는 것을 보여 준다」(2008년 8월 26일), http://web.worldbank.org/WBSITE/EXTERNAL/TOPICS/EXTPOVERTY/0,contentMDK:21883042~menuPK:2643747~pagePK:64020865~piPK:149114~theSitePK:336992,00.html; 피터 싱어, 『당신이 구할 수 있는 생명 — 이제 세계의 가난을 끝내기 위해 행동할 때』(뉴욕: 랜덤 하우스, 2009), 122쪽.

6 FAO, 「세계 곡물 공급과 수요 보고」(2008년 4월), http://www.fao.org/docrep/

010/ai465e/ai465e04.htm.

7 싱어, 앞의 책, 122쪽.

8 R. K. 파차우리 박사의 블로그(2009년 6월 15일). www.rkpachauri.org.

9 브루스 프리드리히는 『인간의 혈통』에서 찰스 다윈의 말을 인용한다. "인간과 더 높은 동물들 사이에 정신적 기능에서는 근본적인 차이가 없다. 더 낮은 동물들은 인간처럼 분명히 쾌락과 고통, 행복과 불행을 느낀다." 버나드 롤린, 『외면당한 울부짖음 — 동물의 의식, 동물의 고통, 그리고 과학』(뉴욕: 옥스퍼드 대학 출판부, 1989), 33쪽에서 인용.

10 템플 그랜딘 · 캐서린 존슨, 『동물이 우리를 인간으로 만든다』(보스턴: 휴턴 미플린 하트코트, 2009); 템플 그랜딘 · 캐서린 존슨, 『번역에서의 동물』(포트 워싱턴: 하비스트 북스, 2006); 마크 베코프, 『동물의 감정 생활』(노바토: 뉴월드 라이브러리, 2008).

11 아이작 바시비스 싱어, 『적, 사랑 이야기』(뉴욕: 파라, 스트라우스와 지로, 1988), 145쪽.

12 브루스 프리드리히가 마이클 폴란과 개인적으로 주고받은 서한(2009년 7월). 에릭 슐로서는 중요한 영화 「식량 회사」에서 공장식 축산업에서 생산된 버거를 먹는다.

13 D. 피멘탈 · M. 피멘탈, 『음식, 에너지, 사회』(플로렌스: CRC, 2008), 57쪽.

14 위의 글.

15 이는 자연적으로 식물을 덮어 주는 뿌리 구조를 파괴하여 바람과 물에 의한 부식을 가져온다. 미국에서 이는 토양 영양분 손실을 가져오는 최대 원인이다. 곡물 생산은 특히 표토가 얇고 지형이 언덕인 곳에 피해를 입힌다. 반면 이런 땅은 가축을 키우기에는 아주 적합해서 제대로 관리하면 실제로 표토를 향상시킬 수도 있다.

16 개인 서신.

17 B. 니만 · J. 플레처, 『니만 목장 요리책』(뉴욕: 텐 스피드 출판사, 2008), 37쪽.

18 G. 미첼 외, 「운송 이후, 수송 이후와 도축 이후 평가받은 소들의 스트레스」, 《수의학 기록》 123권 8호(1988), 201~205쪽.

19 위의 글; 팜 생크추어리, 「쇠고기 생산에서 소들의 복지」(2006), http://www.farmsanctuary.org/mediacenter/beef_report.html.

20 소들은 70마리까지 일일이 기억하며, 암컷과 수컷 사이에 위계질서를 만든다.(암컷의 위계질서가 더 안정적이다). 특정 소들을 친구로 택하고 어떤 소들은 적으로

대한다. 소들은 '사회적 매력'과 땅과 자원에 대한 실제 지식 두 가지를 기반으로 지도자를 '뽑는다.' 어떤 소 떼들은 자기들의 지도자들을 실제로 항상 따르고, 어떤 소들은 더 독립적이며 절반쯤만 지도자를 따른다. 「멈추라, 보라, 들으라 — 농장 동물들의 지각 인정」(2006), http://www.ciwf.org.uk/includes/documents/cm_docs/2008/s/stop_look_listen_2006.pdf; M. F. 부이스 외, 「소의 사회적 행동」, L. J. 킬링 · H. W. 곤유 엮음, 『농장 동물들의 사회적 행동』(옥스포드: CABI 출판사, 2001); A. F. 프레이저 · D. M. 브룸, 『농장 동물의 행동과 복지』(옥스포드: CABI 출판사, 1997); D. 우드거시, 『인성학의 요소들 — 농업과 수의학 학생들을 위한 교과서』(뉴욕: 스프링어, 1983); P. K. 루트 외, 「자무나파리 염소의 행동패턴 연구」, 《작은 반추동물 연구》 43권 2호(2002), 185~188쪽; P. T. 그린우드 · L. R. 리텐하우스, 「풀 뜯는 지역 선택 — 지도자 추종자 현상」, 《미국 서부 지역 동물 과학회》 48권(1997), 267~269쪽; B. 더몬트 외, 「우발적인 집단 행동에서 나타나는 동물 질서의 일관성을 보면 풀을 뜯는 암소 집단의 지도력 정도를 알 수 있다」, 《응용 동물 행동 과학》 95권 1~2호(2005), 55~66쪽; V. 라인하르트, 「반야생 소 떼에서 나타나는 행동 질서와 지도력」, 《행동》 83권(1983), 251~264쪽.

21 팜 생크추어리, 위의 글.

22 T. G. 노웰스 외, 「서른한 시간까지 도로 수송이 소들에게 미치는 영향」, 《수의학 기록》 145권(1999), 575~582쪽.

23 마이클 폴란, 『잡식동물의 딜레마』(뉴욕: 펭귄, 2007), 304쪽.

24 위의 책, 304~305쪽.

25 위의 책, 84쪽.

26 B. R. 마이어스, 「삼키기 힘든」, 《애틀랜틱 먼슬리》(2007년 9월).

27 게일 A. 아이스니츠, 『도축장 — 미국 육류 산업에서 벌어지는 탐욕, 무지, 비인도적 대우에 관한 충격적인 이야기』(암허스트: 프로메테우스 북스, 2006), 122쪽.

28 조비 워릭, 「그들은 산산이 조각나서 죽는다」, 《워싱턴 포스트》(2001년 4월 10일); 솔롬 모데차이 루바시킨, 「루바시킨의 '셰키타에 대한 공격'에 대한 응답」(2004년 12월 7일), http://www.shmais.com/jnewsdetail.cfm?ID=148.

29 템플 그랜딘, 「연방에서 감사하는 쇠고기, 송아지 고기, 돼지고기, 양고기 도축 공장에서의 기절시키기와 취급 조사」, http://www.grandin.com/survey/usdarpt.html.

30 워릭, 위의 글.

31 템플 그랜딘, 앞의 글.(2002년 업데이트 버전.)

32 커트 보겔 · 템플 그랜딘, 「2008년 미국과 캐나다 연방 검사를 받은 쇠고기와 돼지고기 도축 공장에서의 식당 동물 복지와 인도적인 도축 감사」(콜로라도 주립 대학 동물과학부), http://www.grandin.com/survey/2008.restaurant.audits.html.

33 도축장 노동자 크리스 오데이의 말. 아이스니츠, 앞의 책, 128쪽에서 재인용.

34 워릭, 앞의 글.

35 위의 글.

36 템플 그랜딘, 「해설 — 도축 공장과 경매장 직원들이 동물들에게 취하는 행동」, 《앤스로주》 1권 4호(1988), 205~213쪽.

37 워릭, 앞의 글.

38 위의 글.

39 도축장 노동자 켄 버데트의 말. 아이스니츠, 앞의 책, 131쪽에서 재인용.

40 워릭, 앞의 글.

41 모니카 레이놀즈, 「T-1824 헤마토크리트 기법을 이용한 소의 혈장과 혈액량」, 《미국 생리학 저널》 173권(1953), 421~427쪽.

42 도축장 노동자 티모시 워커의 말. 아이스니츠, 앞의 책, 28~29쪽 재인용.

43 위의 글.

44 도축장 노동자 크리스 오데이의 말. 아이스니츠, 앞의 책, 128쪽에서 재인용.

45 미국 동물 애호 협회, 「미국 동물 애호 협회 보고서 — 닭고기 산업에서의 동물 복지」(2008년 12월 2일), http://www.hsus.org/farm/resources/research/practices/chick_transport.html.

46 위의 글.

47 웬델 베리, 『시민권 증서』(버클리: 카운터포인트, 2004), 167쪽.

48 미국 가축 품종 보존 협회는 자신을 다음과 같이 설명한다. "150종의 가축과 가금류를 멸종에서 보호하기 위하여 일하는 비영리 단체." http://www.albc-usa.org/.

49 M. 할버슨, 「농장 동물 사육에 '높은 수준의 복지'를 실천하기로 윤리적 선택을 한 농업 생산자들의 관점」, 농업과 식품 윤리를 위한 EU 6차 회의(오슬로, 2006년 6월 22~2006년 6월 24일).

이야기하기

1 「추수감사절의 역사 — 첫 번째 추수감사절」, http://www.history.com/content/thanksgiving/the-first-thanksgiving; 「추수감사절의 역사 — 필그림들의 메뉴」, http://www.history.com/content/thanksgiving/the-first-thanksgiving/the-pilgrims-menu.

2 릭 슈엔크맨, 「추수감사절에 관한 열 가지 신화」(2001년 11월 21일), http://hnn.us/articles/406.html.

3 마이클 V. 개넌, 『모래 위의 십자가』(게인스빌: 플로리다 대학 출판부, 1965), 26~27쪽.

4 크레이그 윌슨, 「플로리다 선생이 플리머스 록 추수감사절 신화를 벗겨내다」, 《USA 투데이》(2007년 11월 21일).

5 UN 식량 농업 기구 · 가축, 환경, 개발 계획, 「가축의 긴 그림자 — 환경 문제와 선택」(2006), 21, 112, 26쪽, ftp://ftp.fao.org/docrep/fao/010/a0701e/a0701e00.pdf.

6 퓨 자선 재단 · 존스 홉킨스 블룸버그 공공 보건 대학 · 산업화된 동물 생산에 대한 퓨 위원회, 「식탁에 고기를 놓는다는 것 — 미국 내 산업화된 농장에서의 동물 생산」(2008), 57~59쪽, http://www.ncifap.org/.

7 미국 동물 애호 협회, 「콜로라도에서 승인된 기념비적 농장 동물 복지 법안」, http://www.hsus.org/farm/news/ournews/colo_gestation_crate_veal_crate_bill_051408.html.

8 존 맥케이, 「주주에게 보낸 편지」, http://www.wholefoodsmarket.com/company/pdfs/ar08_letter.pdf.

9 「농장으로 가는 최악의 길」, 《뉴욕 타임스》(2008년 5월 31일).

10 템플 그랜딘, 「연방에서 감사하는 쇠고기, 송아지 고기, 돼지고기, 양고기 도축 공장에서의 기절시키기와 취급 조사」(2002년 업데이트 버전), http://www.grandin.com/survey/usdarpt.html.

11 도축장 노동자 스티브 패리시의 말. 『도축장 — 미국 육류 산업에서 벌어지는 탐욕, 무지, 비인도적 대우에 관한 충격적인 이야기』(암허스트: 프로메테우스 북스, 2006), 145쪽에서 재인용.

12 도축장 노동자 에드 반 윙클의 말. 아이스니츠, 위의 책, 81쪽에서 재인용.

13 도축장 노동자 도니 타이스의 말. 아이스니츠, 위의 책, 92~94쪽에서 재인용.

14 인권 감시단, 『피, 땀, 공포 — 미국 육류와 가금류 공장 노동자들의 권리』(뉴욕:

인권 감시단, 2004), 2쪽.

15 도축장 노동자 에드 반 윙클의 말. 아이스니츠, 앞의 책, 87쪽에서 재인용.

16 마이클 폴란, 『잡식동물의 딜레마』(뉴욕: 펭귄, 2007), 362쪽.

17 템플 그랜딘, 「해설 — 도축 공장과 경매장 직원들이 동물들에게 취하는 행동」, 《앤스로주》 1권 4호(1988), 205~213쪽.

18 템플 그랜딘, 「2005년 가금류 복지 감사 — 미국 계육 협회의 가금류 동물 복지 감사의 평가 시스템은 너무 느슨해서 도축 공장들의 학대 관행이 제지를 받지 않는다」(콜로라도 주립 대학 동물과학부), http://www.grandin.com/survey/2005.poultry.audits.html.

19 위의 글.

20 커트 보겔 · 템플 그랜딘, 「2008년 미국과 캐나다 연방 검사를 받은 쇠고기와 돼지고기 도축 공장에서의 식당 동물 복지와 인도적인 도살 감사」(콜로라도 주립 대학 동물과학부), http://www.grandin.com/survey/2008.restaurant.audits.html.

21 그랜딘은 공장이 "의식이 있는 동물의 다리를 잘라 낼 오작동 가능성"을 받아들였다고 썼다. 템플 그랜딘, 「2007년 미국과 캐나다 연방 검사를 받은 쇠고기와 돼지고기 도축 공장에서의 식당 동물 복지와 인도적인 도축 감사」(콜로라도 주립 대학 동물과학부), http://www.grandin.com/survey/2007.restaurant.audits.html.

22 템플 그랜딘, 「2006년 미국과 캐나다 연방 검사를 받은 쇠고기와 돼지고기 도축 공장에서의 식당 동물 복지와 인도적인 도축 감사」(콜로라도 주립 대학 동물과학부), http://www.grandin.com/survey/2006.restaurant.audits.html; 보겔 · 그랜딘, 앞의 글.

23 그랜딘, 「2007년 미국과 캐나다 연방 검사를 받은 쇠고기와 돼지고기 도축 공장에서의 식당 동물 복지와 인도적인 도축 감사」.

24 미국에서 육계 80억 마리 중 대략 0.06퍼센트가 공장식 농장 밖에서 사육된다. 미국인들이 해마다 육계 스물일곱 마리를 먹는다고 가정하면, 비공장식 닭고기 공급으로는 20만 명도 채 먹일 수가 없다는 뜻이다. 이와 비슷하게 미국에서 대략 1억 1800만 마리 돼지 가운데 4.59퍼센트만 공장식 농장 밖에서 생산된다. 미국인들이 한 해에 돼지 0.9마리를 먹는다고 가정해 보면, 비공장식 돼지고기 공급으로는 600만 명 정도밖에는 먹일 수가 없다. (공장식 농장 동물들의 숫자는 첫 장 「이야기하기」의 1번 각주를 참조.) 매년 도축되는 동물들의 수는 USDA 자료에서 가져왔다. 미국인 한 명당 매년 소비하는 닭고기와 돼지고기 평균량은 노암 모어의 USDA 통계에 기초했다.

25 히틀러가 채식주의자였다는 설이 끈질기게 널리 퍼져 있지만, 그것이 사실이라고는 생각지 않는다. 그가 소시지를 먹었다는 다양한 자료들을 고려하면 더욱 의심스럽다. 다음과 같은 예가 있다. H. 에벌 · M. 얼, 『히틀러』(잭슨: 퍼블릭어페어, 2006), 136쪽.

26 이 마틴 루서 킹 주니어 인용문은 인터넷에서 널리 인용된다. 예를 들어 http://www.quotiki.com/quotes/3450가 있다.

27 「신도들의 숫자로 순위를 매긴 세계 주요 종교」(2007년 8월 9일), http://www.adherents.com/Religions_By_Adherents.html.

28 2006년 세계는 비만 인구가 영양 부족 인구보다 훨씬 더 큰 비율을 차지하게 되었다. 「과체중인 상위권 세계의 굶주림」, BBC 뉴스(2006년 8월 15일).

29 E. 밀스톤 · T. 랭, 『음식에 관한 펭귄 지도책』(뉴욕: 펭귄, 2003), 34쪽.

30 전 세계적으로 채식주의자들의 정확한 숫자에 관한 신뢰할 만한 자료는 없다. 채식주의자의 정의에 대한 합의조차도 없다. (예를 들어 인도에서 계란을 먹는 사람은 채식주의가 아닌 것으로 간주된다). 인도 시민의 12억 명 중 42퍼센트, 대략 5억 명이 채식주의자라고 한다. FAO, 「가축 산업화, 무역, 사회-보건-환경 영향이 개발도상국에 미친 영향에 관한 프로젝트」(2003년 7월 24일), http://www.fao.org/WAIRDOCS/LEAD/X6170E/x6170e00.htm#Contents:section2.3. 세계의 나머지 인구에서 약 3퍼센트가 채식주의자라면, 채식주의자들이 식탁에서 한 자리를 차지할 수 있다. 이는 충분히 말이 되는 가정이다. 예를 들어 미국에서는 인구의 2.3~6.7퍼센트가 채식주의자를 어떻게 정의하느냐에 따라 채식주의자가 된다. 찰스 스탈러, 「어떻게 하여 많은 성인들이 채식주의자가 되는가?」, 《채식주의자 저널》 4권(2006).

31 FAO, 「가축 정책 보고 01 — '가축 혁명'에 대한 대응」, ftp://ftp.fao.org/docrep/fao/010/a0260e/a0260e00.pdf.

32 위의 글.

33 에반 조지, 「콩의 도시에 오신 것을 환영합니다」, 《로스앤젤레스 다운타운 뉴스》(2006년 11월 22일).

34 마크 브랜도, 「인도의 대화 — 에릭 블로버그, 음식점 해결사」, 《미국 음식점 뉴스》(2008년 10월 22일). 다음도 참조하라. 「에릭 블로버그와의 대화 — EKB 음식점 컨설팅 대표 이사」(2008년 11월 24일), http://findarticles.com/p/articles/mi_m3190/is_46_42/ai_n31044068/.

35 미아 맥도날드, 「교묘한 수단—중국의 공장식 축산업과의 만남이라는 도전」, http://www.brightergreen.org/fies/brightergreen_china_print.pdf/.

36 중구오 리우 · 시드 퍼킨스, 「고기에 대한 갈망—식단의 변화, 늘어나는 인구가 중국의 물 공급에 부담으로 작용할 수도 있다」, 《사이언스 뉴스》(2008년 1월 19일)에서 재인용.

37 콜린 터지, 『그리하여 우리가 거두리라』(뉴욕: 펭귄, 2003), 라모나 크리스티나 일레아, 「가축 밀집 농업—전 세계적 경향, 커져 가는 환경문제와 윤리적 해결책」, 《농업 환경 윤리 저널》 22권(2009), 153~167쪽에서 재인용.

38 FAO, 「전에 없이 많은 사람들이 기아의 희생자가 되고 있다」, http://www.fao.org/fileadmin/user_upload/newsroom/docs/Press%20release%20june-en.pdf.

39 전 세계적으로 비만은 급속도로 증가하고 있다. D. A. 요크 외, 「예방 회의 7: 비만, 심장 질병과 발작과 관련된 전 세계적인 유행병: 그룹 1: 비만의 전세계적인 인구학」, 《순환—미국 심장 협회 저널》 110권(2004), 463~470쪽.

40 벤저민 프랭클린, 마크 스코센 엮음, 『자서전』(워싱턴: 레그너리 출판사, 2006), 332쪽.

41 제임스 E. 맥윌리엄스, 『먹는 일에서의 혁명—미국에서 만들어진 음식에 대한 탐색』(뉴욕: 콜럼비아 대학 출판부, 2005), 7, 8쪽. "식민지 주민들이 직면했던 온갖 도전에도 불구하고, 그들은 거의 굶주리는 일이 없었다. 영국에서 온 방문자들은 그 지역이 물질적으로 풍요로운 데 크게 놀라워했다."

42 「COK 보고서—칠면조 산업에서 고통받는 동물」, http://www.cok.net/lit/turkey/disease.php, A. R. Y. 엘 부시 · A. F. B. 반 더 포엘, 『쓰레기를 먹이로 삼는 가금류—처리 공정과 이용』(뉴욕: 채프먼 홀, 1994)에서 재인용.

43 제임스 볼드윈, 『에이브러햄 링컨—진짜 생애』(뉴욕: 아메리칸 북 컴퍼니, 1904), 130~131쪽.

찾아보기

ㄱ

ㄴ

ㄷ

ㄹ

ㅁ

ㅂ

ㅅ

ㅇ

ㅈ

옮긴이 송은주

이화여자대학교 영어영문학과를 졸업하고 같은 학교 대학원에서 박사 학위를 받았다. 옮긴 책으로 『엄청나게 시끄럽고 믿을 수 없게 가까운』, 『모든 것이 밝혀졌다』, 『미들섹스』, 『위키드』, 『뉴욕타임스가 선정한 교양』, 『이성과 감성』, 『클림트』, 『헨리 포드』, 『공포의 헬멧』, 『레오나르도의 유혹』, 『종이로 만든 사람들』, 『집으로 가는 길』 등이 있다.

동물을 먹는다는 것에 대하여

1판 1쇄 펴냄 2011년 9월 23일
1판 15쇄 펴냄 2022년 7월 5일

지은이 조너선 사프란 포어
옮긴이 송은주
발행인 박근섭, 박상준
펴낸곳 (주)민음사

출판등록 1966. 5. 19. 제16-490호
주소 서울특별시 강남구 도산대로1길 62(신사동)
강남출판문화센터 5층 (우편번호 06027)
대표전화 02-515-2000 | 팩시밀리 02-515-2007
홈페이지 www.minumsa.com

ISBN 978-89-374-8388-2 (03300)

* 잘못 만들어진 책은 구입처에서 교환해 드립니다.